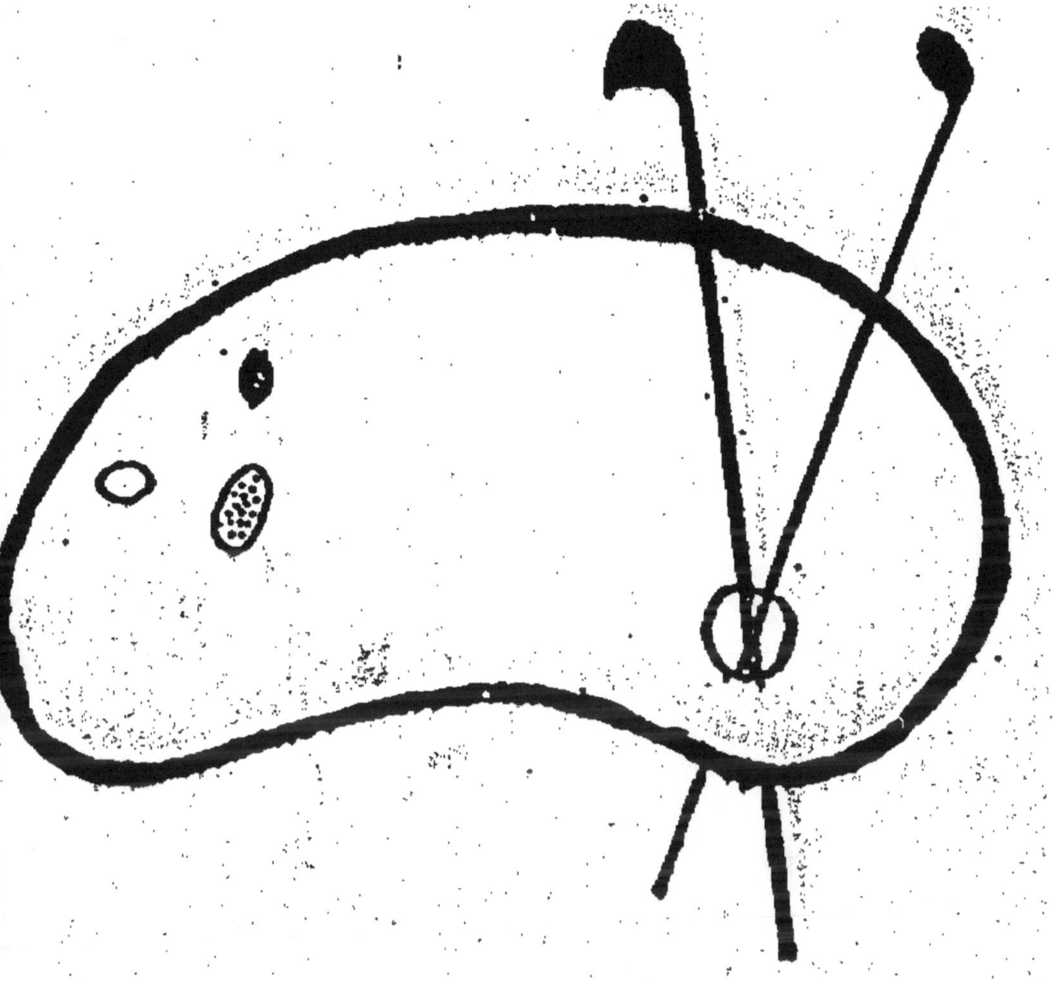

DEBUT D'UNE SERIE DE DOCUMENTS EN COULEUR

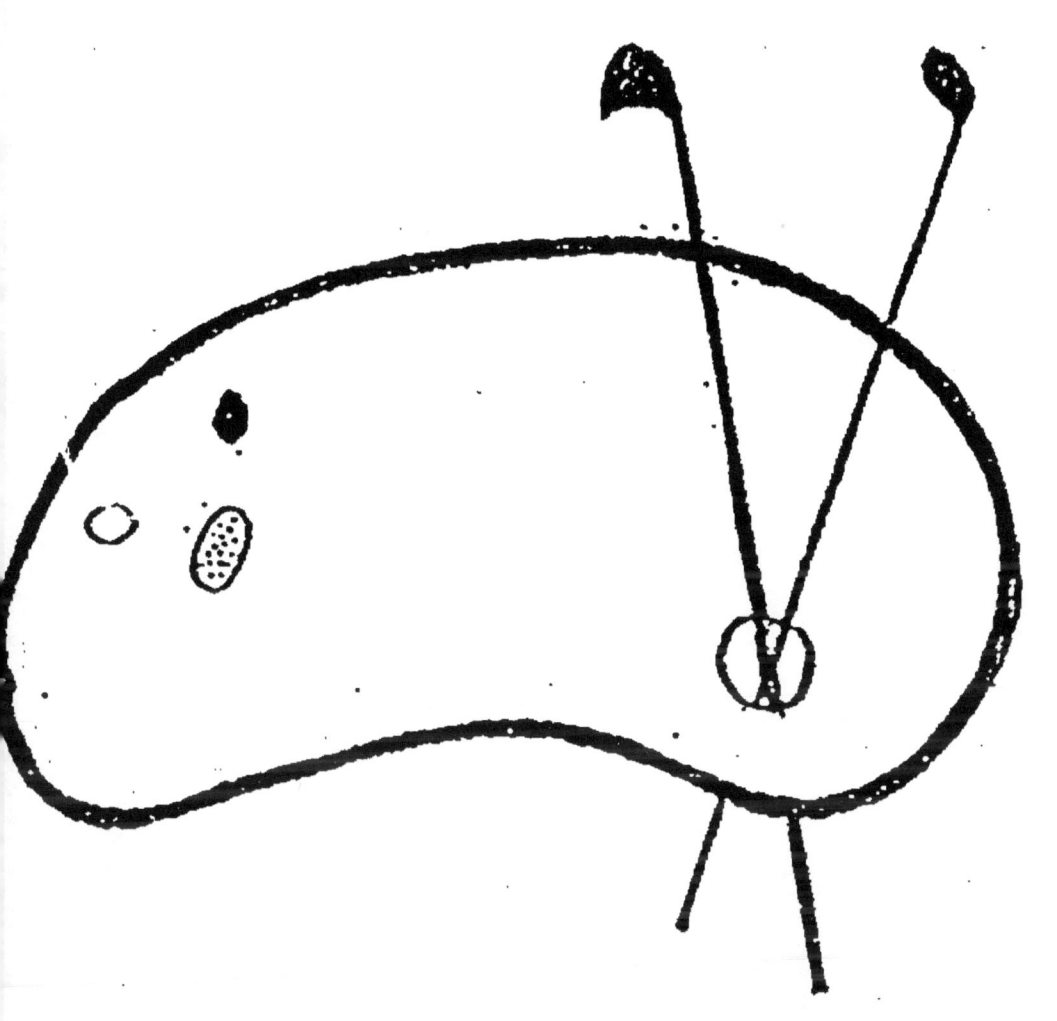

FIN D'UNE SERIE DE DOCUMENTS
EN COULEUR

RÉCITS
MORAUX ET INSTRUCTIFS

ON TROUVE A LA MÊME LIBRAIRIE

Ouvrages de M. Ambroise RENDU fils

PETIT COURS D'HISTOIRE, à l'usage des Pensions et de toutes les Maisons d'Éducation.
  Tome 1er *Histoire ancienne*, 1 vol. in-18. 13e édition.
  — 2 *Histoire romaine.* id. 13e édition.
  — 3 *Histoire du moyen âge.* id. 7e édition.
  — 4 *Histoire moderne.* id. 6e édition.
  — 5 *Histoire de l'Église* (revue pour la Doctrine, par M. l'abbé BLANC). 1 vol. in-18, 8e édition.
  — 6 *Mythologie,* 1 vol. in-18. 4e édition.
Chacun des 4 premiers volumes est orné d'une carte géographique.
Les cinq premiers volumes sont approuvés par Monseigneur l'Evêque de Versailles.

COURS DE LITTÉRATURE ET DE STYLE, *Règles et Modèles*, 2e édition, revue et corrigée, 1 vol. in-12. Cartonné.

EXERCICES GRADUÉS POUR LA LECTURE COURANTE DES MANUSCRITS, autorisés par le Conseil de l'Instruction publique pour les Écoles Normales et les Écoles Primaires. Recueil divisé en 4 Parties, composées chacune de 32 pages in-8°, et renfermant les matières suivantes :

1re Partie. Beaux traits d'histoire et Anecdotes morales.
2e — Notions de droit commercial, Modèles d'actes, Factures, etc., Notions de droit rural.
3e — Notions d'agriculture.
4e — Notions de style épistolaire.
Les 4 *Parties* réunies en 1 vol. in-8° de 428 pages. Cartonné.
Chaque partie se vend séparément, brochée en papier carton.

MANUEL ÉLÉMENTAIRE ET CLASSIQUE D'AGRICULTURE, D'ARBORICULTURE ET DE JARDINAGE, approprié aux diverses parties de la France, suivi d'un spécimen d'écritures pour la comptabilité rurale ; par M. L. Gossin, ancien élève de Grignon, professeur d'agriculture à l'Institut normal agricole de Beauvais. 1 vol. in-12, renfermant plus de 150 gravures gravées sur cuivre, intercalées dans le texte, 7e édition, revue et augmentée. Cart.

ARITHMÉTIQUE (NOUVEAU TRAITÉ ÉLÉMENTAIRE D') à l'usage des classes primaires et des cours d'adultes, ouvrage destiné aux deux sexes et renfermant plus de 5,000 exercices et problèmes appliqués à l'agriculture, au commerce et à l'industrie, etc.; par I. Luquet, professeur de mathématiques, 4e édition, revue et corrigée. 1 vol. in-12, cart.

— **SOLUTIONS DÉVELOPPÉES** des problèmes et des exercices contenus dans ce traité d'Arithmétique. 1 vol. in-18, cartonné.... 1 75

— **ARITHMÉTIQUE (ABRÉGÉ D')** à l'usage des classes primaires, renfermant de nombreux exercices et problèmes. 1 vol. in-18 avec figures dans le texte, cart.

— **SOLUTIONS DÉVELOPPÉES** des exercices et des problèmes renfermés dans ladite. 1 vol. in-18, cart.

Paris. — Imprimerie CHARLES BLOT, rue Bleue, 7.

RÉCITS
MORAUX ET INSTRUCTIFS

LIVRE DE LECTURE

A L'USAGE DES ÉCOLES PRIMAIRES

PAR

AMBROISE RENDU FILS

OUVRAGE AUTORISÉ

PAR LE CONSEIL DE L'INSTRUCTION PUBLIQUE

Nouvelle édition

REVUE, CORRIGÉE ET AUGMENTÉE DE NOMBREUSES GRAVURES DANS LE TEXTE.

PARIS
LIBRAIRIE CLASSIQUE DE CH. FOURAUT ET FILS
47, RUE SAINT-ANDRÉ-DES-ARTS, 47

—

1883

Tout exemplaire qui ne sera pas revêtu de la signature de l'auteur et de celle de l'éditeur sera réputé contrefait. (94)

AUTRES OUVRAGES QUI SE TROUVENT A LA MÊME LIBRAIRIE.

NOUVEAU
DICTIONNAIRE FRANÇAIS

Contenant : 1° tous les mots de la langue orthographiés d'après la 7° et dernière édition (1878) du Dictionnaire de l'Académie française

DÉFINIS ET EXPLIQUÉS
à l'aide de 2,800 figures

2° La prononciation figurée de tous les mots qui offrent quelque difficulté. — 3° L'indication de tous les grands faits historiques. — 4° Celle des personnages célèbres de tous les pays et de tous les temps. — 5° La géographie ancienne et moderne. — 6° La mythologie gréco-latine,

PAR L. POURRET

Un volume in-18 jésus de 900 pages, cartonné, 3 francs.

COURS COMPLET
D'ENSEIGNEMENT GRAMMATICAL
(Méthode entièrement nouvelle)
A L'USAGE DES CLASSES PRIMAIRES
PAR A. ROSSIGNON

La première grammaire de l'enfance, accompagnée de *lectures préparatoires* et de nombreux exercices, courts et faciles. Un vol. in-12, cart..	» 75
Cours raisonné et pratique de grammaire française, en deux parties, sur un plan nouveau; contenant de nombreux exercices d'application, d'invention et de rédaction.	
1re partie. ÉLÉMENTS ET PREMIÈRES RÈGLES D'ACCORD.	
— *Livre de l'élève.* Un vol. in-12, cart.............................	1 25
— *Livre du maître*, avec un appendice contenant une série de sujets de lettres. Un vol. in-12, cart.......................................	1 50
2e partie. SUPPLÉMENT, RÉVISION ET SYNTAXE.	
— *Livre de l'élève.* Un vol. in-12, cart.............................	1 50
— *Livre du maître*, avec un appendice contenant une série de sujets de lettres. Un vol. in-12, cart.......................................	2 »
Cours gradué de dictées grammaticales, en texte suivi, avec des exercices préparatoires. Un vol. in-12, cart.........................	1 50
Premiers exercices de style, propres à développer l'intelligence des enfants.	
— *Livre de l'élève.* Un vol in-12, cart..............................	» 90
— *Livre du maître.* Un vol. in-12, cart............................	1 50

PREMIÈRE PARTIE
RÉCITS MORAUX ET HISTORIQUES

L'aumône du pauvre.

Sacrifier un plaisir pour soulager la misère d'autrui est sans doute une action fort louable. Mais lorsque pareille chose nous arrive, n'ayons pas une trop haute idée de notre propre mérite ; car bien des gens font mieux encore : ce sont ceux qui savent se priver du nécessaire pour secourir de plus malheureux qu'eux-mêmes.

Ainsi me parlait un de mes amis, homme fort charitable d'ailleurs, et, à l'appui de cette réflexion, il me racontait le trait suivant :

Par un beau jour du mois de juin, où la chaleur était vraiment accablante, je sortais de chez moi vers cinq heures du soir. A quelques pas, je rencontrai une femme nommée Thérèse, qui tenait d'une main un enfant de deux ans à peine, tandis que de l'autre elle portait un énorme paquet de linge et une bouteille d'osier.

C'était la femme d'un honnête ouvrier menuisier, qui, par son travail, donnait du pain à cinq enfants, dont l'aîné n'avait pas neuf ans.

— Bonjour, Thérèse, lui dis-je ; où allez-vous ainsi avec ce petit bonhomme et ce gros paquet ?

— A la rivière, monsieur ; il y a tant à faire pour que tous ces enfants soient un peu propres. Ah ! quand ce petit-là pourra aller à l'asile, je serai bien débarrassée ; je pourrai aussi gagner quelque chose, et cela soulagera un peu mon pauvre mari, qui se tue pour nous nourrir tous. Pourtant il a gagné hier un peu plus qu'il n'espérait, et il m'a donné la pièce que voici pour faire remplir cette bouteille. Il n'entre pas souvent de vin chez nous, et mon ami n'emploie pas son argent à boire. Mais il a besoin de temps en temps d'un peu de vin pour se refaire, le pauvre homme ; il travaille tant !

Un instant après, je tourne à gauche, et la femme prend le chemin qui mène à la rivière.

Le soir, j'avais à commander à mes braves gens je ne sais quel ouvrage de menuiserie. Il était huit heures ;

j'entre chez eux ; on soupait : sur la table je vois de la salade, du fromage, du pain bis, une grande carafe d'eau, mais point de vin.

Après que nous nous fûmes salués :

— Monsieur, me dit le mari d'un air un peu embarrassé, je regrette de ne pas pouvoir vous offrir de vous rafraîchir ; c'est que nous n'avons pas de vin. Cependant, ajouta-t-il d'un ton gai, nous devions en avoir ce soir ; mais, voyez-vous, c'est ma femme qui en est cause. Enfin il n'y en a pas, et encore il faut que je dise qu'elle a eu raison.

L'ouvrier se tourna alors vers sa femme, qui rougissait.
— Tu as bien fait, Thérèse, va ; je ne regrette qu'une chose, c'est de ne pas pouvoir en offrir à monsieur.

— Je me rafraîchirai très bien avec cette belle eau claire, dis-je en prenant le verre que m'offrait un des enfants ; seulement, Thérèse, contez-moi l'histoire de la bouteille que vous étiez si joyeuse tantôt d'aller faire remplir pour votre mari. Voyons, qu'est-ce qui est arrivé ?

— Il est arrivé, monsieur, que, comme je revenais de la rivière, et que j'allais entrer chez le marchand de vin, je vis passer la pauvre Marguerite, cette malheureuse femme qui a perdu son mari il y a trois mois et qui pleure tant jour et nuit. Elle traînait sa petite fille qui était toute pâle. — Qu'est-ce qu'elle a donc cette chère enfant ? lui dis-je ; elle a l'air malade.

— Ah ! me répondit Marguerite en sanglotant, voilà deux jours que nous nous couchons sans souper ! Pour moi, passe encore ; mais à cet âge-là, ne pas manger autant que l'on a faim, c'est dur !

Monsieur, cela m'a fendu le cœur.

Nous étions précisément à la porte d'un boulanger.

Si je lui donnais ma pièce d'argent, me suis-je dit, elle aurait un pain et un morceau de fromage, et les pauvres créatures ne se coucheraient pas toutes deux l'estomac vide. En même temps, je regarde la bouteille : un peu de vin ferait du bien à mon mari ; il l'a pourtant bien gagné !

Je mettais déjà un pied dans la boutique du marchand de vin ; puis je me retourne, et je revois ces deux figures si défaites.

Comment! me dis-je, nous avons de quoi manger à discrétion ce soir, et nous ne pourrions pas nous passer de

vin pour donner un morceau de pain à deux malheureux êtres qui meurent de faim !

Et je donne bien vite ma pièce à Marguerite, en lui disant d'acheter de quoi souper.

Ah ! si vous l'aviez vue, monsieur, sortir de chez le boulanger toute joyeuse ! La petite fille dévorait déjà un gros morceau que sa mère lui avait cassé sur-le-champ.

Allons, mon ami, ai-je dit à mon mari quand il est rentré, il n'y a pas de vin ce soir à souper. La voisine n'avait pas de pain ; j'ai pensé que c'était encore plus pressé, et je lui ai donné la pièce que tu m'avais remise pour faire emplir la bouteille.

— Tu as bien fait, m'a-t-il dit ; ce vin-là nous serait resté au gosier, lorsque nous aurions pensé que ces pauvres femmes seraient allées se coucher sans manger.

EXERCICE.

Faut-il être disposé à sacrifier son plaisir pour faire du bien à son prochain ? — Peut-on faire quelque chose de mieux encore ? — Quelle réflexion doit inspirer la charité d'un pauvre ? — Qui rencontra l'auteur de ce récit un jour qu'il sortait de chez lui ? — Quelle était la situation de la famille de Thérèse ? — Que lui dit celui qui raconte cette histoire ? — Que répondit-elle ? — Qu'allait-elle faire ? — Quel motif avait-elle de se réjouir ? — Qu'arriva-t-il le soir de la même journée ? — Quel aspect présentait l'intérieur de cette famille au moment du souper ? — Rapportez-moi la question de celui qui allait la visiter et la réponse du chef de la famille. — Comment se faisait-il qu'il n'y avait point de vin au souper? — Quelle rencontre avait faite Thérèse au moment d'entrer chez le marchand de vin? — Comment en fut-elle détournée? — Quel était le motif de ses hésitations? — A quoi servit la pièce d'argent qui lui avait été donnée? — Comment fut reçu ce don? — Qu'est-ce que Thérèse dit à son mari lorsqu'il revint à la maison? Le mari approuva-t-il la conduite de sa femme? — Quelle impression fait naître en vous cet acte de charité?

Le ballon et l'enfant.

Le courage et le sang-froid sont les meilleurs moyens d'échapper au danger; et celui qui sait rester maître de lui-même se tire souvent des circonstances les plus périlleuses, où une personne timide et craintive aurait infailliblement péri. En voici une preuve bien frappante.

Jean Guérin, âgé de douze ans et demi, apprenti charron et appartenant à une honnête famille de jardiniers de Nantes, se trouvait avec beaucoup de monde, le 16 juillet 1843, sur la promenade dite de *la Fosse*, pour voir l'ascension du ballon de M. Kirsch; celui-ci ayant demandé l'aide de quelques personnes, le jeune Guérin se présenta des premiers pour se joindre aux nombreux travailleurs employés à maintenir le ballon, tandis que M. Kirsch s'occupait à le gonfler. (Voir dans la troisième partie la description des ballons.)

Mais une brise assez forte par moments agitait le ballon, et le poussait tantôt à droite, tantôt à gauche; enfin un coup de vent le secoua avec tant de violence, qu'il déchira une partie de l'enveloppe, et l'arracha violemment des mains des personnes qui cherchaient à le retenir.

Alors commença une scène inouïe. Le ballon, abandonné à lui-même et poussé par le vent, ne tarda pas à s'élever, entraînant après lui sa nacelle, qui n'était encore attachée que d'un côté, et une longue corde terminée par une petite ancre ou grappin. Ce grappin, balayant le pavé, rencontre sur son passage le jeune Guérin, qui n'avait pas eu le temps de s'éloigner; il le saisit par son pantalon de laine, qu'il crève au-dessus du genou gauche et traverse jusqu'à la ceinture mais sans égratigner la peau de l'enfant.

Celui-ci se trouve harponné et traîné quelques instants, sans se douter encore du sort qui l'attend. Cependant, sentant le ballon s'enlever tout à coup, il a la présence d'esprit de saisir la corde à deux mains, et, solidement établi dans cette position, comme s'il s'y fût préparé à l'avance, il est enlevé rapidement dans les airs, au grand étonnement des spectateurs consternés.

La foule se précipita aussitôt dans la direction que prenait le ballon, et, après un quart d'heure de mortelles angoisses, on vit le jeune Guérin redescendre plein de vie et de santé.

Voici comment le courageux enfant raconta son étrange aventure et rendit compte des émotions qu'il avait éprouvées dans son périlleux voyage.

D'abord il avait cherché à se dégager pour se laisser tomber sur un tertre où sa chute lui paraissait devoir être moins dangereuse. N'ayant pu y réussir, sa première pensée avait été d'adresser une prière à Dieu pour sa petite sœur et pour lui-même; puis il avait appelé à grands cris sa mère à son secours. Au fur et à mesure qu'il s'élevait, il n'éprouvait ni vertiges ni éblouissements. Sa tête et sa respiration étaient parfaitement libres; il réclamait constamment du secours, comme s'il eût pu être entendu.

Jetant les yeux sur la terre sans s'effrayer de l'espace qui l'en séparait, il remarqua que la foule, qui lui faisait l'effet d'une fourmilière, paraissait se diriger vers le lieu où il était probable qu'il descendrait.

Bientôt, s'apercevant que le ballon se ramollissait et se dégonflait peu à peu, il conçut l'espoir d'une prompte délivrance. Son soin continuel était d'éviter que le grappin ne lui échappât en achevant de déchirer son pantalon; pour alléger le poids supporté par ce vêtement, il se soutenait autant que possible avec les poignets et se cramponnait énergiquement à sa corde de salut.

Enfin le ballon, de moins en moins gonflé, cessa de monter, flotta quelques instants au gré du vent, puis commença à descendre. Le jeune Guérin rassembla toutes ses forces pour se maintenir jusqu'à la fin dans sa périlleuse situation; mais, à mesure que la descente s'opérait, il tournait sur lui-même et voyait tout tourner autour de lui. Heureusement, il ne fut pas saisi de vertige.

Quand il fut sur le point de toucher la terre, la pensée de savoir comment s'effectuerait sa chute et l'approche de sa délivrance l'émurent vivement; apercevant, dans la prairie à laquelle il arrivait, plusieurs personnes autour d'une meule de foin, il s'écria : — A moi, mes amis, je suis perdu! — N'aie pas peur, tu es sauvé, lui répondit-on, et deux hommes le reçurent dans leur bras. Aussitôt le jeune Guérin, qui avait conservé toute sa présence d'esprit, demanda à être conduit chez un de ses cousins qui habitait près de là.

Au moment qui suivit sa chute, sa figure avait conservé son expression ordinaire et était seulement un peu colorée; aucun tremblement dans ses membres n'annonçait une émotion extraordinaire.

Le jeune Guérin avait dû son salut à un sang-froid bien rare dans un âge aussi tendre.

EXERCICE.

Quel est le meilleur moyen d'échapper aux dangers? — Qu'était Jean Guérin? — Quel était son pays? — Qu'est-ce que Nantes? — Pourquoi un grand nombre de personnes se trouvaient-elles réunies sur la place de la Fosse le 16 juillet 1843? — Que faisait à cette occasion le jeune Guérin, qui s'était joint à plusieurs autres personnes? — Quels accidents occasionna la force du vent? — De quelle manière le ballon s'enleva-t-il? — Qu'est-ce qui arriva au jeune Guérin qui cherchait à fuir? — Que fit-il en se sentant enlevé dans les airs? — Quelle impression cette singulière et dangereuse ascension fit-elle sur la foule? — Où se porta-t-elle? — Comment sut-on tous les détails du périlleux voyage du jeune enfant? — Quelles avaient été ses premières impressions et ses premières pensées? — Quel doit être le premier mouvement de toute personne exposée à un danger? — Quelles avaient été ses craintes et ses préoccupations? — Qu'avait-il pour se soutenir plus sûrement et pour empêcher que son pantalon, qui supportait un si grand effort, ne finît par céder ? — Qu'est-ce qui ranima son courage ? — Quel mouvement lui faisait faire le ballon dans sa descente ? — Dites-nous comment il arriva à terre. — Avait-il perdu sa présence d'esprit dans cette descente si périlleuse ? — Que demanda-t-il aussitôt ? — En quelle situation se trouvait-il ? — A quoi le jeune Guérin était-il redevable de son salut ?

Dévouement d'un écolier.

Un jeune homme nommé Émile Leplat, élève de seconde au collège d'Avranches, s'est signalé dans le mois de juillet 1845 par un acte de courage et de dévouement digne des plus grands éloges.

Le jeune Verdel se baignait dans la rivière de la Sée, près du lieu où elle se jette dans la mer, lorsque la marée, l'atteignant tout à coup, l'entraîna au large. Il appelle à son secours; un de ses camarades, nommé Richard, s'élance, arrive jusqu'à lui; mais il ne peut vaincre le courant, et tous les deux vont disparaître.

Émile Leplat, âgé de dix-sept ans, se trouvait près de là; il se précipite dans la mer et cherche à porter secours à ses deux amis. Saisi au bras par Richard, qui se cramponnait à lui avec les mouvements convulsifs d'un homme qui se noie, il se débarrasse un instant; mais

aussitôt il est repris par les jambes. Il y eut alors un instant de lutte désespérée entre ces deux jeunes gens, dont l'un voulait sauver l'autre et qui allaient se perdre tous deux.

Leplat échappe enfin à cette étreinte mortelle; il ne se décourage pas par le danger qu'il vient de courir, et la fatigue qu'il commence à sentir ne lui fait pas abandonner sa résolution. Il persiste à suivre à la nage les deux infortunés, que le courant entraîne toujours. A la fin, une occasion favorable se présente; Leplat saisit Verdel par les cheveux, le conduit jusqu'à un banc de sable où il peut prendre pied, et lui soulève la tête hors de l'eau.

Verdel, après être resté quatorze heures sans connaissance, fut rendu à la vie. Malheureusement, Richard avait été emporté trop loin, et ce ne fut que le lendemain que le corps du pauvre jeune homme fut retrouvé sur la grève.

En récompense de son courageux dévouement, l'élève Leplat a été nommé immédiatement, par une ordonnance spéciale, boursier au collège de Caen.

EXERCICE.

A quel collège appartenait le jeune Émile Leplat ? — Qu'arriva-t-il au jeune Verdel, qui se baignait dans la rivière de la Sée, tout près de l'endroit où elle se jette dans la mer ? — Qui vint à son secours ? — Que fit le jeune Émile Leplat, en voyant ses deux camarades entraînés par le courant ? — Quel danger courut-il de la part de Richard ? — Se découragea-t-il ? — Qui parvint-il à sauver ? — Que devint l'infortuné Richard ? — Quelle récompense reçut le courageux jeune homme ?

La fête de Noël.

Un bon curé de Florence avait coutume de visiter, quelques jours avant la fête de Noël, les écoles de sa paroisse. Il recherchait quels avaient été, parmi les enfants appartenant à des familles pauvres, les élèves les plus dociles et les plus studieux; puis il désignait ceux qui figureraient dans la représentation qui se fait encore chaque année, pendant les fêtes de Noël, de diverses scènes pieuses relatives à la naissance et à l'enfance de Jésus, telles que l'adoration des bergers, l'arrivée des mages.

C'était un grand sujet d'émulation pour les enfants. Ceux qui avaient été choisis étaient joyeux et fiers d'une pareille distinction, désirée vivement aussi par les familles, et pour l'honneur qui en résultait, et pour le petit avantage qui y était attaché; car chaque enfant recevait le jour de la fête deux piastres (1) et un habillement neuf.

L'année 1840, le premier choix du bon curé tomba sur un petit garçon de huit ans, nommé Beppino. Une ex-

(1) La piastre vaut un peu plus de cinq francs.

pression de joie triomphante illumina la charmante figure du jeune enfant, lorsque le curé lui annonça qu'il était un des cinq élus et le premier de tous, sa conduite ayant été, durant toute l'année, parfaitement bonne.

— Que ma mère va être contente! dit-il en rougissant; et ses grands yeux noirs pleins de larmes se dirigèrent vers la porte, où étaient groupées plusieurs femmes empressées de savoir si leurs fils seraient du nombre des élèves récompensés.

Rosina, mère du jeune Beppino, était là, et son regard exprima à l'enfant sa vive satisfaction. Lorsque le curé sortit, elle s'approcha de lui : — Monsieur le curé, lui dit-elle, combien je vous remercie! Depuis la mort de mon mari, voilà la première fois que je me sens un peu de joie au cœur. Ce cher enfant s'était vraiment donné bien de la peine; il avait si bonne envie de gagner ces deux écus pour arranger un peu notre petite chambre, et je serai si contente de le voir paré d'un habillement neuf!

Le curé sourit avec bonté; il connaissait bien la demeure de la veuve. Quelle pauvre chambre, quel triste réduit du quartier n'avaient pas été visités par ce bon prêtre! — J'irai voir votre maisonnette, dit-il, quand elle sera arrangée; je veux mettre une image de la sainte Vierge au lit de Beppino. Que Dieu bénisse ce cher enfant! ajouta le curé en passant sa main vénérable sur les cheveux bouclés du petit garçon.

La mère et l'enfant s'en retournèrent gaiement au logis.

En face de leur demeure habitait une brave femme nommée Maria, qui entretenait par son travail sa mère âgée, infirme, et son fils Eugenio, compagnon d'école de Beppino.

L'état de maladie de plus en plus grave dans lequel la pauvre vieille se trouvait depuis quelques semaines avait empêché la jeune femme de se livrer à son travail de chaque jour. Le loyer était arriéré; il fallait songer à chercher un autre gîte; mais comment transporter la malade? La malheureuse ouvrière était assise sur le seuil de la porte et pleurait tout bas, tandis que Rosina rentrait bien joyeuse, tenant son enfant par la main. Voyant le chagrin de sa voisine, elle lui en demanda la cause, et pendant longtemps elles cherchèrent ensemble quelque expédient; mais aucun ne se présentait à leur esprit. Il fallait donner de l'argent d'ici à huit jours ou déménager; l'ouvrière n'avait pas un écu en avance, et Rosina ne gagnait que bien juste le pain de chaque jour pour elle et son enfant.

Rosina rentra chez elle; elle était devenue toute triste, la compassion des pauvres est si vraie, si profonde ! Elle répétait de temps en temps: — Voilà des gens bien affligés ! une malade obligée de déménager par cette saison! et n'y pouvoir rien !

Pendant la nuit, elle pensa à ses voisines, et ne put dormir; puis, tout à coup, frappée d'une pensée soudaine: — Je n'ai rien, se dit-elle; mais Beppino va recevoir deux piastres; si ces pauvres gens les avaient, cela les tirerait d'affaire; le propriétaire prendrait patience, Maria recommencerait à travailler, et tout s'arrangerait. Allons, voilà qui est décidé : j'irai trouver M. le curé, je le prierai de désigner le petit Eugenio à la place de mon fils; il y consentira sans peine, car Eugenio s'est aussi très bien conduit pendant toute l'année. Je raccommoderai de mon mieux la vieille blouse de Beppino, et la chambre sera arrangée une autre fois; elle est encore plus belle que l'étable où notre Sauveur est né !

Rosina, toute heureuse de cette bonne pensée, s'endormit alors tranquillement. Dès le matin, elle éveilla Beppino.

— Mon fils, lui dit-elle, tu es bien heureux, n'est-ce pas, d'avoir été nommé le premier par M. le curé?

— Oh! oui, ma mère; et puis, je serai si content de vous rapporter deux beaux écus.

— Dis-moi, mon enfant; tu connais notre vieille voisine qui est malade; si tu savais qu'on va la mettre à la porte de sa chambre parce qu'elle ne peut plus la payer, en serais-tu bien fâché?

— Je le crois bien, ma mère; elle est si bonne, notre pauvre voisine, et j'aime tant mon camarade Eugenio !

— Si tu pouvais empêcher cela, le ferais-tu?

— Oui, je vous assure; mais je ne peux pas.

— Tu te trompes, mon ami; cela se pourrait très bien, si nous priions M. le curé de désigner Eugenio à ta place, et de donner les deux écus à sa mère.

L'enfant réfléchit un instant :

— Vous avez raison, ma mère, dit-il; il faut demander cela à M. le curé, et je me conduirai si bien, que l'année prochaine j'espère être nommé encore et gagner les deux écus, qui seront pour vous.

La jeune femme embrassa tendrement son fils; puis elle alla chez le curé lui exposer l'affaire et le prier de nommer, à la place de son fils Beppino, le petit garçon de sa malheureuse voisine.

— Mais, ma pauvre femme, lui dit le curé qui l'avait écoutée avec une vive émotion, les deux écus vous seraient pourtant bien utiles.

— C'est vrai, monsieur le curé; mais enfin, on peut se passer d'arranger sa chambre, et aller à l'église sans habit neuf, tandis qu'un malade ne peut pas déménager au milieu de l'hiver ni loger en pleine rue : cela est tout clair. Je pourrais bien recevoir les deux écus et les offrir à ma voisine; mais elle craindrait de me gêner et ne voudrait pas les accepter.

— Eh bien, je ferai selon votre désir, et Dieu vous bénira ainsi que votre enfant.

— Voilà de la charité, se dit le bon curé en regardant la jeune femme s'éloigner toute joyeuse; voilà ce que je trouve bien souvent parmi les pauvres ! Mon Dieu ! qu'elle doit être agréable à vos yeux cette aumône de l'indigent qui partage de si bon cœur le peu qui suffit à peine à ses besoins les plus pressants.

Et il se rappela cette parole de Jésus, qui, voyant une pauvre veuve déposer son denier dans le tronc destiné à recevoir les aumônes, disait à ses disciples : « Cette veuve a donné plus que tous les autres; car ils ont donné de leur superflu, et celle-ci, dans son indigence, de son nécessaire. »

EXERCICE.

Dans quelle ville se passait le trait dont il s'agit ? — Dans quelle contrée est Florence ? — Que faisait, quelques jours avant la fête de Noël, un curé de cette ville ? — Quel usage existe encore en ce pays au temps des fêtes de Noël ? — Quel était l'objet des vifs désirs des enfants et de leurs familles ? — Pourquoi ? — Sur qui tomba en 1840 le premier choix du curé ? — Dites-nous quelque chose de la manière dont Beppino et sa mère reçurent cette nouvelle. — Que dit Rosina au curé ? — Quelles paroles lui adressa le curé ? — Qui demeurait en face de Rosina ? — Dans quel état retrouva-t-elle sa voisine en retournant chez elle ? — Quel était le sujet de chagrin de cette femme ? — Trouvèrent-elles ensemble quelque expédient ? — Que pensa Rosina rentrée chez elle ? — Quelles pensées l'agitèrent pendant la nuit ? — A quoi se résolut-elle ? — Qui alla-t-elle trouver le lendemain matin ? — Rapportez-nous les paroles de Rosina. — Quelle impression fit sur le curé la charité de cette pauvre femme? — Rapportez-nous les réflexions qu'il fit à ce sujet. — Quelles paroles du Sauveur se rappela-t-il ?

Le curé de Choisy.

Une scène touchante se passait le 8 septembre 1851 à Choisy-le-Roi, près de Paris.

On voyait sur la place publique l'appareil toujours attristant d'une vente judiciaire. Un mobilier fort simple y avait été apporté : là, le buffet qui avait longtemps renfermé les provisions du ménage; ici, des chaises grossièrement rempaillées; la table autour de laquelle, la veille encore, on prenait le modeste repas du soir; des ustensiles de cuisine, de mauvaises hardes, un peu de linge et jusqu'au petit fauteuil qui sans doute avait servi successivement à de nombreux enfants.

Ces objets et quelques autres de ceux qui constituent le mobilier strictement nécessaire d'une famille d'ouvriers vivant de son travail quotidien, venaient d'être enlevés de la demeure de pauvres gens que des circonstances malheureuses avaient mis hors d'état de payer leurs dettes.

Les enchères allaient s'ouvrir, quand l'huissier qui poursuivait la vente fut prévenu que M. le curé demandait à le voir.

L'huissier s'empressa de se rendre au presbytère.

— Monsieur, lui dit le curé, j'ai appris que vous étiez forcé de vendre les meubles d'un de mes paroissiens. A combien se monte sa dette? — A quatre cents francs, monsieur le curé, répondit l'huissier. — Cette somme est trop considérable pour mes faibles ressources, reprit le digne ecclésiastique; mais si votre client veut se contenter de deux cents francs, je les offre de bon cœur.

L'huissier déclara aussitôt qu'il intercéderait auprès du créancier, afin de le décider à ce sacrifice, et qu'en attendant il prenait sur lui de suspendre la vente; il se rendit sur-le-champ au lieu des enchères pour apprendre aux acheteurs ce qui s'était passé.

A cette nouvelle, un enthousiasme général s'empara de la foule; on reporta les meubles aux cris mille fois répétés de : Vive monsieur le curé !

De tels faits peuvent se passer de commentaires; les raconter c'est en faire l'éloge.

EXERCICE.

A quelle époque et où se passait la scène qu'on vient de raconter ? — Qu'éprouve-t-on naturellement à la vue d'une vente judiciaire ? — Le mobilier mis en vente était-il somptueux ? — Dites par quelles causes on peut être réduit à voir son mobilier vendu judiciairement. — Trouvez-vous dans ce récit un motif de croire que cette famille n'était pas tombé dans le malheur par sa faute ? — Racontez le dialogue du curé et de l'huissier. — Quelle impression produisit sur les habitants l'acte charitable de leur pasteur ?

L'ouragan de neige.

DIEU PROTÈGE CEUX QUI ONT CONFIANCE EN LUI.

— N'allez point au marché, ma mère, je vous en prie, n'y allez pas ce matin; regardez, le ciel est noir comme du charbon, et le vent est assez fort pour vous faire tomber de cheval; je suis sûre que nous allons avoir un ouragan de neige. Laissez là le marché, ma mère; le froid vous glacerait; ne sortez pas, je vous en supplie.

Ainsi parlait une jeune fille de seize ans à sa mère; celle-ci, restée veuve encore jeune, s'était retirée avec ses enfants dans une petite ferme du nord de l'Angleterre, qu'elle avait continué d'exploiter. On était alors au mois de février, et la veuve, comme on vient de le voir, s'apprêtait à se rendre au marché de la ville voisine.

Les supplications de sa fille ébranlèrent sa résolution; mais, après avoir réfléchi un moment, elle répliqua :

— Non, Agnès, non, mon enfant, je ne puis rester; il faut absolument que je parte. Les paniers sont faits, le vieux Tartar m'attend tout sellé à la porte, et l'intendant sera ici demain pour recevoir notre loyer; il nous a avertis : vous savez bien qu'il ne nous accorderait plus de délai. Oh! l'intendant est plus à craindre que l'ouragan.

La pauvre fille se tut, et ne répondit à ces paroles que par un regard suppliant.

Elle n'était pas la seule qui tremblât pour sa mère :

son frère, moins âgé qu'elle de deux ans, partageait ses craintes. Il était en ce moment occupé dans la cour à garder le cheval; ayant entendu la conversation qui précède, il regarda le ciel et y reconnut en effet les signes d'une tempête.

— Ma mère, dit-il aussitôt qu'elle parut, si vous tenez absolument à vous rendre au marché, permettez au moins que je vous accompagne. Je suivrai Tartar jusqu'à la ville, et en revenant je monterai en croupe; étant débarrassé de sa charge, il pourra bien nous porter tous deux. Agnès dit vrai: un ouragan se prépare; dans quelques heures d'ici, la terre sera couverte de neige. Vous ne pourrez jamais vous en tirer seule.

— Tranquillisez-vous, mon cher Stephen, repartit la veuve; j'ai plus d'expérience que votre sœur et vous sur les variations du temps. Calmez vos craintes; la journée ne sera pas aussi mauvaise que vous le croyez; il faut que quelqu'un reste pour veiller à la ferme, et c'est vous que ce soin regarde. Quant à Agnès, elle est nécessaire à la laiterie.

Disant cela, mistress Thorpe se mit en selle. Tartar, comme s'il avait été de l'avis des enfants, fit des difficultés pour quitter la maison; mais quelques coups de fouet bien appliqués le rendirent docile; il partit au trot et fut bientôt hors de vue.

Un vent glacial de nord-ouest balayait la route; la pauvre veuve grelottait sous son manteau, et ses dents claquaient; elle ne s'en applaudissait pas moins d'avoir eu le courage de résister aux prières de ses enfants. La neige, quoique toujours imminente, ne tomba point. Tartar une fois lancé, ne se ralentit plus, et fit si bien, qu'en moins de deux heures la fermière fut rendue à sa destination, qui se trouvait à plus de dix-huit kilomètres.

Notre voyageuse reconnaissante établit le brave cheval dans l'auberge de l'*Ange et la Couronne*, et se rendit au marché. Elle eut bientôt trouvé de nombreuses pratiques; car les produits de sa laiterie étaient renommés dans la contrée, et d'ailleurs peu de fermières avaient eu comme elle le courage de braver le mauvais temps. Beurre, lait, fromages, tout fut vendu en peu d'heures; elle se hâta de terminer ses autres affaires, et se disposa à repartir vers quatre heures du soir.

Cependant, l'état de l'atmosphère devenait de plus en plus alarmant; une brume livide obscurcissait l'air, et le vent faisait entendre des sifflements lamentables.

— Vous risquez fort en vous mettant en route, dit l'hôtesse à mistress Thorpe, lorsque celle-ci demanda son cheval; vous feriez mieux de rester avec nous cette nuit; vos enfants ne peuvent vous attendre par ce temps. Restez, vous partirez demain matin d'aussi bonne heure qu'il vous plaira; au moins vous verrez clair devant vous. La route est dangereuse d'ici à votre village, et je n'ai jamais vu soirée si effroyable. Allons, asseyez-vous là sur ce banc et laissez-vous préparer un lit.

— Non, répondit la bonne mère; mes enfants mourraient d'inquiétude s'ils ne me voyaient pas revenir cette nuit. Soyez tranquille, j'ai de la force et du courage, et j'arriverai.

Sur ce, saluant l'hôtesse, elle sauta sur son cheval et partit. A peine s'était-elle éloignée, que la neige, qui avait menacé toute la journée, tomba avec violence. Le jour disparut sous ce voile; nul objet n'était visible, si ce n'est les grandes flèches de la cathédrale, qui se montraient au milieu de l'obscurité. Bientôt elles s'évanouirent elles-mêmes dans les ténèbres.

La voyageuse eut un moment d'hésitation. Retournera-t-elle à l'hôtel? Mais non; plus le danger était grand, plus devait être terrible l'anxiété de ses enfants, et plus sa présence était nécessaire pour les tranquilliser. Elle adressa quelques mots d'encouragement à Tartar, et l'excita de toutes ses forces.

Cependant la nuit était venue, et les pauvres enfants veillaient, en proie à une mortelle inquiétude. Même les plus petits (car il y en avait deux plus jeunes qu'Agnès et Stephen) avaient supplié qu'on les laissât attendre avec les aînés que leur mère fût revenue; ils étaient tous assis autour du foyer, écoutant en silence les sauvages mugissements de la tempête et craignant de se communiquer leurs pensées. De temps en temps, Stephen allait regarder à la porte et revenait un instant après, le visage aussi blanc que la neige qui couvrait la terre.

— Je ne puis rester ici plus longtemps, dit enfin Stephen; il faut que j'aille à la rencontre de ma mère.

Allumez la lanterne, Agnès, pendant que je prendrai ma veste et mon chapeau.

— Comment pourrez-vous marcher dans une telle nuit et sous cette neige ? répondit Agnès ; vous ne pourrez jamais reconnaître votre chemin. Si vous alliez tomber dans quelque fondrière ! Peut-être, ajouta-t-elle, comme frappée d'une idée subite, peut-être ma mère est-elle restée en ville. Oh ! oui, nous nous alarmons sans doute à tort.

— Non, dit le jeune homme, elle n'y sera point restée, soyez-en sûre ; elle n'aura pas voulu nous laisser dans l'inquiétude, et elle se sera mise en route. N'essayez pas de me retenir ; il ne faut pas qu'elle périsse quand j'ai la force de la sauver.

Agnès se résigna en soupirant ; elle alluma la lanterne, roula son châle au cou du jeune homme et l'embrassa en pleurant. Stephen s'élança hors de la maison.

Mais comment, dans cette nuit profonde et au milieu de ces tourbillons de neige, pourra-t-il distinguer sa route ?... il ne songe point aux difficultés ; il avance courageusement, s'arrête à chaque instant pour écouter, appelle sa mère à grands cris ; mais sa voix se perd dans les mugissements de la tempête. Le vent soulève la neige et l'amoncelle en tourbillonnant devant ses pas ; n'importe, la pensée de sa mère soutient son courage. Il attache son fanal au bout de son bâton et l'élève aussi haut qu'il peut, dans l'espoir qu'elle l'apercevra de loin. Pauvre enfant ! il oublie que, dans l'atmosphère épaissie par la neige, cette faible lumière n'est plus visible à quelques pas de lui.

Comme il était ainsi arrêté, une grande figure noire, qu'il prit pour un cheval, sembla passer à une petite distance de lui. Il courut de ce côté... la figure avait subitement disparu.

— Mère ! mère ! cria-t-il, arrêtez, c'est moi, c'est votre fils Stephen ! ô mère ! répondez-moi !

Aucune voix ne répondit ; mais il crut entendre un bruit confus, pareil au galop d'un cheval.

— Ce ne peut-être, dit-il, que Tartar. Ma mère a rabattu son capuchon sur sa tête, et c'est sans doute ce qui l'aura empêché de m'entendre et d'apercevoir mon fanal ; je n'ai qu'à retourner à la maison. Et il revint sur ses pas.

Mais le retour n'était pas facile. Le vent qui soufflait dans cette direction lui fouettait la neige dans les yeux; la lumière s'éteignit. Comment se reconnaître maintenant?

La route avait complètement disparu sous la neige; on ne voyait plus qu'une nappe blanche et unie, et cette surface cachait plus d'un abîme. Stephen sentit son sang se glacer; toutefois la pensée que sa mère devait être de retour et l'attendait sans doute lui rendit des forces, et il s'achemina de son mieux vers la maison.

Pendant ce temps-là, Agnès et ses jeunes sœurs ne cessaient de prier Dieu. — Seigneur, disaient-elles, vous nous avez enlevé notre père; conservez-nous notre bonne mère, et ne nous laissez pas seules en ce monde!

Revenons à mistress Thorpe. Nous l'avons laissée à quelque distance de la ville, résolue à poursuivre son voyage et encourageant Tartar du geste et de la voix; elle arriva avec mille peines à un petit chemin creux non loin de l'endroit où Stephen s'était arrêté. Là, son cheval s'effraya d'un arbre que la tempête avait jeté en travers de la route, et refusa d'avancer; plus elle voulait le pousser, plus il se cabrait. Craignant que dans ses mouvements désordonnés il ne la précipitât dans un des fossés qui longeaient la route, elle mit pied à terre et voulut le conduire par la bride. L'animal regimba encore, cassa la bride et s'échappa à travers les champs.

La fermière fit tous ses efforts pour courir après lui; mais, roidie par la gelée, elle ne pouvait plus marcher dans la neige épaisse qui couvrait la terre. Près d'elle s'élevait un buisson d'épines et de ronces dont les branches formaient une espèce de voûte et avaient garanti un petit espace de terre, le seul qui ne fût pas couvert de neige. L'infortunée se traîna jusque-là et s'y blottit. Dans cette immobilité complète, le froid acheva de l'engourdir, et elle eut bientôt perdu l'usage de ses sens.

Quand elle revint à elle, la neige, qui avait continué à tomber avec violence, s'était amoncelée autour du buisson et l'avait recouverte presque complètement. La pauvre femme se trouvait ensevelie dans une sorte de tombeau glacé. Elle essaya de se lever; mais ses vêtements entièrement gelés l'empêchaient de faire aucun mouvement; ses membres d'ailleurs étaient comme paralysés.

Cette situation était affreuse. Toutefois la pieuse mère ne désespéra pas de la Providence; elle se mit à prier ardemment, demandant à Dieu de ne pas rendre ses enfants orphelins. Sa prière lui donna du calme et du courage, et elle attendit sa délivrance, pensant bien qu'on ne manquerait pas de la chercher de tous côtés.

Cependant, le jour était venu. La pauvre créature écoutait le son des cloches de son village, distant d'environ deux kilomètres; le bruit des voitures et des charrettes qui passaient sur la route, voisine du buisson; le bêlement des moutons et l'aboiement des chiens frappaient à chaque instant ses oreilles. Vainement elle voulait appeler du secours; sa voix glacée par le froid était si faible, qu'elle ne pouvait se faire entendre seulement à quelques pas.

Le soir approchait, et le secours ne venait point. — Mon Dieu! disait la malheureuse femme, je sens que mes forces s'en vont et qu'il faudra que je meure ici. Mes chers enfants, qu'allez-vous devenir? Mon Dieu! je les remets entre vos mains. Vous m'avez soutenue quand j'ai perdu mon pauvre William, et que je me croyais abandonnée en ce monde; vous les protégerez aussi. Elle laissa tomber sa tête sur sa poitrine et attendit la mort.

Stephen, comme nous l'avons dit, avait repris sa route vers la maison, dans l'espérance que sa mère y serait revenue avant lui; il y arriva enfin après bien des fatigues, comme le jour paraissait, et heurta violemment à la porte. Agnès accourut l'ouvrir.

— Où est ma mère? dit-il; j'ai vu Tartar, il doit être ici.
— Oui, répondit tristement Agnès.
— Avec ma mère?
— Non, seul!

Les quatre enfants éclatèrent en sanglots; ils coururent chez leurs plus proches voisins raconter leur infortune. On s'intéressa à leur sort et l'on se mit à la recherche de mistress Thorpe; la route fut explorée en tous sens; mais tous les efforts furent inutiles. Stephen, désespéré, reprit avec ses voisins le chemin de la ferme.

Cependant, le vieux chien de la maison, qui les avait accompagnés et qui flairait depuis longtemps sur la neige, quitta tout à coup la route et courut vers une butte de neige que dépassaient çà et là des branches de ronces.

Arrivé là, il se met à gratter avec ardeur, puis à aboyer. On le suit, on écarte la neige ; le chien redouble ses cris. Stephen met sa tête à l'ouverture... Quelle est son émotion en apercevant sa mère étendue à terre et évanouie sous une voûte de neige suspendue au-dessus d'elle par les branches du buisson !

En un instant, la malheureuse femme fut dégagée et Stephen se précipita sur elle :

— Mère ! mère ! s'écria-t-il ; voici Stephen votre fils.

Mistress Thorpe ouvrit lentement les yeux et regarda son fils sans pouvoir prononcer une parole.

— Elle vit ! elle vit ! dit-il ; courez vite au village et ramenez une voiture !

Ses désirs furent promptement exaucés ; tout le village descendit bientôt sur les lieux. La malade fut enveloppée de couvertures de laine et transportée doucement chez elle. Quelques gouttes d'eau-de-vie la ranimèrent et lui donnèrent la force de supporter le voyage ; on la déposa dans un lit bien chaud. Au bout de quelques jours, grâce aux bons soins de ses enfants et à la science du médecin, ses forces se rétablirent, et, avec le temps, elle recouvra complètement la santé.

Dieu avait exaucé les ferventes prières des enfants et de la mère.

EXERCICE.

Dans quel pays habitait la famille dont on vient de parler? — Quelle prière adressait la jeune fille à sa mère? — Dans quelle situation était cette femme? — Que se proposait-elle de faire? — Se rendit-elle aux prières de sa fille? — Que lui dit aussi son fils? — Quel était le sujet de leurs craintes? — Que répondit la mère et que fit-elle? — Racontez-moi le trajet de la pauvre femme. — Que fit-elle au marché? — Quel était l'état de l'atmosphère vers quatre heures du soir? — Quel conseil donna l'aubergiste à la fermière? — Que répondit celle-ci? — Que faisaient pendant ce temps-là les enfants restés à la ferme? — Que fit enfin Stephen, dévoré d'inquiétude? — Quelles difficultés éprouva-t-il, lorsqu'il se fut mis en route pour aller au-devant de sa mère? — Qui passa rapidement près de lui? — Que pensa-t-il à ce sujet? — A quoi se détermina-t-il? — Pouvait-il retrouver facilement sa route? — De quelle manière mistress Thorpe avait-elle poursuivi son chemin? — Qu'arriva-t-il lorsque son cheval se cabra et refusa d'avancer? — Où la pauvre femme tomba-t-elle évanouie? — Dans quelle position se trouva-t-elle en recouvrant ses sens? — S'abandonna-t-elle au désespoir? — Quelles étaient ses pensées? — Pour qui pria-t-elle? — Que s'était-il passé lorsque Stephen était arrivé à la ferme? — Que découvrirent enfin Stephen et ceux qui s'étaient unis à lui pour chercher sa mère? — En quel état se trouvait-elle? — Quels soins lui furent donnés? — Aux prières de qui Dieu rendit-il la pauvre femme?

Le cordonnier de Livourne (1).

Maître Dominique, petit vieillard vigoureux, actif, d'une probité à l'épreuve et d'une bonne humeur constante, habite avec sa famille une des plus pauvres maisons de la ville de Livourne; il l'occupe tout entière, mais elle est fort exiguë. Le rez-de-chaussée étroit, attenant à l'allée obscure qui sert d'entrée, loge la table grossière sur laquelle sont posés des cuirs, des formes de souliers, et tous les instruments du métier; car Dominique est cordonnier. Le dessous de l'escalier lui sert de magasin. Vous voyez que rien ne manque, boutique, arrière-boutique, logement au premier, tout comme chez les artistes à la mode.

(1) L'honnête et digne ouvrier dont il est ici question, exerce encore à Livourne sa modeste profession.

Mais Dominique est le cordonnier des pauvres; il confectionne de gros et fort souliers, et une grande partie de son temps est employée à raccommoder le vieux.

De beaux vitrages n'ornent pas le devant de sa boutique, et des sièges d'acajou n'attendent pas les pratiques; il n'a point de lampe dorée et alimentée par le gaz. Les riches lui donnent le nom de savetier; mais, pour ses modestes pratiques, il est cordonnier. Quand il a fait une paire de souliers bien épais, de bonne peau de cheval, avec la semelle toute garnie de clous à tête, pour qu'ils durent le plus longtemps possible, c'est un artiste parfait; et lorsqu'il a confectionné avec soin, pour la jeune ouvrière, les souliers du dimanche, quoiqu'ils ne soient ni de maroquin ni de peau vernie, maître Dominique peut passer pour un cordonnier élégant. Tel est du moins l'avis de tous les braves gens qui font usage de ses talents, et qui les apprécient d'autant plus, qu'avec lui, il y a toujours moyen de s'arranger pour le paiement. Il consent volontiers à recevoir par petites sommes le prix de son travail, lorsque l'acheteur ne peut pas s'acquitter tout de suite.

Afin de se tirer un peu mieux d'affaire, Dominique fait encore du négoce : ainsi, il est marchand de charbon, de braise, d'allumettes, d'ail et d'oignons; on trouve même chez lui des œufs frais chaque fois que la poule blanche, sa fidèle compagne, vient en déposer sous l'escalier.

Les pratiques ne manquent jamais pour ce dernier article; car il y a toujours quelque malade qui attend l'œuf de maître Dominique; cependant, cette branche de commerce lui rapporte peu, ou plutôt il y perd, quoiqu'il ne lui reste jamais rien en magasin, et que la poule ne vive guère que de ce qu'elle trouve çà et là dans les balayures de la rue. C'est que le bon Dominique, qui connaît la position de ses voisins, dit souvent à la petite fille qui vient pieds nus chercher le déjeuner de sa mère malade : — Ceci, je ne le vends pas; dis à ta mère qu'elle le mange à ma santé, et si demain la poule en pond un autre, ce sera encore pour toi.

Montons maintenant au premier et dernier étage, où se tient la femme de Dominique, presque toujours malade, mais qui s'occupe cependant de son mieux à filer, à coudre et à border les souliers. Ces braves gens ont une seule fille, infirme dès l'enfance par suite de convulsions. La pauvre créature ne se remue qu'avec difficulté et son intelligence est très bornée; elle ne peut aider sa mère en aucune façon, et a même souvent besoin de son assistance. Cependant, la maisonnette est propre et bien tenue; maître Dominique se ferait conscience de 'aisser son logis en désordre; car la pauvreté n'excuse pas la saleté, qui n'est d'ordinaire que le résultat de la négligence et de la paresse.

Outre la cuisine et les deux petites chambres, Dominique a encore une pièce plus vaste et mieux arrangée, qu'habite depuis longtemps la vieille Nathalie; c'est une bonne créature qui a toujours mené une vie retirée comme jeune fille et comme femme mariée, ne connaissant presque personne, éprouvant peu de jouissances et peu de peines dans son existence monotone et tranquille.

Comme son mari était à peu près de la même nature, et qu'elle n'avait pas eu d'enfant qui vînt éveiller dans son âme le sentiment vif et profond de l'amour maternel, elle avait conservé ce calme parfait jusque dans sa vieillesse; mais après la mort de son mari, qui lui laissait une petite fortune, elle fut circonvenue et dupée par des gens avides, perdit peu à peu presque tout ce qu'elle avait, et enfin se vit obligée de sortir de la maison où elle avait longtemps vécu dans l'aisance, pour aller chercher quelque coin où elle pût subsister avec le peu qui lui restait encore. Heureusement pour cette femme, maître Dominique était son cordonnier; ce fut à lui qu'elle confia ses malheurs.

— Vous voyez où j'en suis, lui dit-elle; avec le peu d'argent que j'ai conservé et celui que je peux tirer de mon mobilier, j'aurai de quoi vivre deux ou trois ans. Puis arrivera ce qui pourra; je suis vieille, je mourrai bientôt, ou j'irai à l'hôpital. Je voudrais au moins, en attendant, passer quelques années en paix chez de braves gens qui eussent compassion de moi. Je ne suis plus capable de faire moi-même mes affaires; si personne ne m'assiste, si vous n'avez pas pitié de moi, je n'ai plus qu'à mourir de chagrin.

En disant ces mots, elle pleurait amèrement. Le cordonnier fut ému de sa douleur; il resta quelques instants tout pensif, puis il lui dit d'un ton décidé :

— Eh bien ! si vous vous trouvez sans asile et que vous n'ayez personne pour vous donner conseil, je ne vois aucune difficulté pour ma part à ce que vous veniez demeurer avec nous. Quant à ma femme... il n'y a rien à craindre... Prenez donc courage, et si vous vous contentez de notre maisonnette, nous nous resserrerons un peu, et il y aura place pour tous.

La pauvre femme n'osait en croire ses oreilles ; elle accepta avec empressement.

Ainsi dit, ainsi fait. Dominique se mit en devoir de vendre le mieux possible les meubles et les effets qui n'étaient pas nécessaires à Nathalie ; il transporta le reste chez lui et installa aussitôt notre veuve dans la chambre préparée par sa femme, qui la reçut avec la plus grande cordialité.

Le cordonnier ne voulut rien accepter pour le loyer ; il fut convenu seulement que Nathalie ferait les dépenses nécessaires pour sa nourriture, et les choses furent si bien organisées, que son petit pécule dura beaucoup plus longtemps qu'elle ne l'avait espéré. Elle se trouvait d'abord si heureuse des bons soins et de l'affection de ses hôtes, qu'elle ne s'inquiétait pas de l'avenir, bien qu'il dût arriver un moment où ses ressources seraient complètement épuisées.

Ce jour que Dominique prévoyait depuis quelque temps sans rien dire, arriva cependant, et lorsque la pauvre Nathalie, s'apercevant de sa détresse, parla de demander une place à l'hospice, Dominique s'y opposa résolument.

Vous êtes désormais de la famille, lui dit-il ; il y a tant d'années que vous êtes avec nous ! Qu'est-ce que signifient ces scrupules-là ? Non, non, vous ne nous quitterez pas ; ce serait nous faire un grand chagrin, et nous croirions que vous vous êtes trouvée trop mal chez nous.

A partir de ce moment, Nathalie fut comprise dans la famille et resta complètement à la charge de Dominique, entourée des mêmes soins et des mêmes attentions qu'auparavant. Les choses se passaient de la sorte depuis longtemps, lorsqu'un beau jour, un marin s'arrêta devant la boutique du cordonnier et lui demanda s'il connaissait une certaine Nathalie.

— Je le crois bien, dit Dominique ; elle demeure chez moi.

A la bonne heure ! me voici donc au port ; il y a cinq jours que je cours par Livourne, et personne ne pouvait me dire où elle demeurait. Quelques-uns même prétendaient qu'elle était morte. A quel étage la trouverai-je ?

— Montez l'escalier ; il n'y a qu'un étage. Voulez-vous que je vous accompagne ?

— Merci, ce n'est pas la peine ; Nathalie me connaît, et j'ai une bonne nouvelle à lui donner.

Le marin franchit l'étroit escalier avec l'agilité qui est propre aux gens de mer. Avant que Dominique eût eu le temps de crier à sa femme que quelqu'un demandait Nathalie, l'inconnu entrait dans la cuisine, où il trouva la veuve assise au coin de la cheminée.

Me voici, lui dit-il sans préambule ; mieux vaut tard que jamais. Voyons, me reconnaissez-vous ?.... Comment ! vous ne reconnaissez pas le bonhomme Jacques ?

Quoi ! c'est vous ? réellement vous ! Qui l'aurait jamais cru, après tant d'années ?

— La mer a bien fait des siennes ; mais, bah ! le timonier a toujours tenu bon. Si j'avais retrouvé de même votre mari, le brave Mathieu ! Hélas ! le pauvre homme... on m'a conté cela... Enfin, ce qui est arrivé est arrivé. Patience ! Maintenant écoutez-moi, parce que je suis pressé. Quand je reviendrai de ce voyage-ci, nous discourrons plus à notre aise.

Et il s'approcha d'elle comme pour lui parler en secret. La femme du cordonnier, voyant cela, se retira dans sa chambre avec sa fille ; alors le marin tira de sa poche une bourse de peau :

— Tenez, dit-il à Nathalie en la jetant dans son tablier, voici les cent piastres que votre pauvre mari avait mises dans notre affaire, avec quatre cents autres qui lui reviennent pour sa part du gain que nous avons fait. Le commerce a prospéré, si ce n'est qu'il nous a fallu six ans pour ce que nous croyions faire en dix-huit mois. Oh ! la mer est bien trompeuse ! Au retour, je vous conterai tout cela. Soyez tranquille, nous nous reverrons.

Et le marin disparut comme l'éclair. Nathalie était stupéfaite ; elle se rappelait en effet que son mari avait eu quelques intérêts dans une affaire que conduisait Jacques ! Mais il y avait bien longtemps, et il ne lui était jamais venu à l'esprit que cet honnête marin dût revenir quelque jour pour s'informer d'elle et lui rapporter tant d'argent. Elle était encore là, immobile à la même place, la bourse dans son tablier, les mains jointes, les yeux tournés vers la porte, lorsque maître Dominique, poussé par un petit mouvement de curiosité, parut sur le seuil.

— Vous voilà bien à propos, lui dit Nathalie; il m'arrive une chose !... je ne sais pas encore où j'en suis... C'est de l'argent ; regardez un peu.

Et elle lui donnait la bourse, en lui racontant ce qui venait de se passer.

— En vérité, voilà de bel et bon or ; mais comme je n'ai jamais eu de ces monnaies-là, je ne sais pas ce qu'elles valent. Prenez une pièce, et venez la changer avec moi.

— Faites-moi le plaisir de vous charger de cela ; puis vous me serrerez le reste après que vous aurez pris ce que vous avez dépensé pour moi. Seulement, promettez-moi que vous continuerez à organiser mes petites dépenses. Et puis, par la suite...

Qu'est-ce que vous voulez dire? N'allez pas penser que je veuille...

— Je sais ce que je dis, moi, et si ce n'est pas pour vous, au moins ce sera pour votre fille ; et puisque cette bonne fortune m'est arrivée, à moi à qui vous avez rendu tant de services, il est juste qu'elle nous profite à tous.

— Écoutez, Nathalie, je vais d'abord faire ce que vous m'avez dit ; ensuite nous placerons la bourse dans ma cachette du dessous de l'escalier, où, à coup sûr, personne n'irait chercher de l'argent.

La bourse fut en effet déposée dans le trou noir, et le brave cordonnier, pour faire les dépenses de Nathalie, changeait à peu près tous les deux mois une pièce d'or. Malheureusement Dominique ne savait pas qu'il existe à Livourne, comme dans les villes de France, une caisse d'épargne (1); s'il avait connu cette utile institution, il

---

(1) Voir ci-après, IIe partie.

aurait conseillé à Nathalie de déposer là son argent pour en tirer quelque profit et ne pas manger ses fonds peu à peu. Hélas ! il n'en avait jamais entendu parler. La connaissance des institutions utiles ne parvient souvent que bien tard aux oreilles du pauvre.

Mais si Dominique ne savait pas le moyen de placer cet argent, sa charité lui inspira la pensée de le rendre utile à de bonnes gens qui se trouvaient dans une position semblable à la sienne ; ayant appris qu'un honnête père de famille de sa connaissance était dans la peine, que le prêt de quelques écus pouvait le tirer d'un mauvais pas, et qu'il y avait toute sûreté pour la rentrée de cet argent, il obtint le consentement de Nathalie pour lui faire ce prêt sans aucun intérêt. La chose se passa à merveille, et le pauvre ouvrier fut exact à restituer la somme.

Il se présenta un grand nombre d'occasions semblables, et lorsqu'il ne s'agissait pas de réparer un désastre imprévu, mais d'aider à une petite entreprise, les sommes prêtées produisaient un modique intérêt. Le cordonnier, muni des pleins pouvoirs de Nathalie, conduisit tout cela avec tant d'intelligence, que les pertes furent très minimes et que le capital ne se trouva jamais entamé.

Parmi les précautions dont il usait, il avait celle de ne prêter, sous aucun prétexte, à ceux qui avaient l'habitude du jeu, ou qui fréquentaient les cabarets, car il savait bien qu'on ne trouve pas ordinairement beaucoup de probité chez ceux qui sont esclaves de ces tristes vices.

Le mode que Dominique employait pour enregistrer au fur et à mesure les débiteurs de Nathalie était une chose tout à fait curieuse ; ne sachant ni lire ni écrire, il avait imaginé de tracer sur une feuille de papier des signes bizarres, de véritables hiéroglyphes (1), au moyen desquels il retrouvait le nom des personnes, les dates et les sommes. Toutefois, quoiqu'il parvînt à s'y reconnaître à force d'attention et de soin, les embarras d'une pareille méthode lui faisaient sentir bien vivement les avantages de l'instruction, que malheureusement, dans sa jeunesse, on ne recevait pas aussi facilement qu'aujourd'hui.

(1) Caractères symboliques de l'ancienne écriture égyptienne.

D'ailleurs, il avait souvent occasion de voir ses débiteurs ; car aucun d'eux ne cherchait à l'éviter. Si quelque ouvrier ne pouvait pas rembourser la somme au jour fixé, il allait tout simplement lui dire : — Aujourd'hui, cela m'est impossible ; je vous apporterai l'argent la semaine prochaine. Et le bon cordonnier attendait sans difficulté et en toute confiance.

Les choses marchaient ainsi à merveille, et l'on pouvait dire que Nathalie avait désormais son existence assurée, lorsqu'elle fut tout à coup attaquée d'une inflammation de poitrine qui l'enleva en cinq jours. On peut se figurer quels soins empressés elle reçut de ses hôtes, et combien leur affliction fut vive et sincère ; ils n'eussent pu faire rien de plus pour une proche parente.

L'intelligence de Nathalie avait toujours été s'affaiblissant à mesure qu'elle prenait des années. Cependant, l'affection toute particulière qu'elle avait conçue pour la pauvre fille de Dominique n'avait fait que s'accroître ; sans aucun doute, et suivant toute justice, elle avait l'intention de faire quelque disposition en sa faveur ; mais par malheur, dès qu'elle tomba malade, elle perdit l'usage de la raison et de la parole, et mourut sans pouvoir manifester en aucune manière ses dernières volontés.

Le brave Dominique se mit donc en mesure de chercher quelques parents éloignés qui devaient être les héritiers de la veuve, mais qui ne s'étaient jamais souciés d'entretenir avec elle aucune relation.

Ceux-ci chargèrent de leurs intérêts un notaire, qui se rendit à la maison de Dominique pour dresser l'inventaire de tout ce qui avait appartenu à Nathalie, bien persuadé qu'il trouverait à peine de quoi se payer lui-même de ses frais. Les effets qu'il vit dans la chambre de la défunte n'étaient pas propres assurément à changer son opinion ; il redescendait l'escalier, peu satisfait du résultat, lorsque Dominique parut et lui demanda s'il avait bien pris note de toutes choses.

— Sans doute, mon brave homme, répondit-il et, comme vous voyez, la besogne n'était pas longue. Si vous avez quelque chose à réclamer, vous courez grand risque de tout perdre.

— Non, non, répondit le cordonnier ; mais attendez un peu.

Aussitôt il courut à la cachette, en tira la bourse de cuir, et la donnant au notaire :

— Il y a là, dit-il, près de deux milles livres en monnaie d'or ; cette somme appartenait à la pauvre Nathalie, qui me l'avait donnée en garde. Faites-moi la grâce de m'ôter ce souci-là de l'esprit.

Puis, il tira de son sein la feuille sur laquelle étaient inscrits tous les débiteurs de la défunte, et ajouta : — Il y aura encore à recevoir quelques petites sommes. Nathalie, que Dieu l'en récompense ! m'autorisait à prêter aux pauvres du voisinage, à qui cela rendait grand service. Il faudra attendre un peu, parce que ces braves gens n'auront pas l'argent tout de suite à leur disposition.

Le notaire, étonné de cette déclaration, et ne comprenant rien aux signes étranges qui encombraient, en place de mots, la feuille du cordonnier, remonta avec lui, se fit expliquer la liste des débiteurs, et remplit toutes les formalités nécessaires ; puis, il se retira fort heureux de la conclusion si inattendue de sa visite et louant la probité du cordonnier, qui repoussait tout éloge et répondait :

— C'est tout simple ; un honnête homme ne doit pas retenir le bien des autres.

Maître Dominique recouvra peu à peu les petites créances de Nathalie et les remit au notaire ; celui-ci le remercia au nom des héritiers, et lui remit la modique somme de quarante francs, à titre de récompense. Dominique reçut cet argent en toute simplicité, et, sans en dire davantage, il reprit le chemin de sa maisonnette. Seulement, en rentrant chez lui, il regarda sa pauvre fille, et dit avec un soupir :

— Que deviendra cette infortunée créature, si nous ne pouvons pas lui laisser après nous quelque peu de revenu ?... Hélas ! un secours avait semblé nous être préparé... mais le ciel ne l'a pas voulu !

Puis, relevant la tête et regardant la table chargée de cuirs, il reprit en main son ouvrage, et sembla redoubler, depuis ce jour, d'activité et de courage, sans qu'il lui soit jamais venu à la pensée de regretter d'avoir suivi la voix de sa conscience.

On voit toujours Dominique à son même rez-de-chaussée; il travaille avec plus d'ardeur encore qu'autrefois, et son seul désir est de mettre de côté quelques épargnes pour assurer l'existence de sa fille.

EXERCICE.

Dites-nous ce qu'était maître Dominique. — Décrivez-nous son habitation. Quelle profession exerçait-il? — Pour qui travaillait-il? — De quelle façon traitait-il ses pratiques? — Quelle industrie ajoutait-il au métier qu'il exerçait? — Expliquez-nous comment une des branches de son commerce ne lui procurait aucun gain. — Dites-nous quelque chose de la famille et de l'intérieur de Dominique. — Qui habitait une des chambres de la maison du cordonnier? — Quelle était cette femme? — Dans quelle situation s'était-elle trouvée après la mort de son mari? — Comment s'adressa-t-elle à Dominique? — Que résulta-t-il de là? — Comment le bon ouvrier l'établit-il chez lui? — Qu'arriva-t-il au bout d'un certain temps? — Racontez-nous quelle fut la conduite de Dominique en cette occasion. — Qui arriva un jour pour parler à Nathalie? — Parlez-nous de la visite du marin et de ses conséquences. — Que décidèrent ensemble Dominique et Nathalie? — Quelle institution leur eût-il été utile de connaître en ce moment? — Quelle pensée la charité de Dominique lui inspira-t-elle? — Dites-nous la manière ingénieuse dont il administrait la petite fortune de Nathalie. — Comment tenait-il ses comptes? — Cela lui faisait-il sentir les avantages de l'instruction? — Était-il redouté de ses débiteurs? — Quel malheur arriva tout à coup? — Comment Nathalie ne put-elle pas exécuter les bonnes intentions qu'elle avait en faveur de la pauvre fille de Dominique? — Que fit Dominique après la mort de Nathalie? — Parlez-nous de l'inventaire du notaire et de ce qui se passa entre lui et le cordonnier. — Que pensa-t-il de la conduite de Dominique? — Comment se termina toute cette affaire? — Quelle récompense reçut Dominique? — Trouvez-vous qu'elle fût en rapport avec sa belle conduite? — Quel sentiment éprouva-t-il en rentrant chez lui? — Que fit-il depuis ce jour? — Regretta-t-il jamais ce qu'il avait fait?

Mort héroïque d'un enfant.

Le 9 juillet 1852, chacun était joyeux dans la pauvre chaumière d'André Gilles, honnête et laborieux ouvrier du petit village de Berville (Seine-et-Oise). Son fils Léopold revenait de la petite pension où il avait fait sa première communion l'année précédente, et mérité par son travail et sa bonne conduite toute l'affection de ses excellents maîtres. Âgé de treize ans et demi à peine, il était déjà la joie et l'espoir de son père, qui voyait en lui un futur instituteur; sa mère était fière de ses progrès, des prix qu'il venait d'obtenir, et sa petite sœur de trois ans, qu'il aimait de tout son cœur, lui témoignait sa gaieté par ses gambades et ses caresses.

Le frugal repas du soir, assaisonné par l'appétit des convives, animé par les rires des enfants, se termina de bonne heure. Gilles et sa femme, qui, pendant toute une journée de chaleur accablante, s'étaient livrés aux premiers travaux de la moisson, se hâtèrent de mettre la petite fille dans son berceau; Léopold fit la prière à haute voix comme il en avait l'habitude à l'école, et bientôt chacun dans la chaumière dormait d'un profond et paisible sommeil.

Que se passa-t-il alors à côté de la famille endormie? Une étincelle était-elle tombée inaperçue sur la paille du grenier? quelque passant avait-il secoué sa pipe par mégarde? un misérable avait-il allumé à dessein l'incendie? Nul ne le sait. Soudain une lueur sinistre resplendit aux fenêtres de la chaumière; les flammes qui pétillent, la fumée qui s'élance, l'air qui s'embrase, réveillent en sursaut Gilles et sa femme. Tous deux se jettent hors du lit, ouvrent la porte et courent au dehors appeler du secours. Léopold les a suivis; mais à peine

sont-ils sur le seuil, que le feu, activé par la brise du soir, a déjà enveloppé le toit de chaume, le grenier rempli de paille et les solives du plafond. A cet affreux spectacle, les deux parents restent immobiles, saisis d'horreur. — Et ma petite sœur! s'écrie Léopold. Aussitôt il rentre dans la maison embrasée; il pénètre sans hésiter à travers la flamme et la fumée, court jusqu'au berceau, et saisit dans ses bras la petite fille qui s'éveillait à peine.

Dieu réservait à l'héroïque enfant une couronne plus belle que les récompenses d'ici-bas.

Tout à coup, l'incendie redouble. Un craquement terrible se fait entendre. La chaumière s'écroule dans un tourbillon de flammes, et ensevelit sous ses décombres le frère et la sœur. On retrouva le corps à demi consumé du jeune garçon qui serrait encore sur son cœur celle pour qui il avait donné sa vie. Les deux anges étaient montés au ciel en se tenant la main.

EXERCICE.

De quelles personnes se composait la famille Gilles? — Comment le jeune Léopold avait-il mérité l'affection de ses maîtres? — Comment se passa la soirée du 9 juillet? — Quel événement vint troubler le repos de la famille? — Que firent Gilles et sa femme? — Quelle fut la pensée de Léopold en sortant de la chaumière embrasée? — Que fit-il pour sauver sa petite sœur? — Quelle récompense Dieu lui réservait-il? — Que pensez-vous d'une telle mort?

Un homme à la mer.

Il n'est pas de vie plus aventureuse que celle du marin, exposé tous les jours aux fureurs de la mer, obligé de braver à chaque instant les plus grands périls; mais aussi, nulle existence ne développe mieux cette énergie qui double les forces de l'homme, cette insouciance du danger qui le rend plus facile à vaincre, ce dévouement désintéressé qui ne recule devant aucun obstacle pour secourir le prochain.

Lorsqu'un marin, dans une de ses difficiles manœuvres a eu le malheur d'être entraîné par une vague, lorsque retentit sur le navire le cri sinistre: *Un homme à la mer!* aussitôt ses compagnons sont prêts à tout tenter pour le sauver; or, si l'on songe que c'est le plus souvent au milieu d'une tempête, dans une mer agitée par les vents déchaînés, parmi les vagues furieuses, que le malheureux a été précipité, on peut se faire une idée du courage qu'il faut déployer pour lui porter secours.

Voici comment un matelot raconte lui-même une de ces scènes à la fois terribles et sublimes:

« Trois jours après notre départ de Rio, un homme de l'équipage se laissa tomber à la mer, tandis qu'il était à l'ouvrage sur la vergue du petit perroquet.

» Je venais de descendre pour dîner; mais entendant le cri: « Un homme à la mer! » je courus sur le pont, je me jetai dans une embarcation avec quatre de nos matelots, et nous nous mîmes aussitôt à ramer vigoureusement.

» J'entendais la voix de ce malheureux qui m'appelait par mon nom, et qui me conjurait de le sauver. Je l'avais vu fort distinctement lorsque j'étais sur le pont ; aussitôt que je fus dans le bateau, je n'aperçus plus rien. Nous nous dirigeâmes toutefois du côté d'où partaient les cris; mais les vagues qui s'entre-choquaient nous empêchaient de découvrir notre compagnon.

» Enfin, son chapeau nous apparut entraîné par une lame. Nous fîmes force de rames vers cet endroit, et nous aperçûmes le pauvre homme qui se débattait encore. Je m'élançai à la nage au moment où il allait être englouti, et je parvins à le ramener jusqu'à la barque, où nos camarades nous aidèrent à remonter tous deux.

» Mais pendant ce temps, le vent était devenu plus fort, et le ciel s'était obscurci ; un grain (1) violent survint, et l'un de nous s'écria qu'il ne voyait plus le navire. Ce n'était que trop vrai ; il avait disparu, et nous étions sur l'Océan dans un frêle canot, sans le moindre aliment, et à peine vêtus.

» Il se trouvait heureusement dans notre embarcation un petit baril d'eau fraîche, pouvant suffire à nos besoins

---

(1) Pluie soudaine accompagnée d'un grand vent.

durant deux jours. Le canot avait un mât ; mais les voiles étaient demeurées à bord du navire. Nous étions réduits à nos rames.

» Nous tînmes conseil : les uns voulaient rester au même endroit, dans l'idée que notre bâtiment viendrait nous y chercher ; la majorité décida que l'on se dirigerait vers la terre. De ce côté-là, nous avions tout autant de chances de revoir le navire s'il était sérieusement en quête de nous, et nous pouvions nous flatter du moins de gagner le rivage.

» Pendant tout le reste de la journée, pendant la nuit et le lendemain jusqu'à midi, la pluie tomba à flots, et la mer fut horriblement agitée. Nous n'avions aucun abri contre les lames, et, privés de boussole, nous nous dirigions au hasard, avançant fort peu ; car deux de nous seulement ramaient, tandis que les autres prenaient un peu de repos.

» Vingt-huit heures s'écoulèrent de la sorte, les plus cruelles que j'aie jamais passées. Le froid, la faim, la fatigue, commençaient à paralyser nos efforts. Soudain, l'un de nous s'écria qu'il avait entendu le bruit d'un coup de canon dans le lointain. Nous écoutons un instant avec une anxiété inexprimable ; un autre coup se fait entendre !

» Aussitôt toute notre vigueur nous est rendue ; nos quatre rames sont mises en place, et nous nous dirigeons le plus vite possible du côté où, de dix en dix minutes résonnent des détonations qui se rapprochent de plus en plus. Bientôt nous apercevons, nous reconnaissons notre navire. Il était évident qu'il nous cherchait ; mais il était bien loin de nous, et nous craignîmes un moment qu'on ne nous découvrît pas. Nous multipliâmes les signaux, et notre anxiété devint plus vive peut-être qu'avant d'avoir cette espérance de salut.

» Enfin, je n'oublierai jamais ce que j'éprouvai en ce moment ; je vis carguer (1) les voiles... Nous étions sauvés ! Encore un instant, et nous nous trouvâmes le long du bord, arrachés par miracle à la mort la plus affreuse. »

(1) Plier.

EXERCICE.

Quels dangers fait courir la vie de marin ? — Quels sentiments développe-t-elle ? — En quel moment surtout se montrent l'énergie et le dévouement des marins ? — Faut-il un grand courage pour chercher à sauver un matelot tombé du navire dans la mer ? — Qu'arriva-t-il sur le bâtiment monté par celui qui fait ce récit ? — Qui appela le malheureux tombé à la mer ? — Que fit le matelot appelé par son camarade ? — Quel était l'état de la mer ? — Parvint-il à sauver son compagnon ? — Que survint-il à ce moment ? — Les matelots qui montaient la barque avaient-ils des provisions ? — Quel parti prirent-ils ? — Comment se passèrent la nuit et le lendemain ? — Qu'entendirent-ils dans le lointain ? — Se firent-ils facilement reconnaître ? — Comment furent-ils arrachés à la mort ?

Un enfant martyr de la vérité.

(1854)

Un charmant petit garçon, à la blonde chevelure et aux yeux bleus, avait été recueilli à l'hospice des orphelins de Milwankie, ville des États-Unis d'Amérique. Un fermier du voisinage, qui n'avait pas d'enfant, enchanté de l'air ouvert, de la physionomie aimable, de l'excellente humeur du jeune Édouard, le retira de l'hospice pour l'adopter et l'élever comme son propre fils avec une petite fille du même âge.

L'enfant atteignait sa neuvième année ; il s'était fait aimer de tous les habitants de la ferme par ses heureuses qualités et son bon caractère, lorsqu'un jour il vit la fermière qui, croyant n'être pas aperçue, enlevait quelques objets appartenant à un voisin. Il en parla à sa jeune compagne, qui le répéta devant le fermier et sa femme ; celle-ci repoussa l'accusation de toutes ses forces et montra une telle indignation, que son mari demeura convaincu que le récit de l'enfant était un odieux mensonge. Dans son ressentiment, cette femme demanda que le petit Édouard fut rigoureusement puni, et fit promettre à son mari qu'il le fouetterait jusqu'à ce qu'il eût rétracté ce qu'il avait osé dire.

Le fermier s'arma d'un fouet, attacha l'enfant avec une corde à une poutre de la maison, et le battit pendant une heure entière, malgré ses gémissements et ses cris.

Il s'arrêta enfin, et demanda à Édouard s'il persistait à soutenir ce qu'il avait déclaré : — Papa, répondit l'enfant à travers ses sanglots, j'ai dit la vérité; je ne me rétracterai pas pour faire un mensonge.

— Eh bien ! recommence, s'écria la fermière furieuse; il faudra bien qu'il cède à la fin. Le mari hésitait; mais, vaincu par les reproches de sa femme, il reprit son fouet. Les coups redoublèrent, et l'enfant disait toujours : — Je ne veux pas offenser Dieu par un mensonge. Enfin, le pauvre petit s'affaissa presque inanimé. Le bourreau, ému à ce spectacle, s'empressa de le détacher; mais il était trop tard, et il mourut quelques jours après des suites de ses blessures.

La justice ne tarda point à se saisir de cette affaire. Le fermier et sa femme allèrent expier par dix ans de prison leur abominable barbarie; il fut prouvé d'une manière éclatante que l'enfant avait dit vrai, et qu'il était mort martyr de son respect pour la vérité.

O mes enfants ! si vous êtes parfois tentés de mentir, comme cela arrive trop souvent pour éviter une punition méritée, souvenez-vous du petit héros qui a mieux aimé subir un injuste supplice que de souiller sa conscience d'un mensonge.

EXERCICE.

Comment fut élevé le petit Édouard ? — Quel était son caractère ? — Que vit-il un jour et à qui parla-t-il de ce qu'il avait vu ? — Comment la fermière répondit-elle à cette accusation ? — A quelle vengeance atroce détermina-t-elle son mari ? — Comment l'enfant supporta-t-il le supplice qui lui était infligé ? — Citez ses paroles. — Comment se termina cette scène affreuse ? — Quel fut le châtiment des bourreaux ? — Quels sentiments vous inspire l'héroïsme de la victime ? — Quelle résolution ce récit doit-il vous faire prendre ?

Un contre mille.

(Extrait de la *France algérienne*.)

Si l'histoire des Grecs et des Romains nous offre d'admirables exemples de bravoure, notre histoire nationale n'a rien à envier à l'antiquité. Les vieux soldats de l'empire, et leurs dignes successeurs les soldats de l'armée d'Afrique et de Crimée, ont souvent soutenu de ces luttes où la discipline et le sang-froid compensent l'extrême inégalité du nombre. Voici un fait qui paraît dépasser tout ce que les annales militaires rapportent de plus merveilleux:

Le 9 décembre 1839, les Arabes, au nombre de plus de mille, attaquèrent le camp de l'Arba, occupé par trois cents hommes, et voisin de la ferme de Ben-Seman.

Aux premiers coups de fusil, les trois habitants de la ferme, Pirette et deux autres colons, montèrent sur la terrasse de la maison et jugèrent du danger qui les menaçait. Les deux colons, profitant d'un moment favorable, réussirent à s'échapper, à l'aide des accidents de terrain, et gagnèrent la plaine. Pirette demeura seul.

Mais Pirette est un militaire libéré du service (grenadier au 2e bataillon du 12e de ligne). Il envisage le péril avec le sang-froid et l'expérience d'un ancien soldat; il étudie sa position et calcule ses chances. Abandonner la ferme sans défense, c'est perdre tout ce qu'il possède au monde. D'un autre côté, les Arabes peuvent être repoussés dans leur attaque contre le camp; ils peuvent, du moins, éprouver des pertes considérables qui les détourneront d'assaillir la ferme, ou ne leur permettront qu'une tentative précipitée. Ces réflexions le décident à rester et à attendre l'ennemi.

Il s'occupe aussitôt de barricader toutes les issues, porte des pierres sur la terrasse, et charge cinq fusils que possède la ferme. Ces armes sont en bon état. Pirette a, en outre, une hache d'abordage, deux cent soixante-quinze cartouches, un peu de poudre, et à peu près trois kilogrammes de balles coupées en quatre.

Ben-Seman était une de ces belles maisons mauresques semées dans la plaine de la Mitidja : c'était presque une forteresse. Les murs en étaient épais, et les fenêtres étaient garnies de grilles en fer posées en saillie et dominant la porte et la façade du bâtiment. Bien défendue, une position pareille devait opposer un obstacle sérieux à des Arabes dépourvus d'artillerie, et qui n'ont jamais su forcer un simple *blockhaus* (1); enfin le camp de l'Arba n'était qu'à dix minutes de distance, et l'on pouvait en espérer du secours.

Pirette, ayant disposé ses armes et préparé tous ses moyens de résistance, monte de nouveau sur la terrasse et observe les mouvements des Arabes. Bientôt il les voit, après une vaine démonstration contre le camp, s'écarter

---

(1) On appelle ainsi un petit fort défendu par des remparts de bois.

dans la plaine hors de la portée du fusil, et là, se réunir, se concerter un moment, puis se diriger en courant sur Ben-Seman.

Dans cet instant de crise, sa présence d'esprit ne lui fait pas défaut : il imagine de placer près de chaque fenêtre soit un chapeau, soit une casquette, pour s'en couvrir alternativement pendant le combat, et faire croire aux assaillants, en se montrant rapidement aux différentes ouvertures, que la ferme compte plusieurs défenseurs.

Des cris, des hurlements affreux signalent l'arrivée de l'ennemi, qui envahit l'orangerie, entoure la maison, et s'élance pour enfoncer la porte. C'est la seule résistance à laquelle il s'attende; en effet, cette porte est solide et déconcerte les premiers efforts des Arabes.

Pirette l'avait ainsi calculé. Posté sur une terrasse et ayant sous la main ses cinq fusils, il retient son feu; puis, choisissant l'instant où les assaillants se pressent

plus nombreux autour de l'enceinte, il ajuste à dix pas de distance, et cinq décharges dirigées successivement sur des masses épaisses y font un ravage horrible.

Les Arabes épouvantés se retirent hors de portée, et tiennent conseil pendant quelques instants sur ce qu'ils ont à faire.

Pirette profite de ce moment pour recharger ses armes; il les place à différents endroits. Quand les assaillants reparaissent, il se multiplie, fait feu de toutes les fenêtres, et abat encore un grand nombre d'Arabes.

Ceux-ci s'élancent de nouveau et s'efforcent d'escalader la terrasse; mais tous ceux qui parviennent à gagner la muraille retombent à l'instant foudroyés.

Ni la fatigue ni la soif n'arrêtent notre héros; il recharge ses armes avec la rapidité et la précision d'un soldat exercé ; il vise avec la justesse d'un tireur habile, attend, pour ne pas perdre ses coups, que les Arabes se trouvent à une faible distance, et il fait en peu de temps un affreux carnage.

L'ennemi se retire encore une fois, emportant ses morts et ses blessés ; mais il examine avec soin toutes les faces de la maison, et enfin découvre un endroit à l'abri du feu des fenêtres, où il dirige aussitôt tous ses efforts.

Pirette ne voit plus les Arabes ; seulement, il entend qu'ils commencent à démolir la muraille. Le bruit des pierres qui tombent frappe à chaque instant ses oreilles ; il se place derrière le mur menacé. Bientôt une ouverture pratiquée par les ennemis leur donne entrée dans l'intérieur.

Cette brèche est à l'extrémité d'un corridor obscur d'où Pirette peu tout observer sans être vu ; il laisse un Arabe s'engager dans l'étroit passage, et à peine y est-il entré qu'une décharge le renverse. Ses compagnons retirent le cadavre, mais n'osent plus pénétrer par cette dangereuse entrée, qui ne donne accès qu'à un homme à la fois ; ils se contentent de tirer par l'ouverture des coups de fusil, que Pirette évite en s'abritant dans l'embrasure d'une porte.

Cependant, la nuit approchait, et les Arabes, désespérant de s'emparer le soir même d'une maison si bien défendue, s'étaient ralliés à quelque distance. Le courage de Pirette n'a pas faibli ; mais il ne peut plus espérer de secours, et ses munitions sont épuisées : quinze cartouches seulement lui restent. Il avait tiré deux cent soixante coups de fusil ! Il attend que l'obscurité soit complète, prend le meilleur de ses fusils, et se glisse silencieusement le long de la muraille ; puis, protégé par d'épais buissons de cactus et d'aloès, il passe, sans être aperçu, à travers les groupes d'Arabes, parvient en vue du camp et crie à la sentinelle :

— Ne tirez pas ! je suis le colon de Ben-Seman !

Sa présence fut pour ses anciens camarades une cause de véritable stupéfaction ; ils avaient entendu toute la journée une vive fusillade qui partait de la ferme, et ils ne doutaient pas que les assiégés ne fussent nombreux et parfaitement en état de se défendre. On ne pouvait comprendre comment un seul homme avait tenu une journée entière contre mille ennemis.

Cet étonnement sera partagé sans doute par tous nos lecteurs. *Le vrai peut quelquefois n'être pas vraisemblable*, et il faut avouer que c'est ici le cas ou jamais d'appliquer ce proverbe ; mais les preuves à l'appui du fait sont nombreuses et ne sauraient être contestées. Les trois cents soldats du camp de l'Arba ont *vu et entendu* ce qui précède, et des attestations ont été délivrées au brave Pirette par des officiers dont le nom seul est une garantie de véracité et d'honneur.

EXERCICE.

L'histoire de notre pays offre-t-elle de beaux exemples de courage ? — Qu'est-ce qui peut compenser l'inégalité du nombre dans un combat ? Par qui était habitée la ferme de Ben-Seman ? — Par qui fut-elle assaillie ? — Comment s'échappèrent deux colons ? — Qui était Pirette ? Quelles ont été ses réflexions quand il s'est trouvé seul ? — A-t-il perdu courage dans un si grand péril ? — Comment a-t-il préparé sa défense ? — Quelles munitions avait-il ? — Décrivez la ferme de Ben-Seman. — Qu'est-ce qu'un blockhaus ? — Quels furent les mouvements des Arabes avant d'assaillir la ferme ? — Comment l'attaquèrent-ils ? — Que fit Pirette pour faire croire que la ferme était défendue par plusieurs personnes ? — Comment repoussa-t-il la première attaque des Arabes ? — Ceux-ci revinrent-ils à la charge ? — Comment s'efforcèrent-ils de s'emparer de la maison ? — Comment Pirette se défendit-il ? — Dites ce que firent les Arabes pour démolir une muraille. — Quel fut le résultat de cette nouvelle tentative ? — Comment se termina la journée ? — Quelle était la position de Pirette ? — Comment put-il s'échapper ? — Comment fut-il reçu par ses anciens camarades ? — Qu'est-ce que ceux-ci avaient supposé en entendant la fusillade ? — Que pensez-vous de la conduite héroïque de Pirette ? — Comment ce fait est-il prouvé ?

Le généreux pilote.

Tout près de la ville de Lisbonne, à une demi-lieue du rivage, s'élève une hôtellerie de bonne apparence. De joyeuses sociétés en occupent les diverses chambres ; car toutes les nations s'y donnent rendez-vous. Ici, des Anglais conversent autour d'un large pot d'ale (1) ; là, des Français causent gaiement ; plus loin, des Italiens chantent en chœur, et partout on n'entend que des rires prolongés, le bruit des verres qui se choquent, les gais propos qui circulent.

Dans une de ces chambres, on voyait sept marins

---

(1) Espèce de bière.

génois assis autour d'une table. Partis de Gênes, ils avaient touché la Corse, la Sardaigne, côtoyé les îles Majorque et Minorque, passé heureusement le détroit de Gibraltar, et enfin, après avoir rasé le cap Saint-Vincent, ils venaient de débarquer à Lisbonne. Fort satisfaits de leur navigation, ils mangeaient et buvaient en chantant, et avaient invité l'aubergiste don Pedro à trinquer avec eux.

Le brave don Pedro, qui n'était pas ennemi de la bouteille, ne s'était pas fait prier, et s'était attablé avec nos Italiens en louant beaucoup leur libéralité; il se tournait souvent vers le pilote Domenico, dont la figure énergique l'avait vivement frappé, et chaque fois qu'il portait le verre à ses lèvres, il s'écriait :

— Vive le pilote Domenico! je voudrais le voir chevalier; cela lui irait tout aussi bien qu'à beaucoup d'autres!

Mais, tandis que dans l'hôtellerie on ne songeait qu'à se divertir, et qu'il y avait entre les divers groupes émulation de facéties et de gaieté, le ciel chargé de nuages fondait en eau, le vent sifflait, et les éclairs se succédaient presque sans intervalle.

Le souper terminé, le pilote Domenico et ses compagnons songèrent à regagner leur bord. Bien enveloppés dans leurs capotes, ils arrivèrent au navire, remerciant le ciel de se trouver à l'abri pendant cette nuit orageuse; et, sans rien craindre des fureurs de la tempête, ils s'étendirent tranquillement dans leurs hamacs.

Il n'y avait pas une demi-heure que Domenico était couché, lorsque, après un bruyant éclat de tonnerre, il entendit au loin un coup de canon. Le vent et la pluie augmentaient, et le bâtiment était violemment secoué; il se demanda si ses oreilles ne l'avaient point trompé, et il écouta plus attentivement.

— C'est peut-être le signal de quelques pauvres matelots en péril, se disait Domenico qui ne pouvait dormir

Bientôt, un second coup de canon se fait entendre. Domenico saute de son lit, éveille ses compagnons et monte avec eux sur le tillac. Le vent apporte jusqu'à eux des sons lamentables :

— Au secours! au secours! miséricorde!

— Ces gens-là vont périr! s'écrie vivement le pilote; compagnons, qui veut les secourir?

On apercevait des feux qui ne semblaient pas fort éloignés; les cris d'alarme se succédaient, en même temps que le vent, se déchaînant avec plus de violence, soulevait les vagues à une hauteur effrayante.

— Allons, camarades! dit résolûment le Génois; ces feux nous signalent l'endroit où se trouve le bâtiment en péril. S'ils ne reçoivent pas un prompt secours, ces malheureux sont perdus... Camarades, sauvons-les. En avant !

Les matelots hésitèrent un instant.

— Si vous ne voulez pas me suivre, j'irai tout seul.

Rougissant d'abandonner le généreux pilote et entraînés par son exemple, les marins se jetèrent avec lui dans la chaloupe, et sous la protection du ciel, guidés par les feux de détresse qui brillaient toujours, défiant les vagues les plus furieuses, ils s'efforcèrent d'approcher du navire en danger.

Ils parvinrent, à travers des périls inouïs, jusqu'à une

corvette écossaise qui, à demi brisée et renversée sur le côté, était au moment d'être submergée. Tous ceux qui s'y trouvaient encore poussèrent des cris de joie à la vue de ce secours inespéré.

— Prenez courage, disait le pilote ; Dieu vous aidera !

En même temps, il s'élança sur le navire, et aussitôt une femme entourée de quatre enfants qui sanglotaient se précipita entre ses bras.

— Sauvez-nous, s'écriait-elle; sauvez au moins mes enfants !...

— Dieu nous sauvera tous, répéta Domenico.

Et, aidé de ses compagnons, il parvint à faire descendre dans la barque la mère et ses enfants ; les marins, qui avaient comme elle échappé à la mort, s'y élancèrent ensuite.

Ils unirent leurs efforts à ceux de leurs libérateurs pour ramer vigoureusement vers le port; tous étaient animés par les paroles de notre héros, qui faisaient passer dans leurs cœurs sa confiance et son audace.

C'était un spectacle à la fois magnifique et terrible. On les voyait tour à tour soulevés jusqu'au ciel ou précipités au fond de l'abîme; l'onde furieuse et mugissante battait leur fragile esquif, rejaillissait au-dessus de ses bords et menaçait à chaque instant de l'engloutir. Cependant, ils approchaient du rivage tant désiré.

— Nous sommes sauvés ! s'écria Domenico.

La pauvre mère serrait ses enfants contre son cœur et les couvrait de baisers, tournant ses yeux baignés de larmes tantôt vers le ciel, tantôt vers son libérateur.

Lorsqu'ils furent à une vingtaine de pas du rivage, Domenico prit les enfants et les plaça à l'avant, afin qu'ils fussent les premiers mis en sûreté sur la plage; mais tout à coup, une vague impétueuse vint se précipiter sur l'esquif, et entraîna la malheureuse mère aux yeux des matelots consternés.

Un cri de désespoir s'élève... Le pilote, sans s'épouvanter, s'élance dans la mer, saisit l'infortunée par les cheveux, et parvient à gagner le bord, où il la déposa saine et sauve. Au même instant, la barque touchait la côte.

Les naufragés exaltent à l'envi l'héroïsme de Domenico et bénissent leur sauveur. Les enfants entourent leur mère, que le brave marin charge sur ses robustes épaules et transporte à l'hôtellerie. Là, les secours les plus empressés sont prodigués à la pauvre femme, ainsi qu'aux jeunes enfants.

Celle que Domenico avait arrachée deux fois à la mort était une Écossaise, femme d'un général espagnol, qui allait retrouver son mari à Madrid. Aussitôt qu'elle eut recouvré ses forces, elle supplia Domenico de l'accompagner jusqu'au terme de son voyage, afin que son mari pût lui-même lui témoigner toute sa gratitude. Le pilote se rendit, quoique à regret, à ses prières, et la remit dans les bras de son époux.

Après l'avoir remercié en versant des larmes de reconnaissance, le général lui offrit une bourse pleine d'or, et lui promit de lui faire obtenir une décoration. Domenico refusa tout.

— Si j'ai exposé ma vie, dit-il, ce n'était que par humanité; car je ne connaissais pas le haut rang de votre femme, et je ne songeais ni à l'argent, ni aux décorations. Je suis trop payé par les larmes de joie que je vous ai vu répandre. Conservez votre affection au vieux pilote; c'est tout ce qu'il désire.

A ces mots, Domenico partit brusquement, malgré les instances du général, et revint à Lisbonne retrouver ses camarades, qui le reçurent avec transport. Il leur raconta la réception qu'on lui avait faite.

— N'avais-je pas bien prédit? s'écria l'aubergiste; sans votre obstination vous seriez chevalier! Mais peu importe; vous n'en avez pas moins fait une bonne action, et nous allons boire tous ensemble à la santé du brave pilote.

EXERCICE.

Décrivez-nous l'hôtellerie qui se trouvait proche de la ville de Lisbonne. — Que faisaient là sept marins génois? — Dans quelles circonstances se trouvaient-ils? — Qui était don Pedro? — Qui était Domenico? — Comment finit le souper? — Où se rendirent ensuite les matelots? — Qu'entendit Domenico au milieu du bruit de l'orage? — Que se dit-il, et quelle résolution prit-il? — Que firent les autres matelots? — Parvinrent-ils à gagner le bâtiment en danger? — Qu'y trouvèrent-ils? — Comment regagnèrent-ils le rivage? — Qu'arriva-t-il au moment où ils allaient toucher le bord? — Que fit Domenico? — Dites quelle scène se passa sur la plage. — Qui était la femme que Domenico avait deux fois sauvée? — Qu'arriva-t-il ensuite? — Quelle fut la réponse de Domenico aux offres qui lui furent faites par le général espagnol? — N'aurait-il pas pu accepter honorablement une récompense? — N'a-t-il pas montré par là un désintéressement admirable? — Comment quitta-t-il le général espagnol? — Comment fut-il reçu par ses camarades et par l'aubergiste?

Visite de saint Vincent de Paul à son village

Un dimanche de l'année 1653, toute la population de la paroisse de Pouy, située à environ deux lieues de Dax, dans les Landes, formait divers groupes sur la place voisine de l'église, en attendant que les cloches sonnassent l'heure de la messe.

Hommes, femmes, vieillards, pauvres et riches, profitaient, suivant la coutume, de ce moment de réunion pour s'entretenir de leurs affaires, pour se parler des choses qui pouvaient intéresser le pays. Les langues allaient si bien, que d'un bout à l'autre on n'entendait qu'un bourdonnement confus, semblable à celui que font des essaims d'abeilles quand ils rentrent dans leur ruche.

— Savez-vous, disait un paysan à plusieurs de ses amis qui venaient d'arriver du village voisin, que l'on dit que notre cousin Vincent de Paul doit venir nous voir ces jours-ci? c'est un grand honneur pour notre paroisse, car....

— Mais, interrompit un autre paysan, j'ai aussi l'honneur d'être un peu parent de M. Vincent. Il paraît qu'il a fait une belle fortune; on prétend qu'il va à la cour tout aussi librement que nous allons à la messe. Oh! il est en bon chemin pour se faire un sort brillant et améliorer celui de toute sa famille.

— Oui, mais pour cela, il faudrait avoir un autre caractère que celui de M. Vincent, dit un homme à mine renfrognée, qui jusque-là n'avait pas ouvert la bouche.

— Que voulez-vous dire, voisin? reprit le premier interlocuteur.

— Je veux dire qu'il y a bien des hommes qui oublient facilement l'endroit d'où ils sont sortis, et qui accaparent la fortune à eux tout seuls, sans en faire part à leurs parents ou leurs amis. Entre nous, je crois que M. Vincent est un de ces hommes-là; que c'est un égoïste enfin, s'il faut appeler les choses par leur nom.

— Vous vous trompez peut-être, voisin, dit à son tour une bonne femme; j'aime à croire que vous êtes dans l'erreur, et que mon bon cousin ne revient pas ici les mains vides.

— Ah! répliqua l'homme qui venait de parler, sur quoi, je vous prie, fondez-vous vos belles espérances? Quels cadeaux M. Vincent a-t-il envoyés à sa famille depuis qu'il est aumônier général des galères de France? Un grand personnage, savez-vous! Quelle place a-t-il fait obtenir à ses parents, pour qui il n'aurait eu qu'à dire une seule parole?

— En êtes-vous plus riche et mieux vêtue pour être la cousine de M. Vincent? reprit un autre interlocuteur. C'est bien la peine de dire si haut : M. Vincent! et d'avoir toujours ce nom à la bouche.

— Vous souvenez-vous, ajouta un vieillard en hochant la tête, vous souvenez-vous de l'accueil qu'il a fait à Paris à son propre neveu, Jean de Méras. Il est vrai que, quoiqu'il fût vêtu en paysan, son oncle courut à lui dans la rue, l'embrassa, le fit entrer et le présenta à toutes ses connaissances ; mais le pauvre garçon n'en fut pas moins trompé dans son attente, et il revint à pied dans son village, n'ayant reçu que dix écus pour sa route.

Les commentaires allaient continuer, quand le tintement des cloches annonça que la messe était sur le point de commencer. Tout le monde entra dans l'église.

Le curé parut bientôt à l'autel ; un autre prêtre l'assistait, et quoiqu'il eût quitté le pays depuis longtemps, tout le monde reconnut bientôt Vincent de Paul, avec son front large et dégarni de cheveux, ses yeux remplis d'un feu tempéré par la douceur, son air grave et modeste, et ses manières pleines de calme et de simplicité.

Le saint prêtre édifia toute la paroisse par sa fervente piété.

Les cérémonies religieuses étant terminées, il sortit du temple avec la foule. Arrivé sur la place, il pressa dans ses bras tous ses parents et tous les amis de son enfance; puis, il demanda des nouvelles des uns et des autres, et leur annonça qu'il venait passer quelques jours au milieu d'eux.

Le soir même, il se rendit à Buglose, hameau voisin, où il avait passé les années de son enfance; c'était là qu'il avait gardé les brebis de son père, en attendant que ses mains fussent assez fortes pour conduire la charrue.

Là aussi il avait planté bon nombre d'arbres qui avaient bien grandi depuis son départ.

Là encore, près du presbytère, et non loin d'une chapelle consacrée à la Vierge, Vincent retrouva un vieux chêne, sous l'ombrage duquel il venait autrefois se livrer à de pieuses méditations. Il eut du plaisir à y reprendre son ancienne place, et, appelant à lui tous les petits enfants qui l'avaient suivi, il leur fit une touchante et simple instruction sur les devoirs envers Dieu et envers les hommes; il se trouvait heureux de s'abriter sous cet arbre antique, et aimait à revoir la chapelle et le presbytère qui avaient été l'asile et la première école de son enfance.

Vincent alla ensuite faire visite à tous les membres de sa famille. Voyant que ses parents, qui le croyaient puissant et riche, s'attendaient à d'abondantes libéralités, il leur déclara sans détour qu'il était presque aussi pauvre qu'en sortant de son village; qu'il n'était que dépositaire des aumônes que la charité remettait dans ses mains, et qu'il ne lui appartenait pas d'en disposer à sa volonté.

— Les travaux des champs, disait-il à ses frères, doivent suffire à tous vos besoins, comme ils ont suffi à ceux de nos pères. Attachez-vous de plus en plus à votre modeste condition; le repos et le bonheur ne sont que là. Croyez-en un frère qui vous aime véritablement, et qui a vu de près ce que l'on appelle les grandeurs et les félicités de la terre.

Les quelques jours que Vincent passa dans son pays natal furent employés à éteindre des haines, à terminer à l'amiable des procès ruineux, à faire opérer des restitutions, à donner une sage direction à l'éducation des enfants.

Tout le monde bénissait le bon prêtre; tout le monde faisait des vœux pour qu'il prolongeât son séjour dans le pays. Une circonstance imprévue servit encore à faire éclater davantage l'ardeur de sa charité.

A cette époque, la fureur insensée du duel n'était pas moins répandue dans les provinces que dans la capitale. Deux habitants de Pouy s'étant querellés, chacun d'eux crut avoir reçu une offense impardonnable qu'il fallait laver dans le sang de son ennemi ; on fixa le lieu, le jour, l'heure du combat.

Déjà, les adversaires s'y étaient rendus l'un et l'autre : c'était près du chêne voisin de la chapelle et du presbytère qu'allait avoir lieu la rencontre.

Vincent l'apprend et accourt à l'endroit du rendez-vous ; le cliquetis des épées qui se croisent frappe l'oreille du

saint prêtre ; il se précipite entre les deux combattants, qui restent immobiles, stupéfaits.

— Laissez-nous, retirez-vous ! s'écrie enfin le plus acharné des deux ; ne m'empêchez pas de châtier cet insolent ; sans vous, je lui aurais déjà passé mon épée au travers du corps.

— Ah ! messieurs, répond Vincent de Paul en prenant une attitude presque suppliante, souffrez que je vous parle en toute humilité. Je sais de bonne part que vous avez juré la mort l'un de l'autre ; mais je vous déclare, de la part de mon Dieu, que si vous ne quittez pas ce mauvais dessein, il exercera sa justice sur vous et sur votre postérité.

— Qu'on nous laisse donc, disent les adversaires irrités en se remettant en garde, ou bien nous irons plus loin recommencer le combat.

— Que je vous laisse ! répliqua le saint homme en

abaissant les deux épées. Je serais assez lâche pour laisser deux de mes frères s'entr'égorger! Non, non, car je répondrais de leurs âmes devant Dieu. Messieurs, je vous le déclare, je ne vous laisserai pas vous battre; je vous suis, je m'attache à vos pas, et je suis bien résolu à rester entre vous deux.

Ces paroles, prononcées avec l'accent de la charité et la douleur la plus pénétrante, triomphèrent de la colère et des préjugés des deux gentilshommes; ils quittèrent leurs épées, se jetèrent dans les bras de l'homme évangélique qui venait de les désarmer, et, se pardonnant mutuellement, ils s'embrassèrent avec effusion.

Puis, pour dernier signe de réconciliation, ils se rendirent ensemble le lendemain à l'invitation du saint prêtre, qui les avait priés de l'accompagner avec toute sa famille à la chapelle voisine, où il voulait, avant de quitter ces lieux, renouveler les promesses de son baptême.

Après cette touchante cérémonie, il donna un repas frugal à tous ses parents, leur fit des adieux qui devaient être éternels, et les pria de ne jamais sortir de l'état paisible et modeste où la Providence les avait placés.

Vivre obscur et ignoré est ce que Vincent de Paul demandait toujours à Dieu pour lui et pour les siens. Ses vœux ont été accomplis : ses frères ont toujours cultivé de leurs mains leur modeste héritage; leurs descendants se disent encore aujourd'hui que le saint ne bénit pas ceux qui abandonnent les champs et les travaux de leurs ancêtres.

EXERCICE.

Où est situé le village de Pouy? — Que s'y passait-il un dimanche de l'année 1623? — Quel était l'objet principal des discours des villageois? Dites-nous quelque chose de leurs opinions diverses sur saint Vincent de Paul? — Que venait-il faire dans son pays? — Qu'est-ce qui mit fin aux conversations? — Qui assistait le curé à l'autel? — Dépeignez-nous saint Vincent de Paul. — Que fit-il après que les cérémonies religieuses furent terminées? — Où Vincent se rendit il le même jour? — Quels souvenirs lui étaient chers en cet endroit? — Que fit-il lorsqu'il fut assis sous le vieux chêne? — A qui alla-t-il ensuite rendre visite? — Que déclara-t-il à ses parents, qui s'attendaient à recevoir de lui des dons et des présents? — A quoi les exhorta-t-il? — Quelle circonstance particulière fit éclater sa charité? — Racontez-moi de quelle manière saint Vincent parvint à séparer et même à réconcilier deux gentilshommes qui se battaient en duel. — Quels furent les adieux de saint Vincent à sa famille? — Parlez-moi de ses dernières recommandations.

Dévouement d'une domestique.

Marie Priour est née à Nantes, en 1787, d'honnêtes ouvriers chargés d'enfants. Voyant leur détresse, madame de Tiercelin, veuve d'un capitaine de vaisseau, leur offrit de les soulager en prenant chez elle la petite Marie; celle-ci a dû à cette dame l'existence de ses premières années et ce qu'elle a reçu d'éducation. La reconnaissance est une vertu des bons cœurs, et l'on va voir que Marie n'en a pas manqué.

Les troubles politiques, qui se firent sentir si violemment dans la Bretagne pendant la Révolution, chassèrent de Nantes madame de Tiercelin, et bientôt diminuèrent considérablement sa fortune. Marie ne voulut point quitter sa maîtresse; elle aima mieux partager l'état de gêne où elle était réduite.

En 1801, madame de Tiercelin mourut, et laissa, entre autres enfants, mademoiselle Julie de Tiercelin, dont Marie ne s'était jamais séparée.

Dès cette première année, tout l'attachement de Marie Priour se porta sur sa jeune maîtresse.

Mademoiselle de Tiercelin, ayant à peine de quoi vivre, ne peut donner de gages à sa chère Marie; elle la conjure de chercher une place, et lui offre de la faire entrer chez des amis riches, qui, connaissant ses rares qualités, la rendront heureuse et lui assureront un sort.

Marie refuse tous les avantages qui lui sont offerts.

En 1808, un oncle de Marie, curé de la Vendée, lui fait les plus vives instances pour l'engager à venir auprès de lui; il promet de lui laisser ce dont il pourra disposer. Marie le prie de l'excuser, et lui représente que sa maîtresse n'aurait plus personne pour la soigner dans son mauvais état de santé; le vénérable pasteur applaudit lui-même à de tels motifs, et n'insiste plus.

La position de mademoiselle de Tiercelin devient plus pénible; elle perd, par de fâcheux événements, les quelques débris de fortune qui lui restaient à Nantes; elle a recours à un travail auquel elle n'était point accoutumée et qui procure de faibles ressources : elle se met à broder. Marie double le bénéfice, en aidant sa maîtresse, la nuit, après avoir, pendant le jour, employé son temps aux soins du ménage.

En 1814, elle perd le respectable curé, son oncle, qui lui laisse quelques deniers, fruit de ses économies; elle va les recueillir, et revient les consacrer aux besoins pressants de sa maîtresse, qui manquait de linge et des choses les plus indispensables.

La santé de Marie Priour s'affaiblit par le travail de l'aiguille et par une vie trop sédentaire : ce genre d'occupation lui est interdit; alors, elle cherche des ménages à faire en ville, et ce qu'elle y gagne elle le destine entièrement à celle à qui elle a dévoué sa vie.

Par suite de ses fatigues et de plusieurs maladies qu'elle a essuyées elle est devenue sourde; mais elle ne perd point courage, et fait toujours ce qu'elle peut pour sa maîtresse, qui est devenue son amie.

Tout récemment, elle a reçu d'une petite succession une somme de cinquante francs; sachant que plusieurs objets sont utiles à mademoiselle de Tiercelin, elle part aussitôt pour Paris, et lui rapporte toute joyeuse ses petites emplettes.

Le dévouement si désintéressé de cette vertueuse femme ne s'est pas ralenti un seul instant. — Si Dieu bénit celui qui partage avec le pauvre les biens qu'il a reçus, quelle ne sera pas, un jour, la récompense de l'angélique créature qui a consacré son existence entière à soulager son prochain!

EXERCICE.

Où est née Marie Priour? — Qui a eu soin d'elle dans son enfance? — S'en est-elle montrée reconnaissante? — Que fit-elle à la mort de madame de Tiercelin? — Comment reçut-elle les offres qui lui furent faites? — Quel était l'oncle de Marie? — Quelle était la position de mademoiselle de Tiercelin? — Que fit Marie pour lui venir en aide? — L'altération de sa santé l'empêcha-t-elle d'être utile à sa maîtresse? — Que fit-elle de la petite somme qu'elle reçut en dernier lieu? — Que pensez-vous d'une pareille conduite?

Piété filiale d'un jeune soldat.

Il est bien rare, mes enfants, que l'occasion se présente d'accomplir l'un de ces traits héroïques que l'on offre à votre admiration; mais chacun de vous a des devoirs journaliers à remplir envers ses parents, envers ses maîtres, envers Dieu. S'y conformer simplement, courageusement, malgré les difficultés, les épreuves de tout genre, c'est le secret assuré de mériter l'estime de ses semblables et cette satisfaction de la conscience qui est le vrai bonheur ici-bas.

Le trait que je vais vous raconter en est la preuve.

Joseph Leduc habitait avec son père infirme, sa vieille mère souvent malade et sa jeune sœur, une pauvre chaumière dans les environs de Lille. Le ruisseau qui murmurait à quelques pas de la maison bornait le petit champ qui nourrissait toute cette famille. Chacun travaillait selon ses forces : le fils dans la campagne avec son père, la fille à la couture; la mère gardait la vache et préparait le repas. Ils étaient heureux ; car ils n'avaient point d'ambition, formaient peu de désirs, et se confiaient dans cette bonne Providence, qui ne laissa jamais ses enfants au besoin.

Mais le repos n'est pas de ce monde. Une grande épreuve vint tout à coup troubler la paix profonde où vivaient les habitants de la chaumière. Joseph, qui avait atteint ses vingt ans, tira à la conscription et prit un des premiers numéros. C'était un robuste jeune homme, sans infirmité, sans maladie ; Joseph fut déclaré propre au service, et revint au logis attendre le jour où il serait appelé sous les drapeaux.

Une grande tristesse s'empara de la famille, et c'était justice. Un fils, un frère excellent allait partir peut-être pour toujours. Qui cultiverait le champ quand deux bras vigoureux manqueraient à la besogne? qui égayerait les soirées d'hiver quand on n'entendrait plus la voix joyeuse de Joseph fredonner ses chansons? qui aurait plaisir à l'ouvrage et appétit au repas quand la place de Joseph serait vide et que les cœurs seraient serrés en attendant des nouvelles de l'absent? Le père Leduc était un vieux militaire de l'empire ; il avait gagné à Wagram ses galons de sergent, et avait reçu à Montmirail la blessure qui l'avait forcé de quitter le service. Il soutenait de son mieux le courage des siens : — Vois-tu, mon Joseph, disait-il, c'est une belle chose que de servir son pays. Sans doute, il nous demande beaucoup en réclamant les meilleures années de notre jeunesse ; mais quel honneur que d'être appelé à le défendre sous les yeux des hommes les plus braves et les plus illustres, qui n'ont pas non plus ménagé leur valeur et leur sang! Combien d'entre eux en commençant n'étaient pas plus que toi et moi! Et puis, quand le soldat est de retour au village, chacun sait qu'il revient plus instruit et mieux formé; il regagne en estime le temps qu'il a perdu pour son état, et son titre d'ancien militaire lui sert toute la vie. — Joseph, qui ne manquait ni d'énergie, ni de résolution, se laissa persuader sans peine; mais la bonne mère pleurait à la pensée qu'elle ne reverrait sans doute plus son cher enfant, et Marguerite se désolait en songeant à la tristesse qui allait accabler ses vieux parents.

Cependant, un matin, la feuille de route arriva : Joseph était destiné à servir dans la marine. Ce fut un nouveau chagrin pour tous, car le jeune homme n'avait jamais mis le pied sur un bateau; mais il pensa que Dieu est partout, essuya ses larmes, reçut à genoux la bénédiction de ses parents, leur promit un heureux retour, les embrassa et partit. Un mois après, il était à Toulon.

Il y a des jeunes soldats qui prennent en arrivant au corps une singulière et fort mauvaise habitude. De temps en temps, ils *mettent la main à la plume* ou font écrire par un plus habile qu'eux-mêmes, moins pour donner de leurs nouvelles à leurs parents que pour leur demander, sous un prétexte ou sous un autre, de leur envoyer de l'argent. Les pauvres gens, déjà privés du travail de leur fils, se gênent encore pour lui envoyer à grand'peine une somme employée bien inutilement. En arrivant à son poste, Joseph trouva des camarades qui l'engagèrent à agir ainsi, pour payer, disaient-ils, sa bienvenue. Ce furent d'abord des conseils, puis des instances plus pressantes, bientôt des menaces, enfin des persécutions continuelles.

Joseph avait pris sa résolution, qui était inébranlable; il recevait sans fléchir tous les reproches, et s'encourageait lui-même en pensant à sa mère. Un jour cependant la patience lui échappe. Deux camarades qui n'avaient pu l'entraîner au cabaret l'accablaient d'injures; Joseph, tremblant de colère, saisit une pièce de bois qui se trouve sous sa main. Malheur à celui qu'il va frapper; car il est à lui seul plus fort que ses deux adversaires. Le plus avancé pâlit et recule; mais tout à coup Joseph s'arrête, jette le bâton et s'éloigne. On avait vu son énergie et sa modération; l'aventure fut racontée, et les persécutions cessèrent. Leduc put réaliser impunément le plan que sa tendresse avait formé à l'égard de ses parents.

Les braves gens, hélas! avaient grand besoin de consolation. Leur unique vache avait été vendue; l'année était mauvaise, et les rhumatismes tenaient le vieux père au coin du foyer : l'avenir se présentait sous les plus tristes apparences. Mais des lettres arrivaient de Toulon; on les lisait, et l'on oubliait tout : elles étaient si rassurantes et si affectueuses !

« Tu ne parles pas de ta pipe, de ton tabac, faisait observer la mère; dis-nous s'il te manque quelque argent, nous tâcherons de t'en envoyer. — Ma pipe ! répondait la lettre suivante, j'ai songé aux privations que vous vous êtes imposées pour moi, et je l'ai brisée contre la dernière borne du village : c'est un superflu qu'il sera temps de reprendre au retour. »

Six mois, un an se passent. L'équipage quitte Toulon et se dirige, sur un vaisseau de l'État, vers la Grèce. Joseph tombe malade à Athènes; il se rétablit et s'éloigne encore. Pendant tout ce temps, point de nouvelles au

village; on attend chaque jour avec anxiété le facteur qui n'apporte rien.

Enfin une lettre arrive. Pourquoi donc est-elle plus lourde que toutes celles qui l'ont précédée? La famille s'inquiète, et la main du vieux Leduc tremble en brisant le cachet. Un papier s'en échappe, on se précipite, on met ses lunettes; devinez ce qu'on découvre?... un envoi d'argent!

L'excellent fils avait calculé combien son absence coûtait à ses parents de peine et d'embarras, et il s'était promis de les en dédommager par tous les sacrifices possibles. Sou par sou, sa paye de soldat d'abord, puis de caporal, avaient été soigneusement épargnées; voilà pourquoi, à Toulon et toujours, Leduc, après avoir renoncé au tabac, n'avait bu que de l'eau, et, comme les petits ruisseaux font les rivières, soixante-quinze francs avaient été économisés dans l'espace de dix-huit mois. Je voudrais vous peindre la joie des parents; mais ce qu'il est impossible de décrire, c'est le bonheur plus vif encore du soldat lorsque, en montant la garde, il pouvait se dire : « On me bénit là-bas. » Oh! que ses privations alors lui semblaient douces!

Il les a continuées depuis, et chaque année, pendant tout le temps de son service, la même somme est venue exciter les mêmes transports dans la chaumière. Un jour, enfin, la porte s'ouvre avec fracas : c'est Joseph avec son congé, son visage toujours bon, son cœur meilleur encore, et ses soixante-quinze francs cousus dans sa ceinture...

Une telle conduite est au-dessus de tout éloge.

Assurément, un dévouement modeste et de tous les jours, une persévérance dans le bien que rien ne décourage et ne fatigue, sont aussi dignes d'admiration que bien des actions d'éclat.

EXERCICE.

Faites connaître la famille Leduc? — Quelle circonstance troubla son bonheur? — Comment chacun des membres de la famille supporta-t-il cet événement? — Quelle fut la conduite de Joseph au service? — Quelle fâcheuse habitude ont certains jeunes soldats? — Comment Joseph se fit-il respecter de ses camarades? — Que fit Joseph pour soulager ses parents? — Quels sacrifices avait-il dû s'imposer? — Continua-t-il à en agir de même? Que mérite une telle conduite?

Charité d'une pauvre veuve.

La veuve Bordier recevait chez elle des enfants en bas âge pour les sevrer. Il y a environ vingt ans, une dame bien mise, accompagnée d'un individu qui paraissait être son mari, lui apporta une petite fille de dix à onze mois, qu'elle voulait, disait-elle, laisser quelque temps à la campagne pour la fortifier.

Bientôt après, l'enfant tomba malade; la mère vint la voir, et dit à la veuve Bordier qu'une petite médecine serait nécessaire. Elle l'apporta le lendemain, et la fit prendre elle-même à l'enfant, qui ne tarda point à éprouver de violentes douleurs, accompagnées de vomissements. A force de soins, elle se rétablit; mais des convulsions lui restèrent et devinrent périodiques.

La mère ne reparut point. Celui qui avait accompagné cette femme dans sa première visite, et qui s'était dit le père de l'enfant, vint voir la veuve Bordier, lui promit que ses soins pour la petite malade seraient libéralement reconnus, et la pria de les lui continuer. C'est ce que l'excellente veuve n'a pas manqué de faire, et ces soins sont devenus bien pénibles; car la jeune enfant est demeurée épileptique et dans un état à peu près complet d'aliénation mentale; elle ne peut lier deux idées ensemble, et ne sait prononcer que quelques mots mal articulés.

Depuis dix ans, la veuve Bordier n'a eu aucune nouvelle du père ni de la mère; on lui a conseillé plus d'une fois de mettre l'enfant dans un hospice; elle ne l'a pas voulu.

— Je le garderai, dit-elle; c'est un enfant que j'ai de plus (elle en a quatre); il portera bonheur aux autres. Cette pauvre petite m'a donné tant de mal! elle est d'ailleurs si bonne! si caressante! Ne me croit-elle pas sa mère? Je ne veux pas m'en séparer.

Elle a fait pour guérir cette infortunée tout ce qu'il lui a été possible de faire, comme si elle eût été sa véritable mère: elle a eu recours aux médecins, n'a épargné aucun remède, et, dans les dépenses qu'elle a faites, elle n'a consulté que son bon cœur. Aujourd'hui que la jeune fille est reconnue incurable, la veuve Bordier n'est rebutée ni par la nature effrayante de sa maladie, ni par la surveillance et par les soins qu'exige son triste état d'aliénation mentale.

Et cette bonne femme ne possède au monde qu'une vache, nourrie par les herbes qu'elle va, de grand matin, arracher dans les champs; elle tient en sevrage quelques enfants qui lui sont confiés, et dont elle a le plus grand soin. C'est là sa seule industrie, avec la vente du lait de sa vache, dont une partie est consommée par les petits enfants qu'elle a en garde. Toutes ses ressources sont dans son courage et sa charité, et elle trouve dans sa bonne œuvre la plus douce satisfaction.

EXERCICE.

Qui recevait chez elle la veuve Bordier ? — Comment vint-on lui remettre un petit enfant? — Quelle fut la conduite des parents de cet enfant ? — Fut-il abandonné par la veuve Bordier ? — Quel était l'état de la santé de l'enfant ? — Voulut-elle le mettre à l'hospice? — Que dit-elle à ce sujet? — Quelles sont ses ressources? — Quel est le sentiment que fait éprouver une bonne œuvre?

Un capitaine de dragons sous l'Empire.

Le 8 février 1807, Napoléon livra la sanglante bataille d'Eylau. Pour mieux découvrir les mouvements de l'ennemi, il était monté au clocher de cette ville ; à peine arrivé à son observatoire, il aperçut une épaisse colonne d'infanterie russe, masquée par un accident de terrain, qui marchait droit à l'église. L'empereur descendit précipitamment et courut à un régiment qu'il vit à sa portée : c'était le 15ᵉ dragons, célèbre dans les fastes de l'armée.

— Vous voyez cette masse, cria-t-il au colonel ; chargez-la tête baissée : il y va du gain de la bataille.

Le régiment s'élance, et, en un instant, la colonne assaillante, prise en flanc, est sabrée et dispersée.

Les dragons étaient encore haletants de leur victoire quand Napoléon parut au milieu d'eux; son visage calme contrastait avec l'ivresse guerrière de ces hommes, dont les sabres étaient rouges de sang. Le capitaine d'une compagnie d'élite avait à la main un drapeau russe.

— Ce drapeau, lui dit l'empereur, est la preuve de votre bravoure; je vous donne la croix d'honneur.

— La gloire de l'action et la récompense, répondit le capitaine, appartiennent au sous-lieutenant D...

— Non, sire, dit vivement le jeune homme désigné ; c'est mon capitaine qui a arraché ce drapeau des mains de l'ennemi ; lui seul a mérité la croix.

— Vous êtes aussi modestes que braves, messieurs, dit l'empereur en souriant. Vous serez décorés tous les deux.

Les deux nouveaux chevaliers, à partir de ce jour, se vouèrent une sincère amitié.

Le capitaine avait un caractère grave et des mœurs austères. S'il arrivait à ses camarades de commettre quelques-unes de ces fautes que ne saurait excuser la liberté des camps, ils craignaient plus ses remontrances que les arrêts qui pouvaient leur être infligés. On pressentait déjà qu'il y avait en lui d'autres vertus que les vertus guerrières.

A la paix de 1814, beaucoup d'officiers quittèrent volontairement l'armée et suivirent diverses carrières sociales. Le capitaine de dragons entra au séminaire. Son ami, M. Da...., devenu officier supérieur, unit sa destinée à celle d'une jeune et charmante personne.

Vingt ans plus tard, deux familles étaient réunies dans une campagne près d'Avallon. Une jeune fille, pleine de grâces et de candeur, parée d'une couronne de roses blanches, attendait que son père lui donnât la main pour la conduire à l'autel ; celui-ci, dans un état visible d'inquiétude, interrogeait souvent la pendule du regard. L'heure fixée pour la cérémonie du mariage était passée depuis longtemps. Chacun se livrait à ses conjectures, quand le roulement d'une chaise de poste se fit entendre.

— Ah ! le voilà ! s'écria M. Da..., père de la jeune mariée ; jamais il n'a manqué à sa parole !

— Qui donc ? dirent toutes les voix.

— Vous allez le savoir.

On courut aux fenêtres ; la voiture s'arrêta, et il en descendit un vénérable prélat : c'était le capitaine de la compagnie d'élite du 15ᵉ régiment de dragons, qui avait échangé le casque contre la mitre.

L'évêque, après s'être excusé du retard involontaire qu'il avait apporté à la cérémonie, se rendit à l'église. Tous les yeux se mouillèrent de larmes pendant la touchante allocution qu'il adressa aux jeunes époux, et les assistants quittèrent le saint lieu en célébrant à l'envi les vertus apostoliques et la gloire du vieux dragon.

EXERCICE.

Quelle bataille livra Napoléon le 8 février 1807 ? — Où était-il placé pour mieux examiner les mouvements de l'ennemi ? — Qu'aperçut-il ? — Que fit-il alors et quel ordre donna-t-il au 15ᵉ dragons ? — Quel effet produisit la charge du régiment ? — Qui parut alors au milieu d'eux ? — Qu'avait à la main le capitaine de la compagnie d'élite du régiment ? — Que dit Napoléon ? — Quelle contestation eut lieu entre le capitaine et le sous-lieutenant Da... ? — Comment l'empereur la termina-t-il ? — Quelles relations s'établirent entre les deux officiers à partir de ce jour ? — Quel était le caractère du capitaine ? — Que devint-il après la paix de 1814 ? — Que devint le sous-lieutenant ? — Quelle scène se passait vingt ans après dans une campagne près d'Avallon ? — Qui arriva après avoir été impatiemment attendu ? — Quelle impression produisit l'évêque, autrefois capitaine de dragons dans l'armée de Napoléon ?

Enlèvement du cutter (1) anglais *l'Union*.

Parmi les beaux faits d'armes qui signalèrent, durant les guerres de l'empire, les tentatives audacieuses de nos prisonniers pour recouvrer leur liberté, on doit citer, comme une des plus mémorables, l'enlèvement du cutter anglais *l'Union*, par le capitaine François-Joseph Hénon, de Saint-Hilaire.

(1) Petit bâtiment de guerre à un mât.

Formé de bonne heure à la périlleuse navigation de nos côtes bretonnes si hérissées d'écueils, le jeune Hénon avait été nommé second chef de timonerie, c'est-à-dire l'un de ceux qui gouvernent les hommes attachés au gouvernail ou timon du navire ; il servait en cette qualité à bord de la frégate *le Président*.

En 1806, elle tomba au milieu d'une division anglaise, un combat opiniâtre s'engagea ; mais la frégate française se trouva dans la nécessité de céder à des forces démesurément supérieures.

Son équipage fut envoyé à Plymouth (ville et port militaire du sud de l'Angleterre) et renfermé dans *Hill-Prison*, près de la citadelle.

Il y avait trois années que François Hénon gémissait sous les verrous, lorsqu'il résolut de mettre à exécution le plan qu'il avait conçu depuis longtemps pour recouvrer sa liberté.

Il communiqua à quatre braves comme lui le projet qu'il avait formé, et ce dessein, malgré les dangers qui l'environnaient, fut accueilli avec enthousiasme.

Les cinq Français parviennent, au milieu d'une nuit obscure, et grâce à leur agilité, à tromper la vigilance des soldats anglais ; ils franchissent les obstacles, bravant les coups de fusil, et se trouvent dans les champs, libres de toute entrave.

Après avoir erré à l'aventure pendant quarante-huit heures sur le bord de la mer, ils se jettent à la nage pour s'emparer d'un petit canot armé de quatre avirons, qui était ancré dans une petite crique (1). Malgré les faibles dimensions de l'embarcation, ils ne balancent point à prendre la pleine mer.

Armés chacun d'un poignard qu'ils ont fabriqué eux-mêmes, ils sont décidés à aborder le premier navire qu'ils rencontreront.

Être libres ou périr ! s'écrient-ils.

Ils rament avec courage, et leur esquif sort avant le jour de la vaste baie de Plymouth.

Au lever du soleil, Hénon et ses camarades étaient à deux lieues de distance de Weymoury (port voisin de

---

(1) Petite baie qui forme dans les terres un enfoncement où de petits bâtiments peuvent se mettre à l'abri.

Plymouth), lorsque, tout à coup, le vent changea et souffla avec une violence extrême. Nos braves luttèrent contre la brise terrible qui soulevait les flots ; mais tous leurs courageux efforts devinrent inutiles devant les fureurs de la tempête, et le bateau, enlevé comme une algue (1), fut jeté sur les rochers de la côte où il se brisa.

Plusieurs hommes accoururent pour porter du secours aux naufragés ; mais ayant reconnu en eux des Français, ils furent sans pitié pour ces pauvres fugitifs. A peine ceux-ci purent-ils marcher, que les Anglais qui les avaient recueillis allèrent les livrer au commissaire préposé à la surveillance des prisons, qui remit aux habitants le prix de leur capture.

Ce chef condamna impitoyablement chacun des prisonniers à quarante jours de cachot, à bord du ponton (2) *le Généreux*, ancré à deux milles de Hill-Prison, sur la Tamer, rivière qui se jette dans la baie de Plymouth.

Là, ils ne reçurent qu'une demi-ration ; l'autre portion fut vendue au profit du propriétaire du bâtiment, qui ne rougit point d'en recevoir le prix.

A quelque temps de là, Hénon tenta une nouvelle évasion ; mais elle échoua encore, et attira sur lui un rigoureux châtiment.

Néanmoins, poussé par cet instinct de la liberté qui porte souvent le prisonnier à braver la mort pour échapper à la captivité, Hénon réunit sept autres captifs aussi intrépides que lui, et, après avoir fait adopter son plan, il résolut d'essayer une troisième fois de briser ses fers. Déterminés à affronter tous les périls, ces huit braves se mirent à l'œuvre pour hâter le moment de leur délivrance.

Après des travaux inouïs exécutés avec une patience incroyable, ils parvinrent à percer l'épaisse coque du ponton. Les précautions qu'ils prenaient durant leur long et pénible ouvrage, pour en cacher le progrès, furent si ingénieuses, que les Anglais, malgré une surveillance de chaque jour et même de chaque heure, ne purent s'en apercevoir.

(1) Herbe marine.
(2) On appelle *pontons* de grands bateaux plats : on donne aussi ce nom aux vieux vaisseaux rasés qui servent à divers usages dans les ports, et dans lesquels les Anglais ont souvent enfermé leurs prisonniers de guerre.

Le 25 juin 1810, au soir, les huit captifs se disposèrent à quitter le hideux ponton, et pour cela, chacun d'eux se munit d'un petit sac si bien enduit de suif et si bien fermé, que l'eau n'y pouvait entrer; ce sac contenait quelques vêtements et un poignard. Hénon avait ajouté à ce bagage une petite boussole qu'il avait faite lui-même, et qui devait servir à guider la troupe aventureuse au milieu de l'Océan.

A onze heures, l'obscurité étant devenue profonde sur les eaux de la Tamer, nos hardis Français démasquent le trou qu'ils ont pratiqué dans les flancs du *Généreux*;

ils se glissent doucement et l'un après l'autre dans le fleuve, afin de gagner à la nage un point de la rive opposée. Ils devaient s'y rallier au nombre de huit seulement; car aucun autre d'entre les huit cents prisonniers du ponton n'avait osé les suivre dans leur périlleuse entreprise.

Ils trouvèrent plusieurs embarcations échouées au milieu des vases; mais toutes étaient démunies des objets essentiels pour les manœuvrer. Leur embarras était des plus grands, lorsque Hénon et Dénéchant, de Nantes, aperçurent près d'eux un chantier de construction, où ils prirent quatre morceaux de bois pour remplacer les avirons qui leur manquaient; leurs compagnons accoururent à leur aide, et, munis de ces rames improvisées, ils se dirigèrent vers les embarcations. Leur choix s'arrêta sur le plus léger des bateaux qu'ils avaient à leur disposition, et, poussant au large, ils voguèrent tous les huit à la recherche d'un navire à leur convenance.

Enveloppé dans l'ombre qui voilait la surface du

fleuve, le canot, sans être aperçu, put prendre connaissance de plusieurs navires qui étaient à l'ancre.

L'étude qu'en firent les fugitifs leur révéla la nature de ces bâtiments, qui étaient tous des frégates ou des vaisseaux de guerre. En continuant leur investigation à la faveur des ténèbres, qui confondaient ensemble la terre, les navires, le ciel et les eaux, ils découvrirent, à quelque distance des vaisseaux de haut bord, un cutter de quarante-cinq à cinquante tonneaux (1) : c'était *l'Union*, chargée de poudre de guerre. Par l'apparence extérieure de ce navire, qui joignait à des formes élancées un gréement (2) léger et bien tenu, ils présumèrent que ce pouvait être un des bâtiments armés par la douane, et, dans le premier moment ils hésitèrent à l'accoster.

Cependant réfléchissant qu'il ne pouvait avoir, par ses dimensions, plus de trente hommes d'équipage, ils se sentirent assez d'énergie pour l'enlever à l'abordage.

Hénon et les braves qui l'avaient suivi, pleins d'enthousiasme et ne reculant devant aucun danger, décident à l'unanimité qu'ils tenteront de se rendre maîtres du cutter, quoiqu'il soit au fond du port, sous les batteries de l'escadre et sous celles de la forteresse formidable qui protège la rade.

Disposant aussitôt leurs poignards pour ce coup de main audacieux, ils poussent vers *l'Union*, assignent à chacun d'entre eux le poste qu'il doit occuper dans cette attaque nocturne, et prennent pour leur mot d'ordre et de ralliement ceux de *liberté et patrie*.

Ainsi disposés, ils accostent *l'Union*, déterminés à triompher ou à périr; mais, en abordant, ils reconnaissent à leur grand étonnement que ce cutter n'était pas armé en guerre. En effet, *l'Union* était un des bâtiments de transport affectés au service des vaisseaux de la marine royale; quoiqu'il fût chargé de poudre, il restait confié à la garde d'un seul homme que nos Français surprirent pendant son sommeil et garrottèrent solidement. Le capitaine et les matelots formant son équipage étaient allés se coucher à terre; il ne devaient rentrer qu'avec le

(1) Tonneau, en termes de marine, signifie le poids de 1000 kilogrammes.

(2) Gréement, toute la garniture d'un bâtiment : mâts, cordages, etc.

jour et apporter les provisions nécessaires pour le temps de leur expédition, qui durait rarement plus de quarante-huit heures.

Il n'était encore qu'une heure du matin, et nos huit braves ne pouvaient pas appareiller avant que le coup de canon tiré par le vaisseau amiral eût permis les communications. En attendant ce signal, ils avaient fait descendre l'Anglais prisonnier dans la chambre du cutter, où deux des leurs le gardaient à vue, en le menaçant de le tuer s'il prononçait une seule parole qui pût compromettre leur sûreté.

Vers trois heures du matin, aux premières lueurs de l'aurore, le canon retentit du bord de l'amiral, et les échos d'alentour répercutèrent la détonation. À peine la circulation permise dans le port et sur la rade, nos gens coupèrent le câble (1) de *l'Union* pour mettre plus vite à la voile, et, favorisés par un bon vent, ils s'éloignèrent de l'ancrage que le cutter avait occupé.

Mais quel audacieux sang-froid, quelle admirable présence d'esprit, et quelle intelligence devaient présider à la fois à l'exécution de cette entreprise ! Maintenant, il leur fallait sortir du port de Plymouth, qu'ils n'avaient pu étudier qu'imparfaitement, et éviter les écueils qui l'avoisinent ; il leur fallait passer et repasser le long des vaisseaux de guerre répandus sur l'espace qu'ils parcouraient, et manœuvrer durant plusieurs heures parmi les navires qui avaient mis sous voiles pour prendre le large, sans qu'aucune hésitation, sans qu'aucune fausse manœuvre vînt révéler qui ils étaient. À force d'habileté et d'audace, ils réussirent à tout.

Cependant, leur cœur se serrèrent quand ils passèrent devant Hill-Prison, cette affreuse demeure où leurs compatriotes entassés gémissaient dans une dure captivité.

Hénon avait pris le commandement de *l'Union*, et grâce à la petite boussole, que, par une heureuse prévoyance, il avait mise dans son sac, il put guider le navire au milieu des flots ; le cutter, ne faisant que la navigation des bords de la Tamer à ceux de la grande rade de Ply-

---

(1) Câble, gros cordage dont on se sert pour attacher les ancres des bâtiments.

mouth, était démuni de compas, de lampes et de provisions de toute espèce.

Le vent, qui s'était maintenu au nord, avait augmenté de force, et *l'Union*, sous toutes ses voiles, traversait rapidement l'espace entre Plymouth et la côte bretonne. A la vérité, Hénon avait l'œil à tout, et ne négligeait aucun changement de l'atmosphère pour obtenir de l'embarcation britannique la plus grande vitesse possible. Les huit marins, manquant de vivres, avaient tous hâte d'atteindre un port ami, où ils pussent se procurer des aliments dont leurs estomacs épuisés avaient grand besoin.

L'activité déployée par Hénon eut les plus heureux résultats; le lendemain, à l'aube matinale, *l'Union* était si près des rochers qui bordent la côte française, qu'aucun ennemi ne pouvait lui fermer le passage. Il était temps; car les fugitifs ne se trouvaient plus qu'à une lieue d'un des nombreux bâtiments légers dépêchés à leur poursuite.

Mais là, de nouveaux dangers attendaient les huit valeureux Français, et ils faillirent périr au terme de leur

entreprise. Obligés d'arborer un pavillon, ils ne pouvaient hisser en tête du mât que le seul drapeau qu'ils eussent à bord. Le pavillon anglais, à fond rouge avec trois canons blancs, était le signal distinctif du cutter, chargé du transport des poudres dans un port anglais, et ce pavillon mit en émoi les canonniers des batteries de la côte, qui firent feu sur *l'Union*.

Malgré la pluie de fer qui vint les assaillir à l'entrée d'un port ami, et mettre leur courage à une nouvelle épreuve, malgré les projectiles battant la mer si près du cutter, que l'eau qui rejaillissait sous le choc couvrait tout le pont, Hénon, avec le même sang-froid qui avait présidé à toute l'entreprise, faisait entrer *l'Union* dans le port.

Cette résolution de la part de ceux qui montaient le cutter frappa les artilleurs; ils réfléchirent qu'une si faible embarcation, dont ils n'avaient rien à redouter pour eux-mêmes, ne pouvait affronter aussi hardiment leurs boulets sans autre motif qu'une agression qui ne lui offrait que des chances de destruction; ils cessèrent de tirer, et un pilote breton se décida alors à aborder *l'Union*. Cet homme reconnut des compatriotes, et conduisit aussitôt le cutter dans le petit port de Roscoff, sur la côte bretonne, vis-à-vis de l'extrémité de l'île de Bas.

Hénon et ses camarades débarquèrent épuisés, mourant de faim, mais triomphants du succès de leur noble entreprise, et ils remirent leur glorieuse conquête aux autorités françaises.

L'enlèvement de *l'Union* fit grand bruit en France et en Angleterre. Amis et ennemis apprirent avec une admiration profonde l'acte héroïque de cette poignée de braves, qui avaient pu, par un trait d'audace inouï, se rendre maîtres d'un bâtiment de l'État, au milieu d'un port et sous le feu des forts de Plymouth.

EXERCICE.

Qu'est-ce qu'un cutter ? — Par qui fut enlevé le cutter anglais *l'Union* ? — En quel grade servait Hénon à bord de la frégate *le Président* ? — Quelles fonctions exerçait-il en cette qualité ? — En quelle année ? — Qu'arriva-t-il à la frégate *le Président* ? — Dans quelle prison fut enfermé Hénon ? — Quel projet forma Hénon au bout de trois ans de captivité ? — Que firent Hénon et quatre de ses compagnons ? De quoi s'emparèrent-ils ? — Le temps leur fut-il favorable ? — Quelle conduite tinrent, à l'égard des prisonniers, les habitants de la côte anglaise ? — A quoi furent condamnés les cinq prisonniers ? — Qu'est-ce qu'un ponton ? — Comment furent-ils traités à bord des pontons? — Hénon réussit-il dans une nouvelle tentative? — Se découragea-t-il? — Quel nouveau plan fut formé par lui et sept autres captifs? — A quoi parvinrent-ils? — Racontez leur évasion? — Quelles précautions avaient-ils prises? — Que portaient-ils avec eux? — Que trouvèrent-ils sur la côte opposée? — De quel bâteau s'emparèrent-ils? — Que firent-ils à la faveur du brouillard? — De quel navire résolurent-ils de se rendre maîtres? — Quelles dispositions prirent-ils? — L'entreprise était-elle difficile? — Que trouvèrent-ils en abordant le cutter? — Qu'attendirent les Français pour mettre à la voile? — Parlez-moi de leur fuite et des difficultés qui l'accompagnaient? — Devant quel lieu passèrent-ils? — Qui commandait l'*Union*? — Comment Hénon put-il gouverner le navire? — Vers quel côte dirigeait-il la course rapide du cutter? — S'aperçut-on de leur fuite dans le port anglais? — Quel nouveau danger vint les assaillir à l'entrée d'un port ami? — Quelle circonstance leur attira ce danger? — Comment sortirent-ils de ce dernier péril? — Où abordèrent-ils enfin? — Que pensez-vous de la conduite de ces marins? — Quel sentiment général excita-t-elle?

Charité courageuse d'un prêtre.

M. de Beauregard, depuis évêque de Montauban, et ensuite d'Orléans, était curé de Saint-Pierre, cathédrale de Poitiers, au moment de la chute de l'Empire. A cette époque de trouble et de confusion, quelques furieux s'emportaient en invectives contre lui. Parmi ceux qui le menaçaient avec la plus grossière brutalité, était un maître corroyeur qui habitait sa paroisse; il avait juré sa mort.

M. de Beauregard se rend chez lui; il trouve sa femme fondant en larmes à la suite d'une scène violente qui venait de se passer entre eux.

— Où est votre mari? lui demanda-t-il.

— Ah! monsieur le curé, il est là-haut, bien en colère.

— Je désire lui parler.

— Monsieur, gardez-vous-en bien! s'écrie cette femme; il jurait encore ce matin que vous ne mourriez que de sa main.

— N'importe, il faut que je lui parle...

N'écoutant ni remontrances ni supplications, il monte à tâtons l'escalier de bois qui conduit à la chambre indiquée.

— Mon Dieu! mon Dieu! n'y allez pas, répétait la femme avec angoisse; et, redoutant quelque événement tragique, elle ne retenait plus ses sanglots.

— Que viens-tu faire ici, malheureux? cria le corroyeur dès qu'il aperçut le curé.

— Vous embrasser, dit le prêtre.

Et il avait fermé la porte derrière lui. Alors, on entendit les blasphèmes et les imprécations du corroyeur, qui parlait avec colère, mais dont on ne pouvait saisir les paroles; puis, de temps en temps, la voix calme du courageux abbé, qui s'efforçait d'adoucir l'exaspération du furieux.

Cette entrevue dura une heure; ce fut une heure de tortures pour la pauvre femme, qui attendait, en tremblant, le dénoûment.

Enfin, on entendit la porte s'ouvrir, le prêtre avait vaincu. Il avait embrassé son ennemi, qui le reconduisit jusqu'à la rue avec respect, et lui fut, depuis ce temps, toujours profondément dévoué.

EXERCICE.

Qui était M. de Beauregard? — Que lui arriva-t-il à l'époque de la chute de l'Empire? — Quel était le plus acharné de ses ennemis? — Que fit un jour M. de Beauregard? — Qui trouva-t-il en arrivant? — Que lui dit la femme du corroyeur? — Que se passa-t-il entre le curé et le furieux qui en voulait à ses jours? — En quel état était la pauvre femme pendant ce temps? — Comment se termina cette scène? — Quels sentiments eut depuis le corroyeur pour l'abbé de Beauregard?

Une expédition de marins hollandais dans le Nord.

ÉNERGIE ET CONSTANCE.

Guillaume Barentz, un des plus intrépides marins de la Hollande, à peine de retour des voyages aventureux qu'il avait faits en 1594, voulut entreprendre une nouvelle expédition. Deux bâtiments furent équipés: l'un commandé par Cornélitz, l'autre par Barentz; ils partirent tous deux le 18 mai 1595.

Barentz fit voile vers la Nouvelle-Zemble; mais à peine arrivé dans ces parages, où il espérait trouver un passage au nord, il se vit de tous côtés cerné par les glaces.

Quelquefois, à force de hardiesse et d'opiniâtreté, il parvenait à franchir une ou deux de ces barrières flottantes; quelquefois aussi, le vent les écartait les unes des autres, et lui ouvrait un chemin au milieu de leurs masses gigantesques ; puis, un instant après, l'enceinte ainsi brisée se refermait, et le navire se trouvait de nouveau arrêté dans un bassin sans issue.

Le 27 juin, les glaces heurtèrent le bâtiment avec tant de violence, que, dans la crainte de le voir se briser, les matelots se hâtèrent d'en tirer les chaloupes, afin d'avoir au moins, en cas de naufrage, une dernière chance de salut. Peu à peu, les glaces chassées par le vent et charriées par les vagues, se resserrèrent, s'amassèrent sur les flancs du navire, et l'étreignirent de toutes parts avec une telle force, qu'il ne pouvait plus se mouvoir ni en avant ni en arrière.

Quand le bâtiment de Barentz fut ainsi engagé, les pauvres gens qui s'y trouvaient reconnurent bientôt qu'il fallait renoncer à tout espoir de le faire sortir de sa prison de glaces, et se résignèrent à passer l'hiver dans ces horribles solitudes.

Par bonheur, la côte n'était pas loin ; ils y allèrent avec leur canot et y trouvèrent une source d'eau douce, des traces d'animaux et de grands arbres déracinés qui avaient été amenés là par des courants.

C'était tout ce qu'il fallait pour offrir quelques consolations à leur infortune.

Leur provision d'eau était épuisée, et leurs vivres ne pouvaient pas durer longtemps : ils allaient pouvoir remplir leurs barriques ; ils espéraient tuer quelques-uns de ces hôtes sauvages dont ils apercevaient des vestiges sur la neige, et les arbres leur serviraient à construire une cabane pour se tenir pendant l'hiver à l'abri de la férocité des ours et de la rigueur des frimas.

Dès le lendemain, ils se mirent à l'œuvre ; ils transportèrent sur la grève tout ce qui pouvait leur être utile, et bientôt ils eurent bâti leur maison.

Les derniers jours d'été touchaient à leur fin, si l'on peut appeler été ces quelques semaines où un pâle soleil apparaît dans les brumes humides des régions boréales. Déjà le soleil devenait plus sombre, le vent plus aigu et les glaces plus épaisses. Le 16 septembre, l'eau de la mer, qui avait conservé encore un certain mouvement, gela tout à coup.

Le 23, un des Hollandais mourut, et ses compagnons ne purent lui creuser une fosse, tant la terre était dure; ils l'ensevelirent dans une fente de rocher, près d'une chute d'eau.

La semaine suivante, il gelait si fort que si l'un d'eux, en travaillant, mettait un clou dans sa bouche, il ne pouvait l'en arracher sans se déchirer les lèvres. La neige tombait à gros flocons; elle ferma l'entrée de la hutte, et bientôt couvrit la cabane tout entière.

Les malheureux ne pouvaient plus sortir. Ils parvinrent cependant à se frayer un passage à travers les monceaux de neige : c'était pour aller chercher le reste de leurs vivres et quelques tonnes de bière et de vin dans leur bâtiment. Mais la bière était gelée; on la coupait par morceaux pour la faire fondre devant le feu, et lorsqu'elle était liquéfiée, elle n'avait plus que le goût de l'eau.

La gelée avait fait éclater des tonnes cerclées de fer, et le vin de Xérès même n'avait pu résister à l'action du froid; quand on essaya d'en tirer quelques gouttes, on ne trouva qu'un amas de glace.

Bientôt les derniers rayons d'un soleil sans chaleur, qui de temps à autre projetait encore une lueur fugitive à la surface du ciel, disparurent complètement. L'obscurité régna constamment, et, dans cette nuit froide et sinistre, on n'entendait plus que le gémissement des vents, les craquements du navire qui se brisait entre les glaces, et les cris lugubres des ours.

Chaque jour la faim redoublait la hardiesse de ces animaux voraces. Ils guettaient les matelots sur l'étroit sentier qui conduisait à la mer, et les poursuivaient jusqu'au navire; parfois ils s'élançaient contre les poutres de la cabane, et tâchaient d'en rompre la porte, ou d'y descendre par le toit.

Dès qu'on apercevait un de ces formidables animaux, toute la petite colonie accourait sur le point menacé avec des fusils, des hallebardes, des pieux; mais souvent, ni les balles ni des piques de fer ne pouvaient vaincre la fureur de la bête féroce.

Une lutte acharnée s'engageait, et l'ours ne cessait l'attaque que quand il était mutilé par les coups de hache et couvert de blessures.

Aussi, quand on était parvenu à en tuer un sur le champ de bataille, c'était une vraie fête parmi les naufragés; car sa graisse servait à alimenter leur lampe, et ses membres, rôtis au bout d'une pique, leur donnaient une assez bonne nourriture.

Au mois de décembre, l'intensité du froid s'accrut encore. Le mouvement de l'horloge, que l'on avait eu soin de placer auprès du feu, s'arrêta, et l'on eut recours au sablier. Les parois intérieures de la hutte se couvrirent de glaçons; le linge qu'on lavait dans l'eau chaude se gelait dès qu'on l'en retirait, et les souliers se glaçaient sur les pieds. Le feu semblait avoir perdu sa force; il fallait se brûler les membres pour sentir un peu de chaleur.

Les Hollandais mirent chaussure sur chaussure et s'enveloppèrent dans des peaux de mouton, dans des pièces de drap; mais auprès du foyer, leurs vêtements se hérissaient encore de verglas, et s'ils essayaient de sortir, leurs lèvres, leurs oreilles, leur visage entier, se couvraient de pustules.

Pendant plusieurs jours, ils restèrent dans leur lit, la tête plongée sous leurs couvertures, et n'ayant d'autre soulagement à leurs souffrances que des pierres qu'ils faisaient chauffer, et qu'ils se portaient l'un à l'autre à tour de rôle.

Le 6 janvier, les malheureux eurent encore le courage de chercher l'ombre d'une fête dans l'horreur de leur situation. Ce jour-là leur rappelait une des joies de leur enfance ; ce jour-là, leurs amis chantaient et riaient dans leurs chères cités de Hollande : ils voulurent essayer de rire aussi et de célébrer, comme ils le faisaient jadis, avec abandon et gaieté, la fête des Rois.

En vue de cette solennité, ils avaient fait, durant plusieurs semaines, des épargnes sur leurs rations de vin ; ils avaient mis de côté un peu d'huile et leurs deux dernières livres de farine. Avec l'huile et la farine, le cuisinier du bâtiment avait fait d'excellents beignets ; le vin fut apporté en grande pompe au milieu de l'assemblée ; on tira au sort qui serait roi dans cette mémorable soirée, et ce fut un canonnier, dit le naïf narrateur de cette histoire, qu'on proclama roi légitime et absolu de la Nouvelle-Zemble.

Douce et touchante puissance des souvenirs de la jeunesse et des charmes de la famille ! Dans ce moment-là peut-être, plus d'une femme affligée, plus d'une mère ou d'une sœur parlaient d'eux et demandaient tristement ce qu'ils pouvaient être devenus, et les pauvres naufragés oubliaient, à l'extrémité du monde, l'horreur des nuits et des glaces boréales, pour revivre par la pensée dans les lieux qu'ils ne pouvaient espérer de revoir.

Durant les premiers jours du mois de janvier, le froid diminua beaucoup. Lorsqu'il y avait eu du feu dans la cabane, on voyait de grands morceaux de glace tomber des cloisons ; mais, pendant la nuit, tout gelait comme par le passé.

Le 24, deux des Hollandais crurent voir surgir un des côtés du globe solaire, et accoururent en toute hâte annoncer à leurs compagnons cette bonne nouvelle. Trois jours après, tout l'équipage eut la joie de contempler cette clarté vivifiante dont il avait été privé si longtemps.

Ce bonheur fut bientôt troublé par l'apparition des ours, qui s'étaient un peu éloignés pendant le temps des plus longues nuits, et qui revinrent, avec les lueurs vagues du soleil, plus voraces et plus formidables que jamais ;

c'étaient chaque jour de nouvelles terreurs et de nouvelles luttes.

Peu à peu, cependant, il s'opérait un changement notable dans la température ; les nuits étaient moins sombres, les brumes épaisses ne voilaient plus que par intervalles la clarté du soleil, et l'espoir rentrait dans tous les cœurs.

Déjà les naufragés tournaient, avec moins d'anxiété, leurs regards du côté de la mer ; ils voyaient les montagnes de glace s'affaisser et se fondre ; ils se voyaient déjà eux-mêmes montant sur leur navire et voguant à pleines voiles vers le Zuydersée.

Mais le navire était tellement disloqué, qu'on ne pouvait plus penser à s'en servir. Il fallut essayer de remettre la chaloupe et la barque en état de naviguer, et c'était une rude tâche.

La petite colonie se composait en tout de seize hommes, la plupart tellement affaiblis par la souffrance et les privations de toutes sortes, qu'à peine pouvaient-ils manier la scie ou la hache.

La neige et le froid ajoutaient encore à la difficulté de leur travail ; ils n'avaient d'ailleurs que des instruments rouillés, des lambeaux d'étoffes pour faire des voiles, et des arbres mal taillés pour faire des mâts.

Ils se mirent pourtant à l'œuvre avec courage ; car il y allait de leur salut. Leur capitaine disait quelquefois en riant :

— Il ne s'agit pas pour nous d'être à jamais bourgeois de la Nouvelle-Zemble ! Et ces paroles ranimaient l'ardeur de ses compagnons.

Quand les petits bâtiments furent terminés, il restait à les conduire jusqu'à la mer. Il fallut ouvrir avec des pioches et des pelles un chemin à travers la glace et la neige, et tirer à force de bras ces lourdes embarcations. Souvent, lorsque les matelots étaient attelés comme des bœufs à leur fardeau, ils voyaient tout à coup se lever sur la grève des ours décharnés et voraces qui s'élançaient sur eux avec la rage de la faim ; alors, il leur fallait quitter en toute hâte la pioche pour la hache et le fusil, et combattre à outrance leurs terribles adversaires.

Le 13 juin, tous les travaux étaient enfin terminés ; on mit à la voile par un vent d'ouest. Un des bâtiments était commandé par Heinskerke, l'autre par Barentz.

Le soir, ils furent tous deux pris par les glaces. Le lendemain, le vent leur ouvrit un passage ; ils continuèrent leur route et arrivèrent à un cap qu'ils avaient déjà visité une fois, et auquel ils avaient donné le nom de *cap des Glaces*.

Là, les deux embarcations furent de nouveau arrêtées dans une enceinte infranchissable.

Barentz, qui depuis quelque temps était tombé malade, pria les matelots de le tenir un peu élevé sur le pont, afin qu'il pût encore une fois contempler cette côte où il était venu avec tant d'espoir ; il promena autour de lui ses regards languissants, puis pencha la tête sur son sein, et mourut sans faire entendre une plainte, sans pousser un soupir.

« Cette mort nous causa une grande affliction, dit celui qui raconte ces détails. Barentz était notre principal guide, et le seul en qui nous eussions confiance ; mais nous ne pouvions cependant nous révolter contre la volonté de Dieu. »

Le même jour, un des meilleurs matelots mourut aussi, il n'y avait plus que treize hommes en tout sur les deux frêles embarcations, et il fallait faire sans cesse les manœuvres les plus pénibles et les plus dangereuses.

Cependant, après toutes sortes d'obstacles, les Hollandais arrivèrent le 24 juillet dans une grande baie au bord de laquelle ils trouvèrent des bois et des œufs d'oiseaux, ce qui fut pour eux un grand soulagement. Il ne leur restait que bien peu de vivres ; déjà ils en étaient à la plus petite ration, et chacun d'eux ne recevait par jour qu'un peu de biscuit. Souvent ils se demandaient s'il ne vaudrait pas mieux abandonner leurs bâtiments et s'en aller le long des côtes chercher quelque cabane, que de poursuivre ainsi à l'aventure une navigation dont ils n'entrevoyaient pas le terme.

Au moment où ils allaient prendre ce parti désespéré, ils rencontrèrent des pêcheurs russes qui leur donnèrent un pain de seigle et une centaine de poissons. Deux jours après, ils en rencontrèrent encore d'autres dont ils reçurent un nouveau secours.

Ce qu'ils désiraient surtout, c'était d'obtenir quelques renseignements sur la côte où ils se trouvaient, et sur la route à suivre pour arriver dans ses parages habités; mais il leur fut impossible de se faire comprendre.

Enfin, après plus de deux mois de fatigues inouïes, de dangers sans nombre, ils atteignirent le continent, et s'assirent avec joie autour d'un bon feu allumé par des Lapons.

L'honnête famille nomade partagea avec eux tout ce qu'elle avait de meilleur, et leur fit entendre qu'il y avait à une vingtaine de lieues de là des navires étrangers.

Un des matelots s'y rendit en toute hâte, guidé par un Lapon, lequel revint seul avec un billet écrit en hollandais: c'était une lettre de Cornélitz, le commandant du navire qui avait quitté la Hollande en même temps que Barentz. Il annonçait du secours, des vivres et une embarcation, et nos Hollandais n'étaient pas encore revenus de l'espèce d'extase où les avait jetés cette nouvelle, lorsqu'ils virent arriver sur une barque laponne leur compatriote avec de la bière, du vin, des vivres et des vêtements. Ils se jetèrent en pleurant dans ses bras; puis, ils préparèrent sous une tente un joyeux repas où furent invités leurs hôtes.

Ils rejoignirent bientôt ceux qui leur envoyaient ces secours, et je laisse à penser quels furent les transports des pauvres matelots arrachés miraculeusement à la mort par leur courage et leur énergie, en se trouvant au milieu de leurs compatriotes arrivés là tout exprès pour les sauver; ils partirent le lendemain, et, au mois de novembre, ils rentraient avec Cornélitz dans leur chère patrie, où on les croyait morts depuis longtemps.

EXERCICE.

Qui était Guillaume Barentz, et qu'entreprit-il? — Qu'est-ce qui arriva à Barentz dans les parages de la Nouvelle-Zemble? — Racontez de quelle manière les Hollandais se trouvèrent entourés par les glaces. — La côte était-elle éloignée ? — Que trouvèrent-ils sur la côte ? — Ces choses leur furent-elles d'un grand secours ? — Quelles espérances leur firent-elles concevoir ? — Quelles furent leurs premières opérations ? — Quelle était la situation de l'atmosphère dans les derniers jours de l'été ? — Racontez-moi de quelle sorte le froid augmenta. — Comment les Hollandais se trouvèrent-ils comme ensevelis dans la hutte qu'ils avaient bâtie ? — Parvinrent-ils à se frayer un chemin ? — Qu'allèrent-ils chercher dans leur bâtiment ? — Quels avaient été les effets de la gelée ? — Racontez-moi comment les ours attaquaient sans cesse les pauvres naufragés. — Que faisaient-ils des ours qu'ils tuaient ? — A quel point le froid s'accrut-il au mois de décembre ? — Quelle fête les pauvres matelots eurent-ils le courage de célébrer dans cette triste situation ? — Quel changement arriva dans le mois de janvier ? — Quels ennemis reparurent plus terribles que jamais ? — Le temps s'adoucit-il peu à peu ? — Quel espoir conçurent les marins ? — En quel état se trouvait le bâtiment ? — Que fallut-il faire ? — Le travail qu'ils entreprenaient offrait-il des difficultés ? — Que leur disait le capitaine pour les encourager ? — Qu'y avait-il à faire quand les petits bâtiments furent terminés ? — Racontez comment se passèrent les premiers jours de leur navigation. — Comment mourut Barentz ? — De quelle manière les marins supportèrent-ils ce nouveau malheur ? — Quel était leur nombre pour monter et faire manœuvrer ces deux frêles embarcations ? — Où arrivèrent-ils enfin le 24 juillet ? — Où est situé ce cap ? — En quelle situation se trouvèrent-ils ensuite ? — Qui rencontrèrent-ils au moment où ils allaient prendre le parti de s'en aller le long des côtes, abandonnant leurs embarcations ? — Quels secours reçurent-ils ? — Où arrivèrent-ils enfin au bout de six mois de fatigues inouïes et de dangers continuels ? — Chez qui se trouvaient-ils ? — Qu'apprirent-ils ? — Qui envoyèrent-ils, et quelle réponse reçurent-ils ? — Qui vint à eux avec toutes sortes de secours ? — Au bout de combien de temps arrivèrent-ils en Hollande ?

Dévouement du trompette Escoffier.

Escoffier, trompette au 2⁰ régiment de chasseurs d'Afrique, part avec un détachement de ce beau corps, commandé par le capitaine de Cotte (depuis général), pour aller châtier une tribu rebelle. Les chasseurs approchaient, lorsque, attaqués par un gros d'ennemis, ils sont accablés par le nombre et enfoncés après une vigoureuse résistance.

Frappé d'une balle à l'épaule, le cheval du commandant frissonne un instant sur ses jarrets et s'abat : les cavaliers arabes se précipitent, le doigt sur la détente de leurs longs fusils. Le péril était imminent. Le brave trompette a vu le danger de son capitaine; oubliant le soin de sa propre vie, il se jette à bas de sa monture, dégage le commandant par un mouvement brusque, et lui montrant sa jument qui hennit d'impatience et de terreur : montez, lui dit-il ; ce n'est pas moi qui rallierai le régiment.

L'officier regarda tristement le soldat héroïque qui se livrait à la mort ; il hésitait à profiter de la chance de salut qui lui était offerte ; mais il avait à sauver ses hommes et à assurer le succès de l'expédition. Il accepta, et parvint à remettre sa troupe en bon ordre.

Cependant, Escoffier s'est dérobé lui-même, à travers les buissons, et apercevant un cavalier français qui passe au galop, il saisit la queue de son cheval pour courir avec lui et échapper aux Arabes. Malheureusement, l'un de ceux-ci lui lance un harpon de fer qui pénètre dans le gras de la jambe. Escoffier veut lutter contre l'horrible douleur qu'il éprouve, et reste suspendu au cheval qui l'entraîne ; mais un second Arabe le retient par l'autre jambe ; il est forcé de lâcher prise, et tombe entre les mains des ennemis, avec plusieurs chasseurs.

Pendant leur longue captivité, les prisonniers furent plusieurs fois amenés devant Abd el Kader. L'émir fut frappé de leur air martial et de leur fermeté ; il ordonna, mais un peu tard, qu'on leur épargnât tout mauvais traitement ; ils furent enfin échangés contre des prisonniers arabes. Escoffier fut décoré et attaché au service militaire des Tuileries.

EXERCICE

De quel détachement Escoffier faisait-il partie comme trompette ? — Dans quel but ce détachement se mit-il en marche ? — Qu'arriva-t-il au capitaine de Cotte lorsque les ennemis l'attaquèrent ? — Que fit le trompette à la vue du danger de son capitaine ? — Quelle considération engagea le commandant à accepter l'offre généreuse du soldat ? — Qu'est-ce qui arriva à Escoffier et à quelques chasseurs ? — Quelle impression leur courage produisit-il sur Abd el Kader ? — Comment finit-elle leur captivité ?

Mort héroïque de l'enseigne de vaisseau Bisson.

Dans le courant de l'année 1829, de nombreux pirates infestaient les mers du Levant, et le gouvernement français fut obligé de déployer ses forces navales pour protéger les bâtiments de commerce naviguant dans ces parages. Divers engagements eurent lieu, et plusieurs bâtiments pirates furent capturés ou obligés de prendre la fuite.

Vers la fin du mois d'octobre, la gabare (1) royale *la Lamproie* arrêta sur les côtes de Syrie un brick pirate grec, ayant soixante-dix hommes d'équipage et nommé *la Panayoti* (2). La frégate *la Magicienne* prit à bord l'équipage du corsaire, moins six hommes qu'on y laissa, et y mit un officier, avec quinze hommes de son bord. Cet officier était l'enseigne *Bisson*; l'un des quinze hommes était le pilote *Trémentin*.

Dans la nuit, le mauvais temps sépara les deux bâtiments, et *la Panayoti* fut obligée de relâcher à l'île de Stampalie.

En arrivant au mouillage, deux Grecs restés à bord parviennent à se sauver à terre. L'enseigne Bisson ne doute pas qu'on ne vienne bientôt l'attaquer, et son premier soin est de se préparer à une vigoureuse défense; mais son courage ne l'aveugle pas : il sait que la force peut triompher de la valeur, et il ne veut pas même céder à la force. Il a tout prévu, tout préparé...

— Pilote, dit-il en s'adressant à Trémentin, promets-moi, si la fortune nous est contraire, de faire ce que je

(1) Bâtiment de charge ou de transport, à trois mâts.
(2) La *Toute sainte*, nom de la sainte vierge, en grec.

ferai moi-même si je ne succombe pas dans le combat : fais sauter le bâtiment.

Trémentin le jure sur l'honneur. Cependant, à dix heures du soir, deux grands navires attaquent avec fureur *la Panayoti*.

Quinze hommes luttent avec intrépidité contre cent trente et balancent longtemps la victoire; le nombre seul l'emporte enfin. Neuf Français tombent, le pont est envahi; alors Bisson, blessé, couvert de sang, s'échappe de la mêlée.

— Amis, dit-il aux Français qui combattent encore, sauvez-vous, jetez-vous à la mer.

Puis, se tournant vers Trémentin, il ajoute :

— Adieu, pilote; voici le moment d'en finir.

En même temps il se précipite dans la chambre où d'avance il a lui-même tout préparé; il prend la mèche et met le feu aux poudres. Le navire saute, Bisson périt au milieu de ses débris; mais en mourant, pour ne pas laisser tomber aux mains de l'ennemi un vaisseau conquis par les Français, il a immortalisé son nom et mérité la reconnaissance de sa patrie.

Le 5 avril 1830, le ministre de la marine monta à la tribune de la chambre des députés pour y rendre compte de ce fait glorieux; une émotion profonde s'empara de toute l'assemblée, et les bravos éclatèrent de toutes parts.

Le courageux Trémentin, qui avait échappé par miracle à la mort, reçut la croix d'honneur, et d'honorables récompenses furent distribuées aux matelots qui avaient survécu avec lui. Un monument s'éleva en l'honneur de Bisson pour perpétuer la mémoire de cet événement, et une loi fut rendue pour accorder une pension à la mère de ce généreux officier.

EXERCICE

Qu'arriva-t-il dans les mers du Levant, à l'occasion des dévastations exercées par les pirates? — Que fit la gabare royale *la Lamproie*? — Qu'est-ce qu'une gabare? — Que fit la frégate *la Magicienne*? — Quel était le nom de l'officier et celui du pilote qui furent mis, avec quelques hommes, à bord du brick capturé? — Qui se sauva de ce bâtiment? — Que devait amener cette fuite? — Quels préparatifs fit Bisson? — Que fit-il promettre à Trémentin? — Racontez-nous le combat qui eut lieu? — Quels furent les derniers ordres et les dernières paroles de Bisson? — Comment empêcha-t-il le navire de tomber aux mains de l'ennemi? — Que pensez-vous de cet acte de dévouement? — Comment se manifesta la reconnaissance publique envers Bisson et envers ses compagnons?

Le libéré de Pontoise.

A l'époque où la France luttait si glorieusement contre toute l'Europe, un conscrit de Pontoise, nommé Postolle, désolé de se voir arraché à sa famille, déserte les drapeaux. Soldat réfractaire, errant à l'aventure, il se lie avec des bandits et devient leur complice dans un vol commis la nuit, avec effraction et toutes les circonstances aggravantes.

Condamné à seize ans de travaux forcés, il revient, à l'expiration de sa peine, dans le lieu de sa naissance subir la surveillance perpétuelle qui pèse sur le libéré. Ouvrier menuisier, il ne réussit que très difficilement à se faire ouvrir l'entrée des ateliers. Cependant, sa conduite régulière, son assiduité au travail, la douceur de son caractère, éloignent insensiblement la méfiance qu'inspirait sa vie passée, et avec le temps il parvient à reconquérir l'estime de ses concitoyens. Non seulement il emploie sagement le produit de ses journées, mais il aide sans cesse ses compagnons, leur rend de bons offices, et partage souvent son pain avec les pauvres.

La veuve d'un pharmacien, dénuée de toute ressource, se trouvait dans le plus grand embarras pour élever ses deux filles encore dans l'enfance. Postolle est touché de l'infortune de cette famille, tombée d'une situation aisée dans une douloureuse indigence; il travaille quelques heures de plus par jour, et avec le produit de ce labeur, la pauvre veuve est nourrie, et les enfants reçoivent une modeste et utile instruction.

Cependant, épuisée de chagrin, cette femme tombe dangereusement malade. Rien ne lui manque ; le zèle de son bienfaiteur s'accroît avec ses besoins. La gravité de la maladie exige des médicaments que l'on trouve rarement tout préparés dans les petites villes. Postolle s'esquive pendant la nuit ; il va jusqu'à Paris, et renouvelle plusieurs fois ses périlleuses excursions, qui l'exposent aux châtiments réservés au libéré rencontré hors des limites de la résidence qui lui a été fixée.

Enfin, grâce à son dévouement, la malade est sauvée : mais sa santé reste chancelante : Postolle lui prodigue ses soins pendant douze ans, et lorsqu'elle meurt, c'est lui qui se charge encore des frais de ses modestes funérailles.

Sa tâche n'est pas terminée ; il continue à donner les soins les plus empressés aux enfants de la veuve ; après avoir fait de l'aînée une honnête et bonne ouvrière, il la marie avantageusement, et surveille avec le plus grand soin la jeune fille. Lorsque par ses travaux elle est appelée aux longues veillées d'hiver, Postolle la conduit et la ramène, comme un père plein de tendresse et de sollicitude. Cet homme, infatigable dans sa bienfaisance, ne la restreint pas à une seule famille ; il saisit toutes les occasions pour se rendre utile. Partout où un danger, un événement malheureux, réclament l'assistance d'un homme actif, intrépide, désintéressé, on trouve Postolle.

Vingt-deux ans d'une vie de dévouement, de probité, de courage, ont acquis à cet homme, autrefois réprouvé, l'estime, l'affection, la confiance d'une population entière.

Les sentiments et les vœux des habitants de Pontoise ont déterminé les autorités de la ville à solliciter auprès de l'Académie française l'admission de Postolle au concours du prix Montyon.

En terminant l'éloge simple et touchant de la conduite du candidat, le maire ajoutait : « Si je voulais mettre ma bourse en sûreté, je la confierais à Postolle. »

Sur la demande de l'Académie elle-même qui venait de lui décerner un prix, le roi accorda l'affranchissement de la surveillance qui pesait sur lui, et sa réhabilitation.

EXERCICE.

Qu'est-ce qui arriva à Postolle après qu'il eut déserté les drapeaux? — A quoi fut-il condamné? — Où se fixa Postolle après avoir subi sa peine? — A quoi sont assujettis les condamnés après avoir subi leur peine? — Postolle trouva-t-il facilement de l'ouvrage? — Parvint-il à inspirer la confiance? — De quelle manière? — Comment employait-il le produit de son travail? — Que fit-il pour aider la veuve d'un pharmacien tombée dans l'indigence? — Racontez-nous la conduite que tint Postolle pendant la maladie de cette femme? — A quel danger s'exposa-t-il? — Pendant combien d'années Postolle prodigua-t-il ses soins à cette femme? — Que fit-il après sa mort? — Que fit-il pour ses deux enfants? — Le dévouement de Postolle se borna-t-il à cette famille? — De quelle manière sa conduite fut-elle appréciée par les habitants de Pontoise? — Quelle demande fut faite en sa faveur par les autorités de la ville? — Comment le maire termina-t-il l'éloge de la conduite de Postolle? — Que lui accorda le roi, sur la demande de l'Académie?

Magnanimité d'un soldat.

Le comte de Boutteville, célèbre plus tard sous le nom de maréchal de Luxembourg, commandait, en 1675, une division dans l'armée du grand Condé; ayant aperçu dans une marche quelques soldats qui s'étaient écartés du gros de l'armée, il envoya un aide de camp pour les ramener au drapeau. Tous obéirent, excepté un seul, qui continua son chemin. Le comte, irrité de ce trait d'insubordination, courut sur lui la canne à la main et le menaça de l'en frapper.

— Si vous exécutez cette menace, dit le soldat avec le plus grand sang-froid, je vous en ferai repentir.

Le comte, exaspéré en entendant une semblable réponse, s'emporta jusqu'à lui donner plusieurs coups et le contraignit à rejoindre son corps.

Peu de jours après, Boutteville avait mis le siège devant la ville de Furnes; il chargea un de ses officiers de lui trouver un homme intrépide, dont il avait besoin pour un coup de main hardi, en lui promettant cinquante louis de récompense. Le même soldat se présente, prend avec lui quelques camarades, et remplit sa mission avec autant de bonheur que d'audace.

A son retour, le comte de Boutteville le combla d'éloges et lui compta les cinquante louis. Le soldat les distribua aussitôt à ses camarades, en disant qu'il ne servait pas pour de l'argent; puis il demanda au comte, qui admirait cette généreuse conduite, s'il ne le reconnaissait pas.

Boutteville répondit qu'il ne se souvenait pas de l'avoir javais vu.

— Eh bien ! lui dit le soldat, je suis cet homme que vous maltraitâtes si fort, il y a quinze jours; je vous avais bien dit que je vous en ferais repentir.

A ces mots, le comte, ému jusqu'aux larmes, l'embrassa en lui faisant des excuses, et le nomma aussitôt officier.

EXERCICE.

Sous quel nom le comte de Boutteville devint-il célèbre ? — Que commandait-il en 1675 ? — Que fit-il en voyant des soldats qui s'écartaient du gros de l'armée ? — Tous les soldats obéirent-ils à l'ordre du comte ? — Dites-moi ce qui se passa entre le chef et le soldat insubordonné. — Devant quelle ville Boutteville vint-il mettre le siège ? — De quoi chargea-t-il un de ses officiers ? — Quel fut le soldat qui s'offrit pour remplir la périlleuse mission ? — Réussit-il dans son entreprise ? — Comment le comte le récompensa-t-il de sa bravoure ? — Le reconnut-il ? — Que doit-on penser de la conduite du soldat et de celle du commandant ? — En quoi avaient-ils manqué tous deux ? — Y eut-il réparation de part et d'autre ?

Noble désintéressement.

En 1799, on voyait se reproduire en France ce qui avait déjà eu lieu en 1599, après les guerres de la Ligue. Des compagnies de malfaiteurs sillonnaient le territoire de la république, et sous le nom de *chauffeurs*, jetaient l'épouvante et la désolation.

Les diverses cours de justice criminelle furent saisies des procédures immenses que nécessitaient des centaines d'arrestations. Le tribunal criminel de la Seine eut une fois, pour sa part, dix-sept chauffeurs à juger.

Un des hommes les plus compromis dans cette dangereuse bande fit appeler M. G..., avocat de l'ancien barreau, qui plaidait peu au criminel, mais qui avait une grande réputation d'éloquence et de vertu.

— Monsieur, dit le bandit, je ne vous dirai pas que je suis innocent; mais je ne vous dirai pas non plus que je suis coupable : ce serait une sottise. J'arriverai tout franchement au but. Je vous déclare donc que si vous parvenez à me conserver la tête sur les épaules, je vous prierai d'accepter vingt mille francs pour vos honoraires.

M. G... jeta un coup d'œil rapide sur l'acte d'accusation, et dit au prévenu :

— Les charges qui pèsent sur vous sont graves, et

Une audience de cour d'assises.

quelques-unes sont accablantes ; vous ne pouvez pas vous tirer de là complètement.

— Oh ! je ne veux que la vie, interrompit le chauffeur, rien que la vie, monsieur. Quelques années de galère ou de prison ne sauraient m'effrayer.

— Nourririez-vous l'espérance de reprendre votre abominable métier à l'expiration de votre peine ? reprit l'avocat d'un ton sévère.

— A Dieu ne plaise, monsieur ! répondit le voleur ; si j'échappe à la guillotine, je prétends redevenir un honnête homme. A tout péché miséricorde, comme on dit ; quand j'aurai payé ma dette à la justice, on n'aura plus rien à me reprocher, et ma conscience sera plus tranquille.

— Je me charge de votre défense, répartit M. G..., mais je ne vous promets rien.

Il existait autrefois, au palais, un proverbe souvent répété :

« La vertu de l'avocat fait la conviction des juges. »

Ce vieux proverbe trouva encore son application dans cette circonstance. Sur les dix-sept accusés, neuf furent condamnés à la peine de mort, cinq aux travaux forcés à perpétuité, trois à dix ans de réclusion. Le client de M. G... était de ces trois.

Après le prononcé du jugement, M. G... descendit dans les cachots de la Conciergerie. L'homme qu'il avait arraché à l'échafaud était ivre de joie ; il se précipita aux genoux de son avocat, et lui dit en lui présentant les vingt mille francs :

— Ah ! monsieur, pourquoi ne suis-je pas plus riche ! je pourrais vous témoigner d'une manière plus complète ma vive reconnaissance.

M. G... prit froidement le sac qui contenait les vingt mille francs en billets, et dit à son client :

— L'humanité me faisait un devoir de vous défendre ; l'honneur me prescrit de ne point accepter un argent qui est le fruit de vos rapines. Si vous croyez me devoir quelque gratitude, vous allez me déclarer les noms des malheureux que vous avez dépouillés ; ces vingt mille francs leur seront distribués en votre nom, comme une restitution légitime. Parlez, j'attends.

L'avocat s'était assis sur le banc de pierre du cachot, et se mettait en devoir d'écrire sur sa toque, qui lui servait de pupitre.

Le prisonnier se jeta à ses pieds, non plus par un mouvement d'allégresse et de reconnaissance, mais entraîné par son admiration.

— Ah ! monsieur, monsieur, s'écria-t-il, quel homme vous êtes ! et que je serais un grand scélérat, si je restais insensible à un tel acte de générosité ! Tenez, ajouta le prisonnier, voilà encore trois mille francs que j'avais mis de côté pour passer mon temps le moins mal possible en prison. Prenez-les, et portez le tout aux malheureux que j'ai contribué à dépouiller.

Trois jours après cette scène, plusieurs pauvres fermiers des environs de Paris recevaient d'une main inconnue une partie des sommes qui leur avait été extorquées par les chauffeurs.

On aurait toujours ignoré ces détails, si le prisonnier lui-même n'eût révélé le secret de l'avocat qui avait si noblement rempli les devoirs que lui imposaient la justice et l'honneur.

M. G... n'était pas riche et soutenait une nombreuse famille.

EXERCICE.

Quel genre de brigands affligeaient la France en 1599 et en 1799 ? — Le nombre des coupables était-il grand ? — Qui est-ce qu'un des chauffeurs arrêtés fit appeler pour le défendre ? — Que dit le bandit à l'avocat ? — Qu'est-ce que celui-ci pensait de la situation du prisonnier ? — A quoi se bornaient les désirs du chauffeur ? — Quelle promesse fit-il à l'avocat ? — Quel jugement fut rendu ? — Comment le chauffeur exprima-t-il sa reconnaissance à son avocat ? — Celui-ci accepta-t-il l'argent qui lui était offert ? — Quelles étaient les raisons qui ne permettaient pas à M. G... de recevoir cet argent ? — Quelle noble proposition fit-il à son client ? — Quel effet cette proposition produisit-elle sur cet homme ? — Que proposa-t-il lui-même à son avocat ? — Que reçurent plusieurs fermiers de Paris quelques jours après le jugement du tribunal ? — Qui fit connaître la noble et généreuse manière dont l'avocat avait rempli son devoir ? — Quelle était la situation particulière de M. G...

Un soldat d'Afrique.

L'intrépidité des soldats français est célèbre dans le monde entier, et quelques mois passés au régiment ont suffi, de tout temps, pour aguerrir contre tous les dangers le conscrit qui pleurait naguère en quittant son village.

De nos jours, notre brave armée d'Afrique a soutenu dignement la renommée de ces troupes héroïques qui gagnèrent les batailles de Marengo, des Pyramides et d'Austerlitz.

Bigaré, né au Gros-Caillou, était simple chasseur, lors de la première expédition de Constantine ; plus tard, il fut incorporé dans les spahis, corps composé en partie de Français, en partie d'Arabes, tous d'un courage éprouvé.

Ces soldats d'élite, que rien n'étonne ni n'effraye, furent surpris de l'intrépidité de Bigaré : c'était un homme de trente ans, couturé de cicatrices, haut de taille, noir, sec, maigre et fort comme un lion. Partout où le danger était le plus pressant, la mêlée plus terrible, on voyait le Parisien accourir ; pour lui, un combat était une fête. Le sifflement des balles, le hennissement des chevaux, le retentissement des clairons sonnant la charge, les nuages de fumée enveloppant les lignes uniformes de nos fantassins et les burnous flottants des Arabes, les clameurs étranges que font entendre dans le combat les habitants du désert, toutes ces choses remplissaient son âme d'une sorte d'ivresse.

Sa mort fut héroïque comme sa vie.

A la tête de treize spahis chargés d'éclairer la marche d'un détachement, Bigaré atteint un étroit défilé terminé par une longue ligne de rochers à pic. Ce lieu avait acquis un renom sinistre. Divers convois y avaient été attaqués, et, protégés par le terrain, les Arabes y avaient fait un ample butin de têtes humaines.

La prudence prescrivait à Bigaré d'attendre l'approche du détachement; mais pour cet homme, attendre, c'est avoir peur; hésiter, c'est fuir. Il pousse en avant, et, à peine a-t-il fait une centaine de pas dans le ravin qu'une masse de burnous blancs se montrent tout à coup derrière les rochers grisâtres qui le dominent.

A cette vue, les spahis s'arrêtent. Bigaré remarque leur indécision, et tournant vers eux son visage enflammé :

— Le premier qui recule, s'écrie-t-il, je le tue ! Il faut passer ou mourir; j'aime mieux dix balles dans le ventre qu'une dans le dos. En avant !

Et Bigaré s'élance suivi de ses hommes électrisés; mais des doubles crêtes des hauteurs part un feu roulant. Douze spahis sont renversés; le treizième se glisse à terre, rampe sur ses mains, et s'enfonce dans des massifs de chardons à haute tige, où il a le bonheur de n'être pas découvert. Quant à Bigaré, atteint de deux balles, l'une à la cuisse, l'autre à la poitrine, il chancelle et tombe. Les Arabes se précipitent en poussant des cris sauvages; l'un d'eux, le cheik, que distingue son fusil incrusté d'ivoire, accourt vers Bigaré pour l'achever. Le Parisien, mortellement blessé, n'a cependant pas perdu connaissance; il regarde venir l'Arabe, et le laisse approcher jusqu'à la portée de la main; puis, par un mouvement aussi violent qu'imprévu, il le saisit à la gorge et l'étreint avec une force surnaturelle. Lorsque ses bras raidis convulsivement par l'agonie se détendirent, la figure du cheik était noire, et le sang sortait à flots de ses narines : il était expirant.

Le cadavre de Bigaré, abandonné dans le ravin par les Arabes, fut reconnu par le détachement français, et on

l'enterra non loin de là, dans un vieux mausolée bâti par les Espagnols.

Le plus grand éloge que les spahis puissent faire d'un vaillant soldat, est de dire de lui :

— Brave comme *le Parisien*.

EXERCICE.

De quel corps faisait partie le soldat Bigaré ? — Qu'est-ce que le corps des spahis ? — Comment ces soldats d'élite considéraient-ils Bigaré ? — Dépeignez-nous cet homme. — Qu'étaient pour lui les combats et les périls ? — Quelle mission fut donnée à Bigaré ? — Que lui arriva-t-il après quelque temps de marche ? — Pourquoi ce passage était-il redouté ? — Qu'est-ce que la prudence prescrivait à Bigaré ? — Pourquoi n'attendit-il pas l'approche du détachement ? — Qu'aperçut-on tout à coup sur la crête des rochers ? — Que dit Bigaré à ses soldats ? — Racontez-nous ce qui se passa entre les Arabes et nos soldats. — Qu'arriva-t-il à Bigaré ? — Que firent les Arabes quand ils le virent blessé mortellement et étendu par terre ? — Comment Bigaré expirant donna-t-il la mort au cheik arabe ? — Par qui fut recueilli le cadavre de Bigaré ? — Quelle impression sa valeur laissa-t-elle parmi les spahis ?

L'aubergiste charitable.

Antoinette Charron est une pauvre vieille femme qui, pendant sa longue vie, sans autre ressource que le travail de ses bras, a pu constamment soigner des malades, secourir des indigents, élever des orphelins. Elle s'est établie, il y a environ soixante ans, dans le village de Lieusaint, département de Seine-et-Marne; elle y a épousé le berger de la commune. Tous deux actifs, intelligents, économes, gagnaient aisément leur vie. Ils eussent même pu amasser quelques épargnes; mais ils dépensaient leur superflu en bonnes œuvres, et ils n'avaient d'autre désir que d'en faire encore davantage. Pour s'en procurer les moyens, ils imaginèrent de tenir auberge dans leur chaumière. Ce n'était pas pour en tirer profit; car les pratiques de l'établissement n'étaient que des mendiants ou de pauvres voyageurs qui n'avaient pu trouver de meilleur gîte. Le plus souvent, ils ne payaient pas leur modeste écot, et même, la charitable aubergiste leur donnait parfois de quoi continuer leur route. Quand la bourse, la cave, le grenier d'Antoinette Charron étaient vides, elle offrait ses vêtements, et jusqu'aux couvertures de son lit.

Un jour, une mendiante épuisée de fatigue, chargée de deux enfants qu'elle n'avait plus la force de porter, et qu'elle n'avait pas de quoi nourrir, s'arrêta devant la cabane de la bonne Antoinette; celle-ci la recueillit, donna à ses enfants les soins les plus tendres, et voulut absolument en garder un des deux, une petite fille de trois ans, pour faire son éducation.

Dieu n'a pas accordé d'enfants à Antoinette Charron; mais il a mis dans son cœur toutes les vertus d'une mère.

Après avoir élevé, puis marié à un brave ouvrier la fille de la pauvre mendiante, elle a successivement adopté sept autres enfants. L'un d'eux était accablé d'une affreuse maladie; elle l'a soigné, elle l'a guéri, elle l'a rendu robuste et vigoureux, et il est devenu un brave soldat, qui est mort en combattant pour son pays.

Demeurée veuve à soixante-treize ans, Antoinette Charron a continué à vivre pour les autres, donnant tout ce qu'elle pouvait gagner par son travail, sans s'occuper de l'avenir, se confiant dans la Providence, qui ne l'a pas abandonnée, et qui lui donnera dans l'autre monde la seule récompense qui soit digne d'une vie aussi admirable. N'est-ce pas pour elle que Notre-Seigneur a dit: « Venez, les élus de mon Père; car j'ai eu faim, et vous m'avez donné à manger; j'ai eu soif et vous m'avez donné à boire; j'ai eu froid, et vous m'avez revêtu. »

Parvenue à une extrême vieillesse, la charitable veuve

abrite encore sous son toit de chaume les malades, les voyageurs indigents, et, pleine de piété et de courage, elle édifie par ses vertus le village où elle passe sa vie.

EXERCICE.

A quoi Antoinette Charron a-t-elle employé sa longue vie ? — Cherchait-elle à faire des épargnes, et comment dépensait-elle tout ce qu'elle gagnait par son travail ? — Qui recevait-elle dans son auberge ? — En tirait-elle du profit ? — Que fit-elle pour une pauvre mendiante ? — Qu'est devenue la fille de cette malheureuse femme ? — Combien d'enfants Antoinette a-t-elle adoptés ? — Dites comment est mort l'un d'eux. — A quel âge devint-elle veuve et comment vécut-elle depuis ce veuvage ? — En qui mettait-elle sa confiance ? — Quels sentiments vous inspire le récit d'une vie si bien employée ? — Quelle en sera la digne récompense ? — Récitez les paroles par lesquelles Notre-Seigneur appelle au bonheur éternel ceux qui ont été charitables dans ce monde.

L'hospice du mont Saint-Bernard.

Entre le Valais et le val d'Aoste, entre la Suisse et l'Italie, s'élève, à plus de deux mille cinq cents mètres au-dessus du niveau de la Méditerranée, une montagne éternellement couverte de glace et de neige. La végétation, si vigoureuse au pied du mont, sur le versant italien, s'épuise et meurt bien loin encore de son sommet stérile. Là croissent seulement, sous les rares abris qu'offrent les saillies des rochers, de maigres touffes de gazon dominées par quelques plantes herbacées. Un torrent, le Vattorey, qui tombe dans le Valais en creusant d'affreux précipices, trouble seul le silence funèbre de la montagne ; on ne trouve pas de traces d'animaux sur ces cimes désolées, et les perdrix blanches elles-mêmes ne se hasardent pas à cette hauteur.

Deux villages sis à mi-côte, Saint-Remy, sur le versant italien, et Saint-Pierre, sur le versant suisse, marquent les points où commence le désert, à travers lequel se dirige une des deux routes qui unissent l'Italie et la Suisse.

Le passage est si périlleux, que les anciens avaient senti le besoin de se placer sous la protection de la Divinité avant de l'entreprendre. Des pierres, des autels votifs, des inscriptions attestent encore que l'aspect menaçant de la montagne excitait fortement la dévotion des païens. La charité chrétienne devait plus tard s'y manifester noblement par la fondation d'un hospice, élevé en ce lieu de désolation par saint Bernard de Menthon, dans le dixième siècle.

Ce saint prêtre, que des missions apostoliques dans les montagnes de la Suisse avaient rendu populaire, fonda une confrérie de religieux, dont le mont redoutable devait être la seule patrie, et dont la vie devait se consacrer à sauver les voyageurs, à les disputer au froid, à la tempête, aux avalanches. La généreuse milice fut bientôt à l'œuvre, et depuis près de neuf siècles, elle se recrute et transmet d'âge en âge sa mission sublime, sans que jamais ses rangs demeurent vides.

On ne saurait trop admirer l'ardente charité des disciples de saint Bernard; car toutes les douleurs, toutes les fatigues, toutes les épreuves les plus dures les attendent dans l'accomplissement de leur tâche. Leurs yeux ne se reposent que sur la nature lugubre et morte, que sur les souffrances et les misères de l'humanité. Pendant que les uns remplissent à l'hospice tous les soins d'une domesticité volontaire, les autres s'élancent au milieu des neiges, et se précipitent à travers tous les périls, au premier signal, au premier indice de détresse.

Si leur énergique dévouement ne faiblit jamais dans cette terrible lutte avec les éléments, leur force physique s'épuise promptement, et une vieillesse anticipée les force bientôt de quitter le séjour de l'hospice. La jeunesse peut seule résister aux fatigues d'un tel exercice; rarement on voit des cheveux blancs sur le front des religieux du mont Saint-Bernard.

Mais en sortant de la sainte milice, les moines ne vont pas chercher le repos; ils font d'abord un service moins pénible, dans des postes placés moins haut sur la montagne; puis, ils vont quêter, en parcourant les villes et les campagnes de l'Italie et de la Suisse; car après avoir été riche, l'hospice ne possède plus que quelques minces revenus, et les moines, pour exercer leur pieuse hospitalité, sont obligés de recourir à la charité publique.

Les religieux du mont Saint-Bernard ont pour compagnons de leurs travaux de puissants auxiliaires, qui s'associent à eux avec une intelligence merveilleuse, et partagent, pour ainsi dire, leur honorable renommée: ce sont les chiens dits du mont Saint-Bernard.

Ces chiens, d'une noble race que l'on ne trouve guère ailleurs que sous les sapins du Valais et dans la contrée des neiges, sont d'une grandeur extraordinaire. Leurs membres parfaitement proportionnés et d'une vigueur remarquable, se couvrent d'un long poil rude; leurs larges pattes paraissent avoir été disposées de manière à n'enfoncer que difficilement dans la neige. Leur physionomie est fière et sauvage; tout leur ensemble est plein de force et de dignité, et lorsqu'on les rencontre dans les solitudes glacées de la montagne, ils semblent en parfaite harmonie avec l'aspect grandiose de ces lieux.

C'est leur instinct surtout qui excite l'admiration. La sagacité avec laquelle ils comprennent la tâche qu'on leur donne est inconcevable.

Rien n'est plus touchant et plus étonnant à la fois que la manière dont ces généreux animaux participent à la mission des religieux et en quelque sorte à leurs sentiments.

Dès les premières heures du jour, et après avoir été munis d'un panier où l'on renferme du pain et du vin, ils quittent l'hospice, et vont explorer les abords de la montagne pour découvrir si des voyageurs ne se sont point égarés pendant la nuit.

Ils tiennent tous leurs sens, la vue, l'ouïe, l'odorat, éveillés, attentifs; ils promènent leurs regards sur la blanche surface du mont, et si quelque accident de couleur, si quelque mouvement de neige les frappe, ils courent aussitôt les reconnaître; lorsqu'un murmure plaintif s'élève dans l'espace, leur voix répond pour annoncer une prochaine délivrance; ils s'élancent dans la direction du son; le nez élevé au vent, ils recueillent toutes les émanations que peut apporter la brise, et c'est avec l'ardeur d'un chien de chasse qu'ils suivent les avertissements de leur odorat.

Ces moyens d'investigation les mènent-ils à quelque découverte, ils travaillent avec la plus vive sollicitude à secourir la victime du froid et des avalanches. Ils se sont bientôt frayé une route à travers les neiges pour aller jusqu'à elle; ils lèchent sa face et ses mains engourdies, et la réchauffent du contact de leurs membres; ils se baissent vers elle pour mettre à sa portée les provisions suspendues à leur cou; ils l'aident, en la relevant avec leur gueule, à se remettre debout, et ils s'efforcent de l'entraîner vers l'hospice.

Si leurs tentatives sont insuffisantes pour appeler à eux les moines, et si le secours n'arrive pas, après avoir pourvu autant qu'il est en eux à la sûreté de leur protégé, ils partent de toute leur vitesse pour le sommet de la montagne, et reviennent bientôt en ramenant quelques religieux à leur suite.

Aux jours d'avalanches et d'ouragans, la vigilance, l'activité redoublent à l'hospice comme dans les ports parmi les marins aux approches de la tempête. Toute la communauté sort alors du couvent : les chiens marchent à l'avant-garde, leur prodigieuse sagacité pouvant seule reconnaître les sentiers au milieu des brouillards et des tourbillons de neige ; les moines, se confiant à la sûreté de leur instinct, suivent aveuglément leurs guides ; ils savent qu'ils les conduisent par les routes les moins périlleuses, et surtout qu'ils les mènent là où il y aura des voyageurs à secourir. Les religieux et leurs braves compagnons se mettent à l'œuvre, combinant leurs efforts et les dirigeant vers le même but, celui de sauver un homme du danger.

Ainsi que les moines hospitaliers du mont Saint-Bernard, c'est aux dépens de leur vie que les chiens accomplissent leur noble tâche. Malgré leur vigueur, leur intelligence et leur courage, ils succombent quelquefois, emportés dans les précipices par des tourbillons, ou ensevelis sous des monceaux de neige. Il n'est point d'hiver où quelqu'une des cabanes de l'hospice ne demeure vide. La campagne de 1819 fut particulièrement fatale à ces intrépides pilotes de la montagne; ils tombèrent presque tous sur le champ d'honneur, où moururent accablés par les fatigues extrêmes qu'ils avaient essuyées.

Un grand nombre de personnes ont dû la vie à ces bienfaisants animaux. On aime à redire parmi tant d'autres le trait suivant :

Un des chiens du mont Saint-Bernard, en faisant sa ronde, rencontra un petit garçon âgé de six ans environ, dont la mère était tombée dans un abîme sans qu'il lui fût possible de l'en retirer. Saisi par le froid, épuisé de faim, de douleur et de fatigue, le pauvre petit était couché au milieu de la neige, et poussait des gémissements plaintifs. Le chien accourt vers lui, et, levant la tête, il lui montre la provision qu'il tient à son cou.

Ne comprenant rien à la nature de cette offre, l'enfant tressaille de frayeur et fait un mouvement pour s'éloigner. L'animal, afin de l'enhardir, lève doucement la patte, il la pose plus doucement encore sur ses petits pieds, et lèche ses mains engourdies par le froid.

L'enfant, rassuré par ces démonstrations pacifiques et amicales, fait un effort pour se relever ; mais ses jambes, ses bras, tout son corps, sont si glacés, si roides, qu'il ne peut marcher. Compatissant à sa faiblesse, le bon animal s'approche tout près de lui, et par un signe expressif, lui fait comprendre de se mettre sur le dos. L'enfant s'y place en effet le mieux qu'il lui est possible, et s'y tient plié en deux. Le chien le porte ainsi avec une grande précaution jusqu'à l'hospice, où l'attendent les soins les plus empressés.

Ce trait produisit une vive sensation dans tous les

cantons d'alentour. Un riche particulier se chargea du petit orphelin ; il fit peindre cette touchante aventure par un habile artiste, et ce tableau fut placé dans le couvent.

On ne peut parler du mont Saint-Bernard sans se rappeler qu'au mois de mai 1800, une armée française, d'environ trente-cinq mille hommes, eut l'audace d'en tenter le passage, malgré les difficultés immenses d'une telle route.

A de longs siècles d'intervalle, deux grands capitaines ont eu à franchir le mont Saint-Bernard, Annibal et Napoléon.

EXERCICE.

Entre quels pays est situé le mont Saint-Bernard ? — A combien de mètres s'élève-t-il au-dessus du niveau de la mer ? — Dépeignez-nous ce mont. — Qu'est-ce qui traverse cette cime déserte ? — Ce passage est-il périlleux ? — Comment les anciens ont-ils témoigné que ce passage leur paraissait une chose redoutable ? — Quelle fut la fondation faite par saint Bernard de Menthon au dixième siècle ? — A quelles fonctions exerça-t-il les moines qu'il établit sur le mont Saint-Bernard ? — Exigent-elles beaucoup de dévouement ? — Peut-on supporter longtemps de telles fatigues ? — Que font les religieux quand ils ne sont plus capables d'habiter le haut du mont ? — Quels sont les auxiliaires et les compagnons des moines du mont Saint-Bernard ? — Dépeignez-les-nous. — Dites-nous quelque chose de la sagacité et de l'intelligence avec lesquelles ces animaux s'associent aux travaux des moines. — Décrivez-nous comment les chiens du mont Saint-Bernard vont à la recherche des voyageurs égarés. — Que font-ils quand ils ont découvert quelque voyageur égaré dans les neiges ? — Que se passe-t-il au couvent les jours d'avalanche et d'ouragan ? — Les chiens du mont Saint-Bernard courent-ils des dangers dans leurs excursions ? — Que leur arriva-t-il dans l'hiver de 1819 ? — Les chiens du mont Saint-Bernard ont-ils sauvé beaucoup de voyageurs ? — Citez-nous un trait particulier. — Comment conserva-t-on la mémoire de cette touchante aventure ? — N'y a-t-il pas pour les Français un souvenir national attaché au mont Saint-Bernard ? — Par qui était-il traversé au mois de mai 1800 ? — Ce passage était-il difficile ? — Qui remarquait-on au milieu des soldats ? — D'où venait-il ? où allait-il ? — Comment nommez-vous les deux grands capitaines qui, à de longs siècles d'intervalle, ont franchi le mont Saint Bernard ?

Reconnaissance d'un écolier.

C'était l'heure de la récréation au collège de Juilly, resté, au milieu même des orages de la révolution, sous la direction des oratoriens, qui lui avaient fait acquérir une si haute renommée. Un jeune élève de douze ans environ, à la figure ouverte et franche, au lieu de se mêler aux jeux de ses camarades, se promenait silencieux et triste dans un coin de la cour, lorsqu'un élève de rhétorique, de deux ans plus âgé que lui, vint lui frapper sur l'épaule :

— Qu'as-tu donc, petit Pierre, pour être si triste aujourd'hui ?

— Mon bon Victor, le grec m'ennuie, il m'assomme, il me fera mourir de chagrin.

— Quoi ! c'est pour quelques malheureuses versions grecques que tu te désoles ainsi ?

— Mais il y a bien de quoi !... Mon papa doit venir ici dans deux ou trois jours, et j'espérais le décider à m'emmener à Paris pour passer les vacances de Pâques... Par malheur, mon papa a un goût particulier pour le grec; on ne manquera pas de lui dire ma faiblesse en versions, et je n'irai pas à Paris... Huit grands jours de bonheur vont m'échapper à cause de cette horrible langue !...

Et, en parlant ainsi, le petit Pierre essuyait du revers de sa main les larmes qui roulaient brûlantes sur son charmant visage.

— Console-toi, lui dit le rhétoricien, et viens prendre ta part d'une partie de balle ; je t'aiderai dans tes versions, et tu iras à Paris.

— Oh ! Victor, si tu fais cela !...

— Je te le promets, et l'on sait bien que je ne manque jamais à ma parole.

Les larmes du petit Pierre se séchèrent ; son chagrin si noir se dissipa comme un nuage léger, et il se livra au jeu avec toute l'ardeur de son âge. Victor lui tint parole. Les versions furent excellentes, et le père de Pierre consentit à l'emmener à Paris.

— Victor, dit Pierre, avant de partir, à son ami le rhétoricien, je te dois le plus grand bonheur que j'aie jamais goûté. Je ne sais comment je pourrai m'acquitter envers toi ; mais, quoi qu'il puisse arriver, je jure de t'être en aide et partout et toujours... Je te le jure, et ceci n'est pas un serment d'enfant.

Douze années s'écoulèrent. Victor était devenu un honnête négociant ; Pierre était avocat, et déjà l'une des gloires du barreau français.

C'était vers la fin de l'empire; le talent du jeune avocat était dans toute sa force et toute sa splendeur, lorsqu'il reçut de Nantes une lettre ainsi conçue :

« Je suis malheureux, emprisonné, accusé d'un crime, et, bien qu'innocent, il est probable que je n'échapperai pas à une condamnation infamante, si une voix puissante ne s'élève pour moi devant mes juges. Fasse donc le ciel que vous n'ayez pas entièrement oublié le rhétoricien Victor et les versions grecques! car vous seul pouvez être mon sauveur. »

Deux jours après la réception de cette lettre, l'avocat arrivait à Nantes; une nuit lui suffit pour étudier les pièces du procès. Le négociant était accusé de banqueroute frauduleuse; des charges terribles s'élevaient contre lui; mais au banc de la défense était assis cet homme à la parole puissante, dont le génie savait unir les raisonnements les plus solides aux élans les plus chaleureux de l'éloquence. Son triomphe fut complet; l'innocence de l'accusé fut reconnue, et Victor, libre à la sortie de l'audience, se jetait dans les bras de son défenseur en s'écriant :

— Je te dois l'honneur; ma vie t'appartient.

Peu de temps après, de grands événements politiques s'étaient accomplis. Remontés sur le trône, les Bourbons venaient d'en être renversés de nouveau. L'illustre avocat s'était fait volontaire royal pour défendre leur cause; mais Napoléon avait vaincu toutes les résistances, et le grand orateur, ainsi que ses compagnons d'armes, avait quitté la capitale en fugitif.

Errant dans les départements, il tomba aux mains d'une de ces bandes de partisans organisées à la hâte sous le nom de compagnies franches. Ces soldats le conduisirent à leur chef, et l'avocat reste muet de surprise en reconnaissant dans ce chef Victor, le rhétoricien de Juilly, naguère accusé d'un crime, et que son éloquence avait sauvé.

— Pierre, lui dit froidement cet homme, je ne puis rien pour toi. Tu es l'ennemi de mon parti; je ne peux te soustraire au sort de tes compagnons.

— Victor, est-ce bien toi qui me parles ainsi ?

Victor ne l'écoutait plus; il s'était éloigné.

L'avocat fut jeté en prison. Mais les événements changèrent bientôt; les Bourbons revinrent une seconde fois après la funeste bataille de Waterloo. Des cours prévôtales (1) furent instituées pour juger les ennemis du nouveau gouvernement.

Un jour, un accusé comparaissait devant l'une de ces cours. Le malheureux avait été arrêté les armes à la main; il semblait condamné d'avance.

Les débats venaient de s'ouvrir, lorsque tout à coup, au milieu de l'auditoire, une voix forte et vibrante demande à présenter quelques observations : un avocat s'avance à la barre.

— Pierre! Pierre! s'écrie l'accusé à la vue de cet homme, je ne mérite pas... oh! non, je ne mérite pas...

Il ne put achever, et retomba sur son banc, suffoqué par ses larmes; alors la parole magique de l'orateur se fit entendre de nouveau, et, contre toute attente, grâce à son éloquence entraînante, l'acquittement de l'accusé fut prononcé.

Aussitôt de bruyantes acclamations partent de tous les coins de la salle. L'avocat est entouré par une foule de jeunes gens qui le portent en triomphe à son hôtel.

Bientôt arriva Victor, qui ne put que se jeter aux pieds de son sauveur : — Embrasse-moi! s'écria ce dernier en lui tendant la main; je n'ai pas oublié les versions grecques.

EXERCICE.

Par qui était encore dirigé le collège de Juilly au temps de la Révolution ? — Racontez-moi le dialogue de deux écoliers de cette maison pendant une récréation. — Quelle promesse sécha les larmes de Pierre ? — Les versions grecques furent-elles bonnes ? — Que dit le petit Pierre à Victor avant de partir pour Paris ? — Que devinrent ces deux jeunes gens ? — Quelle lettre le jeune avocat reçut-il de Nantes vers la fin de l'Empire, douze ans après la petite scène du collège ? — Que fit l'avocat ? — Réussit-il à faire absoudre son ami ? — Qu'arriva-t-il au moment où les Bourbons étaient forcés de se retirer à l'approche de Napoléon, rentré en France? — Entre les mains de qui tomba le jeune volontaire royal ? — Appréciez la conduite de Victor. — Que lui arriva-t-il quelques mois plus tard ? — Quel était le sort qui l'attendait ? — Qui parut tout à coup au milieu de l'auditoire ? — L'avocat parvint-il à sauver son ancien condisciple ? — Que pensez-vous de la conduite du grand orateur ? — Quelles furent ses paroles ?

(1) Une cour prévôtale était une commission extraordinaire, un tribunal d'exception, créé pour juger sommairement les délits politiques.

Quelques traits de la vie de Pie IX.

I. LE GONFALONIER (1) D'IMOLA.

Tout le monde sait quels sentiments de joie et d'espérance excita universellement l'élection de Pie IX, et avec combien d'enthousiasme l'Italie entière applaudit aux premiers actes de son gouvernement. Dans les États pontificaux, où l'amnistie donnée par le nouveau pape rendait un grand nombre d'exilés et de prisonniers à leur famille et à leur patrie, la joie s'exalta jusqu'à l'ivresse, et les Romains exprimèrent à Pie IX la reconnaissance et l'amour qui pénétraient leurs cœurs avec cet élan et ces transports qui caractérisent les manifestations des peuples méridionaux.

Au milieu de l'allégresse générale, un homme était triste et soucieux : c'était le gonfalonier d'Imola. S'étant trouvé plus d'une fois en opposition avec le cardinal-évêque de cette ville, maintenant assis sur le trône pontifical, il redoutait quelque disgrâce, et avait bien résolu de ne pas accompagner la députation que la ville envoyait pour complimenter son ancien pasteur.

Les principaux habitants d'Imola arrivèrent à Rome, se rendirent au palais du Quirinal, et furent admis devant le pape, qui tout d'abord chercha parmi eux le gonfalonier, et demanda pourquoi il ne se trouvait pas là. On balbutia quelques excuses : — Messieurs, dit le pape, je suis bien fâché de ne pas pouvoir vous entendre aujourd'hui ; mais écrivez tout de suite à Imola, et dites que je ne recevrai la députation que lorsqu'elle aura à sa tête le gonfalonier, comme cela doit être.

Les députés se retirèrent, et firent savoir à Imola la décision du pape. Le pauvre gonfalonier se résigna à partir, et se rendit à Rome l'âme pleine d'angoisses.

La députation, accompagnée du nouveau venu, retourne au palais du Quirinal ; mais, arrivé dans la pièce qui précède la salle d'audience, le gonfalonier s'émeut, se trouble ; il déclare qu'il ne peut aller plus loin, et que rien ne le contraindra à paraître devant le pape.

Cependant, l'heure de la réception était sonnée ; la

---

(1) Fonction analogue à celles des maires en France.

porte s'ouvre, les députés entrent : — Comment, messieurs ! dit aussitôt Pie IX, je vous avais pourtant déclaré qu'il m'était impossible de vous recevoir sans votre gonfalonier. Que veut dire cela ?

On explique alors comment le pauvre homme s'était rendu à Rome, était venu jusqu'ici, et enfin se trouvait dans la pièce voisine, sans pouvoir se décider à aller plus loin. Le pape lui envoie dire qu'il est attendu à l'instant même. Le gonfalonier s'avance tout bouleversé : — Eh ! vraiment, lui dit Pie IX avec cette expression paternelle qui lui gagne tous les cœurs, vous ne voulez pas venir me complimenter ? est-ce que vous croyez que je me rappelle les affaires et les discussions de l'évêque d'Imola ? tout cela est fini, oublié.

Le pape adresse ensuite les paroles les plus bienveillantes à ses anciens diocésains ; puis, avant de terminer l'entretien, il se tourne de nouveau vers le gonfalonier, lui demande en détail des nouvelles de sa famille et ajoute : — J'ai appris que votre femme est sur le point d'être mère ; je veux absolument être le parrain de l'enfant que vous attendez. — Il est inutile de parler de l'émotion et de la reconnaissance du gonfalonier d'Imola.

EXERCICE.

Avec quels sentiments fut accueillie l'élection de Pie IX ? — Dites-nous quelque chose de la joie que manifestèrent les habitants des États pontificaux. — Qui était triste et inquiet au milieu de l'allégresse générale ? — Que fit la ville d'Imola ? — Quel parti prit le gonfalonier ? — Comment le pape reçut-il la députation ? — Que fit le gonfalonier d'après la décision du pape ? — Que dit le pape en voyant entrer la députation ? — Quelles paroles adressa-t-il au gonfalonier, qui s'était enfin décidé à paraître devant lui ? — Comment se termina cet entretien ?

II. LA PAUVRE VEUVE.

Dans un quartier fort retiré de la ville de Rome, la dame T..., veuve d'un joaillier, habitait, avec une parente âgée, deux petites chambres dans une maison plus que modeste. Cette dame avait joui autrefois d'une grande aisance ; mais elle s'était trouvée dans une position pénible à la mort de son mari, qui avait laissé des affaires fort embarrassées. Depuis cette époque, elle vivait dans la gêne et soumise à mille privations ; elle n'avait conservé de son ancienne opulence qu'un petit mobilier assez propre qu'elle n'avait pu se décider à vendre, et qui, grâce à un soin extrême, donnait encore un air assez convenable aux deux pièces qui formaient tout son logement.

Cette dame avait connu l'abbé Mastaï (1) dans le temps où, simple prêtre à Rome, il passait sa vie à instruire les enfants, à confesser les pauvres; elle le voyait souvent alors, et c'était dans les magasins de son mari qu'avait été acheté son anneau épiscopal, quand on l'avait élevé au siège d'Imola. Lorsque la pauvre dame apprit que ce même évêque était monté sur le trône pontifical, elle éprouva une grande joie, et conçut l'espérance de voir améliorer son sort.

Elle expose ses besoins dans une première supplique; mais elle n'obtient pas de réponse. Elle en fait une seconde sans plus de succès : ni l'une ni l'autre n'étaient parvenues jusqu'au pape. Le cardinal B..., auquel elles avaient été remises, avait fait prendre des informations; mais l'aspect de propreté, la bonne tenue de l'habitation de madame T... avait fait conclure qu'elle n'était pas réduite à la détresse dont elle se plaignait, et qu'elle était certainement au-dessus du besoin.

La dame T..., devinant ce qui était arrivé, fit une troisième requête, et cette fois, elle s'y prit de telle façon, qu'elle fut remise directement au pape; elle faisait d'une manière touchante le tableau de sa triste situation, et exposait que ses deux premières demandes n'avaient eu aucun résultat.

Le pape se rappela fort bien cette dame, qu'il avait connue heureuse et riche, et qui, aujourd'hui, avait recours à lui dans son malheur; il parla d'elle au cardinal B..., et demanda pourquoi les deux premiers placets ne lui étaient pas parvenus. Le cardinal répondit qu'il avait fait prendre des renseignements, et qu'il n'y avait aucune raison d'accorder un secours. Le pape ne dit rien; mais, frappé de l'accent de vérité qui régnait dans les paroles de la solliciteuse, et se doutant que les informations avaient été mal prises, il résolut d'aller savoir par lui-même ce qu'il en était.

Le même soir, il revêt un costume de simple abbé,

(1) C'était le nom de famille de Pie IX.

s'enveloppe d'un grand manteau, et, accompagné d'un des prêtres qui l'entourent, il se dirige vers le quartier qu'habitait la pauvre veuve.

On arrive à la maison désignée; après avoir monté trois étages, on se trouve sur un étroit palier. Le pape frappe à la porte. — Qui est là? dit une voix de femme. (C'est la parole qui répond invariablement au coup de marteau dans une maison italienne.)

— Amis! répond le pape, suivant l'usage tout aussi invariable. — Nous ne pouvons pas ouvrir à cette heure, il est trop tard; venez une autre fois.

On parvient cependant, après quelques difficultés, à persuader aux bonnes dames qu'il est à propos d'admettre des personnes qui s'intéressent vivement à leur position. La porte s'ouvre : on entre; quelques paroles sont échangées.

Cependant la dame T... se trouble; il lui semble qu'elle a déjà entendu cette voix; elle remarque qu'un des deux visiteurs se tient debout à côté de son compagnon, et dans une attitude respectueuse; elle considère plus attentivement des traits qui certainement ne lui sont pas inconnus... Serait-ce donc !... Mais non, c'est un rêve, et cependant elle regarde, elle écoute encore. L'abbé Mastaï, l'évêque d'Imola... Pie IX !... c'est lui, lui !... elle n'en peut plus douter; et la pauvre femme tombe aux genoux du pape, tremblante, baignée de larmes, et ne pouvant articuler une seule parole.

Le pape la relève, la fait asseoir, la calme et lui explique avec bonté quel est le sujet de sa visite, comment il a voulu s'assurer par lui-même de sa situation : — On prétend, ajoute le pape, que vous avez encore un certain bien-être; je vois en effet ici un mobilier qui annonce quelque aisance; cependant, je suis disposé à croire que vous n'avez demandé un secours que parce que vous êtes réellement dans le besoin. Je voudrais faire quelque chose pour vous. Voyons, ne vous troublez pas, et expliquez-moi les choses.

Tout s'explique en effet : la dame T... hésitait encore avant de se défaire des derniers objets qui rendaient son logis un peu convenable, et dont le prix d'ailleurs ne pouvait offrir qu'une ressource bien faible et promptement épuisée. Le pape est satisfait et demeure convaincu que la détresse de la solliciteuse est bien réelle. — Écoutez, lui dit-il, il m'est impossible d'imposer au trésor aucune nouvelle charge; mais pendant toute ma vie, je vous assure sur mes revenus personnels vingt écus par mois. Après moi, la Providence viendra à votre aide comme elle fait aujourd'hui.

Le lendemain, le pape parlait au cardinal B... de la pauvre veuve avec un vif intérêt : — Je crois qu'on a trompé Votre Sainteté, dit le cardinal. — Et moi, je crois, répondit le pape en riant, que Votre Éminence a été mal informée; car j'ai vu et jugé par moi-même que la dame T... se trouve dans une véritable nécessité.

EXERCICE.

Dans quelle position se trouvait la dame T... ? — En quel temps avait-elle connu le pape ? — Quelles espérances avait-elle conçues ? — Que fit-elle ? — Comment furent accueillies ses deux premières supplique ? — Que fit-elle pour la troisième ? — Que résolut le pape ? — De quelle manière se présenta-t-il chez la dame T... ? — Comment reconnut-elle Pie IX ? — Que lui dit le pape ? Demeura-t-il satisfait des explications qui lui furent données ? — Quelles dispositions prit le pape en faveur de madame T... ? — Que dit-il le lendemain au cardinal B... ?

III. VISITE DE PIE IX A UNE ÉCOLE NOCTURNE.

On sait qu'il y a en France, et notamment à Paris, des écoles du soir ou classes d'adultes, établies en faveur des ouvriers qui ne sont plus d'âge à fréquenter les écoles ordinaires. Ils peuvent ainsi, après le temps donné aux travaux de leur état, consacrer les dernières heures de la journée à acquérir l'instruction dont ils ont été privés dans leur enfance, ou à entretenir et à perfectionner les connaissances qu'ils possèdent déjà.

Il existe aussi à Rome, sous le nom d'écoles nocturnes, des institutions analogues, particulièrement dans les quartiers les plus populeux; elles ont été créées et sont encore tenues par des prêtres charitables, animés du désir de venir en aide aux classes pauvres de la société, en leur communiquant les connaissances premières, les notions morales et religieuses qui inspirent à l'homme un sentiment plus vrai et plus profond de ses devoirs, et donnent à l'ouvrier les moyens de rendre honorable et digne sa vie laborieuse.

Tous les élèves d'une de ces écoles, située dans un des quartiers les plus pauvres de Rome, se trouvaient réunis le soir du 9 mars 1847. Un certain air de fête se remarquait sur tous les visages. Des guirlandes de feuillage ornaient les murs; des couronnes de laurier, des livres, des gravures, couvraient le bureau placé devant la chaire du directeur. On allait proclamer les noms des élèves les plus studieux et de ceux dont la conduite avait été la plus satisfaisante, puis leur décerner les récompenses d'usage.

La séance était sur le point de commencer, lorsqu'on entendit frapper à la porte. Un des élèves va ouvrir, et introduit deux ecclésiastiques. Quand ils sont arrivés jusqu'au milieu de la salle, celui qui marchait en avant ouvre son manteau, découvre sa tête... Maîtres et élèves tombent aux pieds du pape, qui les bénit, les fait relever, et leur annonce qu'il veut lui-même présider la séance et faire la distribution des prix. Il se dirige vers l'estrade, s'assied à la place du maître, et promenant autour de lui des regards de satisfaction : — C'est à présent, dit-il, que je me sens l'abbé Mastaï !...

Il se souvenait que, lorsqu'il était simple abbé, il avait beaucoup aimé ce quartier des Monts, où il venait avec d'autres jeunes prêtres zélés visiter et consoler tant de pauvres familles.

Puis, le pape dit à haute voix la prière, que répètent les élèves, et commence en quelque sorte à faire la classe; il adresse des questions aux uns et aux autres sur les devoirs moraux et religieux, les interroge sur la position de leurs familles, sur leurs professions, leur donne des avis paternels, et leur adresse des paroles pleines de bienveillance et d'encouragement.

Ensuite, on lit à haute voix les noms des élèves les plus méritants, les plus habiles, qui s'approchent avec émotion. Le pape pose sur la tête de chacun d'eux la couronne de laurier, l'embrasse, et lui remet une monnaie d'argent à son effigie.

La distribution faite, il s'adresse aux maîtres de l'école, loue leur dévouement, leur recommande vivement cette œuvre si belle de l'instruction du peuple, leur remet, en témoignage de sa satisfaction, des médailles où son portrait est gravé, et les charge de distribuer une somme d'argent entre les élèves qui se trouvent dans une position malheureuse.

Enfin Pie IX bénit de nouveau toute l'assistance, s'enveloppe dans le grand manteau qui cache le costume blanc du souverain pontife, et se dispose à sortir. Toute l'école est en mouvement: on veut l'accompagner avec des flambeaux : — Oh! ne faites pas de bruit, dit le pape, qui ne voulait pas que le voisinage s'aperçût de rien d'extraordinaire, je ne veux réveiller personne ; restez, et laissez-moi m'en aller comme je suis venu. — En effet, la porte se referma derrière lui, et Pie IX, suivi de son compagnon de voyage, regagna la voiture de place qui l'avait amené sans que le cocher se doutât de rien.

Cette visite du pape à l'une des écoles nocturnes causa une grande joie dans Rome. Le lendemain, il n'était bruit par toute la ville que de la distribution des prix faite par Pie IX à l'école des Monts: on répétait chacune de ses paroles, et l'on exaltait son affabilité, sa bonté si paternelle. Et tous ceux qui désirent le bien et l'amélioration des classes pauvres se réjouissaient de ce puissant encouragement donné à l'une des institutions les plus capables de répandre parmi le peuple l'instruction et la moralité.

EXERCICE.

Quel est le but des écoles du soir ou classes d'adultes ? — Dites-nous quelque chose des écoles analogues qui existent dans la ville de Rome. — Que se passa-t-il dans une de ces écoles le soir du 9 mars 1847? — Quels visiteurs y furent introduits?— Quel était l'un des deux ecclésiastiques ? — Que fit le pape ? — D'où naissait le sentiment de satisfaction qu'il exprima ? — Racontez-nous ce qui se passa ensuite ? — Comment le pape se retira-t-il ? — Quel était l'équipage qui l'avait amené ? — Quelle impression cette visite du pape produisit-elle ?

Mort de saint Louis.

Les derniers moments de saint Louis sont le triomphe de cette divine religion chrétienne qui apprend à l'homme non seulement à vivre, mais aussi à mourir pour ses semblables. Le pieux roi venait de débarquer en Afrique à la tête de son armée, et il marchait contre le roi de Tunis, lorsque la plus affreuse de toutes les maladies, la peste, se mit parmi ses troupes. En quelques jours, le camp français présenta le plus désolant spectacle. Une foule de malheureux expiraient au milieu de cruelles souffrances. Leurs compagnons, craignant d'être atteints eux-mêmes par la contagion, s'éloignaient avec effroi des pestiférés, et les morts restaient sans sépulture. Dans cette épouvante universelle, saint Louis, calme, intrépide, allait de tente en tente visiter les malades, consoler les mourants, inspirer à tous la résignation et la patience.

Cependant, le fléau faisait des progrès rapides ; il emporta le légat du pape qui accompagnait l'armée, plusieurs seigneurs et le plus jeune fils du roi. Louis offrit à Dieu ce douloureux sacrifice, et, loin de laisser faiblir son courage, il continua à soutenir celui de tous les siens ; enfin il fut lui-même atteint par la contagion, et il sentit bientôt que le mal était mortel. Alors, il se fit placer sur la cendre devant une croix, en invoquant Celui qui avait voulu y souffrir et y mourir pour le salut des hommes. Il adressa à son fils Philippe les plus touchantes exhortations et l'entretint avec une tranquillité admirable des félicités de la vie éternelle. Il reçut avec une joie céleste les derniers sacrements de la religion ; puis, ayant fait ses adieux à tous ceux qui se pressaient en pleurant autour de sa couche, il ne voulut plus penser qu'à Dieu, devant qui il allait paraître. Ce fut en priant avec ardeur et le crucifix sur les lèvres, que le saint roi rendit sa belle âme à son Créateur, le 25 août 1270.

EXERCICE.

Quelle maladie se déclara dans l'armée française conduite par saint Louis? — Quelle fut la conduite du roi dans ces circonstances? — Qu'est-ce qui lui inspirait tant de courage et de dévouement? — Quelle douloureuse épreuve eut-il à subir; et comment la supporta-t-il? — Racontez ses derniers moments. — A quoi devait-il la tranquillité et la joie qu'il conserva jusqu'à la fin?

Une population entière civilisée par la charité.

Dans la partie la plus âpre de la chaîne des Vosges, un vallon presque séparé du monde nourrissait chétivement, dans la moitié du dix-huitième siècle, une population restée à demi sauvage. Quatre-vingts familles, réparties dans cinq villages, en composaient la totalité; leur misère et leur ignorance étaient également profondes; elles n'entendaient ni l'allemand ni le français : un patois inintelligible pour tout autre qu'elles, était leur seul langage. Ces paysans se gouvernaient par le droit du plus fort; des haines héréditaires divisaient les familles et, plus d'une fois, il en était né des violences coupables.

Un homme vertueux et dévoué, nommé Oberlin, entreprit de les civiliser, et pour cet effet, en habile connaisseur des hommes, il commença par soulager leur misère. De ses propres mains, il leur donna l'exemple de tous les travaux utiles : armé lui-même d'une pioche, il les guida dans la construction d'une route; bêchant, labourant avec eux, il leur enseigna la culture de la pomme de terre; il leur fit connaître les bons légumes, les beaux fruits; il leur montra à greffer, et leur donna de bonnes races de bestiaux et de volailles.

Leur agriculture une fois perfectionnée, il introduisit différentes industries pour occuper les bras superflus; il créa une caisse d'épargne, et établit des rapports avec plusieurs maisons de commerce des villes voisines.

Bientôt il mêla d'autres leçons à ces premiers enseignements.

Dès l'origine, il s'était fait l'instituteur de ces pauvres

gens, en attendant qu'il eût formé des maîtres pour les seconder. Une fois qu'ils aimèrent à lire, tout devint facile : des ouvrages choisis venant à l'appui des discours et des exemples de M. Oberlin, les sentiments religieux et avec eux la bienveillance mutuelle, s'insinuèrent dans les cœurs; les querelles, les délits, les procès même disparurent; s'il naissait quelque contestation, d'un commun accord, on venait prier l'excellent homme d'y mettre un terme; en un mot, lorsqu'il fut près de sa fin, le vénérable vieillard put se dire que, dans ce canton autrefois pauvre et dépeuplé, il laissait trois cents familles réglées dans leurs mœurs, pieuses et éclairées dans leurs sentiments, jouissant d'une aisance remarquable, et pourvues de tous les moyens de la perpétuer.

Une habitante de l'un de ces villages, nommée Louise Scheppler, fut si vivement frappée des vertus de M. Oberlin, que, bien qu'elle jouît d'un petit patrimoine, elle lui demanda d'entrer à son service et de prendre part aux œuvres de sa charité.

Dès lors, sans jamais accepter de salaire, elle ne le quitta plus. Devenue son aide, son messager, l'ange de toutes ces cabanes, elle y porta sans cesse tous les genres de consolations.

Dans aucune circonstance, on n'a mieux vu à quel

point la charité peut développer et éclairer l'intelligence: cette simple villageoise avait compris son maître et tout ce que ses pensées avaient de plus élevé; souvent même elle l'étonnait par des idées heureuses auxquelles il n'avait point songé, et qu'il s'empressait de faire entrer dans l'ensemble de ses opérations.

C'est ainsi que, remarquant la difficulté que les cultivateurs éprouvaient à se livrer à la fois à leurs travaux champêtres et au soin de veiller sur leurs petits enfants, elle imagina de rassembler ces enfants dès le bas âge dans des salles spacieuses où, pendant que les parents vaquaient à leur ouvrage, des femmes dévouées les gardaient, les amusaient, et commençaient à leur montrer les lettres et à les exercer à de petits travaux.

C'est de là, en grande partie du moins, qu'est venue en Angleterre et en France l'institution des salles d'asile, où l'on garde les enfants des ouvriers, si souvent abandonnés dans les villes au vice et aux accidents. L'honneur d'une idée qui a déjà tant fructifié, et qui sera bientôt adoptée partout, doit être partagé par la pauvre paysanne du Ban de la Roche (voir le chapitre sur les salles d'asile, p. 140); elle y a consacré le peu qu'elle possédait, et de plus ses forces et sa santé.

Elle secourait d'ailleurs la vieillesse et la maladie aussi bien que l'enfance; elle trouvait le moyen de distribuer selon l'occasion, des tisanes, des potions, des aliments. Enfin, pour venir en aide aux besoins pécuniaires, elle a fondé un mont-de-piété d'une espèce toute particulière, et qui serait bien aussi une invention admirable, s'il était possible de le multiplier comme les salles d'asile; car on y prête sans intérêt et sans gage.

L'Académie française a décerné, en 1829, à cette vertueuse femme, un prix de trois mille francs, qu'elle a immédiatement consacré à ses bonnes œuvres.

EXERCICE.

Décrivez le vallon de la chaîne des Vosges où se passent les faits que l'on vient de raconter. — Quelle en était la population? — Quelle langue y parlait-on? — Quels étaient les funestes effets de l'ignorance de cette population? — Qui entreprit de la civiliser? — De quelle manière M. Oberlin commença-t-il son œuvre? — Que fit-il pour le bien-être de ces pauvres gens? — Que fit-il pour leur instruction? — Quel fut le résultat de leurs bonnes lectures? — Quel fut le changement qui s'opéra dans leurs sentiments et leurs habitudes ? — Qui était Louise Scheppler? — Quelle charitable résolution prit-elle ? — Comment aida-t-elle M. Oberlin? — Qu'imagina-t-elle pour mettre les enfants en sûreté pendant que les parents travaillaient au dehors? — Quelle est l'origine des salles d'asile ? — Que consacra Louise à cette bonne œuvre ? — Quels soins donnait-elle aux vieillards et aux malades? — Que fit-elle pour fournir aux pauvres des ressources pécuniaires ? — Quel emploi fit-elle du prix qui lui fut décerné par l'Académie française?

Absolution donnée à des pêcheurs naufragés.

Jamais la religion ne paraît plus grande et plus belle que quand, en présence d'une mort inévitable, elle vient offrir à l'homme ses consolations suprêmes. Alors que toutes les espérances terrestres sont évanouies, alors que tous les efforts et tous les secours humains sont devenus inutiles, la religion seule demeure pour offrir au malheureux qui va périr, en échange d'une courte existence, l'espoir d'une éternité bienheureuse.

Oh ! combien j'ai compris cette vérité en assistant, il y a quelques jours, à l'une des scènes les plus terribles et les plus sublimes qu'il puisse être donné à l'homme de contempler.

Je me trouvais aux Sables-d'Olonne à la fin du mois de novembre. Bien que le ciel fût couvert de nuages menaçants, et que le vent soufflât avec fureur, les pêcheurs des Sables se décidèrent à sortir du port. Ne sont-ils pas accoutumés à exposer sans cesse leur vie pour subvenir aux besoins de leur famille ?

Plusieurs bateaux se dirigèrent vers la pleine mer.

Une heure à peine s'était écoulée depuis leur départ, lorsqu'une affreuse tempête éclata ; il était impossible de lutter désormais contre les vents déchaînés. Les pêcheurs plièrent leurs voiles, et, faisant force de rames, ils essayèrent de regagner le port, qu'ils se repentaient trop tard d'avoir quitté.

Toute la population de la ville, inquiète, tremblante, couvrait la jetée (1), qui s'avance de plus de quatre cents mètres dans la mer. L'anxiété était générale. En ce moment, la pluie et le vent n'effrayaient personne ; chacun

(1) Une jetée est une construction longue et étroite qui s'avance dans la mer, près de l'entrée d'un port, pour briser, comme un rempart, la violence des vagues.

suivait des yeux ces frêles embarcations, qui tantôt s'élevaient au-dessus d'une vague, tantôt disparaissaient quelques instants comme pour s'enfoncer dans l'abîme, et pourtant se rapprochaient insensiblement du port. Les mères, les femmes, les enfants des pêcheurs se tenaient au premier rang, pleurant et priant.

L'ouragan augmentait de violence à mesure qu'on voyait diminuer la distance qui séparait les barques du rivage. Il était à craindre que pas un des pêcheurs n'échappât à la mort. Leur danger devenait de plus en plus imminent... Pour comprendre les émotions que cause un pareil spectacle, il faut en avoir été témoin.

Cependant, à force d'habileté et de sang-froid, les pêcheurs parvinrent à vaincre la fureur des flots, et rentrèrent l'un après l'autre dans le port. Une seule barque restait en arrière. Malgré tous les efforts des trois hommes qui la montaient, elle n'avançait que lentement. L'Océan, comme pour s'assurer cette dernière proie, lançait à une grande hauteur ses vagues écumantes, qui venait se briser contre la jetée avec un fracas épouvantable.

Une lueur d'espérance vint, un instant, ranimer tous les cœurs : un coup de vent avait jeté la barque à moins de cent mètres de l'entrée du port. Mais ce moment d'espoir fut aussi fugitif que l'éclair ; le vent tourna tout à coup ; un cri d'effroi s'échappa de toutes les bouches.

La barque venait de chavirer.

Elle ne tarda pas à reparaître sur le sommet d'une vague ; les trois pêcheurs s'y étaient cramponnés ; mais il était impossible de leur porter le moindre secours. Évidemment ils allaient périr.

Alors, le vénérable curé des Sables, qui s'était rendu sur la jetée dans l'espoir d'être utile à ses paroissiens, fit signe à tous les témoins de cette scène douloureuse de se mettre à genoux ; chacun s'empressa d'obéir.

On apercevait à une petite distance les pauvres naufragés qui suivaient du regard tous les mouvements et qui avaient pu voir et comprendre le geste du prêtre.

Ce fut un spectacle extraordinaire et déchirant que ces trois hommes essayant en vain de disputer leur vie aux éléments, et cette population agenouillée, priant pour eux, à l'extrémité d'une longue jetée, enveloppée de tous côtés par les vagues.

La prière commune terminée, le digne pasteur se leva seul, se pencha vers les infortunés pêcheurs, et, les yeux au ciel, la main étendue sur l'abîme, il prononça d'une voix retentissante la formule sacrée de l'absolution.

Il achevait ces paroles de miséricorde et de pardon, lorsqu'une vague, s'élançant sur la barque chavirée, engloutit les trois marins.

Le lendemain, la mer, devenue plus calme, jeta leurs cadavres sur le rivage ; on leur fit de modestes funérailles, auxquelles assistèrent dans un pieux recueillement tous les habitants de la ville. — Dieu sans doute avait écouté les vœux de tout un peuple, et la prière du prêtre avait conduit leurs âmes au ciel.

EXERCICE.

Quels sont les moments où la religion paraît surtout grande et sublime ? — Qu'est-ce qui peut soutenir et consoler l'homme en présence d'une mort inévitable ? — Où se trouvait l'auteur de ce récit ? — Quel était l'état de l'atmosphère ? — Pourquoi les pêcheurs quittaient-ils le port ? — Furent-ils bientôt obligés de chercher à revenir ? — Le purent-ils facilement ? — Quels dangers avaient-ils à courir ? — Qui était accouru sur la jetée ? — Qu'est-ce qu'une jetée ? — Quels sentiment éprouvaient les assistants ? — Les barques parvinrent-elles à regagner le port ? — En resta-t-il en arrière ? — La tempête augmenta-t-elle ? — Eut-on un moment d'espoir ? — Qu'arriva-t-il aux malheureux pêcheurs ? — Comment parvinrent-ils à se soutenir encore quelques instants sur l'eau ? — Que firent le curé des Sables-d'Olonne et tous les assistants ? — Les naufragés pouvaient-ils voir cette scène ? — Quels sentiments vous inspire-t-elle ? — Que fit le curé après la prière commune ? — Qu'arriva-t-il alors aux malheureux naufragés ?

Le braconnier et le gendarme.

C'est une bien funeste habitude que celle du braconnage auquel se livrent sans scrupule tant d'habitants des campagnes; on apprend ainsi à ne respecter ni les lois qui l'interdisent, ni la propriété d'autrui, sur laquelle on n'a pas le droit de chasser sans permission. Errant le jour et souvent la nuit dans les champs et dans les bois à la recherche d'un bien défendu, le braconnier devient facilement un malfaiteur; il s'accoutume à échapper aux autorités par la ruse; toujours les armes à la main, il en vient souvent à résister par la violence, et quelquefois, surpris en flagrant délit, il n'hésite pas à commettre un crime pour se soustraire au châtiment qu'il a mérité.

Voici un fait tout récent qui montre les déplorables excès où l'on peut être conduit par le braconnage, et qui fait éclater en même temps le courage admirable et la résignation sublime d'un agent de la force publique.

Deux villageois, braconniers de leur métier, s'étaient fait redouter dans tout le voisinage par leurs mœurs sauvages et violentes; on les soupçonnait de n'être pas étrangers à un vol qui avait été commis la nuit à main armée. Deux gendarmes envoyés à leur recherche parvinrent à les joindre dans une de leurs expéditions. L'un d'eux réussit à s'échapper en se jetant dans un bois voisin; l'autre, poursuivi en plein champ et sur le point d'être atteint, se retourna tout à coup et mit en joue le gendarme qui était le plus près de lui, en lui criant : « Si tu fais un pas, tu es mort. » Ancien soldat, habitué à ne pas reculer devant le danger, le gendarme avance, et aussitôt il reçoit un coup de feu au milieu de la poitrine. Le braconnier, qui était d'une force extraordinaire, se jette à l'instant sur le second gendarme, le fait tomber de son cheval et engage avec lui une lutte où sa vigueur lui donne bientôt l'avantage. Le vieux soldat mortellement frappé rassemble toutes ses forces, se relève, va au secours de son camarade, et le dégage sans faire usage de ses armes contre le misérable qui l'a blessé lui-même. Tous deux conduisent le forcené au village voisin; mais le brave gendarme, épuisé par tant d'efforts, chancelle en arrivant, et alors seulement on découvre l'affreuse blesure qu'il a reçue. Vainement on s'empresse de lui porter secours. Le médecin appelé en toute hâte déclare

qu'il n'a que quelques heures à vivre, et le curé du village vient lui offrir les dernières consolations de la religion. Le vieux militaire les reçoit avec une vive reconnaissance; pas une plainte ne s'échappe de sa bouche: « Je meurs content, dit-il, puisque j'ai rempli mon devoir jusqu'au bout. Je n'en veux pas à celui qui m'a tué, et je prie Dieu de me pardonner comme je lui pardonne. »

Quelques instants après, il expire, laissant tous les assistants pénétrés d'admiration et de respect pour tant de courage et de magnanimité.

EXERCICE.

Dites ce que vous pensez de l'habitude du braconnage. — En quoi est-elle répréhensible? — A quoi peut-elle conduire? — Quelles étaient la conduite et la réputation de deux villageois? — Par qui furent-ils surpris? — Que fit l'un d'eux au moment d'être atteint?— Racontez sa lutte avec le gendarme. — Comment se conduisit le gendarme blessé? — Rapportez ses dernières paroles. — Qu'est-ce qui a pu lui inspirer cette résignation sublime?

Pierre Duclos.

SUITE FATALE DE L'IMPROBITÉ DANS LE COMMERCE.

Un jour du mois de juillet dernier, la boutique de Pierre Duclos était tendue de noir. Un cercueil venait d'être placé sur le corbillard arrêté devant la porte, et un cortège assez nombreux se disposait à accompagner le corps de madame Duclos, jeune femme de vingt-six à vingt-sept ans, morte après une courte maladie.

Celui qui venait de faire cette perte cruelle était dans un accablement extrême. Lorsque ses plus proches parents rentrèrent chez lui en revenant du cimetière, ils le trouvèrent dans la position où ils l'avaient laissé, la tête appuyée sur ses mains, le regard abattu, le visage d'une pâleur effrayante. Ils restèrent quelque temps en silence, respectant sa douleur ; puis enfin, un vieillard vénérable, oncle de Duclos, lui dit d'une voix douce et grave en lui prenant la main :

— Pierre, nous connaissons les vertus de ta femme, et nous sentons combien ton chagrin doit être amer. Dieu t'a rudement éprouvé, mais il t'a donné la plus précieuse consolation, la seule qui puisse adoucir l'horreur d'un pareil moment, puisque, surprise par une bien prompte maladie, ta femme a reçu avec une piété et une résignation admirables les secours de la religion. Elle protégera, du haut du ciel, l'enfant qu'elle t'a laissé sur la terre. Pierre, songe à ta fille, ce portrait vivant de sa mère ; songe aux soins que tu lui dois, et conserve-toi pour elle.

— Mon oncle, répondit Pierre, vos paroles m'aideraient à supporter ma peine, si je n'avais au fond du cœur une autre douleur que vous ne savez pas et qui m'accable d'un poids affreux. Ah ! si j'ai perdu ma pauvre femme, c'est moi...

Il ne put en dire davantage et éclata en sanglots.

— Mes amis, ajouta-t-il, quand il eut repris un peu de calme, vous êtes venus ici pour me consoler. Ah ! tenez, il faut que vous sachiez ce qui m'oppresse. Peut-être en avouant mes torts, trouverai-je quelque soulagement. Asseyez-vous près de moi, car j'ai tout un récit à vous faire :

Il y a environ vingt-cinq ans que j'ai quitté mon village pour venir apprendre le commerce de l'épicerie. J'ai été placé chez un excellent homme, le père Brémont, que vous avez tous connu, et dont j'occupe encore la boutique.

Il était d'une probité à toute épreuve, et jamais la pensée d'une fraude ou d'une tromperie ne serait même entrée dans son esprit. Aussi, les pratiques venaient-elles à lui en toute confiance; un enfant pouvait aller chez lui chercher la provision, sans qu'il manquât rien au poids ni à la mesure.

Le père Brémont ne faisait pas de gros profits; mais grâce à l'ordre et à l'exactitude qu'il mettait dans toutes ses opérations, il faisait honorablement face à ses affaires, et mettait de côté ce qui était nécessaire pour procurer une bonne éducation à sa fille, et se réserver quelques ressources dans sa vieillesse.

Je travaillais chez lui avec ardeur et bonne volonté; il me prit en affection et m'engagea à ne pas le quitter.

— La boutique n'est pas une mine d'or, tant s'en faut, me disait-il quelquefois; mais elle fait vivre son maître, et peut-être un jour, quand je quitterai le commerce, pourras-tu songer à t'y établir.

Cet espoir me souriait beaucoup, et je faisais tous mes efforts pour parvenir à le réaliser. Jugez de mon bonheur, quand un jour, le père Brémont, m'appelant dans l'arrière-boutique, me dit :

— Pierre, tu es un brave et honnête garçon; j'ai de l'amitié pour toi, et je vais t'en donner la preuve, en te disant un projet qui peut-être ne te déplaira pas. Ma fille, que j'ai fait élever chez une de mes parentes depuis la mort de sa pauvre mère, a terminé son éducation; je veux la rappeler près de moi, et si vous vous convenez tous deux, je ne demanderai pas mieux que de t'avoir pour gendre.

Je reçus cette déclaration avec une vive reconnaissance. Mademoiselle Sophie Brémont arriva deux jours après. Vous devez penser si je fus heureux d'obtenir sa main... Hélas! l'avoir perdue si vite et... si cruellement! s'écria Pierre, en laissant de nouveau éclater ses pleurs.

Pendant trois ans, reprit-il, le père Brémont nous aida de ses conseils. Pourquoi faut-il qu'il nous ait été sitôt enlevé ! A sa mort, j'avais assez d'expérience pour conduire facilement la maison avec l'aide de ma femme, qui tenait toutes les écritures avec une exactitude et un soin admirables.

Malgré toute notre activité, nous ne réalisions pas de grands bénéfices. Je m'en plaignais quelquefois devant ma pauvre Sophie.

— Qu'avons-nous à désirer de plus? me disait-elle; nous gagnons bien notre vie; nous mettons de côté chaque année une petite somme pour l'établissement de notre enfant. Nous sommes aimés, et j'ose dire estimés de tous nos voisins, parce que nous sommes honnêtes et obligeants. Que nous manque-t-il pour être heureux? Imitons notre bon père : il n'a jamais eu l'ambition de s'élever au-dessus de son état; il s'est acquitté loyalement de tous ses devoirs; aussi a-t-il mené une existence paisible et honorable. O mon ami! remercions la Providence de ce qu'elle nous a donné, et ne portons pas envie à ceux qui sont plus riches que nous. Vois donc, ajoutait-elle, en me montrant notre petite fille de deux ans, toute rose et toute fraîche, est-ce qu'il y a au monde un trésor comparable à celui-là?

Malgré ces douces et sages paroles, j'étais souvent inquiet et mécontent. J'avais vu un de mes confrères quitter récemment le commerce, après avoir fait en peu d'années une brillante fortune. Un autre, que j'avais occasion de rencontrer souvent, me parlait sans cesse de ses profits, et ne manquait pas de tourner en dérision ma modeste boutique.

Je me sentais humilié quand je passais devant sa belle et large devanture, et je me disais qu'après tout il ne serait pas très difficile de faire comme lui.

Hélas! il m'avait répété cent fois que les honnêtes gens étaient des dupes, qu'il fallait savoir tromper adroitement dans le commerce, et que rien n'était plus facile dans le nôtre. Il m'avait parlé des mélanges au moyen desquels il doublait ses provisions et faisait des gains considérables, tout en paraissant vendre à bon marché.

J'écoutai d'abord avec répugnance ces propos coupables; mais il se moquait de ce qu'il appelait ma simplicité, et me disait qu'au reste j'étais bien libre de végéter toute ma vie dans une boutique enfumée.

Son exemple et ses conseils finirent par faire impression sur moi.

J'avais un petit commerce de boissons; je me hasardai à faire quelques altérations qui ne furent nullement remarquées par mes pratiques.

Les premiers actes d'improbité m'avaient coûté beaucoup, je l'avoue; mais, hélas! quand on a fait une fois le premier pas dans la carrière du mal, on ne sait plus s'arrêter.

Je voyais les bénéfices augmenter rapidement, et je cherchais à tranquilliser ma conscience, en me disant qu'après tout je causais bien peu de tort à chacun des acheteurs, et que je ne faisais qu'imiter ce que je voyais faire par beaucoup de gens.

Ces mauvaises raisons, comme vous le pensez bien, ne parvenaient pas à me justifier à mes propres yeux; mais je me familiarisais peu à peu avec ces idées qui m'auraient fait horreur quelque temps auparavant, et bientôt je ne songeai plus qu'aux moyens de pratiquer plus en grand mes coupables opérations, sans éveiller l'attention de ma femme, qui eût été désespérée si elle eût découvert ce qui se passait. Ainsi, mes fautes commençaient à altérer notre union.

Il m'était d'ailleurs assez facile de la laisser dans l'erreur, parce que je m'occupais à peu près seul des ventes et des achats, et que j'avais trouvé moyen de faire mes manipulations sur les marchandises avant leur entrée dans le magasin. Cependant, ma femme s'étonnait quelquefois de l'augmentation de nos profits; alors, je les lui expliquais, tantôt par une occasion extraordinaire qui m'avait procuré des marchandises à meilleur compte, tantôt par une autre raison. Pauvre femme! Dieu lui a épargné la douleur de savoir que son mari avait oublié tous les conseils de son excellent père.

A quelque temps de là, le confrère qui paraissait faire de si brillantes affaires tomba tout à coup en faillite: il s'était lancé dans des spéculations beaucoup au-dessus de ses moyens, et avait perdu en peu de jours tous les bénéfices que ses fraudes lui avaient procurés en plusieurs années. Bien mal acquis ne profite guère!

Cet événement me fit beaucoup réfléchir et ranima mes remords, que j'avais depuis longtemps étouffés. Ma femme, me voyant sombre et inquiet, me pressait de questions; je prétendis que j'étais très affecté de la ruine d'un voisin et d'un ami. Malheureusement, les mauvaises habitudes l'emportèrent; je me dis qu'avec de la prudence j'éviterais une semblable catastrophe. Dieu avait résolu de me punir d'une manière bien différente et bien plus terrible !

Aurai-je la force de vous raconter le reste de cette histoire ? Il le faut cependant; car je sens que ce cruel souvenir m'oppresse et me déchire.

Il y a huit jours, je me suis absenté pour une affaire. Ma femme, deux jours après, fut atteinte d'une sorte d'attaque; le sang lui porta violemment à la tête; on appela un médecin, qui ordonna de lui faire aussitôt sur les jambes et sur les poignets une application de graine de moutarde. Ma femme indiqua un paquet que je m'étais procuré quelques jours auparavant.

Peu après, le médecin revint voir la malade. Le remède n'avait produit aucun effet.

La farine de moutarde, que j'avais préparée moi-même, était tellement mélangée, qu'elle n'avait plus d'action !

Le médecin déclara que, pendant ce temps, le mal avait fait des progrès rapides, et qu'il ne serait peut-être plus temps... Grand Dieu ! j'avais tué ma femme de mes propres mains !

En disant ces mots, le malheureux tomba sans connaissance.

On lui prodigua des secours; on chercha par tous les moyens possibles à calmer sa douleur. Tout fut inutile. Il fallut vendre le fonds de commerce qui lui rappelait le fatal événement, et placer la petite fille chez une parente qui se chargea de son éducation.

Pierre Duclos vécut encore quelques mois dans la plus amère tristesse, et il mourut en répétant à ses amis :

— Racontez souvent mon histoire, afin que l'on sache ce qu'il en coûte de manquer à la probité et à la justice. Puisse mon exemple servir de leçon à d'autres, et Dieu veuille me pardonner mes fautes en faveur de mon repentir !

EXERCICE.

Que se passait-il devant la boutique de Pierre Duclos ? — Quelle était la personne à qui l'on rendait les derniers devoirs ? — Quelle était la situation d'esprit de Duclos? — Que lui dit un de ses oncles! — Quel est la plus précieuse consolation que nous puissions éprouver à la mort d'une personne qui nous est chère? — Que répondit Pierre? — Qu'est-ce qui l'empêchait d'accueillir les consolations de ses parents? — Se décida-t-il à avouer la principale cause de son accablement? — Quand avait-il quitté son village? — Où avait-il été placé? — Qui était le père Brémont? — Quels étaient ses sentiments? — Quelle preuve de confiance lui donnaient ses pratiques? — Brémont faisait-il de gros profits? — Était-il satisfait cependant? — Comment travaillait Pierre Duclos? — Que lui disait Brémont? — Quelles confidences lui fit-il, et que lui proposa-t-il? — Duclos accepta-t-il avec empressement? — Qui épousa-t-il — Comment se passèrent les dernières années du père Brémont? — Quelle était la situation de commerce des époux Duclos? — Que pensaient leurs pratiques à leur égard? — Quels conseils la femme de Duclos adressait-elle à son mari? — Que disait-elle en parlant de son enfant? — Duclos écouta-t-il ces bons conseils? — Quelles étaient les mauvaises pensées qui l'agitaient? — N'est-ce pas un grand mal que d'envier la prospérité d'autrui? — Quel sentiment éprouvait Duclos en passant près d'une boutique plus belle que la sienne? — Que pensez-vous de ce sentiment? — Quel détestable conseil lui avait donné un de ses confrères? — Comment Duclos l'avait-il écouté? — Que pensez-vous de celui qui cède à une moquerie et oublie ses devoirs par respect humain? — Comment Duclos commença-t-il à altérer ses marchandises? — Qelle impression éprouva-t-il d'abord? — Cette impression dura-t-elle? — Remarquez-vous combien celui qui se laisse aller au mal est prompt à s'endurcir? — Quelles mauvaises raisons Duclos se donnait-il à lui-même? — Pensez-vous que l'on puisse de cette manière tranquilliser sa conscience? — Que faisait-il à l'égard de sa femme? — Comment pouvait-il lui cacher ses mauvaises actions? — Comment lui expliquait-il ses profits nouveaux? — Qu'arriva-t-il au marchand dont l'exemple et les conseils avaient entraîné Pierre Duclos? — Pensez-vous que le bien mal acquis profite beaucoup? — Alors même qu'il profiterait en ce monde, qu'en penseriez-vous? — Quelles réflexions Duclos fit-il à cet égard? — Comment se flattait-il de se mettre à l'abri? — La Providence déjoua-t-elle tous ses calculs? — Qu'arriva-t-il à sa femme? — Quel remède le médecin ordonna-t-il? — Produisit-il son effet? — Par la faute de qui mourut la pauvre femme? — Comment se termina l'existence de Duclos? — Que dit-il à ses derniers moments?

Jean Leclaire,

PEINTRE EN BATIMENT

A ces tristes souvenirs de la vie de Pierre Duclos, comparons la vie d'un digne et honnête ouvrier, bien connu, qui, en cherchant à être utile aux autres, est parvenu, par la probité et le travail, à finir sa vie dans la fortune et le bonheur.

Il est peu de Parisiens, de nos jours, qui n'aient entendu parler de Leclaire ou qui n'aient lu sur les murs de la capitale, le nom de *Leclaire, peintre en bâtiment,* tant la maison qu'il avait fondée avait pris d'importance(1).

Le nom de Leclaire méritait d'être sauvé de l'oubli, et M. Charles Robert a été bien inspiré en nous donnant la biographie de cet homme modeste. Leclaire a fait une chose difficile entre toutes; il a fait une expérience sociale. On a écrit des livres sur l'organisation du travail; lui a organisé le travail dans un atelier, ce qui est moins commode. En même temps il a fait fortune, et c'est tant mieux : ruiné, il eût risqué de n'avoir pas beaucoup d'imitateurs, et la leçon eût été perdue.

Jean Leclaire, fils d'un pauvre cordonnier, était né en 1801, dans un village de l'Yonne. Ce que put être son éducation, on le devine : deux ou trois ans passés à l'école primaire; après quoi l'enfant, sachant à peine lire et écrire, commença à gagner son pain en gardant les moutons et les vaches. Tour à tour berger, apprenti maçon, moissonneur, batteur en grange, voilà sa vie jusqu'à l'âge de dix-sept ans.

C'est avec une troupe de moissonneurs que Leclaire quitta son village. Il arriva ainsi jusqu'à Paris; mais comment trouver du travail, et quel travail? Le hasard le conduisit à la place du Châtelet, rendez-vous des ouvriers peintres en bâtiment; là, sur sa bonne mine, il fut embauché comme apprenti.

Veut-on savoir ce qu'était la vie d'un apprenti peintre en 1818? Broyer les couleurs, traîner la charrette, faire des courses sans fin à travers Paris; pour salaire, un morceau de pain le matin, le souper du soir chez le patron et deux sous par jour. Ces misères du début, Leclaire ne les oublia jamais; il s'en vengea à sa manière, en rendant la vie plus facile aux autres qu'elle ne l'avait été pour lui. Plus tard, l'apprenti devenu patron racontait son histoire à ses ouvriers réunis autour de lui, et il terminait ainsi : « Nos apprentis pourront juger de la différence qu'il y a entre la manière dont ils sont traités et celle dont j'ai été traité moi-même. »

Faut-il suivre cette biographie pas à pas? Pourquoi

---

(1) Nous empruntons ces extraits au compte rendu de l'ouvrage de M. Charles Robert, *Biographie d'un homme utile* donné dans la *Revue politique et littéraire*, 1ᵉʳ mars 1879

pas? Quand le roman et le théâtre nous montrent je ne sais quel type d'ouvrier paresseux et ignoble, n'y a-t-il pas quelque intérêt à demander à la réalité le type de l'ouvrier laborieux et digne?

A vingt ans, sachant à fond le métier, Leclaire gagnait un salaire convenable; il épargnait pour acheter des livres, pour s'assurer contre les chances du tirage au sort. Bientôt, avec un capital fait de privations (un millier de francs à peine), il s'établit. A vingt-cinq ans, il était déjà patron et travaillait comme un ouvrier. On le voyait sur l'échelle, le pinceau en main, encourageant ceux qui l'entouraient, tantôt grondant, tantôt plaisantant. Il avait ce quelque chose qu'on ne définit pas, la flamme intérieure qui se communique de proche en proche, le don suprême du maître qui passionne ses auditeurs ou du chef qui entraîne ses soldats.

Leclaire devint un des premiers entrepreneurs de Paris. Soutenu alors par des hommes éminents — savants et capitalistes, — il entreprit une série de recherches qui eurent de très heureux résultats pour l'hygiène publique. La question était celle-ci : remplacer le blanc de céruse, cause des maladies les plus graves chez les ouvriers, par une substance qui eût les mêmes propriétés sans présenter les mêmes dangers. Le blanc de zinc était connu, mais le prix en était trop élevé : Leclaire découvrit un procédé de fabrication à bon marché, et le problème fut résolu.

Cependant les questions techniques étaient loin de l'absorber tout entier. Il s'était enrichi, et il croyait que la richesse lui donnait non des droits, mais des devoirs envers ceux qui avaient été les collaborateurs de sa fortune. Instruit par la pratique des choses, il savait que ce qui est difficile pour l'ouvrier, c'est le commencement et c'est la fin ; l'apprentissage et la retraite.

Que fit Leclaire? Il fonda une caisse de secours, une caisse de retraite; plus tard, en abandonnant une part de bénéfices aux ouvriers qui travaillaient régulièrement dans sa maison, il fit d'eux ses associés. Un jour, vers 1840, il entra dans l'atelier et jeta un sac plein d'or sur une table : « Voilà votre part des bénéfices de l'année! » Le sac fut ouvert, il contenait douze mille francs. On comprit qu'il y avait chez Leclaire plus qu'un entrepreneur qui, par des primes habilement distribuées, excite ses gens au travail. Leclaire, en effet, regardait plus haut. De l'ouvrier dont il voulait faire son associé, il exigeait mieux qu'un travail assidu, il exigeait une vie régulière et digne.

En developpant autour de lui l'esprit de prévoyance, les habitudes d'ordre, le respect de la discipline, il cherchait à former un personnel d'élite, et il y a réussi.

Sa maison ou son entreprise de peinture devint une sorte de corporation, mais une corporation libre et ouverte : il faut avoir fait ses preuves pour y être admis; on n'y reste qu'en méritant l'estime de ses chefs et de ses égaux. Qui sera juge en ces questions délicates? Qui prononcera l'exclusion lorsqu'elle sera nécessaire? Leclaire confia ce soin à un comité d'employés et d'ouvriers, présidé par le patron. Les ouvriers y sont en majorité; le coupable est jugé par ses pairs. L'idée peut sembler hardie, et cependant l'expérience a montré que Leclaire ne s'était pas trompé en faisant appel à l'esprit de corps dans ce qu'il a d'élevé : c'est ainsi, c'est par l'autorité morale, par la force de l'opinion, qu'il avait établi dans ses ateliers la discipline sévère qu'on y trouve encore aujourd'hui.

Voilà l'œuvre de Leclaire, et elle intéresse le moraliste plus encore peut-être que l'économiste. Leclaire est mort, son successeur immédiat est mort aussi, et l'œuvre a survécu : n'est-ce pas le meilleur éloge du fondateur?

Jean Leclaire s'est éteint en 1872, à Herblay. Il y vivait retiré depuis quelques années, et il avait fait mettre sur ses cartes de visite : *Leclaire, ermite à Herblay*. Sa femme l'avait précédé dans la mort. Isolé et malade, il retrouvait l'ardeur des années heureuses quand on lui parlait de ses anciens ouvriers. Il écrivait des brochures pour eux. Son style n'était peut-être pas toujours très correct, et M. Charles Robert nous dit qu'il ne savait pas bien l'orthographe; mais qu'importe? Ses lettres témoignent de l'idée qui a rempli sa vie : améliorer la condition matérielle et surtout la condition morale des ouvriers.

A ce portrait nous n'avons, pour le compléter, qu'à ajouter un mot, c'est que Leclaire fut toute sa vie un parfait chrétien, croyant en Dieu et le priant tous les jours.

EXERCICE.

Quels furent les débuts de Leclaire? — Quelle fut sa première occupation à Paris? — Comment s'établit-il patron? — Comme entrepreneur de peinture, qu'a-t-il fait d'utile pour l'hygiène publique? — Comme chef d'atelier, qu'a-t-il fait dans l'intérêt de ses ouvriers.

Dévouement du caporal Bellet.

Avant la construction du magnifique monument élevé sur les boulevards, l'Opéra était situé rue Le Peletier. Un effroyable incendie, qui jeta un jour entier l'inquiétude dans tout le quartier environnant, anéantit l'édifice au mois de novembre 1873.

Il faut qu'au souvenir de ce grand sinistre soit à jamais unie la mémoire de l'une de ses plus regrettables victimes. Voici en quels termes les journaux du temps racontèrent la mort héroïque d'un jeune caporal de pompiers nommé Bellet :

« Il était huit heures du matin, le feu était circonscrit en un immense foyer incandescent qui achevait de consumer les dessous de l'Opéra.

» Un pan de mur, du côté du passage de l'Opéra, empêchait que le jet des pompes ne parvînt jusque-là, et à tout prix il fallait inonder ce foyer.

» Bellet reçoit l'ordre de grimper sur ce pan de mur tout chancelant et crevassé par les flammes, afin d'arrêter les progrès du feu qui, de nouveau, menaçait d'atteindre les maisons voisines.

» Il comprend le danger, mais il n'hésite pas un instant et quelques secondes après, on l'aperçoit debout, sur le faîte du mur, entouré de flammes et de fumée; la lance à la main, il dirige le jet sur les débris enflammés, semblant être là comme sur la terre ferme.

» Par moment, il disparaît entièrement aux yeux de tous ceux qui le regardent : on le croit perdu; mais un coup de vent balaye les tourbillons de fumée, et Bellet réapparaît, toujours debout et impassible, ses mains cherchant par de brusques mouvements à droite et à gauche à éviter les flammes qui viennent lécher ses vêtements; son casque est noirci; il relève sa jugulaire qui lui brûle le menton.

» Malgré tout, il ne quittera pas cette dangereuse position avant que le clairon ait sonné la retraite.

» Soudain un craquement se fait entendre; le mur oscille sur sa base.

» En ce moment le clairon sonne le rappel.

» Comme Bellet se dispose à redescendre, un bruit semblable à la détonation d'un canon de gros calibre se fait entendre, et le mur se fend violemment en deux, comme si on l'eût séparé d'un formidable coup de hache.

Toutes les personnes présentes se sauvent précipitamment en poussant des cris de terreur et se mettent hors des atteintes des débris.

« On regarde, le mur ne s'est pas encore éboulé; mais le spectacle qui s'offre aux yeux des spectateurs est horrible. Bellet a perdu l'équilibre, il est à quatre pattes sur le haut du mur, et cherche à gagner l'échelle qui vient de glisser par suite de la secousse. Trop tard!... Une seconde crevasse, encore plus large que la première, vient de se produire sous les pieds mêmes du caporal.

» Il sent que tout est perdu, se dresse de toute sa hauteur, pousse un cri surhumain, lève les mains au ciel, et disparaît enfoui sous les décombres.

» Bellet était natif de Normandie, où réside toujours sa famille qui est, nous dit-on, dans une honnête aisance.

» A peine âgé de vingt-trois ans, c'est à son intelligence et à sa bravoure qu'il a dû son grade de caporal. Aimé de tous ses camarades, il était apprécié par ses supérieurs qui, en maintes circonstances déjà, avaient remarqué son courage.

» Sa mort fut une véritable affliction pour tous ceux qui l'avaient connu.

» Heureusement il n'était pas marié, mais quelle n'a pas dû être la douleur de sa pauvre vieille mère et de ses deux frères, lorsqu'ils apprirent là-bas cette horrible nouvelle!

« Pauvres parents! Au moins, puissiez-vous trouver une consolation dans le souvenir de la mort glorieuse de votre enfant, de votre frère, sur la tombe duquel il sera juste d'écrire : *Mort au champ d'honneur!* »

EXERCICE.

Quel ordre reçut le caporal Bellet? — Quelle était l'importance de l'ordre qu'il avait à exécuter? — Bellet hésita-t-il à obéir? — Quel danger courait-il? — Comment mourut-il? — Ne fut-il par une héroïque victime du devoir?

Belle conduite d'une buraliste de Schelestadt.

Terminons cette première partie de nos récits en rappelant l'admirable et patriotique conduite de Mlle Weick, à l'époque néfaste de nos revers, en 1870.

Mlle Weick était directrice du télégraphe de Schelestadt, au S.-O. de Strasbourg, une place forte située au cœur de cette chère Alsace que nous avons, hélas! perdue. Vu l'importance de la station, on lui avait adjoint une aide.

A la nouvelle des revers de nos armées à Wissembourg, Wœrth et Reischoffen, une panique insensée se répandit dans la ville; les habitants sont affolés, les dépêches abondent. Mlle Weick et son aide ne quittent plus l'appareil.

Le 7 août, l'alarme augmente encore, l'armée allemande va passer le Rhin, elle marche sur Schelestadt.. les Prussiens débarquent au Lembourg... tous fuient en emportant leurs objets les plus précieux; l'aide de Mlle Weick la quitte pour se réfugier dans sa famille. La jeune buraliste reste seule; les dépêches se multiplient sans cesse, elle suffit à tout; campée sur une chaise longue, elle veille et travaille jour et nuit, transmettant au péril de ses jours les ordres et contre-ordres nécessaires à nos armées.

L'investissement de Strasbourg arrive; Schelestadt est occupé; on commence les travaux de défense, on dépave les rues, on fait sauter les maisons qui, autour des remparts, gênent le tir de la place. Le canon tonne; Mlle Weick est à son poste, sentant grandir son courage avec le danger; pourtant le bureau est adossé au rempart, exposé au feu de l'ennemi; et le temps manque pour le préserver du danger. Qu'importe à Mlle Weick? Elle reste à son poste. Malgré le bombardement, malgré les obus, le télégraphe marche toujours, le sentiment du devoir accompli soutient la noble jeune fille!...

Après quatorze jours de bombardement, la place dut se rendre; la destruction était complète, le bureau seul était resté debout, les vitres avaient été brisées par l'explosion des bombes.

Un officier supérieur prussien fait appeler Mlle Weick, lui demande sa caisse et lui offre de servir la Prusse, lui faisant à cet égard les plus belles promesses.

La jeune fille lui répondit que les dépêches privées ne circulant plus depuis longtemps, elle n'avait rien en caisse ; puis elle ajouta, avec autant de simplicité que de patriotisme, comme Juliette Dodu : « Je suis fille, petite-fille et sœur de militaires français ; c'est vous dire, monsieur, que je suis Française et que je veux rester Française. »

L'officier, ému, la salua avec respect et lui permit de se retirer.

En quittant Schelestadt, Mlle Weick parvint à soustraire, à travers mille difficultés, quatre caisses de matériel neuf qu'elle remit à l'Administration française avec le montant de sa gestion de Schelestadt.

Par décret du 30 avril 1877, Mlle Weick a été décorée de la médaille militaire.

Elle est aujourd'hui directrice du bureau de poste à Chantilly.

EXERCICE.

Où Mlle Weick était-elle préposée au Télégraphe ? — Quels dangers offrait la continuation de ce service ? — Quelle en était l'importance ? — Jusqu'à quand resta-t-elle à son poste ? — Quelle réponse fit-elle aux offres des Prussiens ? — Quel était le mobile de sa belle conduite ?

DEUXIÈME PARTIE

RÉCITS SUR LES INSTITUTIONS DE NOTRE PAYS

Caisses d'épargne.

SOCIÉTÉS DE SECOURS MUTUELS. — CAISSE DES RETRAITES.

Jean Benoit est un honnête ouvrier charpentier, âgé d'environ quarante-cinq ans. Il demeure à Paris, rue Mouffetard, où il occupe deux chambres à coucher, un cabinet contenant un établi, et une cuisine : un petit appartement, en un mot, propre et bien tenu.

Il a aujourd'hui quatre enfants. L'aînée, jeune fille de treize ans, vient de faire sa première communion, après avoir suivi exactement le catéchisme de la paroisse Saint-Médard; elle a été placée comme apprentie dans une maison de lingerie, dont les maîtres se sont engagés à ne pas la faire travailler le dimanche, et à l'envoyer exactement à l'office divin.

Le second enfant, âgé de onze ans, va à l'école, où il fait beaucoup de progrès, et mérite souvent la médaille d'honneur, que son père est si heureux de voir attachée sur sa blouse bleue.

Les deux autres enfants, petits garçons de trois et de cinq ans, vont à la salle d'asile, où leur mère les conduit elle-même tous les matins.

La bonne Joséphine, femme de Benoit, reste au logis pour réparer les vêtements de toute la famille, et elle a de l'ouvrage; car dans le métier de son mari on use beaucoup, et ses enfants reviennent souvent de l'école ou de la salle d'asile avec quelques déchirures. Elle a d'ailleurs à apprêter le repas, à blanchir et à repasser, et, quand il lui reste du temps, elle travaille pour la maison de lingerie où sa fille est placée.

Quoique cette famille soit bien nombreuse, tous les enfants sont très proprement vêtus, et il règne dans tout le logement un air d'aisance remarquable. Quand l'ouvrage vient à manquer, ce qui est fort rare, car Jean Benoit est un excellent ouvrier fort recherché des maîtres, il s'occupe à fabriquer quelques meubles de ménage; or, comme il est très adroit, il est parvenu à se composer un mobilier fort convenable.

Tel est l'intérieur où nous voulons à ce moment conduire nos jeunes lecteurs.

C'était un dimanche du mois de juin, vers six heures du soir. La famille était réunie au complet; on venait de dîner au retour de l'église, et le brave Benoit se disposait à mener sa femme et ses enfants faire une promenade au Jardin des Plantes.

Tout à coup on frappe à la porte. Un des petits garçons va ouvrir et introduit un jeune homme, charpentier comme son père, et qui avait travaillé souvent avec lui.

— Bonsoir, lui dit Benoit, bonsoir, Jérôme. Qu'est-ce qui me procure le plaisir de ta visite ce soir?

— J'aurais deux mots seulement à vous dire, répond Jérôme.

— Eh bien! tu vas venir te promener avec nous; nous causerons chemin faisant, et tu nous ramèneras chez nous, si cela te convient.

— Volontiers, dit Jérôme. Et la petite bande s'achemina vers le lieu de la promenade.

— Benoit, dit le jeune homme, tout le monde sait que vous êtes un bon ouvrier, et avec cela très économe. J'ai pensé que vous auriez peut-être quelques pièces de cinq francs à prêter à un ami, sans vous gêner.

— Écoute, mon cher camarade, je vais te répondre franchement. Tu vois que j'ai de la famille, et que, par conséquent, je sais comment employer ce que je gagne. Cependant, il est vrai que je tâche d'économiser un peu pour l'avenir, et, Dieu merci, j'ai été quelquefois assez heureux pour pouvoir obliger des camarades qui étaient dans l'embarras. Ainsi, ce n'est pas que je veuille te refuser; mais seulement, je te dirai que je ne comprends pas trop comment, toi qui es jeune, fort, bien portant, et qui n'es pas marié, tu as besoin d'emprunter à un vieux père de famille comme moi.

— Ah! répondit Jérôme avec un embarras visible, le travail ne va guère depuis quelques jours.

— Mais tu travaillais encore au commencement de la semaine dernière, et depuis longtemps; car nous avons été deux mois ensemble sur les mêmes bâtiments. Tu as reçu pendant ce temps-là une bonne paye, qui ne doit pas être déjà épuisée ; et si tu veux, demain, j'ai de l'ouvrage à te procurer.

— Quant à la paye des dernières semaines, ne m'en parlez pas. Je ne sais comment cela s'est fait ; tout s'en est allé aussi vite que c'était venu.

— Mais si tu te remets au travail demain ?

— Demain ? Voilà justement...

— Je sais bien que tu ne seras payé qu'à la fin de la semaine ; mais à l'auberge, on ne demande jamais rien avant le jour de la paye.

— Oui ; mais demain !

— Ah ! je comprends ; tu as besoin d'argent pour demain, parce que tu veux faire ton lundi ?

— Comme vous dites. Je ne peux pas m'en dispenser, je vous assure ; les compagnons se réunissent, et il faut bien que j'aille avec eux. Chacun payera son écot ; je n'ai plus un centime dans ma poche ; et je suis venu vous trouver pour vous prier de m'aider. Mais soyez sûr que dans quelques jours cela vous sera rendu.

— Ainsi, c'est pour une partie de cabaret qu'un jeune homme, qui a déjà dépensé tout son gain en plaisirs, vient emprunter les économies d'un père de famille ! Qu'en penses-tu toi-même ? et si j'étais venu, moi, te trouver en te disant : Mes quatre enfants ont mangé tout ce que j'ai gagné ; toi, tu n'as que ta personne à nourrir, prête-moi quelque chose pour les faire vivre, n'aurais-tu pas trouvé cela plus naturel ?

— C'est vrai, Jean Benoit, dit Jérôme en baissant la tête ; et si vous étiez venu me dire pareille chose, j'aurais bien souffert d'être obligé de vous refuser. Mais que voulez-vous ? je ne peux pas vous dire comment cela se fait ; jamais il ne reste une pièce de cinq francs huit jours de suite dans mon tiroir. Oh ! je voudrais bien savoir comment vous vous y prenez, vous, pour entretenir si bien votre famille et avoir encore quelque chose de reste.

— C'est bien simple, mon ami ; mais nous voici arrivés sous le cèdre du Liban. Asseyons-nous un peu sur ce banc, pour laisser reposer mon petit dernier, qui a eu de la peine à nous suivre. Je vais répondre à ta question, et mes aînés écouteront en même temps la petite histoire que je vais te dire.

— Oh ! oui, oui, papa ! s'écrièrent ensemble les deux enfants, qui avaient entendu ces derniers mots.

— Eh bien ! mes amis, voici mon histoire : Je suis arrivé à Paris plus jeune que toi, Jérôme. J'avais dix-huit ans, je savais déjà un peu le métier, et j'étais en état de gagner quelque chose. Ma pauvre vieille mère m'avait dit au moment de mon départ : « Benoit, je ne te reverrai jamais sans doute ; mais je serai heureuse et tranquille dans mes derniers jours, si tu me promets trois choses : de remplir tes devoirs de religion, de travailler courageusement, et de ne pas mettre les pieds au cabaret. Je t'envoie chez notre cousin Claude, qui a fait comme cela et qui a prospéré. N'oublie pas mes paroles, et Dieu te bénira. »

Je fis à ma mère la promesse qu'elle me demandait, et j'arrivai chez le cousin Claude, qui me procura du travail.

Agé d'une soixantaine d'années, il était veuf et n'avait pas d'enfants ; je fus traité par lui comme un fils. Hélas ! le pauvre homme mourut bientôt des suites d'une chute terrible. Je me trouvai sur le pavé de Paris à dix-neuf ans, sans parents et sans amis; mais le maître auquel Claude m'avait adressé continua à me donner de l'ouvrage, et je pus gagner facilement ma vie.

On parlait alors beaucoup de la *caisse d'épargne* que le gouvernement venait d'établir à Paris, pour que chacun pût y déposer chaque semaine ses économies, ne fussent-elles que d'un franc.

Notre maître, qui était un fort brave homme, nous avait recommandé un jour très vivement cette institution, en nous remettant notre paye : « Mes amis, disait-il, allez toutes les semaines à la mairie, et déposez quelque chose à la caisse d'épargne; cela produira intérêt et se grossira peu à peu, tandis que vous travaillerez et même que vous dormirez. Augmentez votre dépôt au lieu d'aller boire, et vous le retrouverez dans les mauvais jours ! »

En l'entendant parler ainsi, j'avais compris sans peine combien il était avantageux pour un ouvrier de placer ses petites épargnes de manière à leur faire produire intérêt tout de suite, et à commencer ainsi une réserve pour l'avenir.

Mes camarades avaient à ce sujet des manières de voir très diverses. Les uns paraissaient disposés à prendre un livret, pour essayer, disaient-ils. La plupart avaient remarqué surtout que, pour retirer des fonds, il fallait faire une demande et attendre une quinzaine de jours, et ils trouvaient fort incommode de mettre leur argent dans une caisse où ils ne pourraient plus aller le reprendre du jour au lendemain et à la première occasion.

Cette considération produisit sur moi un effet tout opposé. Il venait de m'arriver une chose dont j'étais encore tout honteux. J'étais parvenu à économiser sur mes journées, qui n'étaient pas bien fortes alors, une somme de quarante francs pour acheter un habillement complet et remplacer le mien, qui était fort délabré.

J'avais cet argent dans mon tiroir depuis quinze jours, lorsque des camarades étaient venus me chercher pour une partie de plaisir à la barrière. J'avais cédé après quelque résistance, et j'étais parti avec eux, emportant mon argent pour m'en servir, me disaient-ils, en cas de besoin.

Eh bien! je m'étais laissé aller à boire, à jouer, si bien que, le soir, de mes quarante francs, il me restait trois gros sous! « Ah! me disais-je en entendant la conversation de mes compagnons, si cet argent-là avait été mis à la caisse d'épargne, il y a quinze jours, sans que je pusse l'y aller prendre tout de suite, je ne l'aurais pas perdu si sottement avant-hier. » Et je résolus aussitôt, sans en rien dire à personne, de mettre de côté une part de ma prochaine paye pour avoir un livret, me promettant bien de déposer à la caisse d'épargne mes petites économies, aussitôt que je les aurais entre les mains.

J'ai tenu cette résolution, et vous ne sauriez croire combien elle m'a été utile.

Le dimanche soir, quand on venait me proposer pour le lundi quelque partie que j'aurais eu bien de la peur à refuser, j'étais toujours allé dès le matin remettre mon argent au bureau de l'arrondissement, et on n'insistait plus, quand on savait que je n'avais rien à dépenser.

Cette précaution que je prenais contre moi-même, car je ne me sentais pas plus fort qu'un autre, m'a préservé de bien des sottises.

Dans le commencement, je ne mettais guère à la caisse d'épargne que 1 franc ou 2 au plus par semaine; puis, mes salaires ont augmenté à mesure que je suis devenu plus habile dans ma profession, et j'ai pu déposer, avec des journées de 3 fr., tout en me nourrissant comme il faut et en payant exactement mon loyer, jusqu'à 7 et 8 fr. dans les bonnes semaines.

J'étais étonné moi-même de la rapidité avec laquelle s'augmentait mon petit dépôt.

Au bout de la seconde année, mon livret portait, en capital et intérêts, une somme de 280 fr.; à la fin de la quatrième année, à vingt-trois ans, je possédais plus de 900 fr.

Tu ne saurais croire, Jérôme, combien mon livret m'encourageait. Je me disais quelquefois, en travaillant de toutes mes forces : « Pendant que je me fatigue ainsi, ma réserve s'augmente d'elle-même, et, si j'y ajoute comme je fais depuis quelque temps, j'aurai à soixante ans une bonne petite rente qui me mettra pour ma vieillesse à l'abri du besoin. » Je ne pensais pas encore que j'aurais ces marmots-là, pour qui il me serait bien utile d'avoir préparé quelque chose à l'avance.

Un bon monsieur, administrateur de la caisse d'épargne, qui avait remarqué avec quelle régularité je venais faire mes modiques dépôts, avait eu l'obligeance de me calculer que si je déposais pendant trente ans environ 6 fr. par semaine, j'aurais au bout de ce temps un capital d'au moins 15,000 fr., en faisant la part des chômages.

— Quinze mille francs! s'écria Jérôme stupéfait.

— Mais oui; et j'ai pu me convaincre plus tard que le brave homme ne s'était pas trompé.

Il fallait pour cela, bien entendu, ne pas retirer mon argent, tantôt un jour, tantôt un autre. Et il est vrai que je n'en ai retiré que deux fois; la première pour... Mais cela ne fait rien à mon histoire. Je disais donc...

— Pardon si je vous interromps, Jean Benoit; mais, si ce n'est pas indiscret, je serais bien aise de savoir pourquoi, vous, qui êtes un homme rangé et qui dites souvent que vous n'avez jamais été malade, pourquoi vous avez retiré de l'argent?

— Eh bien! mon ami, si cela te fait plaisir, je te dirai que la première fois, c'est quand le pauvre Grégoire, que tu n'as pas connu, s'est cassé la tête en tombant d'un cinquième, où il réparait une mansarde.

Il laissait quelques dettes; on voulait vendre tout ce qui restait à sa veuve. Ah! Jérôme, tu aurais été heureux comme moi de pouvoir lui conserver son petit mobilier. J'étais si content ce jour-là, que j'en avais bien pour mon argent, je t'assure.

La seconde fois, il s'agissait d'acheter pour ma prétendue une alliance, une chaîne et des boucles d'oreilles; c'est la parure de ma femme depuis quinze ans.

Maintenant, mon ami, je continue toujours mes versements, quoique les quatre bonnes gens que tu vois là aient bien quelquefois confisqué, pour une chose ou pour une autre, ce qui devait aller à la caisse d'épargne; mais, ma foi, dit gaiement Benoit en regardant sa femme, il me semble que l'argent que nous avons dépensé pour cela est bien placé jusqu'à présent en santé et en bonne mine; n'est-ce pas Joséphine?

— Le bon Dieu veuille qu'ils continuent comme ils

commencent ! répondit la bonne femme ; quoiqu'ils soient là, je puis dire que mes deux aînés sont de braves enfants, qui imiteront leur père. Qu'en dis-tu, mon Joseph?

— Et leur mère ! s'écria Jean Benoit ; je n'en demande pas davantage à ma fille.

— Vois-tu, Jérôme, ajouta-t-il, voici un petit garçon qui travaille bien à l'école ; mais ne te sauve donc pas, Joseph, dit-il en rattrapant par la manche l'enfant qui se détournait en rougissant. Est-ce que je ne sais pas aussi gronder ou punir, quand il y a de quoi ? Eh bien ! Jérôme, il a eu à la dernière distribution des prix une jolie récompense, et qui m'a fait bien plaisir, je t'assure : c'est un livret à la caisse d'épargne, où il était inscrit à son nom pour dix francs. Je me suis laissé aller à ajouter dix autres francs de mon côté. Voilà son petit fonds de caisse ; ce sera à lui à l'augmenter quand il gagnera quelque chose.

Quant à notre aînée, nous lui avons donné aussi son livret le jour où elle est entrée en apprentissage. J'espère, mes enfants, que vous formerez tous deux, à cet égard, et que vous tiendrez fidèlement la résolution qu'avait prise votre père. Vous devez, à votre tour, bon exemple à vos jeunes frères.

Le soleil s'était couché pendant cette conversation ; la petite société reprit le chemin de la rue Mouffetard.

Jérôme marchait tout pensif, sans rien dire.

Quand ils approchèrent de la maison : — Eh bien ! dit Jean Benoit au jeune ouvrier, tu ne me parles plus de l'argent que tu voulais pour demain. Qu'est-ce qu'il te faut ?

— Jean Benoit, répondit Jérôme, je voudrais cinq francs, mais pour aller demain matin prendre un livret à la mairie. Je vous remettrai cela à la première paye. Je serai bien aise de commencer mon dépôt avec de l'argent qui me sera venu de vous, afin que mon livret me rappelle toujours l'histoire que vous m'avez racontée.

— Bien ! mon ami, dit Jean Benoit, tu es entré dans la bonne voie, et tu y persévéreras, j'en suis sûr ; mais la caisse d'épargne n'est pas la seule de ces institutions utiles auxquelles les ouvriers devraient tous avoir recours.

Nous avons maintenant les *sociétés de secours mutuels*

qui s'organisent de tous côtés sous le patronage du gouvernement, et qui, moyennant un versement modique, assurent à leurs membres des secours en cas de maladie ou d'infirmité. Des personnes riches et bienfaisantes s'unissent aux ouvriers, sous le titre de membres honoraires, pour augmenter les ressources de la société. Des hommes habiles et honorables les administrent et rendent compte à tous les membres. C'est là, vois-tu, une institution admirable et qui doit plaire singulièrement à ceux qui, comme toi, mon ami, ont le cœur ouvert et l'âme généreuse; en effet, on n'y travaille pas seulement pour soi; mais en faisant son bien, on contribue à celui de ses semblables. N'est-ce pas une douce et fraternelle pensée que de se dire : « Aujourd'hui que je travaille de toutes mes forces, vigoureux et bien portant, ma petite épargne soulage un pauvre camarade blessé ou malade; et s'il m'arrive un accident à moi-même, je serai soutenu à mon tour par tous mes confrères à la fois. Voilà un échange de bons offices qui est un des meilleurs moyens de mettre en pratique la divine parole : *Aimons-nous les uns les autres.*

Nous avons enfin cette précieuse ressource de la *caisse des retraites pour la vieillesse,* qui, sous la garantie de l'État, a pour objet de créer des rentes viagères au profit de tout individu qui aura déposé par petites fractions les fonds nécessaires. C'est pendant la jeunesse, pendant le temps du travail et de l'activité qu'il faut songer au temps où les forces manqueront, où l'on n'aura pour vivre que les réserves ménagées prudemment; or, il n'en est pas de plus efficaces et de plus sûres que celles de la caisse des retraites. Chaque ouvrier devrait avoir entre les mains le *Guide du déposant,* que j'ai acheté pour mes vingt-cinq centimes, et qui m'a fait connaître les résultats vraiment merveilleux de cette institution. Croirais-tu qu'en versant 15 fr. tous les trois mois depuis l'âge de 21 ans, on s'assure pour l'âge de 53 ans une pension de 550 francs?

Sois bien persuadé d'une chose, mon cher Jérôme; c'est qu'un ouvrier laborieux et prévoyant, qui profite des ressources qui sont à sa disposition, au lieu de dissiper follement son temps et son argent, est sûr de mettre sa famille et lui-même à l'abri du besoin. Ceux qui s'en prennent toujours à la société des maux qui leur arrivent feraient bien mieux de commencer par s'en prendre à eux-mêmes.

EXERCICE.

Faites connaître Jean Benoit et sa famille. — Quelle demande Jérôme adressa-t-il à Benoit?—Quelle réflexion Benoit fit-il faire au jeune ouvrier? — Quand on dépense inutilement son argent, quels reproches a-t-on à se faire? — Que raconta Benoit sur son arrivée à Paris? — Qu'est-ce qu'on appelle une caisse d'épargne? — Quels bons conseils Benoit reçut-il à cette occasion de son maître? — Quelles réflexions faisaient les autres ouvriers à ce sujet? — Quel parti prit Jean Benoit?—Retira-t-il souvent de l'argent de la caisse d'épargne et pourquoi? — Quelle impression ce récit fit-il sur Jérôme? — Continua-t-il à demander de l'argent à Benoit, et dans quel but? — Quel est l'objet des sociétés de secours mutuels? — Quelles diverses personnes y prennent part? — Faites connaître le but de la caisse des retraites pour la vieillesse.— Quelle excellente réflexion fit Benoit à cette occasion?

Caisses d'épargne scolaires.

Il est une autre institution précieuse dont nous ne voulons pas oublier de parler à nos chers enfants, ce sont les *Caisses d'épargne scolaires*.

L'épargne, on le sait, est la mise en réserve de l'excédant de la recette sur la dépense. Cette sage pratique qui fait la fortune des États contribue aussi à l'aisance et au bonheur des plus humbles familles en entretenant dans leur sein des habitudes de prévoyance, de sobriété et d'économie. L'épargne est une notion si naturelle à l'honnête homme, que depuis des siècles les pères de famille soucieux de l'éducation morale de leurs enfants ont institué au foyer domestique l'exercice de l'épargne pour les enfants par l'achat d'une *tirelire*. Les musées publics nous présentent des modèles en terre cuite de *tirelire* appartenant aux temps d'une antiquité très reculée.

L'histoire de la famille Benoit, que nous avons racontée quelques pages plus haut, a fait apprécier les avantages des caisses d'épargne en général pour les familles et pour les particuliers. Nous voulons signaler les bons effets pour les enfants de nos écoles des caisses d'épargne scolaires, qui depuis quelques années ont pris un si grand développement en France et à l'étranger.

Disons tout d'abord qu'il ne faut pas croire que la création des caisses d'épargne scolaires soit une création ou une invention toute récente. Déjà en 1818, le célèbre Francœur, dans son mémoire présenté à la Société pour le progrès de l'instruction élémentaire, recommandait la caisse d'épargne comme un des instruments de l'éducation populaire. En 1834, M. Dulac, chevalier de la Légion d'honneur, directeur de l'école d'enseignement mutuel de la ville du Mans, dans un petit ouvrage intitulé *Recueil de prières et de chants en usage dans l'école du Mans*, rendait compte du fonctionnement et de l'utilité de la *caisse d'épargne* qu'il avait fondée lui-même dans cette école pour ses élèves. En 1838, le conseil municipal du Mans témoignait publiquement sa haute satisfaction de la création de cette caisse d'épargne. En 1839, M. Delessert, président du conseil des directeurs des caisses d'épargne de France, signalait comme un modèle la combinaison pratiquée à l'école mutuelle du Mans. L'élan était dès lors donné et l'œuvre était fondée. Elle se répandit depuis en France et à l'étranger à travers des civilisations diverses, secondée par le rôle et l'intelligence d'hommes dévoués, au nombre desquels nous devons nommer M. Hippolyte Passy et M. de Malarce. Aujourd'hui, au 31 décembre 1877, l'entretien des caisses d'épargne scolaires a été introduite dans soixante-seize départements. Le nombre des écoles dotées de cette branche d'éducation est déjà de 8,033; le nombre des élèves épargnants est de 177,040; le nombre des livrets de grande caisse acquis par les élèves épargnants est de 143,272; enfin le total des sommes épargnées par nos élèves s'élève à 2,964,352.

Le fonctionnement de la caisse d'épargne scolaire est du reste des plus simples. Il n'exige que très peu de temps et n'entraîne pas la moindre responsabilité pour l'instituteur.

Une fois par semaine, à jour fixe, le mardi de préférence, au commencement de la classe du matin, l'instituteur préside à l'exercice de l'épargne, en recevant de ses jeunes élèves tout ce qu'ils veulent épargner de leurs petites ressources jusqu'à la somme de 1 centime. Il est muni à cet effet d'un registre spécial qu'on lui a remis à la caisse d'épargne générale. Une page de ce registre est offerte à chaque élève, et l'instituteur n'a qu'à inscrire dans les colonnes affectées à cet usage les sous ou les centimes que l'élève veut économiser. Une fois par mois l'instituteur verse sa recette à la caisse d'épargne générale, qui s'en décharge aussitôt et qui crée des livrets spéciaux pour chaque élève si l'élève n'en a déjà un. Une fois par mois également le livret est confié à l'élève pour qu'il le montre à sa famille. Ses parents peuvent ainsi contrôler la régularité des opérations et suivre les progrès des économies de leur enfant. Il est arrivé souvent que cette communication a eu le bon résultat d'inspirer aux parents la bonne pensée de créer pour leur propre compte un livret à la caisse d'épargne dont ils n'avaient pas jusque-là soupçonné les avantages. L'influence de cette propagande de famille est constatée dans les rapports de tous les instituteurs de France et de l'étranger.

Les rapports officiels des parlements d'Angleterre d'Autriche et d'Italie, dit M. de Malarce (1), nous font connaître que le succès des caisses d'épargne scolaires de France a excité, à l'étranger, l'intérêt et l'émulation des hommes d'État et des personnes soucieuses des progrès sociaux. En Angleterre, le Post-Office, en 1876, a pris à sa charge les frais des imprimés et même des notices pour la propagande. En Italie, la loi du 27 mai 1875 sur les caisses d'épargne postales a accordé des privilèges et ménagé des primes pour les directeurs des écoles qui auront coopéré le plus efficacement aux caisses d'épargne scolaires, surtout en considération du « bon effet éducatif obtenu ». En Autriche, un membre du parlement, M. le docteur Roser, s'est dévoué depuis 1877 à doter les écoles de son pays de ce nouveau service; et en Hongrie, M. le conseiller royal Franz Weisz, président de l'Académie commerciale, a pris à cœur de réaliser le vœu testamentaire de son ami Franz Deak. Même mouvement en Allemagne et dans les autres pays du Nord, en Russie et en Pologne; en Espagne et en Portugal. Le souverain du Brésil a rapporté l'idée et l'institution, de de son récent voyage d'Europe; et aux Etats-Unis, M. Townsend, de New-York, vice-président de la plus importante de toutes les caisses d'épargne d'Amé-

(1) *Dictionnaire de Pédagogie.*

rique, disait tout récemment au congrès des institutions de prévoyance, comment il avait introduit la question en Amérique : « En m'autorisant des heureuses expériences des pays d'Europe, notamment de la France, j'ai recommandé cette institution, cette nouvelle branche d'éducation populaire, dans mon mémoire lu au congrès de l'Association américaine de la science sociale, le 6 septembre 1877, et j'ai lieu de croire que mes paroles ont été bien entendues. »

En nous adressant ici aux instituteurs, nous pensons nous adresser aussi aux institutrices. Dans la prévoyance, les femmes ont un rôle peut-être plus considérable encore que les hommes. Dans les ménages d'ouvriers et d'artisans, c'est la femme qui est chargée de faire et de régler la dépense, dans les détails; c'est elle qui peut surtout faire l'économie; c'est elle qui peut aussi, par le menu, amasser les sommes nécessaires aux grosses dépenses éventuelles ou périodiques, loyer, vêtements, approvisionnements, etc. Et c'est pourquoi un vieil adage dit que la femme ruine ou élève la maison. Il est donc de la première importance de former les jeunes filles aux habitudes d'ordre, d'économie, de prévoyance.

Un dernier mot, intéressant autant qu'honorable pour le corps de l'enseignement de France. A la différence de ce qui s'est vu en quelques pays étrangers, les instituteurs en France, se sont montrés les coopérateurs les plus empressés et constamment dévoués pour les caisses d'épargne scolaires; en beaucoup de localités en France les inspecteurs d'académie et les inspecteurs primaires ont pris l'initiative, et ont rencontré dans les instituteurs le concours le plus franc et le plus soutenu.

EXERCICE.

Qu'est-ce que l'épargne en général ? — Quelle preuve a t-on de l'ancienneté de l'épargne ? — Qu'est-ce qu'une caisse d'épargne scolaire ? — Dans quelle école fut établie la première caisse d'épargne scolaire ? — En quelle année ? — Quelles sont les personnes dont les noms sont attachés en France à la propagation de l'épargne scolaire ? — Combien y a-t-il en ce moment d'écoles françaises dotées d'une caisse d'épargne ? — A quelle somme s'élève le total des épargnes faites par les élèves ? — La caisse d'épargne entraîne-t-elle quelque responsabilité pour l'instituteur ? — La caisse d'épargne n'a-t-elle pas des avantages même pour la famille de l'élève.

Les salles d'asiles

Dans une maison de pauvre apparence, une dame charitable descendait, vers midi, un escalier étroit et obscur; elle venait de visiter une vieille femme, indigente et malade, qui demeurait au cinquième étage, et passait sur le palier du troisième, quand elle entendit des cris lamentables.

Il lui sembla reconnaître une voix d'enfant, et elle s'approcha aussitôt de la chambre d'où partaient les cris. La porte était fermée; elle frappa, appela à plusieurs reprises, personne ne répondit; mais les plaintes et les gémissements ne firent que redoubler.

Elle alla heurter aussi inutilement aux deux autres portes qu'elle voyait sur le même palier; enfin, un homme en tenue d'ouvrier parut à l'étage supérieur : — Entendez-vous ces cris? lui dit la dame; ne peut-on savoir ce qui se passe dans cette chambre?...

— Bah! dit l'homme d'un air indifférent, si vous vous arrêtez là toutes les fois qu'on crie, vous y passerez votre vie. Ce sont les deux enfants de Jean Pierre, qui est au chantier pendant que sa femme lave à la rivière. Ils ont enfermé les enfants pour qu'ils ne courent pas dans la rue, et, sans doute, ils se sont un peu battus entre eux. D'ailleurs, la porte est fermée à double tour, et je n'ai pas la clef. Passez votre chemin, ma bonne dame, croyez-moi.

— Mais c'est impossible, dit vivement la dame; vous n'entendez pas comme ces cris sont déchirants? Oh! il arrive là quelque malheur. Par grâce, allez chercher le père ou la mère.

Ému par l'insistance de la visiteuse, l'ouvrier était descendu sur le palier et écoutait à son tour.

— Je crois, ma foi, que vous avez raison, dit-il. La femme a sans doute laissé sa clef comme d'habitude chez la fruitière; je vais la prier de venir ouvrir.

L'homme descendit rapidement, tandis que la charitable dame, au comble de l'anxiété, cherchait vainement à regarder par la fenêtre du palier ce qui se passait dans la chambre.

Au bout de quelques instants, la fruitière arriva; on ouvrit la porte. Un petit enfant de trois ans était étendu à terre, près d'une chaise renversée, incapable de faire un mouvement et redoublant ses cris.

Un autre enfant, âgé de cinq ans, se cachait dans un coin obscur de la chambre; il semblait comprendre qu'un accident était arrivé à son frère, et tremblait d'être grondé pour ne pas l'avoir surveillé.

En relevant le petit malheureux, on s'aperçut aussitôt qu'il avait une jambe cassée.

La dame envoya à la hâte l'ouvrier chercher un médecin, tandis qu'elle déshabillait avec des précautions infinies le petit enfant, qu'elle avait posé sur un lit.

Après lui avoir fait donner les soins nécessaires, elle sortit, le cœur navré, réfléchissant au triste sort de tant d'enfants abandonnés à eux-mêmes pendant des journées entières, songeant à tous les dangers qu'ils courent pendant que les parents travaillent, soit qu'ils restent enfermés, soit qu'ils errent dans les rues, exposés à être renversés par les voitures. Elle cherchait en même temps les moyens de remédier à de pareils malheurs et de permettre aux parents de se livrer au travail, sans que les enfants restent dans un déplorable délaissement.

Cette idée ne la quitta pas un instant, et bientôt après, elle recueillait dans un local sain et spacieux plusieurs enfants au-dessous de cinq ans, qu'elle confia aux soins de deux sœurs de charité.

C'était le premier essai d'une *école d'asile* proprement dite; cette dame charitable était Mme la marquise de Pastoret, qui a récemment terminé une vie pleine de bonnes œuvres, après avoir pris la plus grande part au développement de l'institution admirable dont elle peut être appelée la fondatrice.

Nous devons rappeler cependant qu'à la fin du siècle dernier, Louise Scheppler, dont nous avons raconté la touchante histoire, avait organisé, avec les conseils de M. Oberlin, une sorte d'asile pour l'enfance, au milieu des montagnes des Vosges.

Ces premiers essais, qui du reste appartiennent tous deux à la France, ne trouvèrent pendant bien longtemps aucun imitateur dans notre pays. Mais l'Angleterre s'empara de cette heureuse idée; bientôt, grâce à l'abondance des souscriptions, il s'y créa une foule d'établissements semblables sous le nom d'écoles d'enfants (*infants schools*), et l'on vit s'y former cette méthode si intéressante qui permet d'occuper utilement tous les petits êtres qui y sont réunis.

L'Italie, à son tour, eut des salles d'asile. Enfin, par les soins du respectable M. Cochin, la France revint à l'idée qu'elle avait conçue la première. Une salle d'asile fut ouverte à Paris, et plusieurs autres ne tardèrent pas à s'organiser dans les différents quartiers de la capitale, sous la surveillance toute maternelle et le patronage d'un comité de dames, présidé par un membre du conseil de l'instruction publique.

Aujourd'hui, les salles d'asile se sont multipliées dans toute la France, et l'on en trouve même dans certains villages. Il y a à Paris une école préparatoire, et, à Sens, une congrégation de pieuses sœurs a été fondée spécialement pour former des surveillantes. Partout, cette institution rend d'inappréciables services.

Pour bien juger de l'utilité et de l'influence des salles d'asile, il faut en visiter une et en voir les divers exercices. Maintenant que vous en connaissez l'histoire vous serez bien aises, j'en suis sûr, mes chers amis, de faire avec moi l'excursion que je vous propose.

Nous entrons dans une salle spacieuse, bien aérée et éclairée par de larges fenêtres. Une centaine d'enfants y sont réunis autour de la directrice : les garçons d'un côté, les filles de l'autre.

La classe va s'ouvrir par une marche. Les voyez-vous, posant la main chacun sur l'épaule de son devancier, former une longue chaîne qui fait le tour de la salle? ils marquent des pieds la mesure, en chantant des couplets qui les invitent au travail.

Cette évolution finie, on prend place pour la prière. On n'entend plus le moindre bruit; toutes les têtes sont immobiles, les yeux levés vers le crucifix, les petites mains jointes. Quelques mots de la directrice rappellent avec quelle attention on doit prier, implorer Dieu, ce père plein de bonté; puis toutes ces voix enfantines s'unissent pour faire descendre sur cette journée les bénédictions célestes.

Rien n'est touchant comme la prière de ces petits êtres agenouillés devant Celui qui a dit, en montrant un jeune enfant à ses disciples : « Je vous dis en vérité que si vous ne ressemblez à l'un de ces petits, vous n'entrerez pas dans le royaume du ciel. »

Des gradins disposés en amphithéâtre forment le fond de la salle. Les enfants vont y monter pour exécuter divers exercices. Les évolutions qu'occasionne ce passage, et tous les autres changements d'attitudes et de places composent une sorte de gymnastique naturelle qui règle le maintien, en même temps qu'elle est un véritable amusement.

La lecture se fait à l'aide du tableau noir, placé sur un grand chevalet qui fait face à l'estrade ; ou bien chacun des enfants va, à son tour, chercher de grosses lettres gravées sur de petites planches, et avec lesquelles il forme des mots que tous répètent ensemble.

Après la lecture, des ardoises se distribuent, toujours en ordre et en mesure ; c'est à qui tracera avec le plus de soin de grands bâtons, des lettres et même des mots entiers.

Vient ensuite le moment où, à l'aide d'estampes qui leur mettent sous les yeux les objets en question, on donne aux enfants des notions simples et variées. Des sujets de l'Ancien Testament, des appareils usuels, des plantes, des animaux les occupent tour à tour.

Puis, on apporte un instrument dont la vue cause toujours beaucoup de plaisir : c'est le boulier-compteur, qui, à l'aide de billes mobiles, disposées dix par dix sur une suite de tringles de fer, sert à donner aux jeunes enfants quelques idée des nombres et du calcul.

Ces exercices sont entremêlés, et souvent même accompagnés de chants, qui fortifient la poitrine et la voix, et habituent à bien prononcer les mots difficiles. C'est en chantant que les enfants lisent, calculent, récitent ; par là, les mouvements mêmes deviennent mesurés, et une véritable harmonie règne dans la voix et dans les gestes.

Un petit travail manuel vient aussi occuper quelques instants. Voyez-vous les plus jeunes appliqués à défiler des chiffons de soie, tout fiers d'exercer leur adresse et tout joyeux de voir la petite boîte placée devant eux s'emplir d'un fin duvet.

D'autres, un peu plus grands, font de la tresse qui se convertira en bons chaussons. Par ici, des petites filles tricotent des bas et des chaussettes. Ces jeunes enfants, pauvres eux-mêmes, distribuent le fruit de leur travail aux plus pauvres d'entre eux, et apprennent en même temps le travail de la charité.

Ce qui surtout occupe dans l'asile, c'est l'éducation, qui forme le caractère de l'enfant et élève son cœur. A cela se rapportent tous les soins, tous les efforts de la directrice; c'est dans ce but qu'elle raconte fréquemment aux enfants des histoires, des anecdotes intéressantes. Les récits sublimes et charmants à la fois de l'Ancien et du Nouveau Testament sont une source inépuisable de réflexions morales, de pieuses inspirations.

Avec quel intérêt tous les yeux des enfants sont fixés sur la directrice, quand elle leur dit l'histoire de Moïse, celle de Joseph, celle de Tobie ! Comme tous ces petits visages s'animent ! Peu à peu, ces jeunes intelligences s'habituent à comprendre, à admirer, à bénir la bonté divine qui éclate dans tous ces merveilleux récits. Ils apprennent à comparer leur conduite aux modèles qui sont mis sous leurs yeux, et à se pénétrer ainsi de tous les bons sentiments que l'on s'efforce de développer dans leur cœur.

Voici un récent et bien touchant exemple de la manière dont les jeunes enfants des asiles se forment, sous l'influence d'une directrice dévouée, à la pratique des plus douces vertus.

Parmi les enfants d'un asile était une petite fille de trois ans qui venait de perdre sa mère. Un ouvrier se chargeait de reconduire à sa grand'mère la pauvre orpheline. Mais il fallait faire quarante-cinq lieues, et l'on était en plein hiver !

La directrice apprit que le brave homme se préparait cependant à partir à pied, portant l'enfant dans ses bras; elle eut aussitôt l'idée de faire un appel au cœur de ses jeunes camarades.

« Mes bons amis, dit-elle le lendemain matin après la prière, une petite fille de l'asile va nous quitter; il faut qu'elle fasse un voyage de plusieurs jours par ce froid rigoureux. Seriez-vous disposés à sacrifier ce que vos parents vous donnent quand vous avez été sages, afin que votre jeune camarade puisse aller en voiture et éviter le froid et la faim ? »

Un jeune garçon répond sur-le-champ qu'il a cinq sous à la maison, et qu'il les donnera de bon cœur. Aussitôt, tous les autres enfants de s'écrier à qui mieux mieux : « J'ai deux sous ! — J'ai un sou ! »

Le lendemain, une petite fille et un petit garçon firent la collecte dans tous les rangs, reçurent les offrandes d'un air radieux, et le produit fut porté au pauvre ouvrier pour l'aider à faire un voyage moins pénible.

Oh ! sans doute les anges souriaient du haut des cieux en voyant tous ces enfants sacrifier de si bon gré leurs petites épargnes pour soulager leur semblable.

Imitons cet exemple, mes chers amis, et apprenons de bonne heure qu'il n'est pas de plus douce joie au monde que celle que fait éprouver une bonne action.

EXERCICE.

Que faisait une dame charitable dans une pauvre maison ? Qu'entendit-elle en descendant l'escalier ? — D'où venaient les cris ? — La dame put-elle se faire ouvrir la porte ? Qui parut lorsqu'elle eut longtemps frappé inutilement ? Que lui dit cet homme sur les enfants enfermés dans une chambre ? — A quoi engagea-t-il la dame ? — Que pensait celle-ci ? — Que fit l'ouvrier sur les instances de la dame ? — Que vit-on en ouvrant la porte ? — Qu'était-il arrivé à l'enfant de trois ans ? — Que faisait l'enfant de cinq ans ? — Quels soins donna la dame au premier ? — A quoi réfléchit-elle en sortant — A quels dangers voulut-elle porter remède ? — Que fit-elle dans ce but ? — Quelle était cette dame ? — Quel titre mérite-t-elle ? — Quel autre essai du même genre avait eu lieu un peu auparavant ? — Rappelez ce que vous avez lu à cet égard dans l'histoire de Louise Scheppler ?

— Dans quels pays les salles d'asile ont-elles été fondées? — Dans quel pays se développa d'abord cette institution? — Où s'établit-elle ensuite? — Quel est l'homme respectable qui l'a rétablie en France? — Quels progrès a fait cette institution? — Sous la surveillance de qui est-elle placée? — Quelle congrégation s'est formée pour diriger les salles d'asile? — Que faut-il faire pour bien connaître les salles d'asile? — Où l'auteur de ce récit conduit-il ses auditeurs? — Combien d'enfants sont réunis dans ce local? — Que font-ils d'abord? — Comment se préparent-ils à la prière? — Quelles doivent être notre attitude et notre disposition quand nous prions Dieu? — Qu'est-ce qu'à dit Notre Seigneur en parlant d'un enfant? — Quelle est dans un enfant la principale qualité que Jésus proposait à ses disciples d'imiter? — Qu'y a-t-il au fond d'une salle d'asile? — Comment se font les diverses évolutions de ces enfants? — Dites-moi de quelle manière ils lisent. — Comment s'exercent-ils à écrire? — A quoi peuvent servir les images mises sous les yeux de ces enfants? — Qu'est-ce qu'un boulier-compteur? — A quoi sert cet instrument? — De quoi sont entremêlés les exercices? — Quel est le petit travail manuel dont s'occupent les plus jeunes? — Que font ceux qui sont plus grands? — A quoi sont destinés ces petits travaux? — Quel est le principal objet des soins de la directrice? — Quel profit les enfants doivent-ils tirer des histoires touchantes de l'Ancien et du Nouveau Testament? — Quel effet doivent produire sur nous les bons exemples? — Racontez-moi l'anecdote citée par l'auteur de ce récit. — Quel était le projet d'un pauvre ouvrier? — Comment pouvait-il l'accomplir? — Quelle fut l'idée de la directrice de l'asile? — Que dit-elle à ce sujet aux enfants? Que répondit un petit garçon? — Que dirent les autres enfants? — Que fit-on le lendemain matin? — Cette action fut-elle agréable à Dieu? — Quelle est la joie la plus douce que l'on puisse goûter en ce monde?

Les Crèches.

Le 14 décembre 1844, une cérémonie simple et touchante avait lieu à Chaillot, dans l'une des rues les plus pauvres du premier arrondissement de Paris.

Un local bien modeste, mais très sain et d'une propreté parfaite, venait d'être ouvert. Tout l'ameublement se composait de plusieurs berceaux et de quelques chaises. Six enfants de moins d'un an étaient dans les berceaux, surveillés par des sœurs de charité. Une statue placée contre la muraille représentait la sainte Vierge, tenant entre ses bras Celui qui fit entendre cette douce parole:

« Laissez venir à moi les petits enfants! »

Le respectable curé de l'église de Saint-Pierre de Chaillot était entré dans cette salle, accompagné des autorités municipales, suivi de quelques dames, protectrices du nouvel établissement, et des pauvres parents dont les enfants reposaient paisiblement dans leurs petits lits d'osier.

Le digne ecclésiastique venait bénir la première *crèche*

établie à Paris par les soins charitables et actifs de M. Marbeau, adjoint au maire du premier arrondissement.

Depuis longtemps existaient à Paris les salles d'asile dont nous nous sommes déjà entretenus; mais les enfants n'y pouvaient être reçus avant l'âge de deux ans. Tout en bénissant les bienfaits des salles d'asile, on reconnut qu'il leur fallait un complément, puisqu'il y avait un âge dont elles ne pouvaient s'occuper, et par conséquent un besoin auquel elles ne pouvaient satisfaire.

C'est, en effet, une situation bien malheureuse que celle d'une pauvre mère, ne vivant que de son travail, quand son enfant n'a pas encore atteint l'âge qui lui permet d'entrer à l'asile.

Avant deux ans, un enfant exige des soins continuels. Si la mère le nourrit elle-même, il faut qu'elle renonce à toute occupation au dehors,—mais comment subsistera-t-elle sans travail? ou bien elle est obligée de laisser son enfant à l'une de ces femmes qui font le métier de sevreuse; mais il faut qu'elle trouve chaque jour soixante ou soixante-quinze centimes pour payer les soins de la gardienne : si elle a deux enfants, son modique salaire n'y peut suffire.

Et d'ailleurs, les enfants réunis dans la demeure de ces femmes n'y respirent le plus souvent qu'un air malsain, qui nuit à leur santé et à leur développement.

Un plus grand mal encore arrive souvent : c'est qu'une pauvre mère ne pouvant payer une sevreuse, ne pouvant renoncer au travail qui la fait vivre, laisse son enfant la plus grande partie de la journée abandonné et sans soins. C'est pour recueillir les enfants au-dessous de deux ans et trop jeunes pour être admis dans les asiles, qu'ont été fondés les établissements appelés *crèches*.

Une mère peut y déposer son enfant dès cinq heures et demie du matin; elle vient, si elle le nourrit elle-même, l'allaiter aux heures de ses repas, et le reprend à huit heures du soir.

L'enfant sevré et qui marche seul a son petit panier où sa mère lui met quelque nourriture. Des berceuses prennent soin de tous les enfants, qu'un médecin vient visiter chaque jour; elles sont surveillées par des sœurs de charité, et inspectées par des dames bienfaisantes, dont le zèle a principalement contribué à la fondation des différentes crèches qui existent aujourd'hui dans Paris, et qui s'occupent avec une activité admirable de fournir aux pauvres enfants le linge et les vêtements dont ils ont besoin.

Cette œuvre si touchante, si maternelle, prend chaque jour de nouveaux développements. Depuis la création de la crèche de Chaillot bien d'autres se sont ouvertes : les enfants y sont en grand nombre ; et c'est vraiment un charmant spectacle que de voir tous ces petits êtres, endormis paisiblement dans leurs berceaux si propres et si blancs, ou s'essayant sur un tapis à leurs premiers pas et à leurs premiers jeux.

Il y a dans plusieurs crèches de légères galeries longues et étroites, garnies de chaque côté d'un filet qui donne à l'enfant qui s'y promène un point d'appui contre lequel il ne peut pas se blesser.

On a aussi imaginé des tables en forme de fer à cheval qui sont extrêmement commodes pour faire prendre aux enfants leurs petits repas. La berceuse se place dans l'intérieur du fer à cheval, et a devant elle, rangés en demi-cercle, cinq ou six enfants qui sont également à sa portée, et qu'elle fait manger tour à tour, sans être obligée de s'éloigner de chacun d'eux.

A voir ces petites têtes s'avançant vers la personne qui les soigne, on dirait une couvée de petits oiseaux demandant la becquée à leur mère.

Bien des parents ont mené leur jeune famille visiter ces établissements, et beaucoup d'enfants ont eu d'eux-mêmes la bonne pensée de consacrer leurs petites économies à l'œuvre des crèches. Dieu bénira ceux qui commencent ainsi, dès leur jeune âge, à secourir les pauvres, et je ne doute pas que mes jeunes lecteurs, s'il y a une crèche dans leur voisinage, ne soient déjà résolus à faire quelques petites épargnes pour aider à soutenir une si aimable et si utile institution.

EXERCICE.

Dans quel endroit eut lieu la cérémonie dont on vient de parler en dernier lieu ? — Décrivez le local dont il s'agit. — Qu'y voyait-on ? — Qui est-ce qui entra dans la salle ? — Que venait faire le digne ecclésiastique ? — Les salles d'asile pouvaient-elles satisfaire aux besoins de tous les enfants ? — Dites-moi quelle était la triste position d'une pauvre mère obligée de vivre de son travail et ayant un enfant de moins de deux ans. — Quelle parti pouvait-elle prendre ? — Les enfants en souffraient-ils ? — Quel est donc le but des crèches? — Devinez-vous pourquoi on leur a donné ce nom ? — Que nous rappelle-t-il? — Que font les mères qui nourrissent encore leurs enfants? — Que font les enfants déjà sevrés? — Qui est-ce qui a soin des enfants? — Par qui sont surveillées les berceuses? — Les crèches se sont-elles multipliées à Paris? — Décrivez le spectacle que présente l'intérieur d'une crèche? — Parlez-moi des petites galeries où les enfants s'exercent à marcher. — Dites-moi comment ils prennent leurs petits repas. — Quelle a été la charitable pensée de beaucoup d'enfants qui ont visité les crèches? — Est-ce une pensée agréable à Dieu? — Vous sentez-vous disposé à faire de même?

L'hôtel des Invalides

« Entre différents établissements que nous avons faits dans le cours de notre règne, il n'y en a point qui soit plus utile que celui de notre *Hôtel des Invalides*. Toutes sortes de motifs doivent engager le dauphin et tous les rois, nos successeurs, à subvenir à cet établissement, et à lui accorder une protection particulière. Nous les y exhortons autant qu'il est en notre pouvoir. »

Ainsi s'exprimait Louis XIV dans son testament. Ce prince, qui a accompli tant de grandes choses pendant son long et illustre règne, était surtout fier de la fondation de l'Hôtel des Invalides, et c'était à juste titre ; car il est peu d'institutions dont la France puisse s'honorer davantage.

Lorsque des hommes courageux ont versé leur sang pour la défense de leur patrie, lorsque de glorieuses blessures reçues sur les champs de bataille les ont rendus incapables de pourvoir eux-mêmes à leur existence, c'est un devoir sacré pour la nation tout entière de recueillir, de protéger, de soutenir ces nobles victimes de la guerre, ces débris mutilés de nos armées.

D'après une ancienne tradition, Charlemagne aurait conçu la pensée d'ouvrir un asile aux vieux soldats usés au service de leur pays, afin de les mettre à l'abri du besoin pendant leur vieillesse. On dit qu'il obligeait certains monastères à les recevoir en qualité de *frères lais* (ou laïques chargés de diverses fonctions dans les maisons religieuses).

Quoi qu'il en soit, cette idée ne paraît pas avoir reçu une exécution durable, et, quatre siècles plus tard, Philippe-Auguste fit quelques nouveaux efforts qui n'eurent pas beaucoup plus de résultats. Nous aurons bientôt à parler de l'établissement des *Quinze-Vingts*, fondé par saint Louis, pour recueillir les pauvres soldats qui

7.

avaient perdu la vue pendant la croisade (voir p. 162). Ce fut là, à proprement parler, le premier *Hôtel des Invalides*; mais il était destiné uniquement à des hommes privés de la vue, et ne fournissait aucun soulagement à toutes les autres infirmités.

Les rois recommencèrent à envoyer dans les monastères les soldats mutilés, ou leur accordèrent de modiques pensions; mais ces secours étaient tout à fait insuffisants et ne s'adressaient qu'à un petit nombre d'individus.

Henri III conçut l'heureuse pensée de former, sous le nom d'*Ordre de la charité chrétienne*, un corps d'invalides, composé d'officiers et de soldats infirmes, assujettis à une règle commune et pourvus de revenus assurés; mais l'ordonnance qu'il publia à cet effet fut à peine exécutée.

La situation de tous ces braves défenseurs de la patrie resta incertaine et vraiment déplorable jusqu'au règne de Louis XIV. Ce prince, fier des prodiges qu'avaient accomplis ses armées, rougit de laisser dans le dénûment et l'abandon les soldats qui avaient rendu la France victorieuse de toute l'Europe.

En 1670, il fit l'acquisition d'un vaste terrain et y posa lui-même la première pierre de ce magnifique édifice qui élève sa coupole dorée au-dessus de tous les monuments de la capitale, et qui est connu sous le nom d'*Hôtel des Invalides*.

Le nombre des invalides réunis à Paris et dans trois

succursales s'éleva, sous l'Empire, jusqu'à vingt-six mille. Devenu moins considérable, grâce à la paix dont nous avons joui pendant bien des années, il s'est relevé à la suite de la glorieuse guerre d'Orient. On n'admet dans l'hôtel que les militaires âgés de plus de soixante ans et ayant perdu à la guerre un ou plusieurs membres.

Au temps de l'empire, les invalides avaient sous leur garde neuf cent soixante drapeaux enlevés à l'ennemi, et suspendus, comme de brillants trophées, aux voûtes de leur église. Lorsque la France fut envahie par les étrangers, les invalides réduisirent en cendres tous ces monuments de nos victoires, plutôt que de les laisser retomber aux mains de leurs anciens possesseurs.

Aujourd'hui, on voit suspendus sous le dôme de nombreux étendards conquis pendant les expéditions d'Espagne, de Grèce, d'Afrique, de Crimée, d'Italie.

L'empereur Napoléon fit transporter dans l'église des Invalides le tombeau de Turenne, cet illustre général de Louis XIV, et celui de Vauban, qui a construit sous le règne de ce même prince les remparts de nos villes les mieux fortifiées. On sait que, le 15 décembre 1840, les restes de l'Empereur lui-même, rapportés de l'île de Sainte-Hélène par M. le prince de Joinville, ont été déposés dans ce glorieux sanctuaire. L'Hôtel des Invalides, peuplé de tant de braves soldats qui, bien qu'infirmes et mutilés, y observent encore les règles de la discipline militaire, l'Hôtel des Invalides a toujours été pour les étrangers l'objet d'une admiration mêlée de respect.

Voici les paroles que Montesquieu met dans la bouche d'un Persan, visitant dans leur magnifique retraite ces nobles débris de nos armées :

« Mon cher Rhédi,

» Je fus hier aux Invalides; j'aimerais autant avoir fait cet établissement, si j'étais prince, que d'avoir gagné trois batailles. On y trouve partout la main d'un grand monarque. Je crois que c'est le lieu le plus respectable de la terre.

» Quel spectacle de voir rassemblées, dans un même lieu, toutes ces victimes de la patrie, qui ne respirent que pour la défendre, et qui, conservant toujours le même cœur et non pas les mêmes forces, ne se plaignent que de l'impuissance où elles sont désormais pour elle!

» Quoi de plus admirable que de voir ces guerriers débiles observer une discipline aussi exacte que s'ils y étaient contraints par la présence de l'ennemi, et partager leur cœur entre les devoirs de la religion et ceux de l'art militaire.

» Je voudrais que les noms de ceux qui meurent pour la patrie fussent écrits et conservés dans des registres, qui seraient comme les archives de la gloire. »

EXERCICE.

Que disait Louis XIV dans son testament relativement à l'Hôtel des Invalides? — Quel conseil donnait-il à ses successeurs? — Avait-il raison d'être fier de la fondation de cet établissement? — Que pensez-vous des braves qui ont versé leur sang pour la défense de la France? — Quel est le devoir de notre pays envers eux? — Qu'est-ce que la tradition attribue à Charlemagne à l'égard des invalides? — Que fit pour eux Philippe-Auguste? — Quel établissement fonda Saint-Louis? — Pouvait-il pourvoir à tous les besoins? — Quelle fut la pensée de Henri III? — Quelle fut la situation des invalides jusqu'au règne de Louis XIV? — Racontez la fondation de l'Hôtel des Invalides. — Quel fut le nombre des invalides sous l'empire? — A quelles conditions est-on admis à l'Hôtel? — Quel était le glorieux dépôt confié aux Invalides sous l'empire? — Que devinrent tous ces drapeaux quand la France fut envahie par les étrangers? — Quels drapeaux y sont conservés aujourd'hui? — Quels tombeaux Napoléon fit-il transporter dans l'église des Invalides? — Quand ses restes y furent-ils déposés? — Quel sentiment les étrangers éprouvent-ils en visitant l'Hôtel des Invalides? — Quelles paroles Montesquieu prête-il à un Persan?

Des établissements de bienfaisance publique.

L'obligation de la bienfaisance est gravée dans le cœur de chaque homme par la main même de Dieu, qui non seulement nous y porte par un sentiment naturel, mais l'a prescrite comme une loi positive, à chaque page de l'Évangile.

C'est le christianisme qui, en donnant à la bienfaisance le beau nom de *charité*[1], en a fait un devoir rigoureux auquel nul ne peut se soustraire.

Auparavant, la bienfaisance était à peine connue dans le monde. Les sociétés anciennes n'étaient guère composées que de riches et d'esclaves, parce que ceux qui étaient pauvres étaient pour la plupart la propriété de maîtres opulents; ceux-ci avaient pour leurs esclaves les mêmes soins qu'on donne à des animaux domestiques ou à des meubles utiles. Chez les nations païennes, ce

(1) Charité et amour que l'on a pour le prochain en vue de Dieu.

qui était faible et pauvre ne comptait pour rien et n'existait que pour servir à la jouissance des forts et des puissants. « Vendez vos esclaves, disait un Romain célèbre[2], quand ils deviennent vieux, infirmes et malades, et ne faites pas pour eux de dépenses inutiles. »

Le christianisme, qui regarde tous les hommes comme frères et égaux devant Dieu, prit au contraire sous sa protection tout ce qui était faible, pauvre et souffrant ; il donna à la bienfaisance une ardeur, un dévouement, une intelligence merveilleuse pour soulager toutes les misères, subvenir à tous les besoins, et, sous ses inspirations, on vit se former un nombre infini d'associations, de congrégations religieuses, consacrées au service des malheureux.

A mesure que le christianisme pénétra parmi les nations barbares qui s'étaient établies en Gaule, il y apporta une charité pleine de sollicitude pour toutes les infortunes. Et, en même temps qu'il conservait l'instruction et les lumières au milieu des ténèbres de l'ignorance, il fondait les hôpitaux, qui recevaient pour la plupart, en mémoire de leur pieuse origine, le beau nom d'*Hôtel Dieu* (maison de Dieu).

Dès que les États modernes furent organisés régulièrement, ils s'unirent aux efforts que la religion inspirait aux particuliers pour venir au secours des misères. Ils créèrent dans ce but de grandes institutions, et leur assurèrent des ressources permanentes ; ce sont ces divers établissements soutenus par l'État lui-même, et destinés au soulagement des malheureux, que l'on nomme *établissements de bienfaisance publique*.

La bienfaisance publique, ce devoir de la société si largement accompli de nos jours, aide la charité privée, et la supplée au besoin si celle-ci vient à se décourager et à se lasser : elle remédie à ce qu'il peut y avoir d'incertain et de variable dans ses dons individuels ; elle offre un emploi utile et facile aux aumônes des particuliers ; elle établit l'ordre, l'économie, l'unité dans la distribution des secours. Disposant de moyens étendus, elle fonde des institutions durables et travaille pour l'avenir.

Les établissements de bienfaisance publique sont très multipliés en France, quoiqu'ils ne suffisent pas à tous les besoins.

(1) Caton le censeur.

Ils sont fondés tantôt par le gouvernement lui-même, tantôt par les villes et les communes, tantôt par des particuliers qui font un généreux et noble emploi de leur fortune en la consacrant à la création de quelque institution charitable.

Nous avons déjà parlé des caisses d'épargne, qui rendent à la classe ouvrière de si grands services.

La France possède plus de sept mille bureaux de bienfaisance, administrés par des hommes dévoués qui visitent les indigents et leur distribuent à domicile des secours de toute nature, avec l'aide de pieuses sœurs de Saint-Vincent de Paul, ces anges de la terre, qui, à l'imitation de notre divin Maître, *passent en faisant du bien*.

L'*Asile de la Providence*, les *Sociétés maternelles*, et beaucoup d'autres sociétés reconnues et aidées par le gouvernement, assistent les vieillards, les enfants, les femmes en couches.

Ces divers établissements sont secondés par une foule d'associations particulières, formées dans le but de multiplier les secours de toute nature, et de faire concourir aux œuvres de charité le plus grand nombre possible de personnes.

Telles sont les associations des *Amis de l'enfance*, des *Jeunes économes*, pour secourir les jeunes garçons et les jeunes filles; les *Sociétés de patronage*, dont nous parlerons plus tard (p. 182), pour protéger les individus exposés par diverses circonstances à être entraînés dans l'inconduite; les *Sociétés de Saint-Vincent de Paul*, dont les membres vont assister eux-mêmes les pauvres dans leurs tristes demeures, etc., etc.

Je ne doute pas, mes chers amis, que lorsque vous serez en état de vous occuper vous-mêmes de bonnes œuvres, vous ne vous empressiez de faire partie de quelqu'une de ces utiles associations, où chacun, aidé et soutenu par l'exemple de tous, apprend à employer utilement ses loisirs et à payer à son prochain une dette sacrée.

Vous n'oublierez jamais que la bienfaisance n'est pas seulement une satisfaction infinie pour les âmes généreuses, mais qu'elle est aussi un devoir impérieux qu'il faut accomplir, sous peine de mériter le mépris de ses semblables et les malédictions célestes.

Vous vous rappelez cette parabole du mauvais riche, condamné par la justice divine, parce qu'il avait négligé de secourir le pauvre Lazare, mourant de faim à sa porte!

Mais revenons aux établissements de bienfaisance publique, dont nous avons commencé l'énumération.

Les plus considérables et les plus importants sont ceux qui sont désignés sous le nom d'*hôpitaux* et d'*hospices*.

Un *hôpital* est une maison de charité établie pour recevoir et traiter gratuitement les malades indigents.

Les premiers établissements de cette nature furent créés par de pieuses dames romaines qui s'étaient retirées à Jérusalem vers la fin du troisième siècle après J.-C. pour y pratiquer toutes les vertus chrétiennes sous la conduite de saint Jérôme. Elles ouvrirent deux maisons : l'une où l'on soignait les malades pauvres, l'autre où on les envoyait pour le temps de la convalescence.

Cet exemple fut bientôt suivi : les chrétiens établirent un grand nombre de maisons destinées aux malades, et principalement aux voyageurs, pèlerins et étrangers, d'où sont venus les noms d'hospice et d'hôpital, c'est-à-dire maisons d'hospitalité. Le clergé consacra une partie de ses revenus à entretenir ces précieux asiles.

Un nombre considérable d'hôpitaux furent aussi fon-

Le nouvel Hôtel-Dieu de Paris.

dés par de riches particuliers et par de puissants seigneurs à l'époque des croisades.

Le fléau de la lèpre, maladie contagieuse, rapportée d'Orient par les croisés, fit bientôt de grands ravages en Europe, et nécessita l'établissement d'une multitude de maisons uniquement consacrées à recevoir les infortunés lépreux ; on les nomma *maladreries*. Il y en a eu jusqu'à deux mille dans le royaume de France.

Lorsque cette maladie eut disparu peu à peu, les maladreries furent transformées en hôpitaux ordinaires. A la fin du seizième siècle, on comptait peu de villes qui n'eussent leur hôpital.

Des améliorations successivement introduites dans l'administration des hôpitaux ont fait disparaître beaucoup d'abus qui s'y étaient glissés, et leur ont donné de nos jours un aspect bien différent de celui qu'ils présentaient au siècle dernier.

Les bâtiments qui leur sont consacrés sont construits avec soin, et offrent aux malades des salles saines et spacieuses. L'air et la lumière y pénètrent de tous côtés. Des allées, plantées d'arbres et garnies de bancs, offrent un lieu de promenade agréable et utile aux malades qui reprennent un peu de force et aux convalescents. L'ordre, la régularité, la propreté, règnent généralement dans les hôpitaux, et ce sont les médecins et les chirurgiens les plus distingués qui chaque jour donnent leurs soins aux malades. Aussi, les personnes charitables qui visitent ces lieux de souffrance pour y porter des consolations éprouvent une véritable satisfaction à la vue de l'heureux résultat des efforts qui sont faits chaque jour dans l'intérêt des pauvres, et s'étonnent de la répugnance qu'éprouvent beaucoup d'entre eux, malgré tout leur dénûment, à profiter des secours qui sont prodigués dans ces établissements.

Le plus vaste hôpital qui existe en France est l'Hôtel-Dieu de Lyon, remarquable par la grandeur, la beauté de ses bâtiments et l'excellence de son organisation. Cet hôpital peut recevoir dans le courant d'une année jusqu'à quinze mille malades.

Les *hospices* sont des établissements destinés à recueillir non plus les personnes affligées d'une maladie, mais les individus devenus incapables, à cause de leur âge et de leurs infirmités, de pourvoir à leurs besoins. Pendant longtemps, les hospices furent confondus avec les hôpitaux : les mêmes recevaient les pauvres, les malades, les mendiants, les aliénés et les orphelins. Plus tard, on sépara autant que possible les maisons de charité qui recueillaient les enfants, les vieillards et les infirmes, de celles qui étaient consacrées au traitement des malades.

Le premier hospice proprement dit, établi comme maison de retraite, est celui des Quinze-Vingts, fondé à Paris, en 1260 par saint Louis (voir p. 162). Dans les siècles qui suivirent, le nombre des hospices s'accrut rapidement.

Il existe à Paris des hospices particuliers pour les diverses catégories dans lesquelles peuvent se trouver les infirmes et les vieillards pauvres. Telles sont les *hospices de la Vieillesse*, des *Incurables*, des *Ménages*, des *Orphelins*, des *Enfants Trouvés*.

Signalons aussi l'*Asile de Vincennes* et l'*Orphelinat du Prince impérial* créés par Napoléon III. Ces établissements ont excité d'universelles sympathies, et reçoivent de toutes parts des offrandes qui en assurent le développement et la prospérité.

EXERCICE.

Qu'est-ce qui nous fait une obligation de la bienfaisance ? — Sommes-nous libres de nous y soustraire ? — Quel nom le christianisme donna-t-il à la bienfaisance ? — Que signifie le mot *charité* ? — La charité existait-elle chez les nations païennes ? — Que disait un Romain célèbre à propos des esclaves vieux et infirmes ? — Que pensez-vous d'une semblable parole ? — Une telle maxime s'accorde-t-elle avec les principes du christianisme ? — Quelles sont les institutions de bienfaisance qui se fondèes sous l'inspiration du christianisme ? — Quel nom donna-t-on aux hôpitaux du moyen âge ? — Que signifie ce nom ? — Qu'entend-on par établissement de bienfaisance publique ? — Comment la bienfaisance publique aide-t-elle la charité privée ? — Comment sont fondés les établissements de bienfaisance publique ? — Qu'est-ce que les bureaux de bienfaisance ? — Par qui sont-ils principalement secondés ? — Nommez-moi des sociétés de bienfaisance aidées par le gouvernement. — Parlez-moi de quelques sociétés de charité formées uniquement par des particuliers. — Que comptez-vous faire quand vous serez en âge de remplir vous-même le devoir de la bienfaisance ? — Dans quelle parabole Notre-Seigneur a-t-il condamné sévèrement la conduite de celui qui aura négligé de secourir les pauvres ? — Quels sont les principaux établissements de bienfaisance publique ? — Qu'entend-on par un hôpital ? — Par qui et quand ont été fondés les premiers hôpitaux ? — Que signifie ce mot ? — Comment les hôpitaux se sont-ils multipliés ? — Qu'appelait-on des maladreries ? — Parlez-moi un peu de l'intérieur d'un hôpital. — Par qui les malades y sont-ils soignés ? — Les efforts faits pour y soulager les malades indigents produisent-ils d'heureux résultats ? — Quel est le plus vaste hôpital de France ? — Qu'entend-on par un hospice ? — Quel fut le premier établissement de ce genre ? — Énumérez les principaux hospices de Paris. — Quels établissements de bienfaisance ont été fondés par l'empereur Napoléon III.

Établissements pour les sourds-muets.

Ceux d'entre vous qui habitent les grandes villes, mes

chers amis, ont sans doute rencontré dans leurs promenades des bandes d'écoliers en uniforme, ne prononçant pas un seul mot, mais faisant entre eux, avec leurs mains et leur tête, des gestes très variés, à l'aide desquels ils semblent s'entendre parfaitement.

Ces écoliers, dont le silence n'est interrompu que par quelques cris inarticulés, et qui sont à jamais privés de la parole, paraissent cependant fort gais, fort intelligents ; et, si vous les suiviez dans l'établissement où ils sont élevés, vous verriez qu'ils y reçoivent une éducation très complète. Ce sont des sourds-muets, que leur infirmité condamnait jadis à la plus misérable existence, mais dont le triste sort a pu être singulièrement adouci, grâce aux efforts du plus ingénieux et du plus charitable dévouement.

Pendant longtemps les sourds-muets étaient restés confondus avec les idiots et les insensés, et traités comme tels. C'est à peine si on soupçonnait leur nombre, qui est cependant considérable, surtout dans les pays du Nord et dans les montagnes (1).

Au seizième siècle, un moine espagnol conçut l'idée de mettre les sourds-muets en communication avec leurs semblables au moyen de l'écriture, qui est la peinture de la parole, et de les faire participer aux pensées, aux sentiments de tous, et aux bienfaits de l'instruction.

Les succès qu'il obtint furent tout à fait remarquables ; mais il n'eut point de successeur, et son art mourut avec lui.

Depuis, quelques essais isolés avaient été tentés par des hommes bienfaisants ; des ouvrages pleins d'intérêt avaient été composés, sans qu'il en résultât toutefois aucune amélioration pour le sort des infortunés que la nature avait privés de l'ouïe et de la parole.

L'abbé de l'Epée, qui vivait à la fin du dix-huitième siècle, fut véritablement le créateur de l'art d'instruire les sourds-muets. Son ardente charité a tiré de la situation la plus déplorable une classe tout entière, qui, en France, ne s'élève pas à moins de vingt à vingt-cinq mille âmes.

(1) Dans les pays où ils sont le plus nombreux, on en compte un sur cinq cent trois habitants, et dans ceux où ils sont le moins nombreux, un sur deux mille cent quatre-vingts.

Profondément pénétré du malheur des sourds-muets, isolés au milieu de leurs familles, privés de toute instruction, traités comme des insensés, l'abbé de l'Épée se dévoua entièrement à l'œuvre qu'il avait conçue, et parvint, en imaginant un art admirable, aux plus étonnants résultats.

Cet art consiste à communiquer des idées au sourd-muet par le moyen de signes et de gestes, sorte de langage en action ou *pantomime* (1), dont la nature a tout particulièrement doué celui auquel elle n'a pas accordé l'ouïe et la parole. Ce langage existe d'ailleurs entre tous les hommes; car chacun sait combien de choses on peut exprimer par le regard, la physionomie, les gestes divers. Et il est bien remarquable que ce langage soit plus énergique et plus expressif chez ceux qui ne peuvent rendre qu'imparfaitement leurs pensées et leurs sentiments par des mots; ainsi les sauvages, les peuples barbares, accompagnent leurs discours de gestes très multipliés, qui en sont en quelque sorte le complément.

Chez les petits enfants, la pantomime est d'une incroyable vivacité et vient sans cesse suppléer aux mots qui leur manquent encore; de telle sorte que deux enfants qui parlent des langues différentes s'entendent fort bien par gestes et par signes, et ne sont point étrangers l'un à l'autre. Chez le sourd-muet, privé entièrement de la parole, ce langage est encore bien autrement significatif, étendu, et parfois éloquent, parce qu'il n'a que ce moyen de manifester ce qui se passe en lui.

(1) Ce mot tiré du grec signifie: *art d'exprimer sa pensée par des gestes*.

Ces gestes divers ont été soigneusement recueillis et perfectionnés : on s'est servi de cette langue des signes comme de la langue maternelle du sourd-muet, pour lui enseigner les langues que nous parlons nous-mêmes, et pour développer également son jugement et sa pensée. C'est de la même manière que chaque mère instruit son enfant dès le berceau; car l'enfant en naissant est aussi un petit sourd-muet.

Une fois qu'il connaît la langue de ceux qui l'entourent, l'élève trouve, dans la lecture et l'écriture, un nouveau moyen de communiquer avec eux ; la lecture lui tient lieu de l'ouïe, et l'écriture pour lui remplace la parole. Il n'est plus ni sourd pour celui qui sait lui écrire, ni muet pour celui qui sait lire ce qu'il a lui-même écrit. Dès lors, il peut recevoir, comme les autres enfants, tous les bienfaits de l'instruction et de l'éducation. Il peut apprendre s'il est pauvre, et c'est dans cette classe que se trouve le plus grand nombre de sourds-muets ; il peut apprendre un métier, se rendre habile dans l'art qu'il voudra choisir, et parvenir à se suffire à lui-même. S'il lui reste toujours, à cause de la lenteur de ses communications avec son entourage, des difficultés plus grandes dans l'exercice des divers métiers, il possède aussi une compensation véritable. Le sourd-muet, dont l'œil et la main sont plus exercés, puisqu'ils suppléent sans cesse à d'autres organes, imite et reproduit les objets avec une précision étonnante; aussi remarque-t-on qu'il excelle dans l'art de tourner, qu'il grave à merveille, et qu'il obtient le même succès dans l'horlogerie et la fabrication des instruments de mathématiques.

Ce fut, comme nous l'avons dit, l'abbé de l'Epée, appelé à si juste titre le père des sourds-muets, qui créa l'art par lequel ces malheureux sont rendus à la société. Il leur consacra non seulement son zèle, ses efforts, mais encore toute sa fortune et sa vie entière; et qui peut dire ce qu'il eut à supporter de peines, de soins arides, de veilles, de désappointements, avant de réussir?

Les élèves qu'avait rassemblés l'abbé de l'Epée appartenaient, pour la plupart, à de pauvres familles; les sept mille livres de rentes qu'il possédait passaient en entier à l'institution dont il était le fondateur et le maître. Pendant que ses enfants ne manquaient de rien, l'abbé de l'Epée traînait une soutane usée, se nourrissait à peine et souffrait du froid de l'hiver. Et pourtant, il était heureux, car il s'était dévoué tout entier à son œuvre; aussi, un bon curé de Paris lui disait-il après avoir assisté à une de ses leçons :

« Monsieur l'abbé, avant d'avoir vu ce que je vois, je vous plaignais; à présent, je vous envie. »

L'abbé de l'Épée, qui pour lui-même ne voulait, n'acceptait rien, « donnait gratis, comme il le disait, ce qu'il avait reçu gratis, la parole et l'ouïe. » L'abbé de l'Épée employait avec ardeur tous les moyens, toutes les sollicitations, afin d'obtenir pour ses élèves un établissement public et national qui perpétuât son œuvre. Il parvint par son zèle à échauffer les cœurs, à gagner les volontés, et l'*Institut des sourds-muets* fut fondé à Paris; il prit de grands développements sous la direction de l'abbé Sicard, digne successeur du créateur de cette belle œuvre. Beaucoup d'établissements furent créés depuis lors, sur ce modèle, dans les pays étrangers.

L'institution des sourds-muets de Paris a fait faire des progrès remarquables à l'art que lui a laissé l'abbé de l'Epée. Les signes qui remplacent la parole ont été simplifiés et perfectionnés; le cercle des connaissances transmises aux élèves s'est fort étendu. On arrivera bientôt, il faut l'espérer, à rendre l'éducation des sourds-muets moins longue et moins coûteuse, et un plus grand nombre de ces infortunés pourront en recevoir le bienfait.

Les établissements qui leur sont destinés, quoique assez multipliés, sont cependant encore bien loin de répondre à tous les besoins.

EXERCICE.

Quels sont les écoliers dont parle l'auteur de ce récit? — Quelle est leur physionomie et leur aspect? — Quelle est leur infirmité? — Quel était leur sort autrefois? — Qui s'est occupé d'abord d'adoucir leur misère? — Qui a véritablement créé l'art d'instruire les sourds-muets? — Est-ce un grand service que l'abbé de l'Épée a rendu à l'humanité? — De quelle espèce de langage peuvent se servir les sourds-muets? — Les petits enfants n'ont-ils pas un langage à peu près semblable? — Quelles sont les différentes choses que l'on est parvenu à apprendre aux sourds-muets? — Dites-nous avec quel dévouement le vénérable abbé de l'Épée s'est consacré à l'instruction et au soulagement des sourds-muets. — Que lui dit un curé de Paris? — Que répondait l'abbé de l'Épée quand on lui parlait de rémunération? — Quel fut son successeur? — Les établissements destinés aux sourds-muets se développèrent-ils ? — Tous les sourds-muets reçoivent-ils actuellement le bienfait de l'éducation?

Les jeunes aveugles.

Pour les aveugles comme pour les sourds-muets, la bienfaisance a su faire des merveilles, et les moyens les plus ingénieux ont été inventés pour suppléer, autant que possible, à l'usage de la vue.

Depuis bien des siècles, le triste sort des aveugles avait excité la compassion et l'intérêt. Saint Louis, que les devoirs de la royauté n'empêchaient pas de s'occuper sans cesse d'œuvres pieuses et charitables, saint Louis ouvrit le premier un asile aux infortunés que la cécité privait de tous moyens d'existence. Il acquit de l'évêque de Paris une pièce de terre voisine du cloître Saint-Honoré, appelée Champourri, et y fit construire une maison destinée à recevoir trois cents ou *quinze vingts* aveugles, suivant l'expression du temps. L'établissement prit son nom du nombre de ses hôtes, et l'a conservé jusqu'aujourd'hui.

Les premières personnes qui y furent placées étaient, pour la plupart, de pauvres croisés, revenus de la Palestine, qui avaient perdu la vue en combattant les infidèles.

Non content de leur donner une demeure, saint Louis constitua une rente pour fournir des aliments aux *Quinze-Vingts*, et le pape Clément IV recommanda spécialement aux évêques de recueillir des aumônes pour soutenir et développer cette bonne œuvre.

Les *Quinze-Vingts* demeurèrent dans leur première habitation jusqu'en 1779, époque à laquelle ils furent transportés dans un établissement plus vaste, où l'on put recueillir un plus grand nombre de jeunes aveugles. La maison garda néanmoins le nom qu'elle avait reçu de son saint fondateur.

Déjà cinq siècles s'étaient écoulés, et l'on n'avait pas su faire autre chose en faveur des aveugles, que de recevoir dans un hospice quelques-uns d'entre eux ; on n'avait pas imaginé qu'il fût possible de leur donner une éducation complète, et de les mettre en état de subvenir eux-mêmes à leurs besoins en exerçant divers métiers.

En 1784, un modeste professeur d'écriture, Valentin Haüy, frère d'un célèbre minéralogiste, remarqua dans un concert une jeune pianiste aveugle, de Vienne, qui exécutait des morceaux de musique avec un talent extraordinaire. Au moyen d'épingles placées en forme de notes, sur de grandes pelotes, elle lisait très rapidement la musique, et avait appris la lecture et la géographie à l'aide de caractères et de dessins en relief, inventés par un autre aveugle de Mayence.

Dès lors, Haüy fut constamment occupé de l'idée de réaliser pour les aveugles ce que l'abbé de l'Épée était déjà parvenu à faire pour les sourds-muets.

Une circonstance heureuse vint l'aider à accomplir son charitable projet. Il rencontra un jour, près de l'église Saint-Germain-des-Prés, un jeune aveugle-né, nommé Lesueur, qui mendiait pour soutenir sa mère; il lia conversation avec lui, et, frappé de son intelligence, il l'emmena chez lui pour commencer son éducation. L'enfant fit des progrès rapides, et fut d'un grand secours à son maître, lorsque celui-ci, heureux de son premier essai, entreprit de former d'autres élèves.

Après les avoir instruits à force de persévérance et de soins, il les présenta à une société bienfaisante, connue sous le nom de *Société philanthropique*, qui fut vivement frappée des résultats obtenus par le patient instituteur.

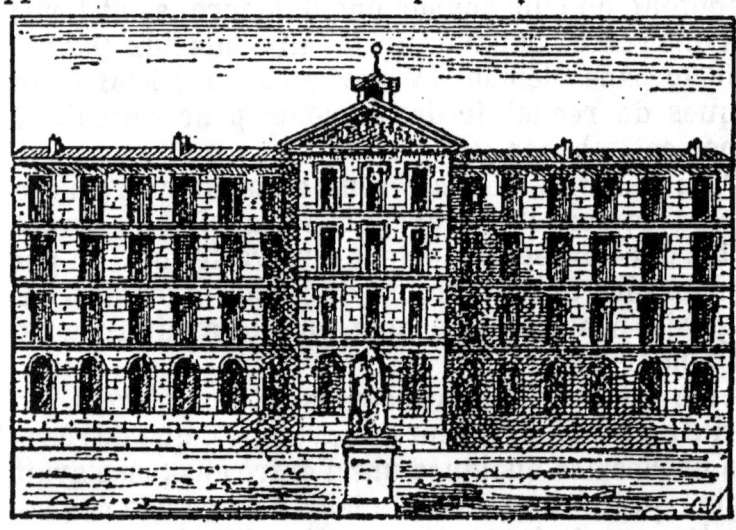

On mit immédiatement une maison et quelques sommes à sa disposition. Le roi Louis XVI, après l'avoir invité à faire exécuter devant lui à ses élèves les divers exercices, lui accorda de puissants encouragements. Dès lors, le succès du nouvel établissement fut assuré. L'hospice des Quinze-Vingts continua à recevoir et à soutenir des aveugles indigents. La maison de M. Haüy fut une école où les jeunes aveugles purent recevoir une éducation solide et variée.

Cette institution subsiste encore aujourd'hui, et a reçu de remarquables développements. Au mois de décembre 1844, elle a été installée dans un vaste et bel édifice, construit entre le boulevard des Invalides et la rue de Sèvres, à Paris. Une partie du local est destinée aux jeunes garçons, une autre aux jeunes filles. Une chapelle, située au milieu de l'établissement, réunit tous les élèves pour les exercices religieux. Cette chapelle est ornée de belles peintures à fresque, dont ne jouissent pas, hélas! les infortunés qui s'y rassemblent.

Plusieurs villes de France commencent à s'occuper activement des jeunes aveugles, et des maîtres expérimentés les mettent promptement en état, malgré leur infirmité, d'exercer une profession utile. Ils ont, en général, beaucoup de dispositions pour la musique, et plusieurs sont avantageusement placés comme organistes dans les églises.

C'est un spectacle plein d'intérêt que celui des diverses occupations auxquelles se livrent les pensionnaires de l'institution des Aveugles.

On compose à leur usage des livres dont les caractères sont en saillie, et c'est une chose merveilleuse que la rapidité avec laquelle ils reconnaissent les lettres, en les touchant du bout du doigt. Ils écrivent avec une grande régularité sur des feuilles de papier ordinaire, où des lignes fortement tracées suffisent pour leur guider la main; ils apprennent facilement à calculer, à l'aide du boulier-compteur, dont ils comptent les billes avec les doigts.

Leur toucher, constamment exercé, acquiert une extrême finesse; il leur permet de jouer avec grand avantage de tous les instruments de musique, et surtout des instruments à cordes. Enfin, il n'est pas jusqu'aux exercices de gymnastique qu'ils n'exécutent avec beaucoup d'adresse, ce qui donne à leur marche une souplesse et une assurance qui leur permettent de se diriger très facilement dans les lieux qu'ils parcourent d'ordinaire.

Une société s'est formée pour compléter l'œuvre commencée par Haüy ; elle a ouvert des ateliers, où elle fournit, à tous les aveugles qui ont appris un métier, des travaux qui leur permettent de subvenir à leur existence.

EXERCICE.

Les aveugles sont-ils secourus comme les sourds-muets ? — Qu'est-ce que saint Louis a fait en leur faveur ? — Comment s'appelle l'établissement qu'il a fondé ? — Quelles personnes a-t-il reçues d'abord ? — Comment l'existence de l'établissement a-t-elle été assurée ? — Quand l'établissement s'est-il développé ? — Que restait-il à faire pour les jeunes aveugles ? — Comment se nomme celui qui s'est occupé le premier de leur instruction ? — Qu'est-ce qui lui a donné l'idée de tenter cette bonne œuvre ? — Quelle circonstance heureuse l'aida dans son projet ? — Réussit-il dans ses premières tentatives ? — Quels encouragements reçut-il ? — Quelle différence y a-t-il entre l'hospice des Quinze-Vingts et l'institution fondée par M. Haüy ? — Quels développements a reçu cette institution ? — Où est situé le nouvel édifice ? — Par qui est-il occupé ? — Quels efforts fait-on en faveur des aveugles dans plusieurs villes de France ? — A quelles occupations se livrent les élèves de l'institution des Jeunes-Aveugles ? — Comment peuvent-ils lire, écrire, compter ? — D'où vient qu'ils jouent facilement de divers instruments ? — Quelle œuvre s'est formée pour compléter celle qui a été fondée par M. Haüy ?

Les enfants trouvés.

Les souvenirs d'enfance sont ineffaçables ; les lieux où nous avons vécu dans les premières années de la vie, les impressions que nous y avons reçues, se gravent profondément dans notre mémoire, et ont toujours pour nous un charme délicieux. Je vivrais cent ans, que je n'oublierais point la place du *Dôme* (1) de Pise, où ma bonne tante me promenait tous les jours de quatre à six heures pendant le printemps de l'année 1832 : j'avais alors dix ans.

Je vois encore cette place magnifique, à l'heure où le soleil commençait à baisser vers l'horizon. Les ombres qui s'allongeaient sur le gazon émaillé de fleurs dont elle est tapissée faisaient ressortir avec plus d'éclat les teintes dorées du dôme aux murailles de marbre.

Il me semble aussi voir cette fameuse *tour penchée* (2),

---

(1) On appelle ainsi les cathédrales en Italie.
(2) Tour ronde, ornée de huit rangs de colonnades superposées et servant de clocher à la cathédrale, auprès de laquelle elle s'élève. Elle est inclinée d'une manière extraordinaire, et on ne sait si cette situation singulière doit être attribuée à un tremblement de terre ou à une fantaisie de l'architecte.

qui me faisait trembler, lorsque, assis au pied, je regardais les colonnades inclinées au-dessus de ma tête. A l'autre extrémité du dôme, le *baptistère* élevait majestueusement sa coupole de plomb, que l'on prendrait de loin pour une immense tente militaire, dont elle a exactement la forme.

Le *Campo santo* (1), la plus belle des sépultures chrétiennes, fermait la place, au nord, avec ses murs de marbre blanc, près desquels paraissait la vieille enceinte de la ville aux remparts sombres et rougeâtres, tandis que de l'autre côté s'étendaient les vastes bâtiments de l'hôpital. Je vois encore tous ces beaux monuments, ainsi qu'une grande et haute maison située à l'un des angles de la place, et devant laquelle nous passions chaque jour pour reprendre la grande rue qui mène au quai de l'Arno.

Une des fenêtres du rez-de-chaussée de cette maison attirait mon attention, et faisait l'objet de ma vive curiosité.

Derrière une grille de fer, formant des carrés d'environ 18 à 20 centimètres, était placée une sorte de niche de bois, peinte en rouge foncé. Cette niche, de forme arrondie, garnie d'un vieux coussin, tournait sur son pivot. Je ne manquais jamais de la mettre en mouvement, en passant la main à travers les barreaux. Alors j'acca-

(1) Terre sainte ou cimetière

blais ma tante de questions sur cette singulière machine; c'est ainsi que je l'appelais. Ma tante avait eu beaucoup de malheurs, et avait éprouvé de grands chagrins; elle aimait à reposer ses regards sur mon visage gai et insouciant. « Oh! se disait-elle, il saura toujours assez tôt qu'il y a des affligés et des coupables en ce monde! » et je n'obtenais jamais d'elle, à ce sujet, que des réponses évasives.

Enfin, un soir, je vis ce qu'elle n'avait pas voulu me dire. Notre promenade s'était prolongée plus longtemps qu'à l'ordinaire; le jour baissait, et la rue était solitaire. Une jeune femme, couverte de haillons, s'arrêta devant la fenêtre que je regardais encore; elle tourna la machine d'une main tremblante, et y plaça un petit paquet long (ce fut là tout ce que je vis). Puis une sonnette se fit entendre; la machine tourna, et ne présenta plus que le côté fermé. Quant à la femme, je l'avais vue s'enfuir, tout en larmes; car je n'avais pas perdu un seul de ses mouvements.

Il fallut bien alors que ma tante me dît que ce paquet renfermait un enfant; que cette sorte de boîte où on l'avait mis était un *tour*, où des mères venaient déposer de pauvres petits êtres qu'elles abandonnaient, ne pouvant, et quelquefois, hélas! ne voulant pas les élever.

A ce triste récit, je me mis à pleurer; je ne pouvais concevoir un pareil malheur. Il fallut, pour me consoler, que ma tante m'expliquât comment ces pauvres créatures étaient recueillies à l'hospice des *Enfants Trouvés*, quels soins on en prenait, ce que l'on faisait pour leur éducation, et enfin ce qu'elles devenaient.

« C'est saint Vincent de Paul, me dit-elle, qui a fondé l'œuvre touchante des Enfants Trouvés. Il accomplit des prodiges pour les recueillir; il fut pour eux un sauveur et un père.

Avant lui, on trouvait souvent de petits enfants délaissés au coin des rues et des places publiques, exposés à la rigueur des saisons; ils y mouraient, pour la plupart, sans abri et sans secours. Quelques-uns étaient rassemblés ou plutôt entassés dans une maison qu'on appelait *Maison de la couche*. Cet asile, le seul qui existât alors à Paris, avait été ouvert par une veuve charitable, qui y avait consacré toutes ses ressources et tous ses soins.

» Mais, après la mort de cette dame, les enfants restèrent livrés à des servantes qui les négligeaient d'une manière indigne. Ces femmes en faisaient un affreux commerce, et les vendaient pour vingt sous à des mendiants qui les traînaient avec eux pour exciter la commisération des passants. Tant de maux émurent profondément le cœur de saint Vincent; il sollicita le secours de quelques personnes riches et charitables, rassembla des fonds, et bientôt douze enfants, retirés de la maison de la Couche, furent placés et soignés dans une maison de la rue Saint-Victor, louée à cet effet. Saint Vincent allait lui-même, pendant l'hiver, au milieu de la nuit, chercher les pauvres enfants délaissés dans les rues, et les surveillait avec une grande sollicitude dans l'établissement où ils étaient recueillis. »

Voici en quels termes touchants une sorte de journal, écrit à l'asile même fondé par le saint, raconte ses charitables visites :

« 22 *janvier*. — M. Vincent est arrivé vers les onze heures du soir; il nous a apporté deux enfants : l'un peut avoir dix jours, l'autre est plus âgé. Comme ils pleuraient, ces pauvres petits! Mme la supérieure les a confiés aussitôt aux nourrices.

» 26 *idem*. — Le pauvre père Vincent est transi de froid; il nous arrive avec deux enfants déjà sevrés! C'est une pitié de les voir! Mon Dieu! qu'il faut avoir le cœur dur pour abandonner ainsi de pauvres petites créatures! »

Le nombre des enfants secourus augmenta rapidement, mais les ressources ne croissaient pas avec les besoins. On parlait de renvoyer une partie de ces infortunés. Saint Vincent ne put supporter une telle pensée. Il rassembla toutes les fondatrices de cette bonne œuvre, qui étaient, pour la plupart, des dames de la cour; il fit apporter au milieu de l'assemblée les innocentes créatures qui avaient été recueillies, et les montrant à leurs bienfaitrices : — Or sus, mesdames, leur dit-il, la charité et la compassion vous ont fait adopter ces pauvres enfants; vous avez été leurs mères selon la grâce, depuis que leurs mères selon la nature les ont délaissés. Voyez, maintenant, si vous voulez les abandonner à votre tour! Leur vie et leur mort sont entre vos mains. Je m'en vais recueillir les voix et les suffrages. L'aumône que vous donnerez ou que vous refuserez sera un terrible jugement. Il est temps de prononcer leur arrêt, et de savoir si vous ne voulez pas avoir de miséricorde pour eux! »

Les paroles du saint étaient brûlantes de charité; elles émurent, elles transportèrent tous les cœurs. Les nobles dames se dépouillèrent à l'envi de leurs colliers, de leurs bracelets, de leurs riches parures; elles promirent de redoubler de zèle et d'activité : l'hospice des Enfants Trouvés fut fondé et doté.

Saint Vincent fit plus encore : il voulut donner des mères à ces enfants délaissés, et fonda la congrégation des *Filles de Charité*, ces bonnes sœurs que nous voyons occupées à consoler toutes les afflictions, à soulager toutes les misères. Désormais, les enfants trouvés furent considérés comme un dépôt sacré, et placés sous la protection de la charité publique.

Ce premier établissement reçut une existence légale quelques années après la mort de saint Vincent de Paul. En 1760, le gouvernement lui accorda toutes les prérogatives des établissements publics, des secours et une administration régulière.

L'œuvre se propagea rapidement, et toutes les grandes villes eurent des hospices destinés aux enfants trouvés. La France possède maintenant environ douze cent soixante-dix de ces asiles, où l'on retrouve et les pieuses inspirations et l'esprit charitable qui animaient leur saint fondateur. Là, des administrateurs bienfaisants, des sœurs pleines d'un dévouement infatigable, recueillent les infortunés délaissés par leurs familles, dirigent leur éducation, et leur donnent les moyens de subsister plus tard à l'aide d'un travail honnête.

A leur arrivée à l'hospice, les enfants sont déposés dans de petits berceaux propres et bien rangés; ceux qui sont malades restent seuls dans l'établissement; les autres sont mis en nourrice chez des femmes de la campagne, et élevés chez elles jusqu'à l'âge de douze ans.

Vers cette époque, ils sont placés chez des cultivateurs ou chez des artisans, pour y apprendre une profession, toujours sous la surveillance de l'administration, qui ne les perd jamais de vue avant que leur éducation soit entièrement terminée. Combien de fois le bon air de la campagne a rendu la vie et la santé à de malheureux petits êtres qui avaient cruellement souffert dans les premiers jours de leur existence !

En même temps qu'ils restent sous la protection d'une administration vigilante, les pauvres enfants acquièrent une nouvelle famille, et souvent, chez les braves gens qui se sont chargés de les élever, ils retrouvent de véritables parents. La femme, si portée à s'attacher à l'enfant qu'elle allaite, prend pour lui un cœur de mère, et l'aime à raison même de son infortune; le mari, qui l'associe à ses travaux, s'habitue à ne plus le distinguer de ses propres fils. Plus tard, il partage le pain, le travail, l'avenir des enfants de son bienfaiteur, et aussi toutes les joies de la famille. Ainsi, la charité a rendu à de pauvres êtres isolés en ce monde, où ils semblaient déshérités de tout bien, leur part d'affection et de bonheur.

EXERCICE.

Quelle impression produisent pendant toute la vie les souvenirs d'enfance ? — Qu'est-ce qu'on appelle un *dôme* en Italie ? — De quelle place parle l'auteur de ce récit ? — A quelle heure se la représente-t-il ? — Décrivez la cathédrale de Pise, — la tour penchée, — le baptistère, — le Campo Santo ou cimetière. — Qu'est-ce qui attirait l'attention de l'auteur du récit ? — Décrivez cet objet ? — Quelle réponse fit la tante à cet égard ? — Qu'arriva-t-il un soir ? — Qu'est-ce qu'un tour ? — Qui a fondé l'œuvre des Enfants Trouvés ? — Que trouvait-on souvent dans les rues ? — Où recueillait-on quelques enfants délaissés ? — Que devenaient la plupart d'entre eux ? — Que fit saint Vincent pour les secourir ? — Quelle maison fonda-t-il ? — Où allait-il chercher des enfants ? — Racontez quelques-unes de ses visites. — L'établissement avait-il des ressources suffisantes ? — Que fit saint Vincent pour s'en procurer ? — Racontez le discours qu'il adressa à des dames charitables. — Qu'obtint-il ? — Que devint l'œuvre des Enfants Trouvés après la mort de saint Vincent ? — Par qui sont maintenant surveillées et dirigées les maisons où ils sont recueillis ? — Où place-t-on les jeunes enfants ? — Quels sentiments ont à leur égard les personnes qui les reçoivent ? — Que doivent les enfants à ceux qui ont pris soin d'eux ? — Que pensez-vous des ingrats ?

L'orphéon.

Vers la fin du mois de mars de l'année 1847, une fête brillante avait lieu aux Champs Élysées, dans le vaste amphithéâtre consacré pendant l'été aux exercices équestres du Cirque. Plus de deux mille personnes se pressaient sur les gradins, et parmi elles on remarquait les fonctionnaires les plus élevés, les membres les plus considérables des deux Chambres.

Au milieu de l'amphithéâtre étaient plusieurs centaines de jeunes gens et de jeunes filles, attentifs au signal qu'ils allaient recevoir d'un homme placé sur une estrade, ayant devant lui un cahier de musique ouvert.

Sur un geste du maître, toutes ces voix firent entendre un accord; puis, sans être soutenues par aucun instrument, elles chantèrent avec une précision parfaite et un ensemble admirable plusieurs morceaux, que les auditeurs charmés accueillirent par des applaudissements unanimes : c'étaient des hymnes pieux chantés avec une douceur pénétrante; c'étaient des chœurs patriotiques, pleins d'énergie et d'enthousiasme; c'étaient des marches guerrières qui électrisaient tous les assistants.

« Et l'on dira, s'écriait en sortant un des meilleurs musiciens de la capitale, et l'on dira que le peuple français n'est pas aussi bien organisé pour la musique qu'aucun peuple du monde! »

Cette fête était un concert donné par les élèves de l'*Orphéon*.

Qu'est-ce donc que l'Orphéon?

Depuis bien des années, on avait remarqué et signalé l'infériorité des Français sous le rapport musical, en les comparant aux nations voisines. En Italie, on entend sans cesse les artisans répéter d'une voix pure et éclatante les compositions des maîtres les plus célèbres. En Allemagne, en Suisse, les jeunes gens se réunissent dans leurs moments de loisir pour chanter en chœur, et tous les voyageurs sont frappés de la justesse et de la beauté de leurs accords.

En me promenant un jour sur les bords du Rhin, dans le duché de Bade, je fus surpris par un orage, et je me réfugiai sous un arbre. Deux femmes qui travaillaient séparément vinrent chercher un abri pareil à quelques pas de moi; elles s'assirent au pied d'un noyer, et bientôt je les entendis chanter en parties plusieurs airs fort harmonieux, jusqu'à ce que la pluie fût passée.

Hélas! nous n'entendions guère en France, les dimanches, les jours de fête, d'autre musique populaire que de grossières chansons répétées à la porte des cabarets.

Un homme de cœur et de talent fut frappé de cet affligeant contraste, et entreprit de le faire cesser.

M. Wilhem imagina une méthode fort simple, qui avait pour but d'exercer au chant sans le secours des instruments.

C'était le seul moyen de mettre la musique à la portée de tout le monde ; car l'étude des instruments est longue, difficile, coûteuse. Il fallait donc apprendre à chacun à faire usage de sa voix sans être obligé de recourir à ce que l'on appelle un *accompagnement*, afin que l'instrument que la nature nous a donné à tous pût nous servir à notre gré et dans toutes les circonstances.

M. Wilhem essaya sa méthode dans quelques écoles primaires; il l'appliqua même aux jeunes gens et aux hommes faits, réunis dans les classes d'adultes. Il obtint partout les meilleurs résultats, et ses élèves firent des progrès merveilleux.

L'Université et les autorités municipales de la ville de Paris favorisèrent de tout leur pouvoir les efforts de M. Wilhem; et bientôt, en présence des membres du Conseil de l'instruction publique, du préfet de la Seine et d'un nombreux auditoire réuni dans une des salles de l'Hôtel de Ville, l'habile maître put faire exécuter avec un succès complet plusieurs morceaux d'ensemble par ses élèves, seuls, et sans aucun secours.

Dès lors, un grand nombre d'écoles adoptèrent la méthode de M. Wilhem et réclamèrent sa haute direction. Les élèves, filles et garçons, jeunes gens et hommes faits, furent organisés en plusieurs sections, dont la réunion reçut le nom d'*Orphéon*. Les sections, exercées séparément, se rassemblent de temps en temps pour exécuter des concerts vraiment admirables.

M. Wilhem a été trop tôt enlevé à sa belle œuvre et à la reconnaissance publique; mais il a trouvé dans M. Hubert un digne successeur, et l'Orphéon, encouragé comme une institution nationale, prend chaque jour de nouveaux développements.

Les progrès de la musique, en France, ont déjà produit et produiront à l'avenir les plus utiles résultats. On sait que la musique est une des choses qui agissent le plus fortement sur l'âme, et qui contribuent le plus efficacement à épurer, à améliorer les mœurs, à élever et à ennoblir les sentiments.

Le soldat se sent animé d'une ardeur irrésistible au son

de la trompette et du clairon ; les accords religieux qui retentissent dans nos temples nous émeuvent jusqu'au plus profond de nos âmes.

Aussi voit-on déjà les élèves de l'Orphéon quitter les réunions dangereuses où ils dissipaient leurs loisirs, pour répéter en commun les chants qu'ils ont appris, et perdre ainsi l'habitude et le goût des grossiers passe-temps. On entend souvent des chœurs harmonieux retentir le soir dans les quartiers retirés de la capitale, à la place des cris honteux qui offensaient et souillaient les oreilles.

Celui qui a dans la bouche de belles paroles et de purs accords ne peut guère conserver de viles pensées dans le cœur.

EXERCICE.

Où avait lieu une fête au mois de mars 1847 ? — Qu'est-ce qui y assistait ? — Quelles personnes étaient au milieu de l'amphithéâtre ? — Qu'attendaient-elles ? — Que firent-elles au signal du maître ? — Quels morceaux de musique chantèrent-elles ? — Les voix étaient-elles accompagnées d'instruments ? — Que dit en sortant un excellent musicien ? — Par qui était donné ce concert ? — La France n'était-elle pas inférieure aux peuples voisins sous le rapport musical ? — Qu'entend-on en Italie, en Allemagne, en Suisse ? — De quoi l'auteur de ce récit a-t-il été témoin dans le duché de Bade ? — Qu'entend-on trop souvent en France ? — Qui fut frappé de ce contraste ? — Quel était le but de la méthode de M. Wilhem ? — Quel est le seul moyen de mettre la musique à la portée de tout le monde ? — Quel avantage y a-t-il à pouvoir chanter sans accompagnement ? — Comment M. Wilhem essaya-t-il sa méthode ? — Par qui fut-il encouragé ? — Où fit-il entendre publiquement ses élèves ? — En présence de qui ? — Son enseignement se développa-t-il ? — A-t-il continué à faire des progrès après sa mort ? — Comment appelle-t-on la réunion des sections des élèves de chant ? — Que pensez-vous de l'œuvre de M. Wilhem ? — Quelle est l'influence de la musique ? — Quel effet produit-elle à l'armée, — dans les églises ? — Que font aujourd'hui les élèves de l'Orphéon ? — Qu'est-ce qu'un chœur de musique ? — La belle musique ne contribue-t-elle pas à bannir les mauvais sentiments ?

Établissements publics

POUR LE DÉVELOPPEMENT DES LETTRES, DES SCIENCES ET DES ARTS.

La France n'est pas seulement un beau et puissant pays, grand par sa population, par ses richesses, par l'étendue de ses frontières et de ses côtes, la France est encore la première nation du monde par les lumières et la civilisation. Ici on emprunte ses lois, là on imite ses académies, et partout la littérature française tient le premier rang ;

c'est la langue de notre patrie qui est adoptée, comme la plus claire et la plus répandue, pour la rédaction des *traités*, ces actes si importants par lesquels les gouvernements règlent entre eux les grandes affaires qui intéressent les peuples.

Voilà bien des raisons qui doivent nous rendre fiers d'être Français. Vous comprenez dès lors combien sont coupables et dignes du mépris de leurs compatriotes ceux qui ne craignent pas de ternir l'honneur de ce beau nom dans leurs rapports avec les étrangers; qui, par exemple, en faisant le commerce avec des nations éloignées, oublient les règles de la probité et de la bonne foi, et cherchent à augmenter leurs profits en trompant sur la qualité des marchandises les personnes qui ont eu confiance en eux.

C'est toujours une faute très grave que de commettre des fraudes dans le commerce; mais quand on trompe les étrangers avec qui l'on traite, on n'est pas seulement un malhonnête homme, on est encore un mauvais citoyen, puisqu'on s'expose à déshonorer son propre pays.

Depuis longtemps notre patrie fait l'admiration des étrangers; aussi, ils y arrivent en foule de toutes parts, et aiment à y prolonger leur séjour.

Une des choses qui les frappent le plus, c'est le nombre et l'étendue des moyens d'instruction qui sont mis gratuitement à la disposition du public.

Aucune ville du monde ne peut, sous ce rapport, rivaliser avec notre capitale.

Arrêtez-vous devant cet immense édifice qui forme l'angle de la rue Richelieu et de la rue Neuve-des-Petits-Champs : c'est la *Bibliothèque nationale;* elle contient un million deux cent mille volumes imprimés, quatre-vingt-six mille manuscrits, et un nombre infini de gravures, de médailles, d'objets antiques et précieux. Des salles immenses sont ouvertes à l'étude. Une foule d'hommes laborieux y passent des journées entières au milieu des livres qu'ils consultent à loisir.

Il y a beaucoup d'autres bibliothèques publiques : celle de l'Arsenal, celle du Jardin des Plantes, la bibliothèque Mazarine, la bibliothèque de la Sorbonne, la bibliothèque Sainte-Geneviève, située dans le quartier des écoles, et que l'on éclaire tous les soirs pour prolonger le temps de l'étude.

Des cours publics sur tout ce que les sciences, les lettres, les arts offrent de plus intéressant et de plus utile appellent de tous côtés la jeunesse studieuse.

Ici ce sont les cours de droit et de médecine ; là, les leçons de la *Sorbonne* et du *Collège de France*, sur les lettres et les sciences, données par les hommes les plus illustres. Au *Jardin des Plantes*, des professeurs habiles enseignent les sciences naturelles. L'*École des langues orientales vivantes* offre des cours de langues étrangères parlées dans les pays avec lesquels nos relations sont le plus suivies, telles que l'arabe, l'arabe algérien, le turc, l'arménien, le persan, le grec, le chinois et le japonais. Au *Conservatoire des arts et métiers*, les hommes qui se destinent à l'industrie sont instruits de toutes les ressources que les sciences fournissent aux différentes professions qu'ils veulent suivre.

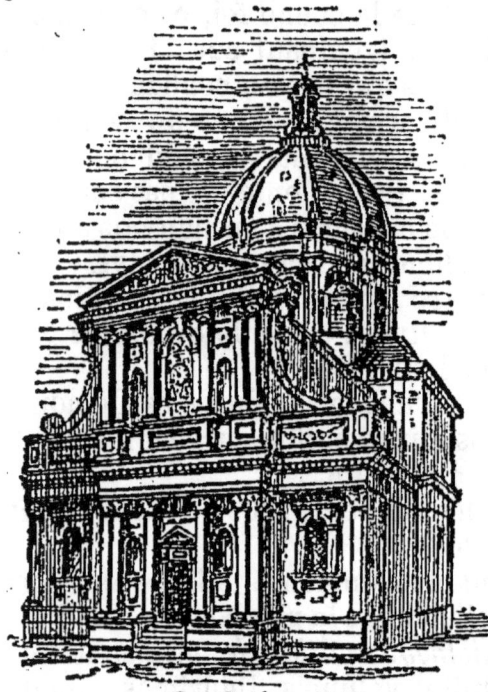

La Sorbonne.

Le naturaliste qui voudrait connaître toutes les productions du globe, et qui aurait besoin de parcourir la terre entière pour compléter ses études, peut borner ses voyages à la visite du jardin des Plantes, et des admirables collections renfermées au *Muséum d'histoire naturelle*.

Sans parler des animaux et des plantes qui y sont conservés et entretenus vivants, pénétrons dans les longues galeries enrichies depuis tant d'années par les découvertes de nos voyageurs. Ici, sont exposés tous les animaux connus ; là des herbiers immenses renferment des végétaux de toutes les parties du monde ; plus loin sont les minéraux, précieux échantillons de toutes les roches qui hérissent toutes les régions du globe, de tous les métaux, de toutes les pierreries qu'il renferme dans son sein.

Bien des Français sont émerveillés dans les pays étrangers à la vue des musées consacrés aux productions des beaux-arts, qu'en leur qualité de voyageurs et de curieux ils ne peuvent se dispenser de visiter; ils ne songent pas que, dans leurs pays, ils ont à leur disposition une foule de chefs-d'œuvre.

Le Louvre contient à la fois le *Grand Musée* des tableaux et des objets antiques; le *Musée Charles X*, où se trouvent les antiquités de la Grèce et de l'Egypte; les antiquités étrusques; les antiquités américaines; les antiquités de l'Algérie; le *Musée de marine*, le *Musée assyrien*, et plusieurs collections uniques de tableaux, de dessins, de sculptures, de bijoux et d'objets d'art, dont les richesses réunies n'ont rien de comparable dans le monde.

Le *Musée du Luxembourg* offre les plus belles œuvres des artistes vivants; le *Musée d'artillerie*, un choix d'armes précieuses; le *Musée des arts et métiers*, des modèles des inventions les plus récentes; le *Musée des Thermes*, des objets de l'art et de l'industrie du moyen âge; le *Musée Carnavalet* ou *Sévigné*, les antiquités de Paris; le *Musée des Archives*, les documents anciens les plus intéressants.

Si nous ne nous occupions pas seulement de Paris, que n'aurions-nous point à dire de ces galeries de Versailles, consacrées par le roi Louis-Philippe à toutes les gloires de la France, collection magnifique, qui nous permet de passer en revue, dans une suite de tableaux, tous les grands événements, tous les grands hommes de notre histoire!

Je ne parlerai pas de la multitude des établissements destinés à l'enseignement, et répandus dans toutes les parties de la France, qui pourvoient aux besoins de l'instruction publique : ils sont à notre disposition; nous devons tous en profiter suivant notre position et la carrière que nous avons à parcourir. Retenons bien que personne n'est privé des moyens de s'instruire, et que celui qui les néglige et reste dans l'ignorance n'est pas moins coupable que malheureux.

EXERCICE.

Par quoi la France l'emporte-t-elle sur tous les pays du monde? — Quel hommage lui rendent les peuples étrangers? —

Quel est l'usage que l'on fait à l'étranger de la langue française ? — Est-ce une grande faute que de ternir l'honneur de son pays auprès des étrangers ? — Donnez un exemple de cette faute honteuse. — Que pensez-vous du commerçant qui trompe les étrangers avec lesquels il est en relations ? — Notre pays attire-t-il les étrangers ? — Parlez-moi des moyens d'instruction gratuite en France. — Qu'est-ce que la Bibliothèque nationale ? — Qu'y trouve-t-on pour l'étude ? — Nommez-moi d'autres bibliothèques. — Qu'est-ce qu'il y a de particulier à la bibliothèque Sainte-Geneviève ? — Quels sont les principaux cours publics ? — Qu'enseigne-t-on à la Bibliothèque nationale, au Conservatoire des arts et métiers ? — Que peut faire un naturaliste qui désire étudier toutes les productions du globe sans voyager au loin ? — Quelles collections sont conservées au Muséum d'histoire naturelle ? — Trouve-t-on à Paris des collections de chefs-d'œuvre des beaux-arts ? — Nommez-moi les principaux musées. — Que renferment les galeries de Versailles ? — Y a-t-il par toute la France des moyens d'instruction à la disposition de chacun ? — Que pensez-vous donc de celui qui néanmoins reste dans l'ignorance ?

L'Institut de France.

Tous ceux de mes jeunes lecteurs qui connaissent Paris ont certainement remarqué, en face du Louvre, à l'extrémité du pont des Arts, un vaste édifice sur le fronton duquel on lit ces mots : *Institut de France.*

Là, se rassemblent les littérateurs, les savants, les artistes les plus illustres ; là, des prix sont décernés aux belles œuvres de poésie, d'éloquence, aux inventions utiles, aux découvertes remarquables. Le titre de membre de l'Institut est un des plus honorables qu'il soit possible d'obtenir, et c'est une récompense très recherchée par les hommes les plus éminents dans les sciences, les lettres et les arts.

Après la religion, qui proclame tous les hommes, riches et pauvres, grands et petits, égaux devant Dieu, s'ils ont une égale vertu, il n'est, ce me semble, rien au monde qui montre mieux que l'Institut de France, comment le vrai mérite comble toutes les distances que la position et la fortune mettent entre les hommes.

Parmi les membres de l'Institut, dont les personnages les plus haut placés dans notre société ambitionnent de devenir les collègues, que d'hommes étaient, dans leur jeunesse, pauvres, obscurs, inconnus! Lisez ces grands noms d'artistes, de littérateurs, de philosophes, de savants. Celui-ci a été élevé dans la loge d'un concierge; celui-là était un simple artisan; ces autres sont arrivés à Paris du fond d'une province, sans argent, sans secours, sans appui. Des études sérieuses, des efforts opiniâtres, une volonté ferme, ont rendu leurs noms célèbres dans toute l'Europe.

Les listes de l'Institut sont un magnifique livre de noblesse où chacun doit sa place au travail et au talent!

L'origine de cette belle institution remonte très loin dans notre histoire, et la ville de Toulouse a la gloire d'en avoir offert le modèle.

Vers le commencement du quatorzième siècle, sept *troubadours* (1) de Toulouse formèrent une association qui prit le nom de *Compagnie du gay savoir* (c'est ainsi qu'ils appelaient la poésie), et ils envoyèrent, au mois de novembre de l'année 1323, dans les provinces voisines, une circulaire par laquelle ils annonçaient un concours de poésie, et offraient une violette d'or à celui qui remporterait le prix.

Le 1er mai de l'année suivante, jour fixé pour le rendez-vous, une foule de poètes arrivèrent à Toulouse, et ils se réunirent dans un jardin du faubourg des Augustins au pied d'un gigantesque laurier. On employa un jour tout entier à lire les pièces de vers qu'ils présentèrent; le lendemain, les sept troubadours en discutèrent le mérite, après avoir entendu la messe; le troisième jour, en présence des deux premiers magistrats de la ville, appelés *capitouls*, ils proclamèrent le nom du vainqueur, et lui offrirent la violette d'or.

Les capitouls, pour encourager de semblables réu-

(1) On appelait ainsi au moyen âge les poètes du midi de la France, du mot roman *troubar*, inventer, composer.

nions, décidèrent que dorénavant la violette serait fournie par la ville; les concours, ainsi organisés, prirent le nom de *Jeux Floraux*, à cause du prix qui y était décerné.

Bientôt des fonds furent accordés pour la création de deux nouveaux prix : l'églantine et le souci ; telle était, à la fin du quatorzième siècle, la réputation du *Collège du gay savoir*, que Jean d'Aragon écrivit au roi de France, Charles VI, pour le prier de lui envoyer quelques-uns de ces poètes languedociens, afin de faire fleurir la *gaie science* en Espagne.

Pendant le quinzième siècle, une dame de Toulouse, noble et riche, nommée Clémence Isaure, qui avait consacré une grande partie de sa fortune à fonder des établissements utiles, légua des revenus considérables à la société des Jeux Floraux.

Cette société fut érigée en Académie l'an 1694. Aujourd'hui, le nombre de ses membres est de quarante. Les poëtes qui ont obtenu trois prix reçoivent le titre de maître ès Jeux Floraux. Quelques-uns de nos littérateurs les plus illustres se font gloire de le porter. L'Académie, chaque année, a cinq prix à distribuer : l'amarante d'or, la violette d'argent, le souci d'argent, le lis d'argent et l'églantine d'or.

L'utilité d'une institution qui, comme la société de Toulouse, aurait pour but d'encourager la littérature, frappa le génie créateur du cardinal de Richelieu. Une association de quelques hommes de lettres s'étant formée à Paris, Richelieu la prit sous sa protection, lui donna un règlement, et lui fit accorder, en 1635, le titre d'*Académie française*.

Elle fut dès lors, comme aujourd'hui, composée de quarante membres.

Les premiers travaux de l'Académie consistèrent en des discours prononcés chaque semaine, en présence de tous les membres assemblés. Bientôt on substitua à ces exercices un peu puérils une occupation plus sérieuse et plus utile, la composition d'un dictionnaire qui réunît tous les mots définitivement admis dans la langue française. Le premier dictionnaire ne fut terminé qu'en 1694.

Plusieurs autres éditions parurent successivement avec les corrections exigées par les changements de la langue. On effaça les mots qui avaient cessé d'être en usage; on introduisit quelques expressions nouvelles. La septième et dernière édition a été publiée en 1878. C'est le code de la langue française, et les mots qui n'y sont pas admis doivent être évités par les personnes qui veulent écrire purement leur langue.

L'Académie française a été chargée, par un homme riche et bienfaisant, M. de Montyon, de distribuer, chaque année, des récompenses aux personnes qui se sont distinguées par de belles actions. Ces récompenses, appelées *prix de vertu*, sont décernées après la lecture d'un rapport fait par un des membres de l'Académie, et qui contient le touchant récit des faits qui ont été jugés dignes de recevoir cette preuve éclatante d'estime et d'admiration.

Des legs considérables, faits par M. de Montyon et par d'autres personnes, ont servi à fonder en outre des prix de littérature, d'histoire, de philosophie, etc., qui sont distribués par les académies de l'Institut, et offrent aux diverses études un puissant encouragement.

Plusieurs autres académies ont été, en effet, fondées successivement, et sont réunies, depuis l'année 1793, sous le nom d'*Institut de France*.

Le cardinal Mazarin établit, en 1648, l'Académie de sculpture et de peinture, qui, jointe à l'Académie d'architecture fondée par le célèbre ministre Colbert, en 1671, forme aujourd'hui une des classes de l'Institut appelée *Académie des beaux-arts*, où figurent les peintres, les sculpteurs, les architectes et les musiciens les plus éminents de notre pays.

Lorsque Colbert faisait partie de l'Académie française, il employa quelques-uns de ses confrères à composer des inscriptions et des devises pour les bâtiments publics. Cette petite assemblée, dont Racine et Boileau furent membres, devint bientôt une académie à part (en 1663). Les commencements de cette académie furent très modestes. Réunis dans la bibliothèque de Colbert, les membres s'occupaient de donner les sujets des tapisseries du roi, d'inventer ou d'examiner les dessins des sculptures et des tableaux destinés à Versailles; de faire une histoire en médailles du règne de Louis XIV.

Sous Louis XV, cette société reçut le nom qu'elle conserve encore d'*Académie des inscriptions et belles-lettres;* elle s'occupa, dès lors, de recherches historiques, et les travaux de ses membres, continués jusqu'à nos jours, forment une vaste et précieuse collection, l'un des plus beaux monuments scientifiques que la France possède.

La Compagnie a repris la publication des grands recueils historiques commencés par les bénédictins, et interrompus par la Révolution.

Ce fut encore Colbert qui organisa l'*Académie des sciences*, pendant l'année 1666. Louis XIV, pour faciliter ses travaux, fit construire l'Observatoire de Paris et le munit de tous les instruments nécessaires aux observations astronomiques. Les mémoires de l'Académie des sciences contiennent les recherches les plus approfondies sur l'histoire naturelle, la médecine, l'agriculture, les sciences physiques et mathématiques.

Enfin, à l'époque de l'organisation de l'*Institut* (25 octobre 1795), une cinquième classe ou académie a été établie sous le nom d'*Académie des sciences morales et politiques;* elle compte parmi ses membres les représentants les plus distingués de la philosophie, de la jurisprudence, de l'économie politique.

La réunion des cinq classes ou académies forme, comme nous l'avons dit, l'Institut de France, auquel les littérateurs et les savants les plus célèbres du monde entier s'honorent d'être associés, sous le titre de membres *libres* et *correspondants*.

EXERCICE.

Quel est l'édifice situé à Paris, en face du Louvre, à l'extrémité du pont des Arts? — Quelles sont les personnes qui s'y rassemblent? — Quels prix y décerne-t-on? — Le titre de membre de l'Institut est-il honorable et recherché? — Qu'est-ce qui rend les hommes égaux devant Dieu? — Que montre l'Institut de France par rapport au mérite? — Comment ont commencé quelques-uns de ses membres? — Par quels moyens sont-ils arrivés à cette glorieuse distinction? — Quelle est l'origine de cette belle institution? — Qu'entendait-on par troubadours? — Que firent sept troubadours de Toulouse au commencement du quatorzième siècle? — Quel nom donnaient-ils à la poésie? — Qu'annoncèrent-ils par une circulaire? — Qui est-ce qui se rendit à Toulouse le 1er mai suivant? — Quel fut l'objet de la réunion? — Comment se termina-t-elle? — Que décidèrent les capitouls de Toulouse? — Quel nom reçut la société? — Quels furent les nouveaux prix fondés par la ville? — Quelle était à la fin du siècle la réputation du Collège de la gaie science? — Qu'était-ce que Clémence Isaure? — Quel don fit-elle à la société? — Quand la société fut-elle érigée en académie? — Quels prix décerne-t-elle aujourd'hui? — Qui fut frappé de l'utilité d'une semblable institution? — Comment a commencé l'*Académie française*? — De combien de membres se compose-t-elle? — Quels furent les premiers travaux de l'Académie française? — De quoi s'occupa-t-elle ensuite? — A quelle époque a été publiée la dernière édition du *Dictionnaire de l'Académie*? — Quelle est l'utilité de ce dictionnaire? — Quels prix décerne l'Académie française? — Par qui les prix de vertu ont-ils été fondés? — Quelle est l'Académie qui a été fondée peu de temps après l'Académie française? — De qui se compose l'*Académie des beaux-arts*? — Qu'est-ce que Colbert? — Que fit-il quand il était membre de l'Académie française? — De quoi s'occupèrent les membres de la nouvelle réunion? — Quel nom reçut-elle? — Quel monument scientifique a produit l'*Académie des inscriptions et belles-lettres*? — Qui est-ce qui a organisé l'*Académie des sciences*? — Que fit Louis XIV pour faciliter ses travaux? — Que contiennent les mémoires de l'Académie des sciences? — A quelle époque a eu lieu l'organisation de l'Institut? — De quoi s'occupe l'*Académie des sciences morales et politiques*? — En combien de classes l'Institut se divise-t-il? — Comment les savants étrangers y sont-ils rattachés?

Jeunes détenus.

SOCIÉTÉ DE PATRONAGE DES JEUNES LIBÉRÉS.

Remerciez Dieu, mes amis, de vous avoir accordé de bons parents qui vous ont donné d'utiles exemples dès votre enfance, qui vous ont placés entre les mains d'excellents maîtres pour recevoir d'eux le don inestimable de l'instruction, et qui vous envoient exactement dans nos églises pour y apprendre les préceptes de notre divine religion. Remerciez Dieu du plus profond de votre âme pour tous ces bienfaits, dont vous avez joui jusqu'à présent sans en comprendre tout le prix. Faites tous vos efforts pour en profiter; car ce sont des biens inestimables, et vous en jugerez en songeant au malheureux sort des enfants qui en ont été privés.

Il est, parmi les coupables que renferment les prisons, une classe d'infortunés qui inspirent une vive compassion : ce sont les jeunes condamnés dont le cœur est déjà souillé dans un âge encore tendre, et qui ont devant eux une vie entière à perdre dans le crime ou à sauver par le repentir.

Ces pauvres enfants ont presque toujours été conduits au mal par le vagabondage, l'abandon et la détresse. Le plus souvent, les premières fautes qui les ont amenés dans les lieux de punition sont le résultat de l'ignorance et de la misère. Ces malheureux, sans appui, sans conseils, livrés à eux-mêmes dès le berceau ou entourés de mauvais exemples, ont été facilement entraînés.

Il en est beaucoup dont l'âme n'est pas entièrement corrompue, et chez lesquels il reste quelques bons sentiments. Mais les voici placés dans les maisons de détention, au milieu de criminels pour qui il n'y a plus ni pudeur, ni remords; qui passent leur vie de prison à se souvenir de leurs crimes, à les raconter, à en projeter de nouveaux; qui ne sont occupés qu'à se dégrader chaque jour plus profondément les uns les autres par un mutuel et affreux enseignement de tous les vices. Que deviendra le jeune détenu à cette abominable école? Il était entré coupable; il sortira de la prison scélérat consommé, capable de tous les crimes, et bientôt, de nouveaux forfaits l'y ramèneront.

Telle était la déplorable situation des jeunes détenus jusqu'au jour où les prisons sont devenues l'objet d'une sollicitude éclairée.

Du moment où l'on a voulu travailler à l'amélioration des prisonniers, l'intérêt s'est porté d'une manière toute spéciale sur ceux que leur âge encore tendre rendait plus accessibles au repentir. Il fallait avant tout arracher les jeunes détenus à l'air empoisonné de la prison commune. On établit pour eux des prisons séparées, des péniten-

ciers distincts; en même temps, des congrégations charitables se sont consacrées au service des prisons avec un admirable dévouement, et des frères ont consenti à s'enfermer avec les prisonniers pour partager leur sort, vivre au milieu d'eux et les ramener au bien.

A Paris, la maison de la Roquette contient un grand nombre de jeunes détenus, qui y soumis à une discipline sévère, à un rude travail; mais en même temps ils sont confiés à la surveillance des frères, qui, dans la prison comme dans les écoles primaires, se montrent les amis dévoués de l'enfance et s'efforcent de donner aux pauvres détenus, avec les éléments de l'instruction, les principes salutaires de la religion et de la morale.

Le pénitencier des jeunes détenus de Lyon est confié aux frères de Saint-Joseph, institués pour le service des prisonniers. Suivant leur conduite plus ou moins bonne, les détenus sont répartis en quatre classes : celles d'épreuve, d'espérance, de récompense, de punition. Le produit de leur travail est divisé en trois parts : l'une est placée dans une caisse d'épargne, et peut, avec l'autorisation des chefs, être envoyée par le détenu à sa famille; l'autre est mise en réserve pour lui-même au moment de sa sortie, la troisième appartient à l'établissement.

Un silence absolu est prescrit pendant le travail et les repas, et même les jeunes détenus de la classe de punition y sont assujettis pendant le temps de la récréation.

Le zèle des pieux fondateurs de cette œuvre a été promptement couronné de succès, et ils voient avec une grande joie beaucoup d'enfants demander à envoyer à leur famille la part qui leur revient à eux-mêmes dans le produit de leur travail.

Mais l'œuvre n'est pas encore achevée, lorsque le coupable sort de la prison homme de bien. Celui qui a été criminel est accueilli par tant de préventions! il a tant de peine à retrouver une place dans la société, et tant de périls l'y environnent.

Cette situation difficile a vivement excité l'intérêt des personnes charitables.

Des hommes, aussi éminents par leur position sociale que recommandables par leurs vertus, se sont unis pour venir en aide aux malheureux jeunes gens qui, au sortir des prisons, manifesteraient le désir de rester désormais dans la bonne voie. Une association de bienfaisance s'est formée sous le nom de *Société pour le patronage des jeunes détenus et des jeunes libérés du département de la Seine.*

Les membres de la Société visitent les enfants et les jeunes gens que la justice a condamnés à subir une détention plus ou moins longue. Ils cherchent à connaître leurs dispositions, leur adressent de paternelles exhortations, et s'efforcent de leur inspirer un sincère regret de leurs fautes, une ferme résolution de mieux vivre à l'avenir ; puis, au moment où ils recouvrent la liberté, à ce moment plein de dangers où les mauvaises occasions, les dangereux exemples pourraient si facilement les faire retomber dans leurs premières fautes, la Société les place comme ouvriers dans des maisons sûres, où elle continue à les surveiller avec le plus grand soin.

Ce patronage produit les effets les plus salutaires. Les enfants sortis de prison, avant la fondation de la Société, retournaient pour la plupart à leurs coupables habitudes; aujourd'hui, ils sont ramenés presque tous à une vie laborieuse et honnête.

Bien des personnes, dans des positions très différentes, peuvent contribuer à cette œuvre excellente. Les unes, à raison de leur âge et de leur fortune, peuvent aider la Société de leurs fonds et se charger de visiter les jeunes patronnés. Les maîtres chez qui ceux-ci sont placés peuvent exercer la plus utile influence sur ces enfants par leurs bons conseils. Quant aux ouvriers, s'ils viennent à savoir que parmi leurs camarades est un jeune libéré, ils doivent bien se garder de lui témoigner du mépris, de la dureté, de la malveillance; ils doivent, au contraire, par leurs bons exemples et leurs paroles amicales, l'encourager et le porter au bien.

Tels sont les devoirs que nous pouvons avoir à remplir, si jamais nous nous trouvons, d'une manière ou d'une autre, en rapport avec de jeunes libérés. Ces devoirs, si nous savons nous en acquitter, seront pour nous une source de bénédictions; le Sauveur n'a-t-il pas dit : « Bienheureux ceux qui sont miséricordieux, car ils obtiendront miséricorde! »

EXERCICE.

Y a-t-il un grand bonheur et un grand avantage à mener constamment une bonne conduite?— Quel sentiment tout le monde éprouve-t-il à l'égard de ceux dont la vie a toujours été irréprochable? — Quel est le sort de ceux qui ont commis des fautes graves et qui ont eu le malheur d'être frappés par la justice ?— A quels dangers sont-ils alors exposés ? — Dites quelles précautions sont prises à l'égard des enfants et des jeunes gens frappés par la justice. — Pourquoi les place-t-on dans des cellules isolées? — A quoi sont occupés les jeunes détenus de Lyon? — A quoi est destiné le fruit de leur travail? — Vous rappelez-vous quelque parole de l'Évangile sur le pécheur repentant? — Que peut espérer le coupable qui revient au bien? — Quels secours peut-il trouver? — Dans quel but se sont réunis beaucoup d'hommes recommandables? — Quel est le nom de leur société? — Que font les membres de la société à l'égard des jeunes détenus?— Que font-ils pour ceux qui sortent de prison? — Quels effets produit ce patronage? — Quels rapports y a-t-il entre cette œuvre et celle des colonies agricoles ? — A qui cette dernière peut-elle être utile? — Quelles sont les diverses personnes qui peuvent contribuer à l'œuvre du patronage? — En quoi les maîtres et les ouvriers peuvent-ils s'y associer? — Quel est le devoir d'un ouvrier quand il se trouve en rapport avec un jeune libéré? — Quelle est la parole du Sauveur qu'on peut appliquer à des bonnes œuvres de ce genre?

Colonie agricole de Mettray.

Transportons-nous dans une des plus riantes contrées de notre beau pays, dans cette Touraine que l'on a surnommée à bon droit le jardin de la France. Près de la ville de Tours, au milieu d'une magnifique campagne, s'élève le clocher d'une chapelle, et, de chaque côté, un certain nombre de petits bâtiments régulièrement disposés.

Là sont des dortoirs, des ateliers, des magasins de toute sorte; là demeurent un grand nombre de jeunes agriculteurs que vous voyez chaque matin se rendre aux travaux des champs, sous la conduite de contre-maîtres un peu plus âgés qu'eux-mêmes, qui leur donnent l'exemple de la bonne conduite et de l'activité. Le dimanche, les jours de fête, ils exécutent avec un ensemble parfait des morceaux de musique religieuse ou guerrière.

Tout se fait dans ce vaste établissement avec un ordre et une régularité extrêmes. Un air de santé, de paix et de joie brille sur tous les visages. C'est la *colonie agricole de Mettray*, et les colons sont de jeunes détenus ramenés, par les excellents directeurs de cette belle institution, à l'honnêteté, à la religion, au bonheur.

En 1840, M. Demetz, conseiller à la Cour d'appel de Paris, quitta sa haute position pour se dévouer tout entier à l'amélioration des jeunes détenus. Il avait conçu l'excellente pensée de faciliter leur retour au bien et de leur épargner pour l'avenir des occasions de rechute, en leur donnant l'habitude des travaux de l'agriculture, qui les éloignent des grandes villes et de toutes les dangereuses tentations qu'elles présentent. Cet homme vertueux s'unit d'intention et de sentiments avec un riche propriétaire de la Touraine, M. de Brétignières, non moins zélé que lui pour le bien ; et tous deux, aidés des souscriptions de beaucoup de personnes frappées de l'utilité de leur projet, fondèrent l'établissement connu aujourd'hui sous le nom de *colonie agricole de Mettray*.

Ils eurent le bonheur de trouver un certain nombre d'hommes honnêtes et désintéressés qui consentirent à se plier à la discipline exacte et rigoureuse de la maison pour y former par leur propre exemple les jeunes gens qui allaient leur être confiés.

Les premiers essais amenèrent bientôt les résultats les plus consolants, grâce au dévouement infatigable des directeurs de l'établissement. Aujourd'hui Mettray est une institution digne, par son importance et par son influence heureuse sur le sort des jeunes détenus, de toute la reconnaissance publique.

Aussi un grand nombre d'hommes charitables se sont-ils empressés de concourir de leurs fonds à ses développements. Un bienfaiteur, dont le nom est resté longtemps ignoré, fit remettre un jour aux fondateurs de la colonie agricole une somme de quatre-vingt mille francs. Il ne se passe guère de quinzaine sans que les jurés de la cour d'assises de Paris, qui ont l'habitude de faire en se séparant une collecte au profit des œuvres les plus utiles, consacrent une somme à l'établissement de Mettray. On aura une idée des fruits précieux que produit cette institution, quand on saura que sur quatre-vingt-dix enfants amenés à la colonie après avoir commis des fautes plus ou moins graves et remis en liberté à l'expiration du temps fixé, soixante-dix-neuf n'ont donné aucun sujet de reproche.

Voici en quels termes le fondateur d'une autre œuvre non moins utile et non moins admirable dont nous parlerons bientôt (p. 191), exprimait les sentiments que lui avait fait éprouver la vue de la colonie de Mettray :

« Les deux hommes de bien, fondateurs de cette maison, ont dressé en France une bannière sous laquelle beaucoup viendront se ranger. Honneur à ces amis de l'enfance malheureuse ! Nous les avons vus au milieu de leurs enfants vénérés et bénis, recueillant ainsi la récompense de leurs généreux sacrifices et de leur noble dévouement. Mettray n'est pas entouré de murailles, et des baïonnettes n'empêchent pas les évasions : la bonté, la douceur ont enchaîné ces heureux enfants. Dans les champs qu'ils cultivent, ils ont retrouvé le bonheur, la paix, le calme de la conscience, un riant visage, une douce sérénité.

» La religion est la reine de cet asile offert au repentir; la croix brille et plane au-dessus des habitations des colons, et le clocher abrite leur enfance : ils s'en souviendront un jour! Si, parfois, courbés sous le poids du travail et de la chaleur, ils s'arrêtent abattus, un regard jeté sur l'instrument de salut et sur la douce image de la vierge Marie, leur fait facilement oublier leurs peines en ranimant leur courage. »

Les enfants qui sortent de la colonie de Mettray, où ils ont formé tant de bonnes et précieuses liaisons, sont assurés, s'ils ont eu une bonne conduite, de rester toute leur vie en union avec leurs camarades et avec les hommes dévoués qui ont protégé leur jeunesse.

Les directeurs de la colonie ont imaginé de leur remettre une bague d'une forme toute particulière, qui sera toujours pour eux un signe de ralliement et un gage d'affection mutuelle.

Sur cet anneau est représenté d'un côté un enfant au pied des murs d'une prison, dans l'attitude de l'abattement; de l'autre côté, le même enfant, près des chalets de Mettray, est agenouillé, les yeux et les mains levés vers le ciel, dans la pose de la prière et de la reconnaissance.

Un ange portant une croix étend ses ailes sur l'enfant coupable et abandonné, et sur l'enfant sauvé et repentant; il semble appeler à lui le premier et bénir le second.

A l'extérieur de cet anneau on lit cette maxime : *Loyauté passe tout*. A l'intérieur sont gravés ces mots : *Dieu, honneur, souvenir, alliance*.

Dieu, qui a pardonné aux enfants coupables et qui les a exaucés dans sa miséricorde.

Honneur, qu'ils ont recouvré et qu'ils doivent conserver à tout jamais.

Souvenir des soins et des avis de leurs bienfaiteurs, et des engagements qu'ils ont pris.

Alliance de tous les bons pour se soutenir les uns les autres et se défendre des mauvais exemples.

Cet anneau est une distinction aussi honorable que précieuse; il n'est accordé qu'à celui qui a mérité d'être porté sur le tableau d'honneur pendant son séjour à la colonie, qui a atteint sa vingtième année, et qui, pendant deux ans depuis sa sortie de Mettray, n'a donné aucun sujet de reproche.

Cet anneau est, pour celui qui l'a obtenu, la meilleure des recommandations.

C'est ainsi que le repentir sincère fait disparaître toutes les traces des fautes commises, et que la bonne conduite exerce sur toute la vie une heureuse et utile influence.

EXERCICE.

Où l'auteur de ce récit conduit-il ses auditeurs?—Que voit-on dans une belle campagne près de Tours? — Qui est-ce qui demeure dans cet établissement? — Que font les habitants de ce séjour pendant la semaine et le dimanche? — Comment se nomme l'établissement? — Par qui et dans quel but a-t-il été fondé? — Par qui les fondateurs de l'établissement furent-ils aidés? — Quel fut le résultat de leurs efforts? — Quels bienfaits a reçu l'établissement? — Donnez une idée des bons effets du zèle des directeurs. — Dites à peu près en quels termes s'exprime, à l'égard de la colonie de Mettray, le fondateur d'un autre établissement du même genre. — Quelle est la distinction accordée aux colons pour prix d'une bonne conduite soutenue? — Que représente cet anneau? — Expliquez les mots que l'on y lit. — Quelle en est l'utilité pour ceux qui l'obtiennent?

Le pénitencier agricole et industriel de Marseille.

Au mois de mai 1843 nous traversions Marseille; le son joyeux des cloches, le brillant aspect des rues ornées de tentures et pavoisées de drapeaux, l'empressement des habitants, tout annonçait un jour de fête pour la ville entière. La large et magnifique rue de la Cannebière présentait un coup d'œil admirable. A l'une de ses extrémités, une forêt de mâts faisait flotter des pavillons éclatants; à l'autre extrémité s'étendait, couverte d'une population immense, cette longue suite de boulevards que l'on désigne sous le nom de *Cours*. Partout la foule se pressait aux fenêtres, devenues trop étroites, et les rues s'étaient bordées d'une triple ligne de spectateurs.

Des cavaliers ouvraient la marche d'une procession solennelle; derrière eux s'avançaient les *pénitents* avec leurs robes de formes et de couleurs différentes, les confréries d'hommes, de jeunes gens et de jeunes filles, puis les élèves des frères des écoles chrétiennes, sous la conduite de leurs dignes maîtres : plusieurs étaient vêtus d'aubes blanches transparentes sur des robes rouges, et de longues guirlandes de fleurs les unissaient les uns aux autres. Un nombreux clergé suivait, brillant de riches ornements; enfin, sous un dais splendide, l'évêque paraissait portant entre ses mains le saint sacrement.

Les magistrats de la ville faisaient partie de l'auguste cortège. Les fidèles accompagnaient en foule cette longue procession, qui s'avançait lentement au milieu d'une double haie de soldats, dont les uniformes variés contribuaient à l'éclat de cette fête religieuse et nationale.

On célébrait l'anniversaire du jour mémorable où Marseille, décimée par une peste affreuse, avait obtenu par ses prières d'être délivrée de cet épouvantable fléau.

Il était impossible de ne pas être profondément ému par cette pompe magnifique et par les chants pieux qui se faisaient entendre, à mesure que défilaient les divers corps qui composaient la procession.

C'étaient des psaumes lentement chantés par les pénitents ; c'étaient les cantiques suaves et mélodieux des jeunes filles, puis les accents graves des choristes et des prêtres ; enfin la musique militaire faisait retentir ces accords mâles et triomphants qui s'allient si bien aux grands souvenirs religieux et patriotiques.

Les musiciens se composaient d'une trentaine de jeunes garçons de quinze à vingt ans, portant le schako et la blouse militaire, le pantalon de toile bleue et la giberne qui renfermait les feuillets de musique ; ils paraissaient dirigés par d'autres jeunes hommes, armés aussi d'ophicléides, de trombones et de clairons. La bonne tenue des jeunes musiciens nous frappa vivement ; leur costume était nouveau pour nous. Après la procession, nous les suivîmes, lorsqu'ils se dirigèrent vers les belles allées qui dominent la ville et entrèrent tous par une petite porte au-dessus de laquelle je pus encore distinguer, quoiqu'il fût déjà presque nuit :

PÉNITENCIER AGRICOLE ET INDUSTRIEL DE MARSEILLE.

Un pénitencier ! mais ce mot donne l'idée d'une maison de correction, et ceux qui venaient d'y rentrer avaient tous des visages souriants et heureux : ce mot est employé souvent comme synonyme de *prison*, et vingt jeunes gens y étaient revenus librement, sans être accompagnés de gendarmes ni de soldats ! C'étaient bien cependant des condamnés qui venaient de franchir le seuil du pénitencier ; ils avaient à expier des fautes commises dans leur enfance, qui les avaient fait tomber entre les mains de la justice ; mais la religion et la charité avaient pris pour tâche de les ramener au bien et de les rendre à la société repentants et vertueux.

Voici les renseignements que nous avons recueillis de la bouche même du fondateur et directeur de ce salutaire établissement, M. l'abbé Fissiaux :

« Le but que nous nous sommes proposé d'atteindre, disait ce courageux et excellent prêtre, est l'amélioration morale d'enfants plus malheureux que coupables, et qui, néanmoins, seraient devenus un jour l'opprobre et l'effroi de la société, si la religion ne leur avait pas tendu une main secourable et offert un asile protecteur...

» Ce fut en 1838 que nous nous mîmes à l'œuvre. Un local fut choisi et approprié à sa nouvelle destination, et le *pénitencier industriel* fut inauguré le 7 mars 1839.

» Le même jour arrivèrent les premiers enfants confiés à nos soins, et qui nous étaient envoyés de diverses maisons de correction où ils avaient été enfermés. Pauvres enfants! nous nous souvenons encore du déchirant spectacle qui s'offrit alors à notre vue : de méchants haillons recouvraient à peine les membres amaigris de ces malheureux détenus; leurs visages étaient pâles et défaits, leur chevelure en désordre; des insectes dégoûtants les rongeaient; tous étaient atteints d'affreuses maladies.

» L'état de leur âme était plus triste encore que celui de leur corps. Il n'y avait chez ces êtres dégradés aucun sentiment de religion ou de probité; habitués à la vie oisive, au vagabondage, au vol, la plupart étaient venus déjà s'asseoir plusieurs fois sur les bancs de la police correctionnelle; la prison était leur demeure, l'hiver surtout, car là on est nourri et abrité.

» Tels étaient nos enfants, décidés à résister à tous les moyens que nous voulions employer pour les ramener au bien, et leur faire prendre des habitudes d'honnêteté.

» Qui comprendra les tourments que nous avons endurés dans les commencements? Ces natures sauvages et abruties résistaient à tous nos efforts. La douceur et la rigueur furent employées tour à tour; rien ne paraissait réussir. Pendant plus d'un an, chaque semaine était marquée par une révolte. Des menaces nous étaient adressées, à tel point qu'il était dangereux de mettre des outils entre les mains des détenus : on pouvait craindre qu'ils n'en fissent usage contre leurs gardiens. Deux personnes de la maison faillirent être victimes de leur dévouement, et n'ont dû qu'au hasard providentiel de ne point être assassinées.

» Au reste, nos enfants nous ont avoué plus tard qu'ils n'avaient alors qu'une seule idée : celle de nous obliger à renoncer à notre entreprise, et qu'ils avaient mis leurs efforts en commun pour nous lasser et nous obliger à les renvoyer dans les prisons d'où nous les avions tirés, préférant la vie oisive des lieux de détention à une existence laborieuse et aux sages conseils que nous ne cessions de leur prodiguer.

» Oh ! que de fois, le cœur brisé par mille angoisses, nous fûmes tentés d'exaucer les vœux insensés de ces enfants ! Mais la Providence ne l'a pas permis; elle nous a donné la patience, et de meilleurs jours devaient plus tard nous dédommager de toutes nos sollicitudes.

» Les parents des jeunes détenus, je ne sais par quel aveuglement, se montraient aussi pour la plupart mal disposés à notre égard; ils faisaient courir les bruits les plus étranges sur le régime de la maison, et nous accusaient de distribuer largement les coups de fouet pour punir les fautes les plus légères. La nourriture, disait-on, était malsaine, et même plusieurs détenus étaient morts par suite des barbares traitements que nous leur avions fait subir.

» Les familles les moins mauvaises avaient fini par croire à ces absurdes calomnies; des hommes graves même avaient peine à les repousser, tant ces idées avaient pris de consistance ! Nous ouvrîmes alors les portes du pénitencier à tous les visiteurs, et ces injustes et inconcevables préventions cessèrent.

» Cependant, après une année d'efforts, les plus récalcitrants devinrent moins hostiles; ils avaient appris qu'ils ne gagnaient rien à se conduire aussi mal, qu'il n'y avait pas moyen de nous rendre moins fermes à leur égard, et qu'il fallait obéir au règlement, bon gré mal gré.

» Nous profitâmes de ces premiers symptômes d'amélioration pour distribuer des récompenses aux meilleurs travailleurs. Ces encouragements engagèrent quelques enfants à mieux faire; le reste nous vint avec du temps et de la patience.

» Nous entrions alors dans une ère nouvelle, continuait le fondateur du pénitencier de Marseille.

» Le gouvernement avait fait de nombreux sacrifices en faveur de notre établissement; il acheta une vaste propriété à la campagne, pour y exercer les enfants aux travaux des champs, et le *pénitencier agricole* fut organisé au mois d'octobre 1840.

» Les changements qui eurent lieu alors furent l'objet de l'étonnement général et désapprouvés par beaucoup de personnes. Nos jeunes élèves se trouvaient en plein champ; ils n'étaient plus ni dans des bâtiments, ni enfermés dans des cours, et l'on ne concevait pas un pénitencier sans grilles et sans barreaux de fer, sans portes et sans murailles soigneusement gardées. Mais on put bientôt se convaincre que toutes ces précautions devenaient inutiles. Nos enfants continuèrent à s'améliorer promptement. Dès la fin de la même année, ils avaient acquis l'habitude du travail : c'était un grand point; car, si une fois ils se dépouillaient de la paresse, cette mère de tant de vices et de crimes, tout était gagné. Bientôt nous eûmes la consolation d'entendre plusieurs de nos enfants avouer leurs torts et demander même à être séparés de ceux de leurs compagnons qui les portaient au mal. Plusieurs voulurent consacrer à la restitution des sommes qu'ils avaient volées les petits profits qu'ils devaient à leur travail.

» Un d'entre eux vint me trouver un jour; il avait obtenu, par sa bonne conduite, un petit congé et devait aller le passer près de sa mère.

» — Monsieur le directeur, me dit-il, j'ai une grâce à vous demander.

» — Qu'est-ce, mon enfant?

» — J'ai eu le malheur de voler autrefois de l'argenterie. Je l'ai cachée dans le trou d'une muraille; je désirerais vous l'indiquer.

» — Pourquoi?

» — Pour la rendre à ceux à qui je l'ai prise.

» — Eh bien, mon enfant, puisque tu as un congé, tu l'iras chercher toi-même et tu me la rapporteras, pour que je la rende aux personnes qui l'ont perdue.

» — Oh! non, monsieur, me dit-il avec une simplicité qui me toucha jusqu'au fond de l'âme. J'ai bonne envie de bien faire à l'avenir, mais je me défie encore de moi-même. Je ne voudrais pas avoir cet argent entre les mains, et je serais soulagé si, en allant chez ma mère, je savais qu'on l'a rendu à celui à qui je l'ai volé.

» — C'est bien, mon enfant; on fera ce que tu désires. Et il me désigna la cachette où l'on devait retrouver les couverts.

» Il s'en alla en me remerciant; puis, après avoir fait quelques pas, il revint :

» — Monsieur le directeur, me dit-il, je voudrais bien qu'on fît cela quand ma mère sera absente. Elle ne connaissait pas ce vol; j'ai été arrêté pour une faute bien moins grave : elle serait si malheureuse de savoir que son fils a été un voleur !

» Je le congédiai après lui avoir serré la main, et le lendemain même je pus faire reprendre et restituer l'argenterie.

» Dieu a béni la bonne volonté de ce pauvre enfant; il a persévéré dans le bien, s'est établi dans son village et gagne honorablement sa vie, entouré de l'affection de ceux qui le connaissent et qui n'ignorent pas les erreurs de sa jeunesse. »

EXERCICE.

Où se trouvait l'auteur de ce récit au mois de mai 1843 ? — Quel aspect offraient les rues de Marseille ? — Décrivez la procession qui avançait majestueusement dans la ville. — Quel anniversaire célébrait-on ? — Quelle impression produisait cette solennité ? — Par qui était exécutée la musique militaire qui accompagnait la procession ? — Quelle était la tenue des jeunes musiciens ? — Où se rendirent-ils en quittant la procession ? — Quel aspect présente la maison qui porte le nom de *pénitencier* à Marseille ? — Qui a fondé et qui dirige cet établissement ? — Quelles difficultés a-t-il eu à vaincre ? — Peut-on faire le bien quand on se laisse décourager par les obstacles ? — Racontez l'anecdote citée par l'auteur de ce récit ? — Que pensez-vous du sentiment qui portait l'enfant autrefois coupable à se défier de lui-même pour l'avenir ? — Quels sentiments doivent éprouver les enfants à l'égard des maîtres qui se dévouent à leur instruction et à leur amélioration ?

Les petites sœurs des pauvres.

Les plus belles œuvres de la charité chrétienne ont eu la plus humble origine. C'est ainsi qu'a commencé obscurément, dans un coin de la France, l'une des plus touchantes institutions que la religion ait enfantées dans notre siècle ; je veux parler de l'œuvre des *Petites Sœurs des pauvres.*

Un vicaire de la petite ville de Saint-Servan, sur les côtes de Bretagne, M. Lepailleur, fut ému du triste sort des vieillards indigents qui, devenus incapables de se soutenir par leur travail, privés par la mort ou par l'absence des soins de leurs proches, délaissés trop souvent par des enfants ingrats, n'avaient plus qu'à attendre la mort au milieu du dénûment et des souffrances. Le digne prêtre résolut de venir à leur secours, et communiqua sa pieuse pensée à une femme de quarante-huit ans, Jeanne Jugan, aussi pauvre que lui, mais animée de la même charité. Deux jeunes filles firent vœu avec Jeanne de se consacrer au soulagement de la vieillesse malheureuse. Telle fut la communauté à ses premiers jours.

Quelques vieillards paralytiques ou infirmes furent recueillis et soignés d'abord. Ces premières tentatives ayant réussi, une première maison fut créée et reçut douze indigents. Pour la fonder, le prêtre vendit sa montre, un calice et deux burettes, dont le produit vint s'ajouter à ses faibles économies. Jeanne prit son panier et s'en alla, de porte en porte, demander aux personnages charitables les restes de leurs repas. Bientôt un prix de l'Académie, accordé à Jeanne Jugan, apporta à la communauté une somme de 3,000 francs. Un parent éloigné d'une des femmes adoptées dans l'asile, touché des soins qu'elle y recevait, légua 7,000 francs au pauvre établissement. On vit se renouveler, pendant qu'on bâtissait la maison, des scènes dignes des plus beaux temps du christianisme. Les ouvriers venaient travailler volontairement, et refusaient tout salaire. Les paysans fournissaient gratuitement leurs charrois. Les pêcheurs de la côte envoyaient à l'envi leur modeste offrande, obole de la pauvreté courageuse, véritable denier de la veuve. Des soldats abandonnaient, pour la nouvelle œuvre, un certain nombre de leurs rations.

Ce concours empressé des populations laborieuses autour de cet établissement dirigé par les Petites Sœurs des pauvres, nom qu'avaient pris ces nobles servantes de la vieillesse nécessiteuse, se reproduisit dans toutes les villes où l'œuvre créa ses succursales. On voyait arriver dans une cité populeuse deux ou trois sœurs vêtues du costume chaste et sévère que portent les ouvrières de Saint-Servan ; elles trouvaient un local quelconque, et y recueillaient des vieillards infirmes. Ni l'exiguïté de leurs ressources, ni les rudes épreuves qui les assaillaient, ni leurs souffrances personnelles ne les arrêtaient un instant ; elles commençaient par créer la maison, laissant le reste à la Providence et comptant sur l'assistance des âmes bienfaisantes. Ce double appui ne leur a jamais fait défaut.

Les établissements des Petites Sœurs des pauvres offrent un spectacle vraiment admirable et laissent dans l'âme un souvenir qui ne s'efface plus. Voyez près d'elles ces vieillards qui, la veille encore, vivaient dans l'abandon et dans la détresse. Maintenant une bonne nourriture soutient leurs forces ; ils sont bien couchés ; une propreté merveilleuse les environne. Presque tous, loin de rester oisifs, mettent au service de la maison leur activité et leurs connaissances. Celui-ci soigne le jardin ; celui-là s'emploie comme vitrier ; d'autres se rendent utiles dans leurs différentes professions. La chapelle a été décorée de leurs mains. Plusieurs planchers qui ont assaini des rez-de-chaussée humides sont leur ouvrage. Les femmes rivalisent de zèle avec les hommes pour ces labeurs volontaires qui les occupent sans les fatiguer. Au reste, les ennuis de l'isolement, si cruels pour la vieillesse, ne peuvent plus les atteindre ; grâce à la bonté ingénieuse des Petites Sœurs, l'expression de la gaieté et de la confiance rayonne sur tous ces visages. Interrogez ces vieillards ; vous êtes sûrs d'entendre sortir de leur bouche des paroles de respect, d'attachement et de reconnaissance pour les êtres angéliques qui les entourent d'une sollicitude si intelligente et de soins si affectueux.

Il faut avoir vu les Petites Sœurs à l'œuvre pour comprendre ce qu'elles ont à déployer de zèle, de dévouement, d'abnégation dans l'accomplissement de leur tâche. Elles sont, dans toute la force du mot, les servantes des pauvres ; elles leur font la cuisine, nettoient leurs chambres et lavent leur linge. Les plus viles besognes ne les rebutent pas. Telle est d'ailleurs la puissance de la charité chrétienne, qu'au milieu de ces travaux incessants, condamnées souvent aux plus dures privations afin que rien ne manque à leurs hôtes, soumises à une discipline sévère qui ne leur permet, sauf une demi-heure de récréation par jour, de se parler entre elles que pour les nécessités du service, elles sont les plus heureuses créatures du monde. La joie, la sérénité brillent sur leurs traits ; et quand on leur demande si cette vie de renoncement et de devoir leur semble pénible, elles vous répondent en vous montrant les vieillards qu'elles ont adoptés et qui leur doivent le repos et le bonheur.

Un des signes éclatants qui signalent les œuvres de la

charité chrétienne, c'est qu'après des commencements obscurs et difficiles elles se développent plus tard avec une rapidité extraordinaire; il en a été ainsi de l'institution des Petites Sœurs des pauvres. Douze années ont suffi pour fonder plus de trente maisons dans nos principales villes de France et à Londres. Le nombre des Petites Sœurs s'accroît de jour en jour, et la maison du noviciat est pleine de néophytes. Toutes les conditions, tous les rangs y sont mêlés, depuis de modestes paysannes jusqu'à la nièce d'un pair d'Angleterre, qui, ornée de tous les dons de la fortune et de l'esprit, est devenue, comme toutes les autres, l'humble servante de la vieillesse et de l'indigence.

EXERCICE.

Quelle est en général l'origine des œuvres de la charité chrétienne ? — Par qui a été fondée la communauté des *Petites Sœurs des pauvres* ? — Racontez les premiers efforts de ses fondateurs. — — Comment cette institution se développa-t-elle peu à peu ? — Que firent les habitants du pays pour la seconder ? — Que doit faire chacun quand il est témoin d'une bonne œuvre ? — Quelle renommée ont les Petites Sœurs des pauvres ? — Comment les vieillards recueillis par elles passent-ils leur temps ? — Quelles sont les occupations de ces bonnes religieuses ? — Sont-elles heureuses, malgré leurs fatigues et leurs privations ? — Expliquez la cause de leur bonheur.

Les Impôts.

— Mon père, on vient de nous raconter une histoire bien amusante, disaient à la fois à M. Lambert ses deux enfants, Édouard, âgé de quatorze ans, et Julie, plus jeune de deux ans que son frère ; et tous deux riaient aux éclats.

— Eh bien ! qu'est-ce donc ? dit M. Lambert.

— Oh ! reprit Édouard, c'est un homme qui voulait faire entrer un cochon à Paris sans payer les droits. Après l'avoir tué, il l'habille avec un large pantalon et une grande blouse bleue, lui met une large cravate rouge autour du cou, et lui cache la tête dans un bonnet de coton : il le place, ainsi affublé, dans le fond de sa charrette, sur une botte de paille.

Il se présente à la barrière.

— Vous n'avez rien à déclarer ? disent les commis.

— Ma foi, non, reprend le charretier, à moins que

vous ne fassiez payer le vin qu'a avalé ce vaurien de Grégoire, qui est ivre-mort là derrière. Piquez-le un peu avec votre sonde, pour le réveiller, messieurs les commis.

Ceux-ci se mettent à rire, et laissent passer la charrette, qui s'en va au grand trot.

Nous avons bien ri aussi en entendant cette histoire-là, et je me suis promis que, quand je voyagerais, j'inventerais quelque bonne farce pour passer à la frontière, en dépit des douaniers, et rapporter à ma sœur de belles dentelles étrangères, comme celles que M. Fourcy a données l'année dernière à sa femme, en revenant de Belgique.

— Oh! oui, tu m'en rapporteras, dit la petite Julie en frappant des mains.

— Si tu fais cela, mon fils, dit gravement M. Lambert, tu commettras deux mauvaises actions : un mensonge d'abord, puis quelque chose qui ressemble fort à un vol, et qu'on appelle une fraude.

— Comment cela! s'écria le jeune homme, qui, en voyant l'air sérieux de son père, avait tout à coup cessé de rire, mais je croyais... il me semblait que c'était une plaisanterie, et voilà tout.

— Tu vas en juger toi-même, mon enfant. D'abord, si tu avais sur toi un objet soumis aux droits et si tu répondais que tu n'as rien à déclarer, dirais-tu la vérité?

— Non.

— Voilà déjà un mensonge, pour appeler les choses par leur nom.

— Vous avez raison, mon père; je n'y avais pas songé.

— Eh bien! te sens-tu disposé à une chose que tu ne pourrais faire sans mentir.

— Non, certainement, s'écrièrent les enfants.

— Mais, mon père, dit Édouard après avoir réfléchi quelques instants, il arrive souvent que les commis ne demandent rien; alors il n'y a pas de réponse ni de mensonge à faire, et je ne vois pas, dans ce cas-là, ce qui m'empêcherait de passer mes dentelles.

— Tu as oublié que je t'ai dit tout à l'heure qu'il ne s'agissait pas seulement de mentir, mais de voler, ou à peu près.

— Ah! voilà ce que je ne comprends pas, par exemple! dit Édouard.

— Ni moi non plus, dit Julie.

— Eh bien! écoutez-moi, mes enfants; je vais tâcher de vous le faire comprendre.

Savez-vous ce que c'est que l'*impôt*?

— Oui, se hâta de répondre Édouard, c'est l'argent que l'on paye au gouvernement.

— Et pourquoi donne-t-on cet argent au gouvernement?

— Pour qu'il puisse lui-même payer ceux qu'il emploie, les officiers, les magistrats....

— Oui, sans doute, et tu pourrais dire, en un mot, pour donner un traitement à tous les fonctionnaires publics.

Les impôts servent encore à faire exécuter tous les grands travaux dont nous profitons, les grandes routes, les chemins de fer, les beaux monuments. Sans les impôts, il n'y aurait ni fonctionnaires pour protéger les citoyens, ni voies de communication pour mettre en relation toutes les parties de la France, ni ressources pour entretenir les établissements d'instruction et les maisons de bienfaisance, ni moyens de venir au secours des populations malheureuses, quand, par exemple, des inondations comme celles de la Loire et du Rhône, en 1856 et

autres, viennent détruire, dans une vaste étendue de pays, les habitations, les bestiaux et les récoltes.

Si donc les particuliers, au lieu d'acquitter loyalement leurs impôts pour contribuer à ces grandes choses, trouvaient moyen de s'en dispenser, il en résulterait que le gouvernement aurait moins de ressources, qu'il ne pourrait pas faire autant de choses utiles, et que tout le monde en souffrirait.

Comprenez-vous bien cela?

— Parfaitement, dirent les deux enfants.

— Eh bien! il y a des lois qui ont réglé la part d'impôt que chacun a à supporter; en d'autres termes, ce que chaque particulier doit au gouvernement. Quand une personne doit une chose et qu'elle ne la paye pas, que fait-elle?

— Une chose bien malhonnête, dit Édouard.

— Et que tu ne voudrais pas faire, sans doute?

— Oh! mon père, comment pouvez-vous me demander cela?

— C'est pourtant ce dont tu parlais tout à l'heure à l'égard du gouvernement et du trésor public.

— Comment donc?

— Parce que les droits que l'on est obligé de payer, quand on fait entrer en France des marchandises étrangères, forment une partie, et une partie très importante, des revenus de l'État.

— Mais, mon père, ce que l'on doit pour un bout de dentelle, c'est bien peu de chose, et l'État est si riche, si riche! Vous m'avez dit un jour qu'il recevait je ne sais combien de millions par an! aussi, j'ai entendu dire plus d'une fois: *Quand on prend à l'État, on ne prend à personne.*

— Voilà une bien fausse idée, mon enfant. D'abord, si un million de personnes faisaient le même raisonnement, chacune seulement pour une somme de deux francs, qui est bien peu de chose pour l'État, qu'est-ce que le trésor perdrait?

— Mais deux millions.

— Tu vois que c'est déjà quelque chose. Or, dis-moi, si tu devais un franc à une personne très riche, est-ce que tu te croirais obligé de le lui rendre? Un franc est si peu de chose pour celui qui a cinquante mille francs de rentes!

— Cela ne fait rien, mon père; il faut payer ses dettes, que la personne à qui l'on doit soit riche ou pauvre.

— C'est très bien parler. Tu vois donc que si nous devons quelque chose, en vertu d'une loi qui nous oblige tous, il faut nous acquitter, sans nous inquiéter si l'État, à qui nous devons, est riche ou pauvre.

— Il n'y a rien à répondre à cela.

— Tu conviens donc maintenant que c'est agir en malhonnête homme que de ne pas payer ce qu'on doit à l'État?

— Il faut bien que j'en convienne.

— C'est mieux que cela, et tu vas voir de quelle injustice on se rend coupable quand on trouve moyen de ne pas payer les impôts auxquels on est assujetti.

L'État ne peut pas réduire ses ressources; si elles diminuent d'un côté, il faut qu'il les augmente d'un autre.

Ainsi il arrive tous les ans que des *fraudeurs*, car c'est le nom qu'on leur donne, de l'espèce de celui dont tu me racontais l'histoire, parviennent, en introduisant des marchandises par contrebande, à enlever à l'État une partie des revenus que les douanes devraient lui procurer; il en résulte que le gouvernement est obligé de faire payer à tout le monde, aux pauvres comme aux riches, d'autres impôts bien lourds et bien durs pour beaucoup de familles; de sorte que les fraudeurs font fortune aux dépens de tous ceux qui payent ce qu'eux seuls devraient payer.

Donc, quand on fait la fraude, c'est à peu près comme si l'on prenait dans la bourse de ses concitoyens la somme que l'on se dispense de payer. Les fraudeurs de toute espèce et de tout rang peuvent se dire que, sans leurs coupables manœuvres, le gouvernement pourrait diminuer bien des charges qui pèsent sur de pauvres gens, et que leur fortune a une origine honteuse, puisqu'elle est acquise au détriment de leur prochain.

— Nous ne nous doutions guère de tout cela, mon père, je t'assure, dirent les deux enfants, et nous n'avons plus envie de faire la fraude.

— Maintenant que je vous ai fait comprendre l'utilité des impôts et l'obligation où nous sommes de les payer, voulez-vous que je vous explique quelles sont les différentes espèces d'impôts?

Vous entendez parler tous les jours de contributions directes et indirectes, de patentes, d'octroi, et vous n'y comprenez probablement pas grand'chose.

— C'est vrai, mon père. Nous écoutons.

— Eh bien! mes amis, voici en deux mots tout le système des impôts ou contributions. En règle générale, tout citoyen doit donner à l'État une part de sa fortune, comme, dans une famille, chacun doit contribuer dans la mesure de ses forces au bien de tous. L'État a donc établi des impôts, sauf certaines exceptions, sur tout ce qui constitue la fortune d'un citoyen, sur tout ce qui est de nature à lui produire des revenus, et en proportion de l'importance de ces revenus. C'est ce qu'on appelle les CONTRIBUTIONS DIRECTES ; elles se divisent en quatre classes :

1° La *contribution foncière* ou *immobilière;* c'est celle que l'on paye pour les maisons et les terres, appelée dans le langage de la loi *biens-fonds* ou *immeubles*.

2° Les *contributions personnelle* et *mobilière*, ou celles que chacun doit pour sa propre personne et pour ses meubles.

3° La *contribution des portes et fenêtres*, impôt ajouté à celui que l'on paye pour les maisons elles-mêmes, et qui dépend du nombre de portes et de fenêtres percées dans chaque bâtiment.

4° Les *patentes;* c'est un droit que supportent chaque année tous les commerçants et tous les industriels, et qui est plus ou moins élevé, suivant l'importance du commerce ou de l'industrie.

Outre les contributions directes que tout chef de famille acquitte, à moins qu'il ne soit dans l'indigence, il y a des CONTRIBUTIONS INDIRECTES, qui consistent dans le payement d'un droit, soit pour la fabrication, soit pour l'entrée en France, soit pour le transport de certains objets. Les impôts, vous le comprenez bien, augmentent nécessairement le prix de ces objets; car si le marchand doit payer, outre la valeur de la chose elle-même, un droit au gouvernement, il faut qu'il retrouve ce droit en vendant l'objet aux acheteurs. Ce sont donc en réalité les acheteurs qui supportent l'impôt, mais d'une manière indirecte, puisqu'ils remboursent au marchand le droit que celui-ci a payé à l'État. Voilà pourquoi ces impôts sont appelés *indirects*.

Les principaux impôts indirects sont les droits de *douane*, ou droits que l'on paye pour les marchandises étrangères que l'on fait entrer en France; les droits sur le vin, que l'on paye pour le transport et la circulation des vins et des liqueurs ; les droits sur le sel, le tabac, etc.

On peut comprendre parmi les contributions indirectes les *octrois*, qui sont des droits que l'on paye quand on introduit dans une ville des objets de consommation : par exemple, des bois, des viandes, des boissons. Ces contributions sont au profit non pas de l'État, mais des villes, qui sont, sous bien des rapports, comme de petits États, et qui, ayant aussi beaucoup de dépenses à faire dans l'intérêt de leurs habitants, doivent avoir leurs revenus particuliers.

Les octrois, abolis pendant la révolution de 1789, furent rétablis pour fournir aux besoins des hôpitaux, et c'est pourquoi on les a appelés *octrois de bienfaisance;* puis leurs produits s'étant considérablement accrus, ils ont servi à toutes les dépenses des villes.

C'est à l'aide des octrois et de divers autres revenus que la ville de Paris pave et éclaire ses rues, ses places et ses quais ; qu'elle élève et embellit ces grands monuments qui font l'admiration des étrangers ; qu'elle soutient les institutions de bienfaisance et les écoles ; qu'elle a pu, par exemple, dans les hivers de 1846 à 1847, et de 1853, 1854 et 1855, quand le prix du pain s'était démesurément élevé par suite de l'insuffisance de la récolte, le maintenir cependant au taux de quarante centimes le kilogramme.

Vous voyez, mes amis, qu'il ne faut pas plus frauder l'octroi des villes que les douanes du gouvernement.

EXERCICE.

Quelles sont les personnes qui figurent dans ce récit ? — Quelle anecdote Édouard et Julie racontèrent-ils à leur père ? — Quelle impression avait-elle faite sur eux ? — Quel projet formait le jeune Édouard ? — Que désirait Julie ? — Comment M. Lambert leur répondit-il ? — Quelles sont les deux mauvaises actions qu'Édouard se préparait à commettre sans y réfléchir ? — Comment appelle-t-on la déclaration d'une chose fausse ? — Qu'entend-on par impôts ? — A quoi sont employés les impôts ? — Qu'arriverait-il donc si les particuliers trouvaient le moyen de ne pas payer les impôts ? — Comprenez-vous maintenant pourquoi les impôts sont dus au gouvernement ? — Quel nom mérite la personne qui refuse de payer ses dettes ? — — Que doit-on donc penser de celui qui refuse de payer ses dettes à l'État ? — Est-il vrai que quand on prend à l'État on ne prend à personne ? — Faites-moi comprendre l'injustice et la malhonnêteté de celui qui ne s'acquitte pas de ce qu'il doit à l'État. — Expliquez-moi à qui il fait du tort. — Comment appelle-t-on ceux qui ne payent pas les droits à l'entrée des marchandises ? — Quelle est la conséquence de leur fraude ? — Aux dépens de qui font-ils fortune ? — A quoi peut-on comparer leur manière d'agir ?— Quelles paroles adressa M. Lambert à ses enfants en terminant ses réflexions ? — Quelles sont les deux grandes espèces d'impôts ? — Qu'entend-on par contributions directes ? — Dites-moi ce que c'est que la contribution foncière, — personnelle, — des portes et fenêtres, — des patentes.— Qu'entend-on par contributions indirectes? — Quelles sont les principales contributions indirectes?—Parlez-moi des douanes, des octrois. — A qui profitent les octrois ? — Ce qu'on a dit au commencement de ce récit sur les impôts en général s'applique-t-il aux octrois?

La contrebande.
(Suite du récit précédent.)

Je vous ai dit, mes enfants, continua M. Lambert, tout ce qu'il y a de honteux dans toutes ces fraudes qui ont pour but de priver le gouvernement des droits qui lui sont dus légitimement; mais elles ont des résultats plus funestes encore que ceux que je vous ai indiqués : elles pervertissent des populations entières et y établissent

des habitudes de brigandage qui attirent sur ceux qui s'y livrent toute la sévérité des lois.

Dans plusieurs départements voisins des frontières, la contrebande est devenue la coupable industrie d'une foule de personnes. Des hommes vigoureux et déterminés traversent les forêts et les rochers les plus impraticables avec de lourds ballots d'objets qu'ils dérobent à l'inspection des douaniers; souvent ils résistent à main armée aux agents de l'autorité, et ces luttes amènent quelquefois de sinistres événements. Dans certains endroits, des chiens habitués à fuir les employés de la douane, qu'ils reconnaissent à leur costume, traversent la frontière portant autour de leur corps de grandes quantités de dentelles. Ce qui est plus déplorable encore, c'est qu'un grand nombre d'enfants, formés dès leur jeune âge à ce triste métier, s'accoutument à braver les lois, à ne respecter aucune autorité, et deviennent capables des plus mauvaises actions.

Je n'oublierai jamais la malheureuse histoire d'un jeune garçon que j'avais vu plusieurs fois lorsque j'habitais le département des Basses-Pyrénées, et auquel je m'étais intéressé à cause de son intelligence, de son énergie et de son activité. Quand je suis revenu dans ce pays, j'ai appris qu'il était au bagne de Toulon, par suite d'un meurtre qu'il avait commis. Voici comment il avait été entraîné au crime dont il subit aujourd'hui le châtiment:

Pierre Gomez, à l'âge de douze ou treize ans, venait souvent aux Eaux-Bonnes vendre aux baigneurs de petits objets de contrebande. Sa mère, pauvre veuve qui habitait la montagne et y soignait un petit troupeau, avait grand'peine à retenir son fils près d'elle, et encore plus à obtenir qu'il allât à l'école recevoir les leçons du brave instituteur de la commune. Le petit Pierre, leste, hardi, infatigable, aimait mieux gravir les rochers et rejoindre dans des sentiers détournés les contrebandiers espagnols qu'il aidait à transporter leurs ballots, et qui lui donnaient en récompense quelques marchandises anglaises dont il parvenait à tirer un peu d'argent.

« Pierre, lui disait souvent sa mère en pleurs, ce n'est pas ainsi que faisait ton père; il travaillait honnêtement, et nous n'avons jamais manqué de rien. Pierre, renonce à ce mauvais métier, et souviens-toi que l'argent mal gagné ne profite point. »

L'enfant ne tenait aucun compte des avis de sa mère,

il passait sa vie dans la montagne, occupé à chercher des passages inconnus aux douaniers et à colporter des marchandises étrangères. Souvent il allait offrir aux voyageurs de passer à la frontière les objets de contrebande que plusieurs avaient le tort de porter avec eux.

Alors il s'accrochait à la diligence, s'échappait quand il voyait les employés de la douane, courait rejoindre la voiture en prenant un détour, et gagnait ainsi quelques pièces de monnaie.

Il ne parlait plus à sa mère de ses expéditions, et quand il rapportait quelque argent, il lui disait qu'il l'avait gagné en servant de guide à un voyageur. L'infortunée soupirait et priait Dieu d'avoir pitié de son fils.

Cependant, celui-ci grandissait, continuant toujours sa vie oisive et vagabonde. Un jour sa mère le vit arriver pâle, épuisé, sanglant, se traînant à peine le long du sentier qui conduisait à sa demeure. — Il se trouvait avec plusieurs contrebandiers espagnols, lorsque tout à coup des douaniers les avaient surpris et les avaient sommés de se rendre. Les contrebandiers, munis d'armes à feu, avaient répondu à coups de fusil; mais une décharge des douaniers avait renversé deux des leurs, deux autres avaient été arrêtés, et un seul avait réussi à s'échapper avec Pierre, qui, blessé au bras et perdant tout son sang, n'avait pu retourner à la maison de sa mère qu'avec une peine inouïe.

Il eut bientôt recouvré la santé, grâce aux soins de la pauvre femme qui se félicitait presque de cet accident, espérant qu'il détournerait à jamais son fils du genre de vie qu'il avait embrassé. C'était un avertissement sévère, mais utile, que la Providence envoyait au jeune homme; il parut le comprendre, et consentit à entrer chez un fermier du village pour s'y livrer aux travaux des champs.

Un jour qu'il allait chercher une charge de bois sur la montagne, il rencontra par malheur le contrebandier qui avait échappé avec lui à la fatale rencontre; celui-ci lui proposa de tenter encore une expédition qui devait produire de beaux bénéfices, et lui promit pour sa part une carabine anglaise. Pierre ambitionnait depuis longtemps une arme avec laquelle il pût chasser les izards (1)

(1) Espèce de chamois qui se trouve dans les Pyrénées.

dans les glaciers. Il hésita quelque temps, songeant aux promesses qu'il avait faites à sa mère ; mais ses mauvaises habitudes l'emportèrent ; il partit avec le contrebandier.

L'entreprise réussit complètement: Pierre reçut la carabine, et, tout en continuant ses expéditions de concert avec son ancien compagnon, il devint en peu de temps un tireur fort habile.

Deux années s'écoulèrent ainsi. Pierre cachait autant que possible à sa mère ses occupations habituelles ; il cherchait à lui persuader qu'il passait son temps à poursuivre les izards ; mais la pauvre femme ne devinait que trop la vérité.

Cependant Pierre s'était mis en relation avec un grand nombre de contrebandiers auxquels il se rendait fort utile par sa vigueur, sa hardiesse et la parfaite connaissance qu'il avait acquises de tous les détours de la montagne. Plusieurs fois, les fraudeurs avaient eu avec les douaniers des démêlés où le sang avait coulé ; mais Pierre avait été assez heureux pour n'être ni blessé ni reconnu.

Un jour, il trouva au lieu ordinaire du rendez-vous plusieurs contrebandiers réunis et tenant conseil. Ces hommes, que leur vie aventureuse et coupable avait familiarisés avec le crime, venaient d'apprendre qu'un riche voyageur devait passer la frontière le jour même, et qu'il porterait avec lui une somme considérable. Pierre, qui était le meilleur tireur de la bande, était déjà désigné comme celui qui devait abattre le postillon d'un coup de fusil, au moment où il passerait près d'un amas de rochers, derrière lesquels ses compagnons se tiendraient cachés.

Effrayé d'une si horrible proposition, Pierre refusa avec indignation ; mais les contrebandiers l'entourèrent en lui déclarant que, puisqu'il connaissait leur projet, il les aiderait à l'accomplir ou périrait de leurs mains. Pierre céda et se mit en marche avec les bandits ; on le posta au lieu choisi d'avance, et deux hommes restèrent auprès de lui, le pistolet à la main, pour s'assurer qu'il ne les trahirait pas.

Bientôt on vit arriver la chaise de poste. Pierre tremblait de tous ses membres : « Tire bien, lui dit tout bas un des hommes qui l'accompagnaient ; si tu le manques, je ne te manquerai pas. » Le malheureux jeune homme ajusta, fit feu, et le postillon tomba en se débattant aux pieds de ses chevaux.

Les brigands se précipitèrent sur la route pour arrêter l'attelage ; mais à quelque distance s'avançait une voiture qui portait des fonds pour le gouvernement et qu'accompagnait une escorte de gendarmes. En entendant la détonation, ceux-ci s'élancèrent au galop, et les contrebandiers s'enfuirent à travers les rochers et les buissons. Pierre était demeuré immobile, saisi d'horreur, à la vue de l'infortuné qu'il avait blessé à mort; il ne chercha pas même à s'échapper, et fut saisi par les gendarmes. Le crime était manifeste; Pierre fut condamné aux travaux forcés à perpétuité.

Sa mère est morte peu de temps après de misère et de douleur.

Voilà un des exemples malheureusement trop nombreux de ces déplorables existences qui commencent par la fraude et la rébellion contre les autorités et, de degré en degré, arrivent au crime et à l'infamie.

EXERCICE.

Quels peuvent être les résultats déplorables des fraudes dont on a précédemment parlé? — Quelle est la coupable industrie de beaucoup de personnes dans les départements voisins des frontières? — Quelles luttes en résultent ? — Quels moyens de fraude sont employés ? — Ne voit-on pas de malheureux enfants s'accoutumer à ce funeste métier? — Quel était le jeune garçon dont s'occupe l'auteur de ce récit ? — Pourquoi s'y était-il intéressé ? — Comment s'appelait-il ? — Où venait-il ? — Que vendait-il ? — Quelle était sa mère ? — Quelle est le devoir d'un jeune homme qui a eu le malheur de perdre son père, et qui est le seul appui de sa mère ? — Ne doit-il pas redoubler de soins et de tendresse envers elle ? — Que pensez-vous de celui qui abandonne sa mère veuve? — Quelle était l'occupation habituelle de Pierre Gomez ? — Que lui disait sa mère ? — Tenait-il compte de ses avis ? — Comment aidait-il les voyageurs à passer les objets de contrebande ? — Ceux-ci avaient-ils tort de l'employer dans ce but? — Que pensez-vous d'un enfant qui cache sa conduite à sa mère ? — Quel était le chagrin de celle-ci ? — En quel état Pierre revint-il un jour retrouver sa mère ? — Que lui était-il arrivé ? — Que pensa la pauvre veuve de cet accident ? — N'est-ce pas une leçon de la Providence ? — Que fit Pierre quand il fut rétabli ? — Sa bonne conduite dura-t-elle longtemps ? — Quels mauvais conseils reçut-il ? — Sut-il y résister ? — Quel fut le prix de la mauvaise action de Pierre? — A quoi dès lors passa-t-il son temps ? — Quelles funestes connaissances avait-il faites ? — Que faisaient les contrebandiers le jour où Pierre les trouva réunis ? — Quel projet criminel avaient-ils formé ? — Quelles menaces firent-ils à Pierre ? — A quoi l'obligèrenttls ? — Devait-il refuser quoiqu'on le menaçât de la mort ?— Où fut-il posté ? — Quelles précautions prit-on à son égard ? — Qu'arriva-t-il quand la chaise de poste parut ? — Que firent les contrebandiers quand Pierre eut abattu le postillon ? — Comment furent-ils mis en fuite par des gendarmes ? — Pierre fut-il arrêté ? — Quelle fut la punition de son crime ? — Que devint sa mère ? — Que pensez-vous de cette histoire ? — A quoi peuvent conduire la fraude et la résistance aux autorités ?

Le service militaire et l'armée territoriale.

La garde nationale a été supprimée, et l'on ne doit pas souhaiter son rétablissement. L'esprit de discipline était difficile à y maintenir; la facilité que les éléments impurs et révolutionnaires de la société ont de s'y agréger, nous a montré, par les effroyables désastres de la Commune, le vice de l'institution. La France a trouvé dans de nouvelles dispositions législatives le moyen d'assurer la force militaire qui lui est nécessaire. Puisse-t-elle ne s'en servir que pour la défense de sa dignité et de ses intérêts.

La loi du 27 juillet 1872 a rendu le service militaire obligatoire pour tous les Français (sauf les cas d'exemptions légales), en interdisant absolument le remplacement. Voilà les principes qui dominent la loi nouvelle, et on ne peut qu'y applaudir. Il ne faut pas que la fortune, la naissance ou les honneurs dispensent personne de défendre la patrie.

Le service militaire est ainsi réglé : cinq ans dans l'armée active (de 20 à 25 ans); quatre ans dans la réserve de l'armée active (de 25 à 29); cinq ans dans *l'armée territoriale* (de 29 à 34 ans); six ans dans la réserve de l'armée territoriale (de 34 à 40 ans).

L'armée territoriale se compose de tous les hommes ayant satisfait aux neuf années que comprend le service de l'armée active.

EXERCICE

Quels sont les principes dominants de la nouvelle loi militaire de la France ?

Les sapeurs-pompiers.

M. Lannoy passait le temps des vacances dernières aux environs de Meaux, avec ses deux fils et un jeune neveu, camarade de pension de ses enfants. Un soir, ils causaient ensemble de l'organisation toute récente, dans un bourg voisin, de ces pompiers de la garde nationale dont nous nous sommes entretenus au précédent chapitre.

— Vous savez, dit M. Lannoy aux enfants, que nos pompiers sont institués à l'imitation d'un corps militaire connu sous le nom de *Corps des sapeurs-pompiers* et établi à Paris, où il rend des services inappréciables. C'est une création toute française, dont notre pays peut être fier comme de tant d'autres; c'est au reste une des plus belles, puisqu'elle a pour but de combattre un des plus terribles fléaux auxquels nous soyons exposés.

— Y a-t-il bien longtemps qu'il y a des sapeurs-pompiers à Paris? demanda un des enfants.

— Il n'y a guère plus de cent cinquante ans. A la fin du dix-septième siècle, le roi Louis XIV donna douze pompes à incendie à la ville de Paris, et organisa pour le service de ces utiles instruments un corps de sapeurs-pompiers. Leur nombre ne s'élevait d'abord qu'à une trentaine, et, comme il n'y avait pas encore de fonds régulièrement destinés à leur entretien, les incendiés étaient obligés de payer les secours qu'ils recevaient.

Cet état de choses ne tarda point à changer. Bientôt une paye suffisante fut assurée aux pompiers, et on lut sur la porte du directeur des pompes cette inscription :

« Pompes publiques du roi pour remédier aux incendies, sans qu'on soit tenu de payer. »

Dès lors, le nombre des sapeurs-pompiers augmenta rapidement. A l'époque de la Révolution française, ils étaient répartis en vingt-cinq corps-de-garde dans les différents quartiers de Paris.

C'est alors qu'en récompense de leurs services ils reçurent solennellement la garde d'un drapeau, quoiqu'ils ne formassent qu'un simple bataillon, et qu'il n'y ait dans l'armée qu'un drapeau par régiment.

Le corps des sapeurs-pompiers, qui naguère encore ne comptait pas sept cents hommes, a été notablement augmenté; il est divisé en plusieurs compagnies, dont les postes sont répartis dans toute la capitale.

Malgré l'augmentation du nombre des constructions dans Paris et l'accroissement de la population, deux causes qui multiplient beaucoup les accidents, les pompiers, grâce à leur admirable activité et à leur dévouement infatigable, ont toujours suffi à leur tâche, et il n'est guère d'incendie qu'ils ne parviennent à arrêter avec une promptitude souvent merveilleuse.

La ville de Hambourg, où un épouvantable incendie a causé, il y a quelque temps, des ravages incalculables, a envoyé à Paris plusieurs jeunes gens pour se former à l'école de nos pompiers ; c'est un bel hommage rendu à notre pays et à cette utile institution.

— Mon père, dit l'aîné des enfants, nous serions tous trois bien curieux de savoir quels moyens les pompiers emploient pour éteindre le feu ; il me semble qu'il doit en périr souvent, quand ils sont obligés de pénétrer dans les maisons embrasées.

— Rien n'est plus rare au contraire, mes amis, fort heureusement. Ils sont exercés avec tant de soin et manœuvrent avec tant d'habileté et de sang-froid qu'ils échappent presque toujours aux plus grands dangers.

Au reste, mes enfants, il fait une belle soirée ; allons ensemble au bout du village, chez le brave Paumier, que vous voyez souvent le dimanche avec son vieil uniforme et son bonnet de police : c'est un ancien pompier qui vient de prendre sa retraite par suite d'un accident qui l'a privé à peu près de l'usage d'un de ses bras ; c'est lui qui a aidé le commandant de la garde nationale à organiser notre petit corps de pompiers. Il vous donnera beaucoup mieux que moi tous les éclaircissements que vous désirez.

— Oh! allons, allons bien vite, dirent les trois enfants, tout joyeux à la pensée d'une agréable promenade et d'un récit intéressant.

M. Lannoy emmena aussitôt les trois jeunes écoliers, et bientôt ils furent arrivés près de la maison de Paumier.

C'était un homme d'environ cinquante ans, d'une taille peu élevée mais bien prise, et dont tout l'extérieur annonçait une constitution robuste et une force remarquable. A voir sa démarche aisée et son pas agile, on s'apercevait facilement qu'il avait un long usage de tous les exercices gymnastiques ; il était d'une sobriété remarquable, et en avait pris l'habitude dans une profession où l'ivresse serait si funeste. Depuis un an qu'il était revenu au village, on le voyait toujours prêt à rendre service, sans vouloir jamais accepter de récompense ; c'était encore une noble coutume de son corps, où il est expressément défendu de rien recevoir de ceux que l'on vient de secourir au péril de sa propre vie.

Paumier était assis près de sa porte quand la petite compagnie s'approcha.

— Bonsoir, mon brave pompier, lui dit M. Lannoy en lui donnant une poignée de main. Eh bien ! comment le temps se passe-t-il au pays?

— Ma foi, monsieur, je ne m'ennuie pas, quoique je ne voie plus les camarades. Mon bras n'était plus bon pour la manœuvre, et il ne faut pas être manchot dans l'incendie; mais je m'en sers bien encore pour travailler. Et puis, voyez-vous, depuis vingt-cinq ans, comme je n'ai jamais aimé le jeu et le vin, j'ai toujours mis ma paye de côté. Maintenant, je peux vivre tranquille à cultiver mon petit champ et mon jardin, à moins qu'on ne s'avise de me faire garde champêtre, et cela ne me conviendrait pas mal.

— Voilà, mes enfants, dit M. Lannoy, comment on est récompensé d'une vie utile et honnête. Dites-moi, mon cher Paumier, nous venions vous faire causer un peu. Ces jeunes gens-là seraient très curieux de connaître vos instruments et vos manœuvres.

— J'aime autant ne pas en parler, parce que cela me fait regretter le corps; mais enfin, puisque vous vous êtes dérangés pour venir me trouver, je n'ai pas envie de vous refuser.

Il faut que vous sachiez d'abord que le corps des pompiers se recrute parmi les soldats d'infanterie ayant déjà servi au moins dix-huit mois. On n'y admet que les meilleurs sujets; on choisit d'ailleurs de préférence les jeunes gens qui ont été maçons, charpentiers ou couvreurs, et qui ont déjà l'habitude de marcher sans crainte et de travailler à une grande hauteur sans que la tête leur tourne; c'est la première condition du métier, voyez-vous.

Il faut ensuite être leste et agile, et savoir se servir de ses bras et de ses jarrets de bien des manières qui vous étonneraient un peu. Pour cela, il y a dans la cour de chaque compagnie de grands appareils de gymnastique, où l'on fait chaque jour toutes sortes d'exercices.

On apprend à grimper le long d'une muraille à l'aide

des moindres inégalités, à se soulever par la force des poignets, à courir sur les poutres chancelantes, à sauter d'une grande hauteur, à grimper à des échelles dans toutes les positions en portant de lourds fardeaux; puis, on s'exerce encore mieux aux incendies, qui valent toutes les gymnastiques du monde pour donner de l'aplomb et de l'agilité.

Quant à nos armes, c'est d'abord le casque de cuivre sans pompon ni crinière, qui nous garantit la tête lorsque des débris enflammés pleuvent de tous côtés; c'est ensuite la hache, qui sert à couper les poutres embrasées pour empêcher le feu de se communiquer, et qui porte une forte pointe dont on fait usage pour abattre les murailles. Vous avez sans doute vu bien des fois nos seaux d'osier, garnis de cuir ou de toile imperméable, qui servent à porter l'eau pour alimenter les pompes, et que l'on se passe de main en main en faisant la chaîne.

La pompe est notre grand instrument, et elle fait à elle seule, je vous assure, une fameuse besogne! Chaque pompe est placée sur un petit chariot que trois hommes traînent en courant presque aussi vite qu'un cheval au galop. Quand on est arrivé, on dirige les longs tuyaux de cuir dont la pompe est garnie vers les endroits menacés, et l'eau jaillit facilement jusqu'au sommet des plus hautes maisons. Nous avons ensuite nos échelles à cro-

Pompe à incendie.

chets, qui servent à monter d'étage en étage, et que l'on fixe aux balcons ou aux balustrades. Les longues échelles appuyées sur le sol ne vaudraient rien; elles ne seraient pas assez solides, et le feu pourrait les attaquer par le pied ou par le milieu, et renverser les hommes avec elles.

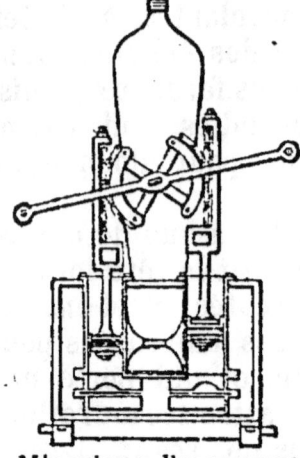
Mécanisme d'une pompe à incendie.

Seulement, il faut avoir l'habitude de se servir de ces échelles-là, parce qu'elles sont appliquées tout droit contre le mur ou se balancent à la rampe d'un balcon, ce qui ferait tourner la tête à bien des gens; aussi, il y a un appareil très commode pour faire descendre les incendiés par la fenêtre quand l'escalier est envahi par le feu : c'est un *long sac de toile* qu'on attache solidement en haut et que des personnes maintiennent au bas. On se laisse glisser doucement jusqu'à terre, et on arrive au pied du mur sans une égratignure.

Ordinairement nous pouvons aller partout. Le feu est habitué à nous, dit gaiement le pompier; il nous connaît, je crois, car il ne nous fait guère de mal, sauf cependant le jour où mon pauvre bras a reçu un rude coup. Mais enfin dans chaque métier il y a des risques à courir.

Je vous disais donc que nous trouvons ordinairement moyen de suivre le feu partout où il lui plaît de courir, excepté toutefois lorsqu'il s'établit dans une cave. Pendant longtemps nous ne savions comment attaquer les feux de cave, parce que, l'air ne s'y renouvelant pas facilement, nous ne pouvions guère y pénétrer sans nous exposer à être aussitôt asphyxiés par la fumée.

Notre brave lieutenant-colonel, M. Paulin, a imaginé un moyen de débusquer l'incendie, même de ce coin qu'il s'était réservé, et, grâce à son invention, on peut maintenant l'aller chercher là, et l'y combattre corps à corps.

Nous avons pour ce cas-là une blouse en cuir souple et léger qui nous couvre la tête comme un capuchon, mais qui est garnie devant la figure d'un verre épais pour laisser pénétrer la lumière; cette blouse a de larges manches très serrées au poignet, et s'attache sur les hanches au moyen de la ceinture gymnastique qui fait partie de notre uniforme.

Il n'y a qu'une petite ouverture située près de la bouche et où est adapté un sifflet pour transmettre les ordres. A la hauteur de la poitrine se trouve un petit tuyau qui sert à fixer un conduit en cuir que l'on attache par l'autre extrémité à la pompe à incendie. Quand la pompe fonctionne pour lancer de l'eau, elle envoie en même temps par le tuyau de cuir de l'air frais qui remplit la blouse et que nous respirons tout à notre aise au milieu de la fumée la plus épaisse; de cette manière, deux ou trois hommes ont bientôt réussi à déloger l'incendie.

Vous voyez quelle bonne idée a eue le colonel Paulin !
Les enfants avaient écouté ce récit avec un vif intérêt.

— Mais, monsieur Paumier, dit tout à coup l'un d'eux, en remarquant le cordon rouge que le pompier portait à sa boutonnière, vous avez la croix, ce me semble ? Racontez-nous donc maintenant comment vous l'avez gagnée.

— Hélas ! dit le brave homme après être resté un instant silencieux.

— Comment ! mon cher Paumier, s'écria M. Lannoy, est-ce que, par hasard, vous regrettez d'avoir la croix ?

— Oh ! non, certes ; mais cela me rappelle ma sortie du corps. Voyez, je vous en parlais tout à l'heure comme si j'y étais encore. Mais bah ! c'est aussi ce qui me console d'avoir pris ma retraite; car enfin cela prouve au moins que je ne suis pas sorti par la mauvaise porte. Voici ce que c'est, du reste, si vous n'êtes pas trop ennuyés de m'entendre :

Il y a quinze mois de cela. Un incendie avait éclaté au milieu de la nuit dans une vieille maison, qui, en un instant, avait été envahie par les flammes. Nous arrivâmes cinq à la fois du poste le plus voisin en roulant une pompe.

Au moment où nous la mettions en mouvement, on nous dit que les habitants de cette maison étaient parvenus à s'échapper, excepté un pauvre paralytique qui était resté dans sa chambre au troisième. L'escalier était tout en feu : impossible de pénétrer par là. Je grimpe à l'aide d'un tuyau jusqu'au premier; là, je hisse une échelle jusqu'à la fenêtre du second, puis à celle du troisième. J'entre dans la chambre en brisant les vitres de la fenêtre.

Le malheureux était dans son lit, incapable de faire un mouvement et poussant des cris de désespoir. Je le saisis sur mes épaules, et je me dirige vers la fenêtre.

Au même instant le plafond s'écroule au-dessus de notre tête, entraîne dans sa chute le plancher sur lequel je marchais, et toute une partie de la maison s'abîme dans les flammes avec un épouvantable fracas.

Heureusement j'avais eu le temps de m'élancer sur la fenêtre et de m'accrocher à la balustrade.

La façade où s'ouvrait cette fenêtre était solidement construite en pierres de taille; elle résista à cette horrible secousse, et j'y restai suspendu, pour ainsi dire, avec mon pauvre malade.

Un tourbillon de flammes et de fumée nous avait enveloppés un instant. J'entendais les cris d'effroi de la foule, qui nous croyait perdus.

Un instant après la fumée se dissipa, et je descendis par une longue échelle appuyée à peu de distance contre un échafaudage.

Je déposai à terre mon pauvre homme à moitié mort de frayeur.

Alors seulement je m'aperçus qu'une poutre embrasée m'avait fortement contusionné le bras droit.

On me soigna pendant deux mois, et la plaie se cicatrisa peu à peu; mais mon bras était toujours d'une grande faiblesse. Je ne pouvais plus dresser une échelle ni manier la hache avec assez de vigueur.

Je pris mon parti; je demandai mon congé, et je revins au pays pour vivre de ma retraite et du petit bien que m'a laissé mon père.

Quelques jours auparavant mon lieutenant-colonel avait obtenu pour moi la croix d'honneur.

Vous voyez que je ne l'ai pas payée trop cher, puisque ma blessure ne m'empêche pas de m'occuper tranquillement de ma petite culture.

— Voilà, mes amis, dit M. Lannoy en se retirant, voilà un homme bien courageux et bien modeste. Il a fait une action héroïque, et il en parle comme d'une chose toute simple.

Tâchons, quant à nous, dans quelque situation que la Providence nous place, de faire aussi bien notre devoir et de ne jamais tirer vanité de notre bonne conduite.

EXERCICE.

Où réside le corps des sapeurs-pompiers? — Est-ce une institution utile? — Quand et par qui les sapeurs-pompiers ont-ils été institués? — Quelle proposition M. Lannoy fit-il aux enfants? — Qu'était-ce que le brave Paumier? — Pourquoi avait-il pris sa retraite? — A quoi avait-il aidé le commandant de la garde nationale? — Décrivez-moi l'extérieur de Paumier? — Qu'indiquait sa démarche? — Quelles étaient ses habitudes? — Montrait-il une grande obligeance? — Que disait-il quand on voulait payer ses services? — Comment M. Lannoy aborda-t-il Paumier? — Était-il satisfait de son sort? — Quelle réflexion fit à ce sujet M. Lannoy? — Quelle demande adressa-t-il à Paumier? — Quel sentiment éprouvait celui-ci en pensant à son ancien corps? — Quels jeunes gens reçoit-on de préférence au corps des pompiers? — Quel est le motif de cette préférence? — Quelles sont les qualités physiques nécessaires aux pompiers? — Comment les développe-t-on? — Quels sont les instruments dont ils se servent? — Qui est-ce qui a inventé un appareil pour combattre les feux de caves? — En quoi consiste cet appareil? — Que remarqua l'un des enfants à la boutonnière de Paumier? — Quelle question lui adressa-t-il? — Quel sentiment cette question éveilla-t-elle dans le cœur de Paumier? — Que pensez-vous de celui qui, vivant dans le repos, regrette une vie périlleuse mais utile à ses semblables? — Où l'incendie avait-il éclaté au moment dont parlait le pompier? — Qui est-ce qui arriva pour arrêter le feu? — En quel état était la maison? — Tous les habitants avaient-ils pu fuir? — Que fit Paumier pour secourir un pauvre paralytique? — Quelle blessure avait-il reçue? — Quelle distinction lui fut donnée? — Quelle réflexion fit-il à ce sujet? — Que dit M. Lannoy aux enfants? — Quel conseil leur donna-t-il d'après l'exemple que leur offrait ce brave pompier?

Les trappistes en Algérie.

INAUGURATION SOLENNELLE DU MONASTÈRE DE STAOUÉLI.
L'ORPHELINAT DE BEN-AKNOUN.

Dans cette belle contrée de l'Algérie que les exploits de nos soldats ont définitivement acquise à la France, au milieu de la plaine de Staouéli, on voit autour d'une église une ferme considérable, exploitée par des hommes consacrés à une vie commune de prière et de travail. Des trappistes, dignes successeurs de ces religieux qui, au moyen âge, défrichèrent une grande partie de l'Europe, ont offert au gouvernement français leurs bras et leur dévouement, pour livrer à la culture une partie de ce sol d'Afrique, devenu improductif dans tant de régions fertiles, qui nourrissaient autrefois des nations entières, et fournissaient aux approvisionnements du peuple romain.

Le 11 juillet 1843, le ministre de la guerre, d'après l'avis favorable du conseil d'administration de l'Algérie, fit concession aux religieux trappistes « d'une étendue de terre et de broussailles, dans la plaine de Staouéli, d'une contenance de mille vingt hectares, avec faculté pour les associés de s'adjoindre de nouveaux associés en tel nombre que bon leur semblera, afin de mieux assurer le succès de leur entreprise (1). »

Les autorités civiles et militaires de l'Algérie, les chefs de cette vaillante armée qui a cimenté la conquête de son sang, l'administration chargée d'y établir des institutions régulières, ont voulu encourager le projet si utile et si national des bons religieux qui venaient consacrer leur vie au développement de la civilisation française sur la terre d'Afrique. Nous empruntons à un journal officiel (2) le touchant récit de l'inauguration du monastère :

« Je reviens à peine de Staouéli ; j'ai besoin d'épancher mon âme, profondément émue de tout ce que j'ai vu et entendu. Pourquoi les spectateurs de ces grandes et admirables scènes n'étaient-ils pas plus nombreux ?

» Malgré l'incertitude du temps et l'heure matinale fixée pour la cérémonie, beaucoup d'invités étaient déjà groupés autour des palmiers qui ombragent les fondations du nouveau monastère, au moment où ont commencé la bénédiction et la pose de la première pierre de l'église de Notre-Dame de Staouéli.

» A leur tête étaient accourus, avec un bienveillant empressement, le gouverneur général, à qui est due en très grande partie la fondation de cet important établissement ; le directeur de l'intérieur, qui ne laisse échapper aucune occasion de témoigner son zèle pour la prospérité de la colonie ; le procureur général, le général de Bar, commandant le territoire, etc. Monseigneur l'évêque officiait lui-même, revêtu de ses plus riches ornements, et assisté de ses vicaires généraux ; quatorze religieux trappistes suivaient son clergé. C'était sur le champ même où se livra, en 1830, la sanglante bataille de Staouéli, qui décida en partie de la prise d'Alger.

(1) Ce sont les termes de l'arrêté ministériel du 11 juillet 1843.

(2) *Moniteur algérien*, numéro du 10 septembre 1843.

Cette terre est la première qui ait bu le sang généreux de nos guerriers!

» Au pied d'une croix qui s'élevait majestueusement au milieu de la plaine, était un autel tout couvert de fleurs. Près de l'autel était posée, sur une estrade, la pierre qui devait être la première de la nouvelle église. On avait choisi parmi des ruines romaines une pierre façonnée, il y a de longs siècles, par les vainqueurs du monde. Ils ont disparu malgré leur puissance et leur gloire, et la religion est toujours là qui survit à tous les empires de la terre! Un amas de boulets, ramassés sur le champ de bataille, avait été préparé comme un lit glorieux pour recevoir cette première pierre.

» Tous les invités étant réunis autour de lui, l'évêque commence par bénir l'eau qui doit être répandue sur les fondations. La mitre resplendit sur sa tête; à sa main brille le bâton pastoral; il porte au doigt une pierre étincelante, curieuse offrande d'un indigène. A peine a-t-il béni l'eau qu'il asperge la croix de bois d'olivier d'Hippone (Hippone, le siège de saint Augustin, cet illustre docteur de l'ancienne église d'Afrique); puis, montant le premier sur l'estrade, il bénit la pierre elle-même, y trace cinq fois le signe de la croix, descend, tombe à genoux, avec tous les assistants, et entonne les litanies des saints, prière admirable dans sa simplicité, que la brise de mer portait aux échos étonnés de ces rivages si longtemps barbares.

» Pendant que l'hymne sainte se poursuit, le gouverneur, le directeur de l'intérieur, l'assistance presque entière, se lèvent et montent tour à tour; puis, le vaillant chef de nos guerriers, le pieux supérieur des cénobites, et le saint pontife, unissant leur épée, leur charrue et leur croix, posent la vieille pierre sur son nouveau lit de fer et de bronze, et confondent leurs prières et leurs vœux.

Une scène touchante marqua cette fête nationale. L'un des frères trappistes, jadis soldat, avait combattu sur les lieux mêmes, dans les rangs de notre armée; le colonel Eynard, aide de camp du gouverneur, avait été son capitaine; celui-ci reconnut l'ancien soldat sous son vêtement de bure, et, s'approchant de lui, il lui serra la main avec effusion. Le militaire, toujours prêt lui-même à sacrifier sa vie pour son pays, sait comprendre tous les dévouements, celui de la sœur de charité qui panse ses blessures, celui du prêtre qui se consacre au soulagement des misères du cœur, celui du religieux qui s'éloigne du monde pour user obscurément sa vie dans les plus utiles et les plus pénibles travaux.

A quelques distance du beau couvent de Staouéli se trouve l'orphelinat de Ben-Aknoun, premier orphelinat de jeunes garçons fondé en Algérie, sous la direction du P. Brumauld. Cet établissemeut a reçu un grand développement à la suite des malheurs qui frappèrent l'Algérie, il y a une dizaine d'années. L'administration militaire et le zèle infatigable de l'archevêque d'Alger, unissant leurs efforts, ont fondé à Ben-Aknoun un orphelinat spécial pour les orphelins arabes des deux sexes. Adoptés par leur nouvelle patrie, ils deviendront bientôt chrétiens et Français; ils pourront être d'une grande utilité à notre belle colonie.

EXERCICE.

Où est située la plaine de Staouéli? — Quel est l'établissement qui y a été fondé? — A quoi se consacrent les trappistes? — Quel est la concession que le gouvernement français a faite aux trappistes? — Qui a fait l'inauguration du monastère? — Comment la cérémonie commença-t-elle? — Comment l'autel était-il orné? — Quelle pierre avait été choisie pour être la base de l'édifice sacré? — Quels étaient les principaux ornements de l'évêque? — Quelle cérémonie accomplit-il? — Quel effet produisait le chant des litanies des saints? — Savez-vous quel était le sort de cette terre d'Afrique avant l'étatablissement de la domination française? — Nommez-moi un ancien et illustre évêque de l'Église d'Afrique. — Comment et par qui fut posée la première pierre? — Racontez la scène touchante qui a marqué cette fête nationale. — Par qui fut reconnu l'ancien soldat devenu trappiste?

Les écoles d'adultes.

(Récit d'un ouvrier.)

« J'étais quelque peu honteux, moi, pauvre ignorant, de voir mon petit garçon lire couramment dans tous les livres, et je me disais : Est-ce que je ne suis pas pourvu d'yeux, d'oreilles et d'intelligence aussi bien que cet enfant ? Est-ce que je ne dois pas avoir, est-ce que je n'ai pas une raison aussi développée et plus mûre et plus forte ? Est-ce que, s'il a des organes plus souples et plus aptes à recevoir l'instruction, je ne puis pas compenser sa facilité par ma persévérance ? Oui, je veux savoir lire et écrire, et je le saurai, je veux connaître sommairement par moi-même et par mes propres yeux, et sans avoir besoin d'un truchement, ce qu'on nous raconte des merveilles de la science, des beaux préceptes de la morale, des leçons de l'histoire, des discours de nos narrateurs et des chants de nos poètes.

» Je voulais aussi savoir écrire... Mon fils est fort, hardi et dispos, et, dans quelques années, il sera soldat ; du moins je pourrai correspondre avec lui, sans livrer à une autre plume ces confidences entre nos deux cœurs qui sont la seule consolation des absents et des malheureux.

» Enfin je voulais apprendre à calculer, et cela pour moi-même et dans mon propre intérêt ; car je me suis aperçu que, par défaut de mémoire, j'avais quelquefois oublié de porter en ligne de compte mes journées de travail, et que des fripons avaient dupé mon ignorance. Vous savez que je ne manque pas d'adresse et d'intelligence, et que j'aurais pu, de simple ouvrier, devenir, presque sans capitaux, un petit entrepreneur ; mais, ne pouvant pas faire mes comptes ni ceux des autres, je suis resté travailleur à la journée, et cela m'empêche de grossir mes bénéfices et d'améliorer ma condition. Garder dans ma tête un amas de chiffres, cela me fatiguait ; couchés sur le papier, on les fixe mieux ; c'est pourquoi j'ai voulu savoir calculer.

» Des hommes riches et bienfaisants ont établi dans mon quartier des écoles gratuites d'adultes, où mes pareils, les personnes de mon âge et de ma condition, qui ont eu le malheur bien involontaire de n'avoir jamais reçu d'instruction, viennent apprendre à lire, à écrire, à compter.

» Les classes s'ouvrent le soir, et lorsque la journée de travail est finie, on voit pressés sur plusieurs rangs des hommes de vingt, de trente et quarante ans, tous atten-

tifs à la leçon, tous dans le silence. A notre âge, on a la tête plus dure et la main plus raide; mais avec un peu de patience et d'application on a bientôt vaincu les premières difficultés. Les adultes sentent mieux le prix du temps; ils font effort sur eux-mêmes, et prennent les enseignements au sérieux; ils ont soif d'apprendre et hâte de savoir. Bref, j'ai voulu apprendre et j'ai appris, et aujourd'hui je suis content de mes maîtres et encore davantage de moi-même, puisque je sais passablement lire, écrire et compter.

» Les écoles d'adultes ne conviennent pas seulement aux ouvriers de la ville, mais encore aux habitants des campagnes. J'ai connu quatre terrassiers, bons Auvergnats, qui, après le coucher du soleil, venaient s'asseoir à la table du maître d'école, et auxquels il a suffi de quatre mois pour savoir lire et compter. »

(*Entretiens de village*, par M. DE CORMENIN.)

EXERCICE.

De quoi le brave ouvrier auteur de ce récit avait-il honte ? —Celui qui demeuré toute sa vie dans l'ignorance n'est-il pas généralement blâmable ? — Peut-on apprendre à tout âge ? — Quel est l'âge auquel on apprend avec le plus de facilité ? — Les enfants et les jeunes gens ne sont-ils pas dans l'obligation de bien employer les années consacrées à leur instruction ? — A quoi s'exposent-ils s'ils se laissent aller alors à la négligence et à la paresse ? — Par quoi une personne plus âgée peut-elle compenser la facilité qui lui manque ? — Pourquoi le brave ouvrier désirait-il tant savoir lire ? — Pourquoi voulait-il également apprendre à écrire ? — Dans quel cas sent-on surtout l'inconvénient de ne pas savoir écrire ? — Quels inconvénients résultaient pour l'auteur de ce récit de ce qu'il ne savait pas calculer ? — Quel moyen trouva-t-il de s'instruire, quoiqu'il ne fût plus en âge d'aller à l'école primaire avec les enfants ? — Quels efforts eut-il à faire ? — Réussit-il dans son projet ? — Les enfants qui ont bien moins de difficultés à vaincre ne sont-ils pas inexcusables quand ils ne profitent pas des leçons qu'ils reçoivent ? — Quel sentiment éprouva le brave ouvrier quand il fut parvenu à s'instruire ? — A qui les écoles d'adultes sont-elles utiles ? — Ne peuvent-elles pas l'être non seulement à ceux qui n'ont rien appris, mais encore à ceux qui ne veulent pas oublier ce qui leur a été enseigné dans leur enfance ?

Des lois et règlements de police et de sûreté.

Vous détestez tous l'égoïsme, n'est-ce pas, ce vice odieux qui nous rend indifférents à tout ce qui ne nous touche pas personnellement, qui éteint dans les âmes la compassion pour le malheur d'autrui, et cette joie si douce que cause le bonheur du prochain, et ce désir si noble et si naturel d'être utile à nos semblables ?

L'égoïsme est impitoyablement condamné par la loi divine, par l'Évangile, qui, en déclarant que tous les hommes sont frères, les invite, par le plus puissant de tous les motifs, à s'aimer entre eux et à s'aider les uns les autres. Mais, s'il est proscrit par la morale et par la religion, il ne l'est pas moins par la loi humaine ; car il est le fléau de toutes les sociétés.

N'oublions donc jamais que, si nous vivons dans un temps où tous les droits essentiels nous appartiennent à tous, depuis l'abolition des privilèges, chacun de nous ne peut et ne doit en jouir qu'à la condition de respecter les droits d'autrui, et de ne pas nuire au bien-être de ses concitoyens. Dans tout État bien organisé, les individus doivent se faire des concessions réciproques, afin que tous puissent jouir utilement et paisiblement de leurs biens.

Telle est l'idée fondamentale des lois et règlements

de police et de sûreté, que nous devons observer avec la plus grande exactitude; car ils ont tous pour but d'empêcher que, par négligence ou par des motifs d'intérêt personnel mal entendu, des particuliers ne puissent compromettre le bien général.

Vous comprendrez encore mieux la nécessité des lois de ce genre, et l'importance de leur exécution rigoureuse de la part de tous les citoyens, quand je vous en aurai fait connaître les principales.

Les unes sont l'application du principe qu'il ne faut pas nuire à son prochain; les autres dérivent d'une maxime plus élevée, plus noble, mais également obligatoire : c'est qu'il faut aussi secourir son prochain dans le danger, et faire pour lui ce que nous voudrions qu'il fît pour nous.

Occupons-nous d'abord de la première catégorie.

I

RÈGLEMENTS DANS L'INTÉRÊT DE LA SANTÉ ET DE LA SÉCURITÉ PUBLIQUES.

Il est défendu de jeter dans les rues et sur les places des substances de nature à infecter l'air.

On doit enfouir les bestiaux morts à une profondeur suffisante pour empêcher les émanations insalubres, et ne jamais les laisser se corrompre à la surface de la terre.

On ne peut faire rouir le chanvre et le lin dans le voisinage des habitations, à cause des vapeurs dangereuses qui s'en exhalent, ni dans les eaux courantes, qui seraient altérées par le séjour de ces plantes.

On ne doit pas laver le linge dans les fontaines publiques destinées à fournir de l'eau pour la boisson des hommes et des animaux, ni y jeter des ordures qui pourraient la corrompre.

Il est interdit d'exposer sur les fenêtres et le long des murs, au-dessus de la voie publique, des objets qui pourraient tomber par accident et blesser les passants.

Beaucoup de gens ne se font aucun scrupule de déposer dans la rue ou sur les chemins les immondices dont ils veulent débarrasser leurs maisons ou leurs cours, ou bien de laisser dehors, pendant la nuit, des charrettes, des ustensiles, des matériaux qu'ils négligent de rentrer aussitôt. Ils ne songent pas que, dans les ténèbres, les voyageurs, qui doivent compter sur une libre circulation, peuvent rencontrer de tels obstacles à l'improviste et être renversés avec leurs chevaux ou leurs voitures. Toutes ces négligences sont autant de contraventions qui exposent ceux qui les commettent à payer une amende à l'État, et des dommages-intérêts aux individus qui en ont souffert.

Il est défendu, sous peine d'amende, de tirer sans permission, dans les fêtes, des pétards, des feux d'artifice et des coups de fusil. Des peines bien plus sévères sont prononcées contre ceux qui auraient eu le malheur de blesser ou de tuer quelqu'un par de telles imprudences.

Vous avez entendu parler de la rage, cette horrible maladie qui se communique des animaux à l'homme, et dont la guérison est presque impossible. Eh bien? la plupart des accidents affreux que chaque année on a à déplorer viennent de l'inobservation des règlements qui interdisent de laisser errer les chiens sans qu'ils soient musclés.

II

RÉGLEMENTS DANS L'INTÉRÊT DE L'AGRICULTURE.

Voici un propriétaire dont le verger est désolé par les chenilles. Tant pis pour lui, vous direz-vous peut-être; mais enfin, il est bien maître de laisser dévorer ses arbres, si bon lui semble, et personne ne peut y trouver à redire.

En raisonnant ainsi, vous vous tromperiez fort; car une de nos lois rurales est ainsi conçue :

« Tous propriétaires, fermiers, locataires ou autres faisant valoir leurs héritages ou ceux d'autrui, sont tenus, chacun chez soi, de faire écheniller leurs arbres, à peine d'une amende qui ne pourra être moindre de trois journées de travail, ni au-dessus de dix.

» Ils sont tenus, sous les mêmes peines, de brûler sur-le-champ les bourses et toiles qui sont tirées des arbres, des haies et des buissons. »

Cette loi est parfaitement juste; car les insectes malfaisants qui pullulent sur une propriété ne tardent pas à se répandre sur les propriétés voisines. Si donc chacun est libre de se nuire à lui-même, quand il est assez fou pour le faire, il devient punissable dès que le tort qu'il se cause peut atteindre son prochain.

Des enfants malavisés s'amusent quelquefois à arracher en passant l'écorce des jeunes arbres, ou à les mutiler, ou à en détruire les greffes. Ils s'exposent à être envoyés en prison, et commettent une fort mauvaise action; car ils peuvent enlever ainsi en un moment au cultivateur le résultat de plusieurs années de soins et de patience.

Sont punis d'amendes, qui peuvent s'élever jusqu'à quinze francs sans préjudice de la réparation du dommage qu'ils auraient pu causer, ceux qui laissent courir des chevaux ou des bestiaux dans les récoltes; ceux qui auraient occasionné la mort ou la blessure des bestiaux d'autrui, en laissant divaguer des animaux dangereux ou en surchargeant les voitures auxquelles sont attelés les chevaux ou les bœufs, ou même ceux qui auraient maltraité à l'excès et sans nécessité leurs propres bêtes de somme.

Je suis sûr, mes amis, que vous avez toujours blâmé la brutalité de ceux qui frappent sans pitié les animaux, et que vous êtes bien décidés à traiter avec compassion des créatures qui nous rendent tant de services. Dieu les a faites pour être utiles à l'homme, mais non pas pour devenir les misérables victimes de sa colère et de sa cruauté. Voilà pourquoi la loi a voulu les prendre sous sa protection, en punissant ceux qui les accablent de mauvais traitements.

Quand un propriétaire ou un cultivateur a dans son troupeau une ou plusieurs bêtes à cornes atteintes d'une maladie qu'il a lieu de croire contagieuse, il doit, sous peine d'emprisonnement et d'amende, avertir sur-le-champ le maire de la commune, qui fera visiter par un expert les animaux suspects.

En pareille circonstance, il devra tenir ses bestiaux entièrement séparés de ceux de ses voisins, et il ne pourra les vendre ou les conduire au marché, à peine de cinq cents francs d'amende, de peur que la maladie ne se propage et ne cause ainsi de plus grands ravages.

Lorsque des bêtes atteintes de pareilles maladies viennent à succomber, elles doivent être enterrées à cent mètres au moins des habitations, après que leur peau aura été tailladée de manière à devenir impropre à toute espèce d'usage.

Ce sont là sans doute des sacrifices que la loi impose aux propriétaires; mais vous comprenez sans peine combien cette exigence est légitime. Si l'un de vous pouvait gagner quelque chose au prix de la santé ou du bien-être de ses camarades, est-ce qu'il n'aurait pas honte d'un pareil bénéfice? est-ce qu'il ne s'empresserait pas d'y renoncer? Eh bien! la loi ne demande pas autre chose, et elle fait appel à ce même sentiment d'honnêteté et d'humanité qui nous anime tous, quand elle interdit des avantages qui ne pourraient être obtenus qu'au détriment de la société même.

III

RÈGLEMENTS POUR PRÉVENIR LES INCENDIES.

Un des plus grands fléaux qui puissent atteindre les habitants des villes et des campagnes est l'incendie et tous les désastres qu'il occasionne.

Parmi les sinistres de ce genre qui éclatent malheureusement trop souvent, un petit nombre sont dus à la malveillance ; la plupart résultent de la négligence et de l'inobservation des règles établies par le législateur.

Il est interdit d'allumer du feu dans les champs, à moins de cent mètres des maisons, bois, taillis, piles de bois ou meules de paille, à peine d'une amende d'une valeur égale à celle de douze journées de travail.

C'est faute de se conformer à cette défense qu'il est arrivé tant de fois que les feux allumés imprudemment par des villageois dans les bruyères ont enflammé des forêts entières, et causé ainsi des pertes incalculables.

Chaque propriétaire ou locataire est tenu de faire ramoner au moins une fois par an les cheminées où l'on fait habituellement du feu. Il est défendu à toute personne d'entrer dans les granges ou écuries avec des lumières, à moins qu'elles ne soient renfermées dans des lanternes bien closes.

Les locataires, qui sont chargés de l'accomplissement de ces diverses obligations, sont tenus d'indemniser leurs propriétaires de tous les dommages causés par l'incendie que leur vigilance aurait pu prévenir.

Une cause fréquente d'accidents est l'emploi des allumettes chimiques, qu'on laisse imprudemment à la portée des jeunes enfants, ou bien dans des endroits où elles peuvent être enflammées par mégarde. Que l'on ne perde jamais de vue la terrible responsabilité que l'on pourrait encourir par la moindre négligence à cet égard.

EXERCICE.

Que pensez-vous de l'égoïsme ? — Comment l'Évangile proscrit-il l'égoïsme ? — Ce sentiment est-il aussi condamné par la loi humaine? — A quelle condition chacun peut-il jouir de ses droits ? — Que doivent faire les individus à l'égard les uns des autres dans un État bien organisé ? — Quel est le but des lois et règlements de police et de sûreté? — Parlez-moi d'abord de ceux qui ont été rendus dans l'intérêt de la santé et de l'intérêt publics. — Quelle règle doit-on observer relativement aux immondices ? — aux animaux morts ? — Peut-on faire rouir partout indifféremment le chanvre et le lin ?— Que doit-on observer à l'égard des fontaines publiques ? — Pourquoi ne peut-on pas exposer au-dessus de la voie publique des objets susceptibles de tomber facilement? — Est-il permis d'embarrasser la voie publique en y laissant des voitures, des fardeaux, au lieu de les rentrer chez soi ? — A-t-on le droit de tirer sans permission des feux d'artifice ou des coups de fusil dans les rues et au milieu des fêtes publiques? — Avez-vous entendu parler de la rage ? — A quoi sont dus la plupart des accidents affreux qu'on a à déplorer chaque année ? — Quels sentiments doivent éprouver ceux qui, par leur imprudence, causent de pareils malheurs ? — Que pensez-vous du propriétaire ou du fermier qui laisse dévorer ses arbres fruitiers par les chenilles?—Y a-t-il une disposition de loi qui punisse cette négligence? — Cette loi vous paraît-elle juste?—et pourquoi ? — A quoi s'exposent ceux qui mutilent les jeunes arbres? — Pourquoi commettent-ils une mauvaise action? — Comment sont punis ceux qui laissent courir des bestiaux dans les récoltes et ceux qui blessent ou font périr des animaux utiles à l'homme? — Que pensez-vous de la brutalité de ceux qui maltraitent sans pitié des créatures qui nous rendent tant de services? — Que doit faire le propriétaire qui a dans son troupeau des animaux atteints d'un mal contagieux ? — Peut-il les vendre au marché? — Comment doit-il les enfouir quand ils sont morts? — Comprenez-vous la justice et l'utilité de ces règles ? — Est-il des cas où chacun doit être prêt à sacrifier son intérêt personnel ? — A quoi vous sentez-vous disposés sous ce rapport? — Quel est le fléau le plus redoutable qui puisse menacer les habitants des villes et des campagnes?— Quelle en est la cause la plus ordinaire?— Quelles sont les précautions qu'il faut prendre pour éviter les incendies? — Que doit faire chaque propriétaire et chaque locataire ? — De quoi est responsable le locataire quand un incendie a éclaté chez lui ? — A quel danger expose l'emploi imprudent des allumettes chimiques?

Des lois et règlements de police et de sûreté (suite).

Je vous ai dit, mes chers enfants, que la loi civile impose en plusieurs occasions aux citoyens l'obligation, non seulement de ne pas nuire au prochain, mais encore de le secourir activement dans les dangers auxquels il est exposé. Ces occasions sont celles où il ne s'agit pas seulement de malheurs particuliers, mais de périls qui menacent la société. Dans le premier cas, la loi laisse à la religion et à la morale le soin d'exciter chacun à soulager les infortunes de son semblable; mais, dans le second cas, elle se charge elle-même de rappeler à tout citoyen qu'il se doit avant tout au bien et au salut de la société dont il est membre, et elle punit celui qui, par une coupable indifférence, refuse de contribuer à éloigner des calamités publiques.

C'est ainsi que lorsqu'un incendie vient à éclater, tous ceux qui habitent dans le voisinage sont obligés par les règlements à porter secours de leur personne et à fournir les ustensiles qui peuvent servir à éteindre le feu, dès que le son de la cloche et du tambour fait connaître le sinistre.

Au reste, mes bons amis, j'ai hâte de le dire, nous sommes dans le pays du courage et du dévouement, et quand un pareil malheur éclate, c'est à qui s'empressera d'offrir ses services. Jamais un événement de ce genre n'arrive sans que les journaux aient à signaler le zèle admirable avec lequel les populations sont venues secourir les pauvres incendiés.

Il y a quelques années, le feu avait pris aux environs de Versailles et faisait déjà d'affreux ravages; c'était au milieu de la nuit, pendant la rigueur de l'hiver. Eh bien! à peine le sinistre était-il connu, qu'on voyait se former une chaîne immense de travailleurs portant des seaux d'eau jusqu'au foyer de l'incendie; des personnes de toutes les conditions de la société s'y étaient rendues en foule, et parmi les plus actifs on remarquait les jeunes élèves du séminaire, qui, les pieds dans l'eau, la soutane relevée, ne reculaient devant aucune fatigue, et inauguraient ainsi noblement une carrière qui doit être toute d'abnégation et de sacrifice.

Je veux vous parler aussi d'une loi très remarquable, qui a pour objet l'accomplissement d'un devoir important envers la société, et dont la connaissance ne saurait être trop répandue.

Lorsque des dévastations et des pillages ont lieu par suite d'attroupements formés dans une commune ou venus du dehors, la commune est responsable de tous les dégâts commis sur son territoire, et est tenue de dédommager à ses frais les individus qui en ont été victimes, quand les habitants n'ont pas fait tous leurs efforts pour s'opposer aux dévastateurs.

N'est-il pas honteux, en effet, de voir dans des moments de troubles, où tous les bons citoyens devraient rivaliser d'efforts pour maintenir la sécurité publique, de voir, dis-je, quelques misérables, animés par la vengeance et la cupidité, ravager les propriétés des particuliers, et quelquefois détruire des travaux publics de la plus grande utilité, en présence de toute une population intimidée qui laisse faire, quand il lui suffirait d'une démonstration un peu énergique pour éloigner les perturbateurs?

C'est ainsi que, dans un temps de disette, des hommes, poussés par un ressentiment aveugle, ont détruit des moulins, dispersé des grains et des farines, et aggravé ainsi le fléau qui sévissait sur tout le monde.

En pareil cas, mes amis, ceux qui n'ont pas voulu payer de leur personne pour empêcher le mal payeront de leur argent pour le réparer, et il pourra leur en coûter cher; car, d'après la loi, les communes déclarées responsables sont condamnées à payer le prix des objets détruits estimés au double de leur valeur, et, en outre, une amende équivalente au prix de ces mêmes objets. Et tout cela retombe naturellement sur tous les habitants de la commune.

Vous voyez, mes chers enfants, que notre intérêt bien entendu, ainsi que notre conscience, nous engage à remplir avec dévouement nos devoirs de bons citoyens.

EXERCICE.

Dans quels cas la loi laisse-t-elle à la religion et à la morale le soin d'exciter chacun à secourir ses semblables? — Dans quels cas la loi elle-même en fait-elle aux citoyens une obligation rigoureuse? — Quand un incendie vient à éclater, que doivent faire tous ceux qui habitent dans le voisinage? — Que se passe-t-il en général dans notre pays, lorsque de semblables calamités arrivent? — Qu'est-ce qui a eu lieu, il y quelque temps, aux environs de Versailles? — Qui remarquait-on parmi les plus empressés à porter secours aux malheureux incendiés? — Parlez-moi d'une loi toute particulière et très remarquable. — Dans quel cas les communes sont-elles responsables des dégâts et des pillages qui ont lieu sur leur territoire? — Trouvez-vous cette responsabilité équitable? — Expliquez-moi comment les habitants de la commune qui sont restés étrangers aux dégâts commis peuvent cependant être condamnés à les réparer. — Dites-moi à quoi peuvent monter les condamnations prononcées contre les communes responsables. — Sur qui retombent en définitive les condamnations? — A quoi nous engage donc notre intérêt aussi bien que notre conscience?

Devoirs envers le pays.

Vous êtes trop jeunes encore, mes chers amis, pour prendre part aux affaires publiques; mais vous aimez votre patrie, et vous désirez tous, n'est-ce pas, vous préparer à la bien servir, en temps de guerre et en temps de paix?

Vous la servirez en remplissant vos devoirs envers elle, devoirs sacrés qui doivent l'emporter sur toute considération d'intérêt personnel.

N'oubliez pas cette pensée d'un écrivain célèbre (1)
« Si je savais quelque chose qui me fût utile et qui fût préjudiciable à ma famille, je le rejetterais de mon esprit; si je savais quelque chose qui fût utile à ma famille et qui nuisît à mon pays, je le regarderais comme un crime. »

C'est l'abrégé des devoirs de chacun envers sa patrie.

Comme le bien et la prospérité du pays importent à tous, vous comprenez facilement combien il est nécessaire que chacun remplisse consciencieusement ses obligations envers notre commune patrie.

Parmi les plus importantes de ces obligations sont assurément celles qu'imposent les élections, qui ont pour objet de confier diverses fonctions aux personnes qui en sont le plus dignes.

Tous ceux qui sont appelés par la loi à prendre part à des élections doivent donc s'y rendre, afin de donner leur voix à celui qu'ils jugent le plus capable de s'acquitter de la mission qui lui sera confiée.

Dans certains cas, une voix de plus ou de moins peut faire pencher la balance en faveur de tel ou tel. Si un électeur, en négligeant de se rendre à son poste, est cause qu'un homme hors d'état de remplir ses fonctions vienne à être nommé, il a sur la conscience toutes les fautes que pourra commettre celui qui a été élu. Et combien ne serait pas plus coupable encore l'individu qui, en vue de son avantage particulier, à prix d'argent peut-être, se laisserait entraîner à voter pour un homme indigne de la confiance de ses concitoyens!

Ceux qui aiment vraiment leur pays savent mettre de côté toutes les considérations d'intérêt personnel quand il s'agit de le servir.

Un électeur de Paris se trouvait au milieu de sa famille, à deux cents lieues de la capitale; il jouissait de quelques jours de repos après avoir passé le reste de l'année dans les soins et les préoccupations d'une profession laborieuse. Il apprend qu'une importante élection se prépare; il se dit aussitôt qu'il a un devoir à remplir, et il traverse la France pour aller déposer son vote.

Ce trait me rappelle les paroles que j'ai entendues naguère de la bouche d'un illustre magistrat quittant,

(1) Montesquieu.

dans un âge avancé, la carrière qu'il avait si glorieusement parcourue. « Pendant quarante-deux ans que j'ai exercé mes fonctions, me disait-il, Dieu m'a conservé presque constamment la santé, et je n'ai pas, en tout ce temps, manqué plus de vingt-cinq ou trente audiences. Ce n'est pas un mérite, ajoutait le noble vieillard avec une modestie admirable, c'est une grâce que Dieu m'a faite ; j'aurais été bien coupable, si, pouvant accomplir mes devoirs, je les avais négligés. »

Voilà de beaux sentiments et de belles paroles que chacun méditera avec fruit, et qui peuvent trouver leur application dans toutes les circonstances de la vie.

EXERCICE.

Quels sentiments éprouvez-vous pour votre patrie ? — Comment doit-on servir sa patrie ? — Citez-moi à cet égard une belle maxime. — Est-il nécessaire de s'habituer de bonne heure à l'idée des devoirs envers le pays ? — Quelles sont les principales occasions où chacun est appelé à prendre part aux affaires du pays ? — Pourquoi doit-on se faire une obligation de se rendre aux élections ? — Qu'y a-t-il de plus coupable encore que la négligence à cet égard ? — Pouvez-vous citer le bel exemple donné par un électeur de Paris, et les nobles paroles d'un illustre magistrat ?

Conclusions

DES RÉCITS SUR LES INSTITUTIONS DE NOTRE PAYS.

Vous avez entendu sans doute avec intérêt nos divers récits sur les institutions de notre pays ; car vous désirez, j'en suis sûr, connaître tous les titres de gloire de notre belle et noble France. Quand un de ces héroïques soldats qui ont conquis l'Algérie ou défendu le sol sacré de la patrie dans la dernière invasion, sur le Rhin, sur la Loire ou autour des murs de Paris, vous raconte ses rudes labeurs, vos cœurs bondissent au souvenir de tant de courage et de dévoûment. Vous espérez que la France reconquerra un jour sa gloire et sa puissance. Vous aimez aussi à voir la France briller dans la paix, au milieu de toutes les nations, par le génie de ses grands hommes. Vous saluez avec respect le nom de ceux qui, dans les arts, les sciences, les lettres, ont illustré leur patrie, ou qui l'ont dotée de ces établissements d'utilité publique qui contribuent puissamment à la prospérité nationale.

Mais il ne suffit pas d'aimer et d'admirer son pays. Je vous ai dit que vous étiez tous appelés à le servir, que tous vous auriez une influence sur ses destinées. Il faut vous préparer avec zèle et énergie à remplir cette tâche qui est celle de tous les bons citoyens; il faut user de tous les moyens qui vous sont offerts pour vous en rendre capables.

Le premier et le plus efficace, ne l'oubliez pas, c'est de profiter de l'instruction qui vous est donnée.

L'instruction que vous recevez suffira, si vous en profitez, pour vous mettre en mesure de remplir avec intelligence et discernement les devoirs qui vous adviendront plus tard.

Étudiez donc avec ardeur, non seulement dans votre intérêt personnel, mais dans l'intérêt même de votre pays.

EXERCICE

Quelle impression vous ont produit les récits sur les institutions du pays? — Quel sentiment éprouvez-vous en entendant parler des faits glorieux de notre histoire, de nos grands hommes et de nos établissements d'utilité publique? — Suffit-il d'aimer sa patrie? — Que faut-il faire encore? — Quel moyen avez-vous de vous rendre capable de bien servir le pays? — A quoi s'expose, sous ce rapport, celui qui reste dans l'ignorance? — Quelle résolution êtes-vous disposés à prendre à cet égard?

La fortune et le testament du condamné à mort.

Bien que nous ayons surtout en vue la France et ses institutions, nous voulons faire connaître à nos jeunes lecteurs les touchantes coutumes qui accompagnent en Espagne les terribles circonstances d'une exécution capitale. Les détails en ont été récemment publiés à l'occasion de la mort d'Oliva Moncasi, condamné pour une tentative d'assassinat sur le jeune roi d'Espagne, Alphonse XII.

En Espagne, lorsqu'un homme est condamné à mourir et que les derniers recours en grâce sont épuisés, deux jours avant le supplice, un greffier s'avance, se met à genoux devant lui, et dans cette humble posture il lit la sentence irrévocable et lui annonce qu'il a deux jours pour se préparer à la mort.

Aussitôt, le condamné est *mis en chapelle*; c'est-à-dire que de la prison il est transféré en une chambre disposée en chapelle, avec l'autel, la croix, les cierges et tout ce qui est nécessaire pour la messe. Il reste là 48 heures. Certes ce n'est point trop de deux jours pour se préparer à paraître devant Dieu, lorsqu'on a un grand crime à expier.

Au moment de la mise en chapelle, on demande au criminel de choisir un prêtre pour l'assister. Nul ne refuse de remplir ce terrible ministère, si lourd que le rendent d'ailleurs les usages de l'Espagne.

Le patient a un lit, mais le prêtre qui passe les deux jours et les deux nuits avec lui ne se couche pas, il repose seulement sur une chaise.

Sa mission est d'inspirer au coupable, en une suprême retraite, les sentiments qui peuvent fortifier une âme repentante.

A peine l'homme est-il mis en chapelle que les confrères de la *Caridad y Paz* se constituent les serviteurs de son âme et de son corps jusqu'après la mort; ils se rendent à leur église, et la prière commence aussitôt.

Puis une députation de confrères va rendre visite au condamné; s'il a refusé d'entendre le prêtre, il écoute généralement ces amis laïques : il sait que tout ce qu'ils pourront faire en sa faveur dans l'ordre temporel et spirituel, ils le feront; ils sont ceux qui *prennent son parti*, qui sont ses intermédiaires dévoués avec la société. Eux aussi l'exhortent au courage et l'embrassent en ami.

Dans la ville, il y a en ce moment une procession qui glace les habitants de stupeur; ce sont les enfants de chœur en costume, précédés d'une croix; qui sonnent le glas et tiennent des bourses, en disant : *Pour le pauvre condamné!* Chacun veut donner une aumône à celui qui va mourir.

C'est la *fortune du condamné*. Sur les sommes reçues, on prélèvera les frais de son enterrement, les aumônes ordinaires que l'on fait pour les funérailles, et le lendemain les frères de la Charité lui porteront le reste et il fera son testament!

Ordinairement ce testament est en faveur de la famille; c'est ce qu'a fait Moncasi, qui a tout légué à sa femme.

N'est-ce pas une admirable inspiration que celle des confrères de la Paix de fournir ainsi à celui qui va quitter le monde, la consolation de faire du bien après lui et de tester comme les heureux de la terre, en donnant des biens auxquels il n'a pas eu le temps de s'attacher? n'est-ce pas touchant de provoquer de tous une marque de sympathie en sa faveur et d'en apporter le témoignage sensible à ce brigand d'hier !

Ce n'est point seulement une marque de stérile sympathie qu'on offre, c'est aussi la précieuse prière qu'on donne généreusement ; dans toutes les familles chrétiennes, on récite le soir une prière pour le condamné à mort.

A l'intérieur de la chapelle, le condamné est tout entier à son salut.

On lui répète la pieuse croyance que, sur 100 exécutés en Espagne, 99 vont, comme le bon Larron, le jour même en paradis.

Et de fait, après ces 48 heures d'angoisses morales, calmées par la religion, il s'accomplit dans l'âme des révolutions dont nous avons à peine l'idée.

Des hommes féroces s'adoucissent, modifient si profondément leur nature, que beaucoup, si on leur rendait la liberté après qu'ils ont fait le sacrifice de la vie au pied de l'échafaud, seraient désormais des hommes de bien.

L'évêque vient ensuite rendre visite au condamné. De hauts personnages et des magistrats l'imitent. Chacun lui apporte une consolation et une aumône. Nous ne connaissons rien de plus touchant et de plus humain que ces pratiques. Par la sentence qui le condamne à mort, le condamné a pris, en quelque sorte, un rang sacré ; il appartient désormais à l'éternité ; il a droit à tous les égards et à tous les respects.

L'heure du bourreau arrive. On l'attend, on le devine. Le condamné se lève et le bourreau se met à genou et dit :

— La justice humaine m'ordonne de t'ôter la vie, j'espère que tu me pardonnes, comme Dieu va te pardonner.

Moncasi répondit : « Oui, oui, je te pardonne, » et il l'embrassa avec effusion.

Alors le prêtre lui demande de se laisser lier comme Notre-Seigneur innocent a été lié. On lui passe la tunique d'infamie et on lui attache dans les mains le crucifix.

Le prêtre et le condamné, le bourreau présent, demandent ensemble la force et le courage de la dernière heure, et, consolés par ce viatique, on commence la voie douloureuse.

Une longue procession, précédée d'une croix voilée et à laquelle prennent part tous les confrères de la Charité, défile devant, puis des prêtres, et enfin le patient que chacun salue.

Au pied de l'échafaud la troupe ayant formé le carré, une dernière cérémonie a lieu. Le condamné s'agenouille pour faire sa dernière confession.

Au bout d'un certain temps, le bourreau place la main sur l'épaule du condamné pour le réclamer, mais si le prêtre lève la main pour indiquer que son ministère est encore nécessaire, le bourreau doit se retirer, autant de fois que le prêtre demandera du temps.

Le supplice du *garrot* en Espagne est un étranglement. Le patient est attaché sur une sellette fixée à un poteau, et deux planches de fer, qu'un levier peut serrer rapidement, lui entourent le cou. Son visage est voilé.

Mais, privé ainsi de ses yeux, il n'attend point le coup mortel dans l'angoisse de la surprise. Tout s'accomplit en pleine connaissance, et celui qui va mourir cesse de vivre au milieu d'un acte de foi solennel.

Quand on arrive à ces mots du Credo : *Qui a souffert sous Ponce-Pilate et qui est monté au ciel*, le bourreau donne le coup fatal et le corps est à l'instant désorganisé par l'effet même du supplice.

Au milieu des sanglots universels, le prêtre s'avance, et de cette chaire extraordinaire, l'échafaud, il parle au peuple de l'éternité et des pensées qu'elle doit suggérer.

Ensuite le cadavre est dressé, et, de par la loi, il doit demeurer cinq ou six heures avant d'appartenir aux confrères. Debout, le supplicié semble parler encore et solliciter une prière.

Les heures de l'exposition légale achevées, on retourne au lieu du supplice ; les frères de la Caridad réclament le cadavre ; la garde se retire, le corps leur est livré ; ils l'ensevelissent pieusement ; puis, accompagnés par des hommes de la paroisse tenant des cierges, ils le conduisent au cimetière où se fait une absoute solennelle.

Et l'on peut dire au soir de cette journée que la justice et la miséricorde se sont embrassées.

EXERCICE.

Quelles sont les consolations qu'on offre en Espagne à un condamné à mort ? — Qu'appelle-t-on la *fortune* du condamné ? — La retraite ne modifie-t-elle pas souvent les cœurs les plus pervers ? — Pourquoi le condamné devient-il un être à part et respectable ?

TROISIÈME PARTIE

RÉCITS SUR LES PRINCIPALES INVENTIONS ET DÉCOUVERTES

Les horloges.

Jules Poncy, jeune écolier de treize à quatorze ans, venait de terminer brillamment sa classe de cinquième ; il avait obtenu quatre prix, et sa mère lui avait donné en récompense une montre d'argent.

C'était depuis longtemps l'objet des désirs de Jules, et je n'ai pas besoin de vous dire quelle fut sa joie en recevant un pareil présent. Il ne pouvait se séparer un instant de sa montre, et il avait besoin d'appeler à son aide toute sa raison pour ne pas la monter trois ou quatre fois par jour.

Alfred, frère cadet de Jules, ambitionnait vivement une semblable récompense, et se promettait de la mériter bientôt en travaillant de toutes ses forces.

— Voilà un petit appareil, dit M. Poncy à ses enfants, qui eût fait, il y a peu de siècles, l'admiration et l'envie des rois. Aujourd'hui, avec nos montres et nos pendules, nous mesurons le temps bien facilement; mais autrefois, il n'en était pas de même. Seriez-vous curieux de savoir comment s'y prenaient les anciens quand ils n'avaient ni montres, ni pendules, ni horloges.

— Certainement, mon père, dit Jules; car je ne comprends pas comment il est possible de se rendre compte du temps et de l'heure sans horloge.

— Tu te fais plus ignorant que tu ne l'es, mon fils. Tu as certainement remarqué bien des fois, sur le mur de la maison d'école, ce cadran où les heures sont indiquées par l'ombre d'une aiguille de fer.

— Ah! oui, mon père, un cadran solaire.

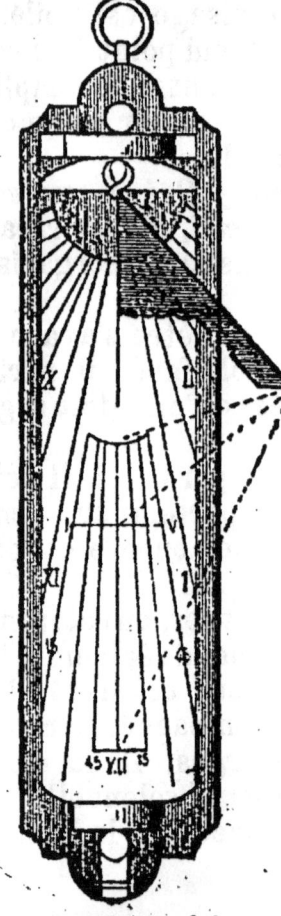

Cadran solaire.

— Eh bien, mon ami, c'est la première de toutes les horloges. Au milieu du septième siècle avant Jésus-Christ, un astronome chaldéen apprit aux Grecs l'art de construire les cadrans solaires. De là, ils passèrent en Sicile, puis à Rome.

Mais la présence du soleil est indispensable pour faire fonctionner le cadran solaire. Afin de pouvoir mesurer les heures en tout temps, on a imaginé d'abord les horloges d'eau ou *clepsydres*, composées de deux fioles d'égale grandeur, placées l'une au-dessus de l'autre en sens opposé et se joignant par leur ouverture, comme deux bouteilles dont les deux goulots seraient appliqués l'un contre l'autre par leur extrémité.

La fiole supérieure laissait tomber goutte à goutte le liquide dont elle était pleine dans la fiole inférieure. Quand celle-ci était remplie, et l'autre vide par conséquent, on retournait l'appareil, et l'eau recommençait à couler de la même façon.

Les fioles étaient disposées de manière que le liquide employât une heure, une demi-heure ou un quart d'heure à passer de l'une à l'autre, et servît ainsi à mesurer un certain espace de temps.

Les clepsydres recevaient souvent une forme plus élégante et fort ingénieuse. Un petit appareil laissait tomber l'eau goutte à goutte dans un large tube garni de degrés, le long desquels le liquide s'élevait peu à peu, ou bien dans un vase sur lequel flottait, par exemple, un enfant, qui, la main étendue, indiquait l'heure sur une colonne graduée et placée au centre du vase.

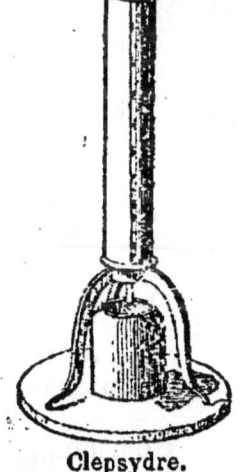

Clepsydre.

Les clepsydres étaient souvent remplacées par les *sabliers*, instruments du même genre, mais dont les fioles sont remplies de sable. Cette substance, qui s'écoule avec moins de promptitude que l'eau, peut mesurer, par conséquent, un espace de temps plus considérable.

Tu vois, mon ami, combien de semblables horloges sont incommodes, puisqu'elles s'arrêtent nécessairement à l'instant même où le sable et l'eau finissent de s'écouler. D'ailleurs, si elles peuvent servir à mesurer la durée d'une heure, elles ne peuvent indiquer si l'on est à telle ou telle heure de la journée. Tu comprends à merveille que les horloges doivent servir à ces deux choses à la fois ; car, s'il est utile souvent de savoir combien de temps on emploie à une certaine occupation, il l'est plus encore de savoir à quel moment de la journée, à quelle distance du soir et du matin on se trouve. Aussi doit-on regarder comme un événement d'une extrême importance la découverte des horloges à roues et à ressorts qui donnent, à la seule condition de les remonter de temps à autre, les deux indications essentielles dont je parlais tout à l'heure.

Il paraît que les premières horloges à roues ont été inventées vers le huitième siècle de notre ère. Elles marchaient à l'aide d'un poids suspendu qui faisait tourner les rouages;

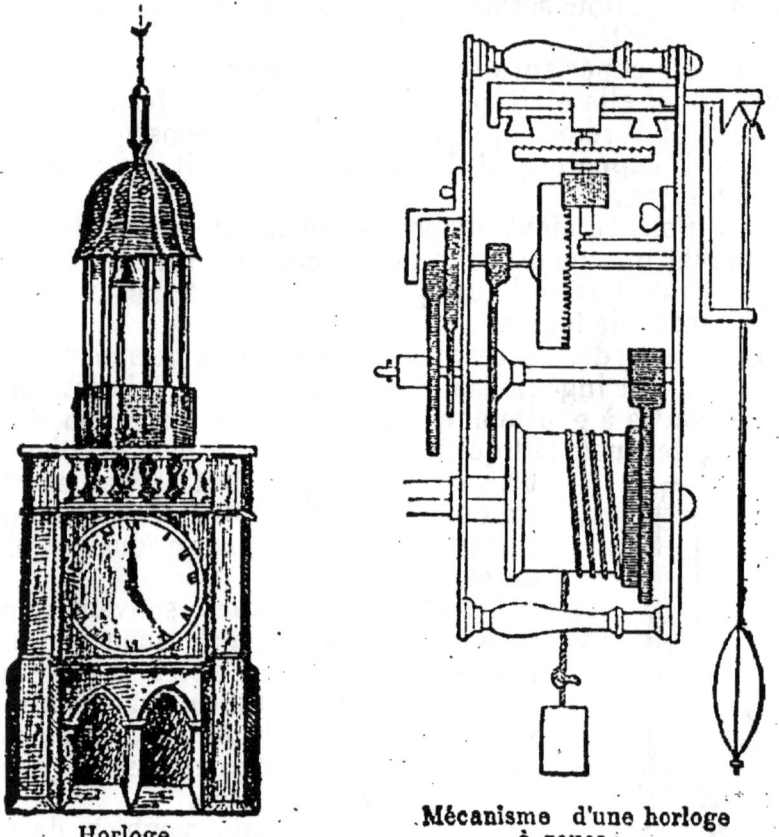

Horloge. — Mécanisme d'une horloge à roues.

telles sont encore les horloges que l'on voit fréquemment dans les campagnes.

C'est une de ces horloges que l'empereur Charlemagne reçut du calife de Bagdad, Haroun-al-Raschid, comme un présent merveilleux.

On imagina bientôt de régler le mouvement de ces instruments au moyen d'un balancier ou *pendule*, cette tige de fer terminée par une lentille, qui se balance au-dessous de l'horloge et qui lui a donné son nom.

Les horloges sonnantes ne furent inventées que plus tard, vers le quatorzième siècle; sous le règne de Louis XI, on commença à fabriquer de petites horloges à sonnerie, qui pouvaient se transporter, et servir, quoique bien moins commodément, au même usage que nos montres.

C'était alors un objet de luxe réservé pour les palais des rois.

On raconte qu'un gentilhomme de la cour de Louis XI, ayant perdu au jeu des sommes considérables, et se voyant complétement ruiné, se laissa aller à dérober une petite horloge portative qui était dans la chambre du roi, espérant la vendre un grand prix à quelque prince étranger. Il la cacha dans une de ses larges manches; mais au bout de deux ou trois minutes, l'horloge fit entendre son carillon et révéla ainsi le voleur, qui en ce moment était à quelques pas du roi.

Louis XI se retourna au bruit qui partait si inopinément de la manche du gentilhomme; il trouva l'aventure si plaisante, qu'il éclata de rire, et qu'au lieu de punir l'auteur du larcin il lui fit cadeau de l'horloge, quand il eut appris le fâcheux événement qui l'avait poussé à une action si condamnable.

Au seizième siècle, on commença à remplacer les poids par des ressorts, ce qui permit de placer les horloges ou pendules sur des meubles, tandis que les poids obligeaient de les suspendre le long de la muraille à une assez grande hauteur.

Les *montres* proprement dites, ou horloges de poche, furent inventées au seizième siècle, et ce furent elles qui occupèrent les loisirs de l'empereur Charles-Quint lorsqu'il se retira dans le monastère de Saint-Just, après son abdication.

Mais ces premières montres, mon cher Jules, ressemblaient bien peu à ce petit instrument plat et léger qui se cache si facilement dans ton gousset : c'étaient de grosses machines lourdes, épaisses, ovales, que l'on portait suspendues au cou. Aussi les premières montres, fabriquées à Nuremberg, en Allemagne, furent-elles appelées *œufs de Nuremberg*.

Les montres à sonnerie ou à répétition furent inventées à la fin du dix-huitième siècle.

Peu à peu, on est parvenu à diminuer l'épaisseur des montres sans nuire à la régularité de leur mouvement, et aujourd'hui on trouve chez nos habiles horlogers des montres qui ne sont guère plus épaisses qu'une pièce de deux francs.

On fabrique pour les voyages maritimes et les observa-

Chronomètre.

tions astronomiques des montres appelées *chronomètres* dont la précision est vraiment merveilleuse.

Les perfectionnements introduits dans la construction de ces utiles appareils ont valu à l'horloger *Bréguet* une véritable célébrité.

Tu vois, mon cher ami, que nous sommes bien loin du temps où il fallait attendre un rayon de soleil pour connaître l'heure, ou retourner vingt fois par jour un sablier pour suivre la marche du temps. Aujourd'hui, nous pouvons, à peu de frais, grâce à nos pendules et à nos montres, mettre dans nos occupations la plus grande régularité.

Or, il ne suffit pas de mesurer le temps avec exactitude, il faut surtout apprendre à le bien employer. La pendule qui nous montre une heure perdue dans l'oisiveté, ou consacrée à des passe-temps inutiles, nous adresse un silencieux mais éloquent reproche. A quoi bon, semble-t-elle dire, à quoi bon mesurer le temps pour celui qui n'en sait pas faire usage?

Songe à cela, mon fils, en regardant la montre que je t'ai donnée pour prix de ton travail, c'est-à-dire de ton temps bien employé, et n'oublie pas cette parole du sage Franklin que j'ai eu peut-être occasion de te citer quelquefois : « O mes amis! ménageons bien le temps, car c'est l'étoffe dont la vie est faite. »

Si ce récit vous a intéressés, mes enfants, je vous promets de profiter des vacances pour vous faire connaître les principales inventions dont nous jouissons tranquillement aujourd'hui, sans nous douter souvent des efforts qu'il a fallu faire pour y arriver.

EXERCICE.

Qui était Jules Poncy? — Comment avait-il terminé sa classe de cinquième? — Quelle récompense lui avait donné sa mère? — Quelle impression ce présent produisit-il sur lui? — Quelle réflexion fit son père à propos de cette montre? — Que proposa-t-il à son fils? — Qu'est-ce qu'un cadran solaire? — Comment les anciens parvinrent-ils d'abord à mesurer le temps? — Quel est l'inconvénient principal d'un cadran solaire? — Qu'est-ce qu'une horloge d'eau ou clepsydre? — Décrivez cet instrument. — Qu'est-ce qu'un sablier? — Quel soin exigent ces appareils pour fonctionner longtemps? — Servent-ils à faire connaître à quel moment de la journée ou se trouve, ou seulement à mesurer un certain espace de temps? — Tâchez de m'expliquer comment une horloge actuelle donne ces deux indications. — Quand fut construite la première horloge à rouages? — Quel fut le présent fait par Haroun-al-Raschid à Charlemagne? — Qui étaient ces deux princes? — Qu'est-ce qui sert à régler le mouvement d'une horloge? — Quand furent inventées les horloges à sonnerie? — Racontez l'aventure d'un gentilhomme de la cour de Louis XI. — Comment celui-ci agit-il à l'égard du voleur? — Quel avantage présentent les pendules ou horloges à ressort ? — Quand furent inventées les montres ? — Quel est le grand personnage qui s'en est beaucoup occupé ?— Comment appela-t-on les premières montres?— Qu'est-ce qu'une montre à répétition?— Les montres d'aujourd'hui sont-elles de la même épaisseur que celles d'autrefois?—Qu'est-ce qu'un chronomètre ? — Quelle réflexion peut inspirer la vue d'une pendule ? — Quel est le mot de Franklin que M. Poncy cita à son fils ?

Les Ballons ou Aérostats.

Par une belle matinée d'automne, une foule immense était rassemblée vers l'extrémité du Champ de Mars à Paris. Un vaste globe d'une étoffe légère se balançait au-dessus du sol, retenu par un filet qui l'enveloppait de son réseau dans la partie supérieure, et qui se terminait de l'autre par des cordes fixées aux deux côtés d'une petite nacelle.

Dans cette nacelle étaient plusieurs sacs remplis de sable et servant de *lest* (1), une petite ancre attachée à une longue corde, et un objet semblable à un vaste parapluie replié.

Un homme monta dans la nacelle et agita un drapeau tricolore qu'il tenait à la main; à ce signal, on coupa un câble qui tenait la nacelle immobile sur le terrain, et aussitôt le globe s'éleva rapidement, entraînant avec lui, au sein des airs, la nacelle et son intrépide nautonnier.

La foule applaudit avec transport et suivit d'un regard d'admiration le ballon ou *aérostat* (2), qui bientôt ne sembla plus aux spectateurs qu'un point perdu dans l'espace.

Le temps était parfaitement calme. Le ballon s'était élevé presque en ligne droite; il parut quelque temps immobile, puis il descendit peu à peu, et l'on distingua de nouveau le globe et

Aérostat.   Parachute.

la nacelle. Il était encore à une grande hauteur, lorsque tout à coup la nacelle se détacha au grand effroi de tous les assistants, tandis que le globe remontait seul vers les nuages.

Abandonnée à elle-même, la nacelle descendit d'abord

(1) On appelle ainsi les objets pesants dont on charge la partie inférieure d'un navire pour le maintenir en équilibre.
(2) C'est-à-dire qui se tient dans l'air.

même; elle en parla à son mari, qui était un physicien distingué, et qui s'empressa de mettre cette découverte à profit.

Le jupon avait été soulevé parce que l'air échauffé au-dessous s'était dilaté, devenant ainsi plus léger sous un même volume que l'air extérieur, et avait fait effort pour s'élever, comme le bouchon de liège qu'on pose au fond d'un vase rempli d'eau tend à remonter à la surface.

Étienne Montgolfier conçut l'idée de reproduire un effet semblable, et plaça, après diverses autres tentatives infructueuses, un réchaud allumé sous un léger globe de papier ouvert par en bas.

Ce globe, fermé avec soin dès que l'air qu'il contenait se trouva suffisamment dilaté par la chaleur, s'éleva facilement dans l'espace.

Le 4 juin 1783, les frères Montgolfier renouvelèrent cet essai sur une des places d'Annonay, en présence d'une foule immense, au moyen d'une vaste enveloppe de toile doublée en papier, ayant la forme d'une sphère de trente-six mètres de circonférence. Un feu très vif allumé au-dessous la remplit d'air fortement échauffé, beaucoup plus léger que l'air extérieur sous un volume pareil, et bientôt le ballon s'éleva majestueusement dans les airs, aux acclamations enthousiastes des spectateurs.

L'appareil prit le nom de *montgolfière*, du nom de ses inventeurs.

La nouvelle de l'ascension d'Annonay se répandit à Paris, où elle causa une impression extraordinaire. De toutes parts, on se mit à l'œuvre pour répéter cette magnifique expérience.

Pilastre des Roziers et le marquis d'Arlandes furent les premiers qui osèrent s'embarquer dans une nacelle suspendue au-dessous d'un semblable ballon, et s'élancer ainsi dans les airs; ils s'élevèrent d'abord à une hauteur d'environ cent mètres, après avoir eu soin d'attacher au ballon des cordes fixées à terre. Enhardis par le succès de cette expérience, ils montèrent, le 21 novembre 1783, au milieu du bois de Boulogne, dans une montgolfière abandonnée à elle-même, et redescendirent sans accident de l'autre côté de Paris.

Mais l'appareil des frères Montgolfier présentait un grave inconvénient; pour conserver à l'air enfermé dans le globe sa chaleur et sa dilatation, il fallait suspendre au-dessous de son orifice un réchaud allumé, ce qui l'exposait à s'enflammer dans l'espace.

Telle fut, selon l'opinion la plus répandue, la cause du terrible accident qui coûta la vie à l'intrépide Pilastre des

Rosiers : il venait de s'élever à Boulogne-sur-Mer pour tenter le passage de la Manche, lorsque le feu prit à l'appareil, et le malheureux aéronaute fut précipité du haut des airs.

Deux ans auparavant, dès 1783, un physicien, nommé Charles, avait eu l'heureuse pensée d'employer, pour gonfler les ballons, au lieu d'air échauffé, un gaz appelé *hydrogène*, qui, à la température ordinaire, est beaucoup plus léger que l'air; il avait imaginé en même temps la soupape qui, en donnant issue au gaz, détermine la descente lente et graduelle de l'aérostat, la nacelle où s'embarquent les voyageurs, et le lest qui le maintient en équilibre et modère la vitesse de l'ascension; grâce à ces divers procédés, qui ont constitué véritablement l'art de l'aérostation, l'expérience réussit parfaitement, et dès lors il n'y eut plus à craindre d'incendie dans les ascensions aérostatiques.

En 1785, MM. Blanchard et Jefferies traversèrent la Manche en deux heures, entre Douvres et Calais. Quelques années après, en 1794, les Français se servirent d'un ballon, sur le champ de bataille de Fleurus, pour observer les mouvements des ennemis, et les renseignements fournis par l'aéronaute contribuèrent beaucoup à nous assurer la victoire.

Le parachute, dont nous avons déjà parlé, a été inventé vers la même époque pour mettre le navigateur aérien à l'abri des dangers auxquels un accident arrivé au ballon pouvait l'exposer.

Garnerin osa le premier faire usage de cet appareil en 1797. Arrivé à une hauteur de quatre cents mètres environ, il détacha la nacelle du ballon et se laissa tomber avec elle sur la foi du parachute, qui le soutint de manière à lui permettre de gagner la terre sans accident.

Un de nos plus illustres physiciens, M. Gay-Lussac, s'est élevé à une hauteur prodigieuse (sept mille mètres environ), et a pu faire, à l'aide du ballon, de précieuses observations sur l'état de l'atmosphère dans ces hautes régions.

En 1850, MM. Barral et Bixio ont fait deux ascensions scientifiques et sont parvenus à une hauteur de plus de sept mille mètres, où ils ont éprouvé un froid de trente-neuf degrés au-dessous de zéro.

L'aérostat, qui est une des plus étonnantes découvertes des temps modernes, n'est malheureusement pas une des plus utiles. Malgré de nombreuses tentatives, on n'est pas encore parvenu à diriger un ballon à travers l'espace; l'aéronaute, emporté au gré des vents, ne peut suivre aucune route certaine, et il n'est pas possible de dire si les efforts de l'industrie humaine doivent un jour nous tracer un chemin à travers les airs comme à la surface des ondes.

EXERCICE.

Que se passait-il à l'extrémité du champ de Mars, à Paris? — Qu'est-ce qui était attaché à un vaste globe? — Qu'y avait-il dans la nacelle? — Qui monta dans cette nacelle? — Qu'arriva-t-il alors? — Comment appelle-t-on l'appareil qui s'élevait ainsi dans les airs? — Que virent les assistants quand le ballon eut commencé à redescendre? — Comment la nacelle détachée du ballon arriva-t-elle à terre? — Qui se trouvait au nombre des spectateurs? — Quelle question fit le jeune Poncy à son père? — Quelle explication celui-ci donna-t-il à son fils? — Qu'est-ce qu'on observe quand un corps quelconque est plongé dans une substance plus pesante que lui-même? — Citez des corps qui surnagent dans l'eau? — Y a-t-il des corps plus légers que l'air? — Comment appelle-t-on les corps qui ont la même consistance que l'air? — Racontez la circonstance qui a donné l'idée de la navigation aérienne. — Quel fut l'essai que fit M. Montgolfier quand il sut ce que sa femme avait observé? — Comment renouvela-t-il son expérience? — Comment remplit-il un vaste globe? — Que devint le ballon quand il fut rempli? — Quel nom reçut cet appareil? — Qu'entend-on par *aéronaute* et *aérostat*? — Citez les noms des premiers aéronautes. — Où se fit le premier voyage dans les airs? — Quel inconvénient présentaient les mont-golfières? — A quel danger exposaient-elles le navigateur aérien? — Qui fut victime de ce danger? — Qu'imagina le physicien Charles pour l'éviter? — Quel voyage firent MM. Blanchard et Jefferies? — Quel usage les Français firent-ils du ballon à la bataille de Fleurus? — Qu'est-ce que c'est que le parachute? — Quand fut-il imaginé et essayé pour la première fois? — Quel est le savant physicien qui a fait une ascension célèbre en ballon? — Quel parti en a-t-il tiré? — Citez une ascension plus récente de deux savants. — Cette découverte est-elle jusqu'à présent d'une grande utilité?

Les télégraphes. — Le téléphone.

A la fin des vacances, M. Poncy revenait avec ses fils par le chemin de fer d'Orléans. Les deux enfants suivaient des yeux les fils de fer qui semblaient monter et descendre alternativement le long de la voie.

— Savez-vous quels sont ces fils, demanda M. Poncy, et à quoi ils servent?

— Oui, oui, s'écrièrent à la fois Jules et Alfred; ce sont les fils du télégraphe électrique, et ils servent à transmettre des nouvelles.

— Et pouvez-vous me dire comment on peut les employer à cet usage?

— Non, répondirent les deux enfants.

— Vous n'imaginez probablement pas ce que c'est que le télégraphe dont le langage mystérieux traverse si rapidement les distances?

— Oh! faites-nous connaître, mon père, une si belle invention ; dites-nous si elle est bien ancienne, si c'est un Français qui en est l'auteur.

— Vous savez qu'il y a deux sortes de télégraphes : le *télégraphe aérien*, cette machine à longs bras dont chacun pouvait voir les mouvements continuels et bizarres au haut de quelques édifices élevés, et qui était seule employée il y a peu de temps encore; puis le *télégraphe électrique*, qui a maintenant partout remplacé son devancier. Le premier et le plus ancien n'a été inventé qu'à la fin du dix-septième siècle, et c'est à la France que le monde doit cette découverte admirable que la science moderne a transformée d'une manière bien plus merveilleuse encore; mais l'art de communiquer de loin par des signes date d'une haute antiquité. Il semble, en effet, naturel que de tout temps les hommes si avides de communications avec leurs semblables, aient cherché à diminuer les distances, et imaginé une sorte d'écriture aérienne.

C'est en Asie que l'on trouve les plus anciens vestiges de ce langage par signaux. Dans les temps reculés, les cris, le feu ou la fumée servaient de signaux télégraphiques. Les Chinois en faisaient usage. Un pavillon blanc, hissé par l'ordre du farouche Tamerlan, lorsqu'il venait attaquer une ville, signifiait : « Si vous vous rendez, Tamerlan usera de clémence. » Quand cette sommation ne suffisait pas, un drapeau rouge faisait connaître que le commandant de la ville serait tué ; enfin, à la vue du drapeau noir, les infornés habitants comprenaient que la ville entière serait détruite.

Plus anciennement encore, des lignes de sentinelles transportaient dans toute l'étendue de l'empire des Perses, au moyen de la voix, les ordres du roi ou les nouvelles importantes. Pendant l'expédition de Xerxès contre les Grecs, une de ces lignes, établie d'Athènes à Suse, apportait en quarante-huit heures au monarque les nouvelles de la Perse.

L'Europe connut aussi, en des temps fort anciens, l'art de communiquer par des signaux.

Clytemnestre, suivant le poète, apprit, après dix ans d'attente, la prise de Troie et le triomphe des Grecs par des feux allumés sur le mont Ida, et répétés de montagne en montagne.

Au cinquième siècle avant notre ère, une ligne de signaux de feux avait été établie entre l'Europe et l'Asie par les Grecs, qui voulaient être informés des mouvements militaires des Perses.

Au troisième siècle, nous voyons la télégraphie faire de grands progrès pendant les guerres de Philippe, père de

Persée. Jusqu'alors, on n'avait transmis que des nouvelles prévues au moyen de signaux convenus; on en vint à créer des procédés propres à signaler des événements inattendus.

Chaque poste, chaque vigie était munie d'un bâton, sur lequel étaient inscrits, à diverses hauteurs, un grand nombre d'événements probables. En élevant ce bâton, on indiquait l'événement signalé à la sentinelle suivante, qui transmettait aussitôt le renseignement.

Quelque ingénieux que fût ce moyen, il laissait cependant beaucoup à désirer; car le nombre d'événements mentionnés sur le bâton était nécessairement fort limité, et, la chose une fois établie, il n'y avait pas moyen d'y apporter de modifications ni de compléter la pensée que l'on voulait transmettre.

On imagina alors de se servir des lettres de l'alphabet divisées en cinq colonnes, en montrant par un nombre convenu de signaux la colonne et la lettre que l'on voulait indiquer. Cette méthode, qui permettait des communications plus étendues et plus claires, avait l'inconvénient de demander un temps considérable.

Les Romains ne paraissent pas avoir fait usage de la télégraphie avant César, que nous voyons se servir de signaux de feu pour connaître les mouvements des ennemis. Ces communications rapides durent avoir une grande influence sur la célérité de ses marches et la sûreté de ses opérations. César nous apprend que les Gaulois employaient aussi certains signaux. « Lorsqu'il arrive quelque chose d'important et d'intéressant, nous dit-il, ils s'avertissent les uns les autres par des cris qu'ils font entendre à travers les champs; ces cris sont répétés de proche en proche, de sorte que ce qui s'est passé à Orléans, au lever du soleil, peut être connu en Auvergne avant neuf heures du soir, malgré une distance de quatre-vingts lieues. »

Plus tard, en même temps que les Romains traçaient de magnifiques routes dans tout l'empire, ils élevèrent, d'espace en espace, des tours sur lesquelles on plaçait des vedettes probablement pour transmettre les signaux. Nîmes, Arles, Bellegarde, Uzès, Besançon, conservent encore des tours qui ont probablement servi à cet usage.

Au moyen âge, nous voyons diverses espèces de signaux employés par les empereurs d'Orient, par les Arabes et par les Espagnols, mais toujours à peu près selon les anciens procédés.

Ce fut seulement vers la fin du dix-septième siècle qu'un membre de notre Académie des sciences, *Amontons*, profitant des essais des anciens et des découvertes modernes, imagina un nouveau mode de communications télégraphiques : il proposa d'employer les lunettes d'approche pour apercevoir de loin les signaux, et diminuer le nombre des postes nécessaires jusqu'alors. En même temps il substitua les chiffres aux caractères alphabétiques, ce qui permettait de simplifier et de réduire beaucoup la quantité des signes télégraphiques.

— Eh bien! mon père, dit Jules que ce récit avait vivement intéressé, je pense qu'on s'empressa aussitôt d'établir de tous côtés des lignes de communications au moyen de la nouvelle découverte.

— Il n'en fut rien, mon enfant. La découverte d'Amontons fut admirée comme un jeu d'esprit fort ingénieux, et on en parla beaucoup comme d'une idée pleine d'originalité; l'essai qui fut fait du nouveau procédé réussit parfaitement, et satisfit la curiosité de quelques grands personnages. Mais ce fut tout.

Un siècle après, les expériences furent reprises par un physicien nommé *Claude Chappe*, qui, en 1792, présenta à l'Assemblée législative le résultat de ses savantes méditations. Sa machine, qu'il appela *télégraphe* (qui sert à écrire de loin), offrait, suivant le rapport fait à l'Assemblée, un moyen ingénieux d'écrire en l'air, en déployant des caractères peu nombreux, simples comme la ligne droite dont ils se composent, très distincts entre eux, d'une exécution rapide, et visibles à de grandes distances.

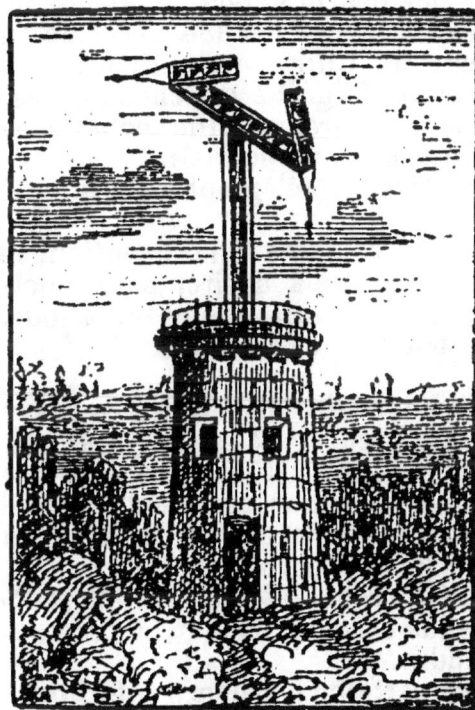

Télégraphe aérien.

Ainsi donc, des signaux réduits à un petit nombre, exécutés par des machines très simples, aperçus par le télescope, sans que les agents intermédiaires, qui ne connaissent pas la signification de ces lignes, puissent pénétrer les secrets qu'ils transmettent, voilà tout l'art de la télégraphie moderne que Chappe venait offrir à ceux qui gouvernaient alors la France.

Cette fois, on sentit toute l'importance de cette invention, et l'on comprit qu'on pouvait créer par ce moyen une nouvelle branche de service public. En 1793, la Convention, entourée d'ennemis au dedans et au dehors, vit tout d'un coup quel parti sa dévorante activité pouvait tirer de ce moyen de communication si rapide; sur le rapport d'un député nommé Romme, elle adopta avec enthousiasme les idées de Chappe, décréta l'établissement d'une ligne télégraphique entre Paris et Valenciennes, et en confia l'exécution au ministre de la guerre. La ligne télégraphique fut inaugurée par l'annonce d'une victoire. Dans la séance du 30 novembre 1794, le ministre de la guerre Carnot apporta à la Convention la nouvelle, expédiée par le télégraphe, de la prise de Condé sur les Autrichiens. Des applaudissements éclatèrent sur tous les bancs de l'Assemblée, et la Convention transmit immédiatement cette réponse : « L'armée du Nord a bien mérité de la patrie. »

Napoléon dans ses campagnes, et particulièrement dans celle de 1805, fut puissamment secondé par le télégraphe; c'est par ce moyen qu'informé des premiers mouvements des Autrichiens, qui, le croyant occupé d'une descente en Angleterre, s'avançaient sur le Rhin sans attendre les Russes leurs alliés, Napoléon les joignit à marches forcées, les enferma dans Ulm, et força quarante mille hommes à mettre bas les armes sans tirer un coup de fusil.

Après de semblables résultats, le télégraphe fut adopté de toutes parts.

Quels que fussent les avantages d'une telle invention, le télégraphe de Chappe laissait encore à désirer sous quelques rapports; ainsi l'obscurité de la nuit, et, durant le jour, la pluie et les brouillards pouvaient l'empêcher de fonctionner.

On a imaginé récemment, pour faire disparaître ce grave inconvénient, une nouvelle espèce de télégraphe qui agit aussi bien dans les ténèbres qu'à la clarté du soleil, et qui transmet d'ailleurs les signaux avec une si grande vitesse que le moment de l'arrivée ne se distingue pas de celui du départ, quelle que soit la distance à parcourir.

Voilà qui vous étonne, certainement, et vous semble peut-être impossible; rien n'est plus exact cependant, et j'essayerai de vous le faire comprendre.

Il existe dans la nature une certaine substance infiniment plus légère et plus mobile que l'air lui-même, substance qui se trouve dans tous les corps, qui les traverse avec une rapidité incalculable, et qu'on appelle fluide électrique ou *électricité*.

Ce fluide, tout insaisissable qu'il est, produit des effets

très sensibles dès qu'il se trouve amoncelé en certaine quantité; lorsqu'il passe brusquement d'un corps à l'autre, il fait entendre un bruit plus ou moins fort, précédé d'une flamme appelée *étincelle électrique*, en imprimant au corps qui le reçoit un choc quelquefois très violent.

C'est ce même fluide qui, aggloméré dans les nuages, éclate en produisant le tonnerre et les éclairs qui ne sont autre chose que d'énormes étincelles électriques.

Certains corps ont la propriété de ne pas transmettre le fluide électrique, qui s'y accumule indéfiniment, comme la soie, la résine, le verre, la porcelaine; ils sont appelés *mauvais conducteurs*. D'autres, au contraire, comme les métaux, le transmettent aussitôt qu'ils le reçoivent avec une vitesse telle qu'il ferait huit fois le tour du globe en une seconde; ce sont des corps *bons conducteurs*.

Vous comprenez que si l'on développe du fluide électrique à l'extrémité d'un fil de métal, qui est bon conducteur, il se portera à l'instant même à l'autre extrémité; or, comme en passant du fil de métal sur un autre corps convenablement disposé, ce fluide produit divers effets très sensibles, vous voyez qu'on peut s'en servir pour transmettre des signaux à la personne qui observe ce qui se passe à l'extrémité du fil opposée à celle d'où est parti le courant d'électricité.

C'est en combinant différents signaux, et en faisant agir par l'électricité un appareil placé à l'extrémité d'un fil de métal d'une grande longueur, qu'on a établi les appareils appelés *télégraphes électriques*.

Il existe plusieurs systèmes assez différents de télégraphes électriques. Sans vous donner des explications trop détaillées, je vais tâcher de vous donner une idée de la manière dont fonctionnent ces appareils.

Prenons par exemple le télégraphe électrique établi entre Paris et Bordeaux.

Des fils métalliques sont disposés le long du chemin de fer, où il est plus facile de les mettre à l'abri de la malveillance. Soutenus en l'air par des poteaux auxquels ils sont attachés à l'aide de capsules de porcelaine, substance non conductrice, pour ne pas détourner le fluide électrique, ces fils aboutissent d'une part à Paris, de l'autre à Bordeaux. Un appareil, fait pour développer du fluide électrique de la manière à la fois la plus persistante, la plus énergique et la plus continue, appelé *pile de Volta*,

Pile de Volta.

est établi à chaque point de départ. Voici maintenant le phénomène physique à l'aide duquel le courant électrique transmet les signaux. Prêtez-moi toute votre attention.

Le savant physicien François Arago a observé en 1820 que l'électricité, circulant autour d'une tige de fer parfaitement pur, communique au métal la propriété de l'aimant, qui, comme vous le savez, attire le fer : vous en avez fait cent fois l'expérience devant vos yeux. Mais cette aimantation artificielle disparaît aussitôt que la tige de fer cesse de communiquer avec la pile qui fournit l'électricité ; elle se fait et se défait ainsi avec une rapidité incalculable. Tel est le phénomène que l'on utilise pour la mise en action du télégraphe électrique.

Reprenons maintenant notre exemple.

Au point d'arrivée à Bordeaux se trouve une tige de fer autour de laquelle s'enroule le fil électrique. Au-devant de cette tige de fer est un disque du même métal, qu'un faible ressort maintient à une petite distance. Dès que le fil est mis en contact avec la pile au point de départ à Paris, la tige de fer s'aimante à Bordeaux et le disque est attiré ; dès que la communication du fil avec la pile cesse, la tige de fer n'est plus aimantée et le ressort en éloigne le disque. Celui-ci fait alors un mouvement de va-et-vient, qui peut se répéter plusieurs fois en une seconde. Au moyen d'un mécanisme extrêmement ingénieux, on s'en sert pour faire tourner à volonté un cadran mobile (récepteur) sur lequel sont inscrits les lettres et les chiffres, qui le sont également et dans le même ordre sur un cadran pareil situé au bureau de départ (manipulateur). On a réussi à combiner les mouvements de ces deux cadrans de telle manière que la lettre que l'employé marque à Paris sur un cadran, au moyen d'une aiguille, se présente à l'instant même aux regards de celui qui observe le cadran de Bordeaux ; on peut ainsi très rapidement transmettre lettre par lettre tous les mots d'une

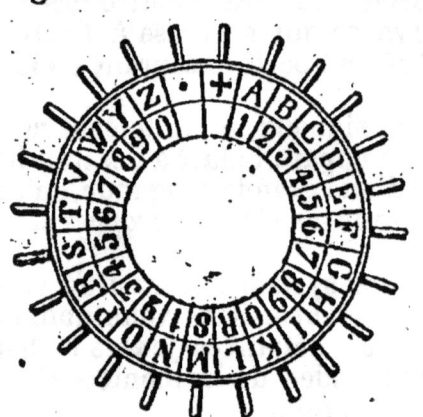

Appareil télégraphique récepteur.

Appareil télégraphique manipulateur.

dépêche, quelque longue qu'elle soit. Avant l'envoi de chaque message, on appelle l'attention des employés en faisant agir une sonnette par le même moyen que nous venons de décrire.

Les premiers essais de télégraphie électrique eurent lieu à Saint-Pétersbourg dès 1833; mais ce fut seulement de 1837 à 1844 qu'un système susceptible d'une application véritablement utile et pratique fut mis en activité aux États-Unis, où la première ligne télégraphique digne de ce nom fut établie entre Washington et Baltimore sur une longueur de seize lieues. Peu de temps après, le génie entreprenant des Américains avait multiplié de tous côtés cette merveilleuse voie de communication et mis en relations instantanées les frontières du Canada et les rivages du golfe du Mexique. L'appareil en usage aux États-Unis écrivait lui-même sur un rouleau de papier convenablement disposé les signes télégraphiques : c'est le système suivi partout aujourd'hui.

L'Angleterre a suivi de près les États-Unis, et, en 1846, une puissante compagnie a établi de tous côtés des lignes de fils électriques pour faire agir des télégraphes à cadran, les plus parfaits de ceux qu'on connaissait alors. Toutes les villes importantes de la Grande-Bretagne communiquent ainsi avec la capitale.

La France a suivi lentement l'exemple qui lui était donné. Tandis qu'au delà de l'Océan, les fils électriques traversaient hardiment les forêts et les savanes immenses, de timides essais étaient faits dans notre patrie, le long de nos chemins de fer; mais, depuis 1850, le gouvernement a donné à la télégraphie électrique une telle impulsion que son réseau couvre aujourd'hui la France entière.

Grâce à la combinaison des procédés *Morse* et *Hughes*, la dépêche parvient au destinataire toute imprimée. Une bande de papier se déroule au point d'arrivée, s'approche par chaque aimantation d'une molette toujours imbibée d'encre d'impression et reçoit successivement toutes les lettres du télégramme. En moyenne, l'appareil transmet quarante dépêches à l'heure, ou environ seize mots par minute, sur une ligne de 600 à 800 kilomètres.

Le télégraphe aérien, par la nature même de ses procédés, devait être réservé à l'usage du gouvernement. Le télégraphe électrique, au contraire, et c'est là un de ses plus précieux avantages, a pu être mis à la disposition du public. Chacun aujourd'hui, à des conditions de moins en moins coûteuses, peut communiquer instantanément avec toutes les grandes villes de France et d'Europe.

Notre système n'est déjà plus arrêté par l'étendue des mers, grâce à un dernier et prodigieux perfectionnement qu'il me reste à vous faire connaître. Je veux parler du *télégraphe sous-marin*.

En recouvrant un fil métallique d'une substance assez semblable au caoutchouc ou gomme élastique, la *gutta-percha*, on parvient, sans ôter à ce fil sa flexibilité, à l'isoler des corps environnants, et notamment de l'eau, qui lui enlèverait son électricité. Un Anglais, M. *Jacob Brett*, conçut l'audacieuse pensée de jeter un fil ainsi disposé au fond du détroit qui sépare la France de l'Angleterre pour mettre en rapport les lignes télégraphiques des deux pays. Le 28 août 1850, un bateau à vapeur partit de Douvres, déroulant un fil de cuivre de 45 kil. de long, enveloppé de gutta-percha et muni, de distance en distance, de lingots de plomb pour l'entraîner au fond de la mer; et le même jour, à huit heures du soir, l'extrémité du fil, fixée au cap Gris-Nez, sur la côte du Pas-de-Calais, était mise en communication avec un appareil électrique qui envoyait aussitôt à travers le détroit la nouvelle de l'heureuse issue de cette belle entreprise.

Malheureusement, l'agitation des flots brisa le fil peu de jours après, et il fallut tenter une nouvelle épreuve, qui, cette fois, eut le succès le plus complet.

Quatre fils de cuivre destinés à transmettre l'électricité furent renfermés dans un câble de fils de fer et de chanvre entrelacés, et ce câble, d'une solidité extrême, fut heureusement établi entre Douvres et Calais. Le 13 novembre 1851, l'inauguration définitive du télégraphe sous-marin fut annoncée par la détonation d'un canon des remparts de Douvres, auquel mit le feu un courant électrique parti du rivage français. Depuis ce jour, Paris et Londres sont en communication de tous les instants. L'Angleterre est reliée de la même manière à l'Irlande. Une compagnie, placée sous le patronage du gouvernement français, a établi à travers la Méditerranée une ligne télégraphique qui, passant par la Corse et la Sardaigne, suit le rivage africain, et, par l'Égypte, se prolonge jusqu'aux Indes. Cette ligne atteint aujourd'hui l'Algérie et Tunis. D'autres lignes relient Paris avec Saint-Pétersbourg, Constantinople et toutes les villes importantes de l'Europe. La nouvelle de la prise de Sébastopol parvint le jour même à Paris et à Londres.

Les avantages de tous genres que l'on doit à la rapidité des communications télégraphiques sont incalculables. Un fait donnera l'idée des inappréciables services que peut rendre cette invention merveilleuse.

Le 1er janvier 1850, une locomotive, abandonnée à elle-même par mégarde, s'élança seule et à toute vapeur de la station de Gravesend, en Angleterre, sur la route de Londres; en la voyant ainsi s'échapper sans guide sur un chemin parcouru par de nombreux convois, chacun frémit à la pensée des accidents terribles qui allaient vraisemblablement arriver. A l'instant, le télégraphe électrique transmet un avis à Londres et à toutes les stations intermédiaires. A l'une de ces stations, un machiniste intrépide, prévenu à temps, prépare une locomotive, laisse passer la fugitive, puis s'élance à sa poursuite avec la rapidité de l'hirondelle. Il l'atteint, y accroche sa locomotive, passe sur la première, modère sa course et puis s'arrête. Onze stations ont déjà été traversées; on n'était plus qu'à deux milles de Londres. Si l'avis donné par le télégraphe n'avait permis d'exécuter cette manœuvre audacieuse, l'arrivée à toute vapeur de la machine inattendue aurait causé un dommage dépassant la dépense d'installation de toute la ligne télégraphique.

Enfin, on est parvenu à unir le Nouveau-Monde à l'Europe au moyen de câbles électriques à travers l'Océan tout entier! L'Angleterre a plusieurs services organisés. La France en est dotée depuis plusieurs années. Aujourd'hui la communication télégraphique entre l'Europe et l'Amérique se fait au moyen de cinq câbles sous-marins. L'un est direct d'Angleterre aux États-Unis.

La télégraphie a reçu en outre une application nouvelle dans le sein des armées, par la télégraphie *électrique roulante*. Un ingénieux appareil, imaginé par M. Schultz, capitaine d'artillerie, qui peut s'adapter à toutes les voitures, sert à tenir le généralissime en communication constante avec tous ses lieutenants.

Ce n'est pas tout, et nous avons à signaler un nouveau progrès dans la transmission des communications télégra-

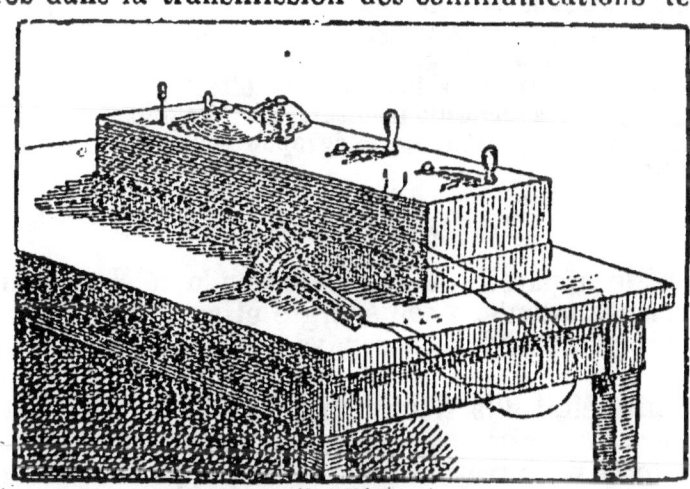

Appareil Téléphonique

phiques. Ce ne sont plus des signes, c'est la voix même qui va se communiquer au loin par le moyen du *téléphone*. Les études à cet égard sont encore dans la période d'expérimentation et de progrès. Déjà il est constaté qu'une sorte de cornet acoustique dans lequel est placé une plaque métallique sensible aux vibrations de l'air et auquel est adapté un fil métallique transmet la voix humaine jusqu'à la distance de 45 kilomètres.

On espère, au moyen d'appareils de transmission et de grossissement arriver à ce résultat, que non seulement le son de la voix pourra se propager secrètement à de grandes distances, mais que les vibrations imprimées par la parole au fil électrique pourront permettre d'obtenir directement par écrit au point de destination les signes convenus qui seront la traduction de la parole.

On a en outre constaté que le fil d'une ligne télégraphique ordinaire pouvait également transmettre la voix à une certaine distance, si on y adaptait le fil d'un téléphone.

EXERCICE.

A quelle époque fut inventé le télégraphe aérien? — A quelle nation appartient cette invention? — Quels étaient les moyens employés par les anciens pour communiquer au loin? — Quelle preuve avons-nous de l'importance des signaux chez les Grecs? — Que pratiquait-on chez les Gaulois à cet égard? — En quels autres lieux mit-on encore en usage la langue des signaux? — Quelle découverte fut faite vers la fin du dix-septième siècle? — Par qui fut-elle faite? — Quels en furent les résultats? — Que fit, un siècle plus tard, Claude Chappe? — En quelle occasion particulière les communications télégraphiques furent-elles d'une haute importance pour Napoléon? — Quels inconvénients existaient encore pour les communications télégraphiques? — Quelle nouvelle invention est venue obvier à ces inconvénients? — Parlez-nous de la marche de l'électricité. — Indiquez de quelle manière on l'a appliquée à la télégraphie. — Faites connaître en peu de mots le mécanisme du télégraphe électrique. — Donnez une idée des avantages qui résultent de l'emploi des télégraphes électriques. — Parlez des derniers perfectionnements du télégraphe électrique. — Comment a-t-on pu établir un télégraphe sous-marin? — Qu'est-ce que le téléphone?

Le paratonnerre.

Cet utile appareil a été inventé par le célèbre Franklin, qui dut à ses talents, à son énergie et à son beau caractère, une haute position dans son pays et l'admiration du monde entier.

Franklin était fils d'un pauvre fabricant de savon. Il commença par entrer comme ouvrier dans une imprimerie, puis, à force de travail et d'économie, il put se mettre lui-même à la tête d'un important atelier. Alors il fonda une bibliothèque publique, et imprima des livres pour l'instruction du peuple.

Quelques années après, le fils du marchand de savon, entouré de l'estime de tous ses concitoyens, siégeait comme député dans l'assemblée de sa province (Pensylvanie); plus tard, il intervenait dans les démêlés célèbres qui amenèrent l'insurrection d'Amérique; enfin, il était envoyé par sa patrie à la cour de Versailles, et signait un traité d'alliance entre la France et les États-Unis.

L'homme qui accomplissait de si grandes choses en politique, se faisait encore un nom immortel dans la science, par ses habiles observations et ses importantes découvertes.

Franklin remarqua que la foudre se dirige en général vers le sommet des arbres, les parties les plus élevées des édifices, et qu'elle se porte de préférence sur les métaux; il observa que lorsqu'elle s'est introduite dans une masse métallique, c'est au moment de sa sortie qu'elle cause ses ravages, et enfin que les pointes ont la propriété de soutirer lentement et à distance le fluide électrique accumulé dans les nuages, où il produit les éclairs et le tonnerre.

Son génie lui inspira l'idée de faire descendre sur la terre ce fluide du haut des nuées. Un simple jeu d'enfant lui servit à résoudre ce hardi problème. Il éleva un cerf-volant par un temps d'orage, suspendit une clef au bas de la corde, et essaya d'en tirer des étincelles. D'abord, ses tentatives furent inutiles; mais une petite pluie qui vint à tomber rendit la corde capable de conduire le fluide électrique, et, à la grande joie de Franklin, des étincelles jaillirent du métal. Si la corde eût été plus humide et le nuage plus chargé d'électricité, le grand physicien eût été tué, et sa découverte périssait avec lui.

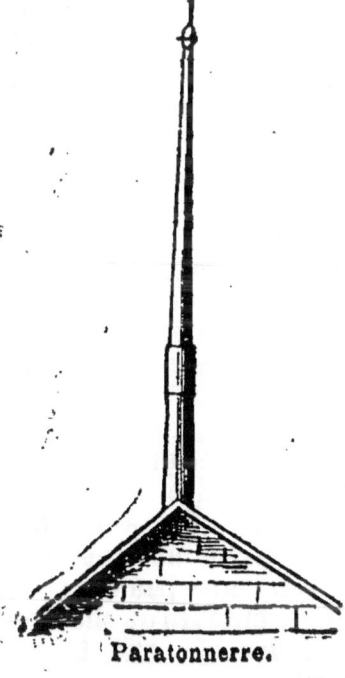
Paratonnerre.

Franklin vit aussitôt le parti qu'il pouvait tirer de son expérience pour préserver les monuments. Désormais, il était maître de gouverner la marche de la foudre en lui offrant un cours paisible. Telle est l'origine du *paratonnerre*.

Un paratonnerre est une tige de métal placée au sommet d'un édifice et communiquant avec le sol par une chaîne également métallique. L'extrémité supérieure de la tige est façonnée en pointe; souvent on la dore pour la préserver de la rouille, ou bien encore on la compose d'un morceau de platine. Si la foudre vient à frapper un appareil ainsi construit, elle suivra la tige, puis la chaîne métallique, et ira se perdre avec cette chaîne dans le sol.

Le paratonnerre offre même l'avantage de prévenir souvent la chute de la foudre; car le fluide électrique dont une nuée orageuse est chargée peut s'écouler sans explosion jusque dans le sol. La propriété dont jouit la pointe de fer ou de platine est quelquefois visible. Dans les temps orageux, il n'est pas rare d'apercevoir une langue de feu, pendant la nuit, à la pointe de la tige. Ainsi les paratonnerres diminuent l'intensité des orages, le nombre, la force et les dangers des coups foudroyants.

Les paratonnerres agissent sur un espace circulaire d'un rayon égal au double de leur hauteur; pour garantir un grand édifice, il faudra donc l'armer de plusieurs paratonnerres. Moins les tiges auront de hauteur, plus elles devront être multipliées.

La construction du conducteur destiné à faire écouler dans le sol le fluide électrique exige le plus grand soin; de la manière dont il est disposé dépendent tous les effets du paratonnerre; munie d'un mauvais conducteur, la tige, loin de protéger l'édifice, ne pourrait qu'attirer sur lui des dangers plus certains.

Supposons la chaîne métallique interrompue; la foudre, qui peut-être eût passé inoffensive au-dessus de nos têtes, n'aura été attirée par le paratonnerre que pour s'accumuler au point où le conducteur cesse de lui livrer passage, et pour éclater avec une horrible violence au sein même de l'édifice qu'elle devait épargner.

Le conducteur doit être assez épais pour que la foudre ne puisse le fondre, et il doit communiquer avec toutes les pièces de métal d'un volume considérable qui se trouvent sur le bâtiment; afin que la rouille n'altère pas ses propriétés, il convient de le revêtir d'une enveloppe de bois ou de le couvrir d'une couche de peinture à l'huile.

Un bon conducteur doit transmettre le fluide électrique à mesure qu'il le reçoit, et le faire écouler dans le sol; ces deux conditions ne pourront être remplies que par un conducteur en état de parfaite conservation et plongé dans un terrain très humide; aussi est-il nécessaire d'enfoncer profondément dans le sol la chaîne métallique, à un endroit où la chute des eaux pluviales entretienne une constante humidité. Pour que la rouille ne détruise pas la partie du conducteur enfouie sous la terre, on l'entoure de charbon de bois. Cette substance est aussi favorable que le sol lui-même à l'écoulement de l'électricité.

On sait combien sont terribles les effets

l'invention de l'appareil qui les prévient ou les atténue est donc l'une de celles dont les auteurs doivent être l'objet d'une éternelle reconnaissance.

EXERCICE.

A qui est due l'invention du paratonnerre? — Parlez de la naissance et de la jeunesse de Franklin. — Quels services rendit-il quand il fut à la tête d'un important atelier? — Quel témoignage reçut-il de la confiance de ses concitoyens? — Quel rôle joua-t-il dans les relations de la France avec l'Amérique? — S'est-il illustré seulement par ses services politiques? — Quelles remarques avait-il faites relativement à la direction de la foudre? — Quelle idée lui suggérèrent ses observations? — Quelle fut sa première expérience à cet égard? — Quel danger lui fit-elle courir? — Comment est construit un paratonnerre? — De quoi se compose-t-il? — A quoi sert la tige armée d'une pointe? — A quoi sert la chaîne métallique? — Quelle étendue un paratonnerre peut-il garantir? — Quelle précaution exige la construction du conducteur? — Qu'arriverait-il s'il était interrompu? — Que fait-on pour le préserver de la rouille? — Quel soin faut-il prendre pour que l'électricité s'écoule dans le sol? — L'invention du paratonnerre a-t-elle rendu de grands services? — Qu'est-ce qui peut le mieux en donner une idée? — Parlez des catastrophes produites par la foudre? — Comment donc est-il possible d'éviter de semblables malheurs?

Le Verre.

SON ORIGINE, SA FABRICATION.

Au moment où M. Poncy allait partir avec ses enfants pour l'une de ces excursions qu'il rendait si intéressantes par ses récits, un violent orage éclata et l'obligea à garder la chambre.

Le front appuyé contre les carreaux de la fenêtre, Jules et Alfred regardaient la pluie tomber par torrents et écoutaient le tonnerre dont les roulements solennels se prolongeaient dans l'espace.

— N'est-il pas admirable, dit M. Poncy, de penser que ce qui vous sépare de cette affreuse tourmente, le rempart qui vous protège contre la pluie et le vent, et vous permet en même temps de contempler l'aspect imposant d'un orage, c'est tout simplement ce vitrage léger, ces lames transparentes, si minces que des feuilles de carton ne le seraient pas davantage, si fragiles qu'elles ne résisteraient pas au moindre choc, et si invisibles, en quelque sorte, que votre oiseau vient s'y heurter chaque fois que vous le lâchez dans la chambre, croyant que rien ne le sépare de l'air libre du dehors?

— C'est vrai, mon père; nous n'avions jamais réfléchi à cela.

— Habitués que nous sommes à jouir des bienfaits de la vie civilisée, nous ne songeons guère à tout ce qu'il a fallu d'industrie et d'inventions étonnantes pour nous les procurer. Les commodités, le bien-être de la vie, nous paraissent une chose toute simple; il est bon cependant quelquefois de chercher à connaître combien de soins, d'efforts persévérants, de procédés scientifiques ont été mis en œuvre pour nous donner les objets qui sont aujourd'hui si communs et ne nous semblent nullement dignes d'admiration.

La plupart de ces choses sont le résultat des découvertes les plus merveilleuses, des travaux les plus ingénieux et des profondes combinaisons de la science.

Revenons au verre dont nous parlions tout à l'heure.

Le verre est un corps transparent et fragile, produit par la fusion du sable mélangé avec de la soude et de la potasse. La découverte de cette substance remonte à la plus haute antiquité, et l'on ne peut lui assigner d'époque précise.

Pline raconte que des marchands qui voyageaient en Phénicie s'arrêtèrent un soir sur les bords du fleuve Bélus : l'objet de leur commerce était un sel appelé natron. Ils se disposèrent à souper et à passer ensuite la nuit sur le sable du rivage; pour soutenir les vases où cuisaient leurs aliments, ils placèrent au-dessous de gros morceaux de natron.

Le souper fini, ils s'endormirent sans se mettre en peine d'éteindre leurs feux. Le lendemain, à leur réveil, au moment de se mettre en marche et d'emporter leurs vases, ils furent frappés de surprise en trouvant, au lieu des morceaux opaques de natron, des fragments d'une matière solide et transparente à la fois. Ils remarquèrent qu'une partie du sable où posaient les charbons avait disparu; la fusion du sable et du natron avait donc produit cette substance inconnue.

La composition du verre était trouvée.

Quelle que soit l'authenticité de cette histoire, il est certain que la fabrication du verre fut bientôt en grande prospérité dans les villes de Sidon et de Tyr, et chez divers peuples anciens; mais cette substance, dans l'antiquité, demeura toujours un objet de luxe, une chose précieuse et rare dont les gens riches pouvaient seuls se permettre l'usage. La science moderne a mis cette admirable invention à la portée de tous.

Le verre s'emploie aujourd'hui de mille façons; c'est une des matières dont l'industrie et les arts ont su tirer le plus immense parti. C'est dans du verre que nous conservons nos vins, c'est dans du verre que nous les buvons; des vases en verre portent les fleurs qui parfument nos appartements; nos pendules sur nos cheminées, nos montres dans nos poches, nos gravures sur nos murailles, sont protégées par du verre. Grâce au verre, nous jouissons de la lumière, nous la distribuons, nous la mesurons à notre gré comme les eaux d'un ruisseau dans nos jardins. Ainsi nous introduisons dans nos appartements la lumière avec tout son éclat, en laissant au verre sa transparence entière; si un jour trop brillant blesse notre vue, le verre dépoli ne laisse arriver qu'une lumière fort adoucie et nous dérobe aux regards, tout en laissant pénétrer une clarté suffisante.

Au moyen d'une préparation particulière, le verre devient propre à recevoir comme une toile toutes les couleurs de la peinture. Les vitraux peints, qui répandent un jour si merveilleux dans nos cathédrales gothiques, sont autant de riches tableaux, dont l'ingénieuse composition et l'éclatant coloris ont assigné un rang illustre aux artistes français, qui excellaient dans ce genre à une époque où l'art de la peinture renaissait à peine. Les lustres reflétant vivement la lumière, avec tous leurs cristaux qui paraissent s'enflammer, ajoutent à la splendeur des fêtes et donnent le moyen d'illuminer des salles immenses. Les miroirs et les glaces qui réfléchissent les objets et nous permettent de nous rendre à nous-mêmes mille services qu'il faudrait demander à d'autres, doublent l'effet de la lumière dans nos appartements et les décorent de la manière la plus agréable.

Des verres disposés en forme de lentilles et d'une dimension plus ou moins grande, ont la propriété de grossir les objets à la vue, et de nous y faire découvrir une foule de merveilles inconnues.

Nous parlerons une autre fois des principaux instruments d'optique (voir p. 267); je vous dirai seulement aujourd'hui quelques mots de la fabrication du verre.

Je vous ai dit que le verre se composait d'un mélange de sable, de soude et de potasse. Le sable le plus pur sert à la fabrication des vitres et des glaces; un sable plus grossier, plus terne, est la matière du verre commun, comme celui des bouteilles.

Ces matières premières sont placées dans des caisses que renferme un vaste atelier. A côté de cette espèce de magasin est une immense salle ouverte et traversée par le vent au milieu de laquelle s'élève le fourneau, sorte de grand dôme d'argile, dont le feu ne s'éteint jamais. De larges trous percés de distance en distance sur ce dôme permettent à l'œil de plonger dans la fournaise; une flamme toute blanche le remplit comme un liquide, et une sorte de sueur brillante ruisselle de la voûte; des vases en argile ou creusets sont placés sur un banc circulaire qui règne à l'intérieur du fourneau, autour des parois; une matière liquide

Verrerie.

bouillonne dans ces vases : c'est le sable en fusion qui va se transformer en verre.

Au dehors, près de l'ouverture brûlante de chacun des trous, est placé, debout sur un banc, un ouvrier qui tient à la main une longue canne de fer creux. Au moyen de ce tube, il *cueille* (c'est le mot technique) dans un des vases un peu de cette pâte enflammée, et aussitôt qu'il l'a retirée du four, il applique ses lèvres à l'autre extrémité du tube en soufflant avec force. Comme la goutte d'eau savonneuse se gonfle et devient une bulle considérable sous l'haleine d'un enfant, de même la pâte rouge et brûlante, sous l'haleine

Ouvrier verrier

puissante du souffleur, se dilate, s'arrondit en forme de sphère, toujours plus mince et plus transparente à mesure qu'elle s'étend. L'ouvrier, attentif, répartit également la matière en balançant au bout de son tube ce globe de verre souple et élastique; puis, tout à coup, il lui imprime un vigoureux mouvement de rotation; peu à peu la sphère s'allonge, pâlit, devient claire et transparente, et au lieu du petit morceau de pâte enflammée, cueilli dans le four quelques instants auparavant, voici une sorte de manchon de verre tout à fait semblable à ces longs fourreaux qui couvrent des pendules ou des vases de fleurs.

Pour transformer ce manchon en vitre, on détache les deux calottes qui le terminent, au moyen d'un fil de fer brûlant qu'on applique autour du cylindre; puis, on le fend dans toute sa longueur avec un fer froid si le manchon est chaud, avec un fer chaud si le manchon est froid. On le transporte ensuite dans un four, où un feu égal et modéré l'étend et le déploie peu à peu en le ramollissant; une fois aplati, on le laisse refroidir et durcir de nouveau.

On fait les bouteilles en cueillant de même une quantité convenable de pâte commune que l'on introduit aussitôt dans un moule en fer; on souffle jusqu'à ce que le verre en fusion ait pris la forme du moule. Pour donner de la solidité au goulot, on l'entoure près de son ouverture d'un petit cordon de verre retiré du creuset avec une baguette de fer.

On obtient des verres de couleur en mêlant à la substance en fusion certains composés métalliques qui la colorent sans lui ôter sa transparence.

Le même fourneau, les mêmes matières que nous dépeignions tout à l'heure, sont employés dans la fabrication de ce verre plus brillant et plus solide qu'on appelle *cristal*; seulement, on se sert d'un sable plus choisi et mêlé d'une certaine quantité de plomb; mais ici, au lieu du souffle, c'est la main qui fonctionne.

L'ouvrier est assis à un établi; il a devant lui un compas, des ciseaux, des pinces, et pétrit le cristal, dont il entretient la flexibilité en l'exposant fréquemment à la flamme d'une lampe activée par un courant d'air rapide. Sous ces instruments, la pâte s'aplatit en base solide, se contourne en coupe élégante, prend toutes les formes, tous les dessins sans que rien en soit perdu ; on achève le travail en taillant le verre, c'est-à-dire en l'usant avec de la poudre d'émeri.

Lorsqu'on veut *couler* le verre au lieu de le façonner à la main, on jette dans une forme de fonte une portion de ce liquide enflammé qui sort du fourneau; on referme la forme, et, quelques instants après, le liquide est solidifié avec tous les ornements frappés sur le moule.

La fabrication des verres plats, épais et de vastes dimensions, appelés *glaces*, est l'objet de préparations difficiles et laborieuses qui expliquent leur prix élevé; la principale consiste à les étendre sur une table parfaitement unie en leur donnant partout une épaisseur égale, puis à en polir les deux surfaces dont l'une sera plus tard revêtue d'une couche de *tain* ou amalgame d'étain par l'opération qu'on appelle *étamage des glaces*, et qui donne aux miroirs la propriété de réfléchir les objets.

Les verres arrondis destinés aux instruments d'optique et qui doivent présenter des courbures d'une extrême précision, exigent un travail infiniment long et minutieux; on emploie parfois plusieurs années à polir et à perfectionner une de ces grandes *lentilles*, qui sont, il est vrai, la gloire d'une fabrique; aussi quelques-unes coûtent-elles jusqu'à quarante mille francs.

L'application des procédés chimiques à la fabrication du verre a beaucoup accéléré les progrès de cette industrie, et la chimie à son tour doit au verre, qui lui fournit des récipients solides et inaltérables, le moyen de faire ses plus délicates expériences.

EXERCICE.

Quel incident empêchait M. Poncy et ses fils de faire leur promenade accoutumée? — Quelle pensée frappa M. Poncy tandis que ses enfants contemplaient les effets de l'orage au travers des vitres? — Qu'est-ce qui a été nécessaire pour nous faire jouir des aises et des commodités de la vie civilisée? — Citez-moi une matière qui sert à notre usage sous un grand nombre de formes, sans que nous songions à tout ce que sa fabrication demande de travail et d'industrie. — Qu'est-ce que le verre? — L'invention du verre est-elle ancienne? — Que raconte Pline à ce sujet? — Qu'a fait la science moderne à l'égard de l'invention du verre? — Parlez-nous des principaux usages du verre. — Dites-nous un mot des vitraux peints. — A quoi servent les lustres, les miroirs? — Quelle est la propriété des verres arrondis, ou lentilles? — Parlez-moi de la fabrication du verre? — Quelles sont les matières premières nécessaires à cette fabrication? — Où sont placées ces matières premières? — A quoi est employé le sable, suivant sa qualité plus ou moins bonne? — Décrivez-nous le four construit au milieu d'une immense salle ouverte. — Où sont placés les ouvriers? — Que font-ils au moyen de longs tubes? — Décrivez l'opération qui suit la première. — Quelle transformation a subi, au bout de quelques instants, le morceau de pâte enflammée qui a été cueilli dans le four? — Comment fend-on le manchon de verre? — Comment arrive-t-on à le mettre en feuilles? — Comment fait-on les bouteilles? — Comment colore-t-on le verre? — En quoi diffère le travail de l'ouvrier dans la fabrication du cristal? — Comment travaille-t-il la pâte cueillie dans le four? — Que fait-on pour couler le verre? — Dites-nous un mot de la fabrication des glaces. — Faut-il un grand travail pour les verres destinés aux instruments d'optique? — Quel temps demande le perfectionnement de certains verres qu'on appelle lentilles? — Qu'est-ce que l'industrie du verre doit à la chimie? — Que lui fournit-elle à son tour?

Le télescope et le microscope.

L'enfant d'un ouvrier de Middelbourg, en Zélande, s'amusait un jour à placer l'un devant l'autre deux verres grossissants; il s'aperçut avec surprise que les objets vus au travers paraissaient rapprochés et renversés; il courut trouver son père et lui fit part de l'aventure; le père ajusta les deux lentilles de verre au moyen d'un tube : ainsi fut inventée la lunette d'approche, ou TÉLESCOPE.

La découverte fit du bruit. Le célèbre *Galilée* allait alors à Venise; il entendit parler d'un appareil au moyen duquel on voyait les objets éloignés comme s'ils étaient proches. On n'en savait pas davantage; car l'inventeur cachait soigneusement son secret.

Sur ce faible indice, le grand physicien se mit à chercher comment la chose était possible, d'après la marche des rayons lumineux dans des verres sphériques de diverses formes; quelques essais tentés avec des lentilles qu'il avait sous la main produisirent l'effet désiré. Le lendemain, il rendit compte du succès à ses amis, qui l'encouragèrent vivement à continuer ses recherches.

Peu de jours après, Galilée présenta plusieurs de ces instruments au sénat de Venise, avec un écrit où il développait les conséquences incalculables de sa découverte pour les observations astronomiques.

La sphère céleste allait être accessible à tous les regards; l'homme allait pouvoir étudier tous ces mondes lumineux semés par la main de Dieu dans l'espace : l'Univers se révélait à lui sous un nouvel aspect.

L'instrument, promptement perfectionné, fut bientôt en état d'être dirigé vers le ciel. Galilée vit alors ce que nul œil humain n'avait contemplé avant lui : la surface de la lune hérissée de montagnes et sillonnée de vallées profondes; la planète Vénus, présentant comme la lune des phases régulières; Jupiter environné de quatre satellites qui l'accompagnent dans son cours; la voie lactée, parsemée d'une multitude infinie d'étoiles trop petites pour être aperçues à la simple vue.

Galilée découvrit encore des taches mobiles sur le globe du soleil, et il en conclut que cet astre tournait sur lui-même. Il suivit le mouvement des planètes, et, guidé par son génie, il déclara hardiment que la terre, au lieu de rester immobile selon les apparences, est un globe tournant sur lui-même et emporté en outre par un mouvement circulaire autour du soleil.

Tels furent les premiers résultats de la découverte du télescope.

Cet instrument a été perfectionné successivement par *Newton, Halley, Grégory, Herschell*. Il a permis à ce dernier de faire de brillantes découvertes, et, entre autres, de signaler la planète qui porta d'abord le nom du célèbre astronome, et qu'on appelle maintenant Uranus.

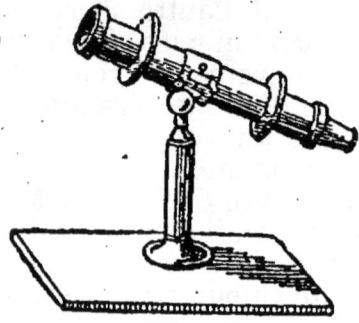
Télescope.

Le télescope d'Herschell, qui a servi aux grandes découvertes de l'astronomie moderne, se compose d'un tube de fer d'environ un mètre et demi de diamètre sur treize à quatorze mètres de longueur; il est muni d'un vaste miroir qui en augmente beaucoup la puissance, et il est disposé de manière à se mouvoir facilement dans tous les sens.

Cet admirable instrument a véritablement rapproché de nous la voûte céleste, et a ouvert un monde entier aux investigations des savants; mais là, comme partout, la science a trouvé des bornes qu'elle ne peut franchir.

Si les astronomes, à l'aide du télescope, ont pu reconnaître les montagnes dans la lune, et même en mesurer la hauteur, leurs instruments sont trop faibles pour leur permettre d'apercevoir si cet astre, comme on l'a témérairement soutenu quelquefois, est habité par des êtres vivants.

On doit traiter de fables tout ce qui a été dit à cet égard.

C'est ainsi qu'à chaque instant l'esprit humain, tenté de s'enorgueillir de ses conquêtes, doit s'humilier de son insuffisance et adorer la puissance infinie de Celui qui nous a fait entendre, par la bouche du Prophète, ces magnifiques paroles :

« Où étiez-vous quand je jetais les fondements de la terre ? dites-le-moi, si vous le savez.

« Est-ce vous qui commandez à l'aube matinale ? est-ce vous qui fixez à l'aurore la place où elle doit paraître pour envelopper le monde, et chasser les ombres devant sa lumière ?

« Est-ce vous qui avez formé le lien des Pléiades et dénoué le nœud d'Orion ? Vous qui appelez les éclairs, et à qui la foudre répond : Me voici ! » (JOB.)

« L'homme, a dit notre illustre Pascal, est suspendu entre deux infinis. l'infini en grandeur et l'infini en petitesse. »

Si le télescope lui a permis de découvrir les merveilles du premier, un autre instrument d'optique, le MICROSCOPE, lui montre, dans le second, des spectacles non moins variés, non moins admirables.

Les verres grossissants, qui sont l'élément commun du microscope et du télescope, avaient été inventés dès le treizième siècle; mais on ne sait à qui l'on doit attribuer cette découverte. Ce fut, dit-on, un Florentin nommé *Salvino degli Armati*, qui eut l'idée d'employer ces verres pour distinguer plus nettement les objets; il fabriqua à cet effet de petits instruments nommés *lunettes* ou *besicles*, qui furent d'un grand secours pour les vues faibles et fatiguées, et devinrent bientôt d'un usage général.

A la fin du seizième siècle, on conçut l'idée de réunir plusieurs lentilles de verre, ce qui donne aux objets des dimensions beaucoup plus considérables que celles qui résultent de l'emploi d'une seule lentille (appelée *loupe*); c'est cet instrument qui a reçu le nom de microscope.

On a imaginé des dispositions fort ingénieuses pour éclairer fortement les objets que l'on regarde au microscope, et les grossir dans une proportion vraiment prodigieuse.

Une sorte de microscope, appelé *microscope solaire*, fait paraître une puce sous la forme d'un véritable monstre de plusieurs mètres de grandeur.

Avec de pareils instruments, on étudie facilement les organes des plus petits animaux, et l'on découvre dans une goutte de vinaigre, par exemple, ou dans une miette de fromage, des milliers de petits êtres vivants, dont il nous est impossible, avec l'aide de nos yeux seuls, de soupçonner l'existence!

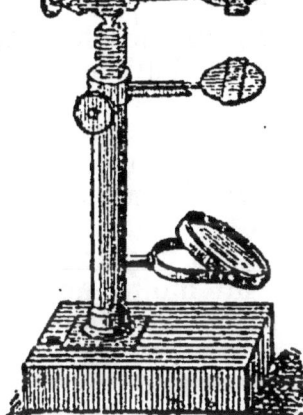

Microscope simple.

Et toutes ces petites créatures sont organisées avec un soin, avec une délicatesse infinie. Leurs membres sont aussi complets, aussi agiles, aussi bien proportionnés que ceux des plus grands animaux; elles ont leurs instincts, leurs mœurs, leur industrie.

Quelle est donc la puissance de Celui qui, dans un monde inaccessible aux regards, prodigue ainsi les merveilles!

EXERCICE.

Que fit un jour l'enfant d'un ouvrier de la Zélande? — Où est située la Zélande? — Qu'aperçut l'enfant? — Que fit le père de cet enfant? — Qui est-ce qui entendit parler de cette découverte? — Galilée connut-il le secret de l'ouvrier zélandais? — Réussit-il à le retrouver? — Quel instrument construisit-il? — Quel usage en fit-il? — Quelle influence cette découverte devait-elle avoir sur les connaissances humaines? — Que découvrit Galilée lui-même à l'aide du télescope? —

Quel est l'astronome qui a le plus perfectionné le télescope? — Quelles sont les dimensions du télescope d'Herschell? — La science astronomique a-t-elle ses bornes comme toutes les autres sciences? — Quelles sont les paroles de l'Écriture sainte citées par l'auteur de ce récit? — A quel livre de la Bible sont-elles empruntées? — Citez-nous une parole d'un écrivain célèbre sur les œuvres de Dieu. — Quel est l'instrument qui nous découvre les merveilles de l'infini en petitesse? — Quand les verres grossissants furent-ils inventés? — A quel instrument furent-ils d'abord appliqués? — Quelles dispositions donna-t-on aux verres grossissants pour en augmenter l'action? — Donnez une idée de l'effet du microscope solaire. — Que découvre-t-on, à l'aide du microscope, dans une goutte de vinaigre et dans du fromage? — Comment sont organisés les animaux appelés microscopiques? — Quelle réflexion vous inspire la pensée de tant de merveilles?

Le baromètre et le thermomètre.

L'homme ne peut empêcher ni diriger la pluie et les orages; les changements produits dans l'atmosphère par mille causes diverses ne sont pas assujettis d'ailleurs à une marche régulière qui permette de connaître longtemps d'avance leur approche. Et pourtant, combien ne serait-il pas utile pour tous les travaux de la campagne de prévoir des variations qui peuvent avoir une grande influence sur le sort des récoltes?

A force de recherches et d'expérience, les physiciens ont découvert un moyen de reconnaître, au moins quelques heures d'avance, s'il doit y avoir un changement dans l'état de l'atmosphère.

Telle est la principale utilité du BAROMÈTRE.

Voici en quoi consistent les indications que fournit cet instrument :

L'air que nous respirons et qui entoure le globe terrestre a une certaine pesanteur; celle d'une colonne d'air dans toute la hauteur de l'atmosphère est égale au poids d'une colonne de mercure de même largeur, d'environ soixante-seize centimètres de haut.

Il résulte de cette pesanteur de l'air, par un effet que vous comprendrez plus tard en étudiant la physique, que le mercure, placé dans un tube fermé au sommet, et ouvert par en bas dans une cuvette remplie du même métal, se soutient dans le tube à la hauteur d'à peu près soixante-seize centimètres. Si l'air devient plus pesant par une raison quelconque, le mercure se soulève à une plus grande hauteur; il baisse, au contraire, si l'air devient plus léger.

Or, l'air est d'autant plus léger qu'il est plus mélangé de vapeurs d'eau, et, plus il contient de ces vapeurs destinées à former des nuages, plus il est probable qu'il tombera de la pluie.

Dès lors, vous concevez que, pour connaître si le temps est disposé à la pluie, il suffit d'observer si le mercure descend dans le tube dont je vous parlais tout à l'heure; s'il monte, au contraire, c'est un signe de beau temps.

Le baromètre a été inventé en 1643 par l'Italien *Torricelli*, élève de Galilée. Notre célèbre *Pascal* a fait de magnifiques expériences avec le baromètre : il a remarqué que la pesanteur de l'air diminuait à mesure qu'on s'élevait sur une montagne, et que par conséquent le baromètre, baissant d'autant plus qu'on atteignait une plus grande hauteur, pouvait servir à la mesurer.

C'est aujourd'hui le moyen qu'on emploie pour évaluer l'élévation des montagnes.

Les baromètres varient dans leur forme, quoiqu'ils soient tous construits d'après le même principe; on place ordinairement, sur une planchette facile à suspendre, le tube à mercure plongé dans une petite cuvette, ou terminé par une courbure appelée siphon, d'où les noms de baromètre *à cuvette* et baromètre *à siphon*. L'on observe directement dans le tube la hauteur du mercure, d'après les degrés tracés sur la planchette.

Le baromètre *à cadran* n'est autre chose qu'un baromètre à siphon, dont le tube est caché derrière un cadran. L'aiguille du cadran est mise en mouvement par un petit corps posé sur le mercure, qui monte et baisse avec lui, et fait ainsi tourner, au moyen d'un fil auquel il est attaché, une poulie qui entraîne l'aiguille avec elle.

Baromètre à cadran.

Vous avez probablement vu souvent, fixé sur la planchette même qui soutient habituellement le baromètre, un tube beaucoup plus fin rempli d'esprit-de-vin ou de mercure, et que l'on nomme THERMOMÈTRE.

C'est un appareil qui est d'un usage encore plus fréquent peut-être; et qui sert à mesurer le degré de chaleur de l'atmosphère, comme le baromètre en indique le plus ou moins de pesanteur.

Pour comprendre comment se construit ce petit instrument, il faut que vous sachiez que presque tous les corps ont la propriété de se dilater par l'action de la chaleur et de se resserrer par l'action du froid. Cet effet se produit d'une manière très sensible et très régulière sur l'esprit-de-vin et le mercure. On a imaginé, pour observer facilement ce phénomène, de renfermer une certaine quantité de l'une ou de l'autre de ces substances dans une boule surmontée d'un tube fort étroit. Lorsque le liquide se dilate, et tient par conséquent plus de place, il est poussé dans le tube à une plus grande hauteur, et redescend au contraire quand il vient à se resserrer. Ces divers mouvements font connaître si la température s'élève ou s'abaisse.

Pour obtenir une mesure exacte de ces variations, on indique sur le tube l'endroit où s'arrête le liquide dans deux circonstances où la température se trouve toujours la même : la glace fondante et l'eau bouillante.

On marque d'un *zéro* le point où s'arrête le mercure quand le tube est plongé dans la glace fondante, du numéro *cent* le niveau qu'il atteint quand on le plonge dans l'eau bouillante ; on divise l'intervalle en *cent parties égales;* puis, on trace des divisions pareilles au-dessous du zéro pour marquer les degrés de froid.

Cet appareil, si utile pour connaître la température de la chambre d'un malade, celle d'une serre ou d'une étuve, le degré de chaleur d'un bain, etc., a été inventé au commencement du dix-septième siècle par un Hollandais nommé *Drebbel*, et perfectionné par notre célèbre physicien *Réaumur*, qui divisa l'espace entre la glace fondante et l'eau bouillante en quatre-vingts degrés.

Thermomètre centigrade.

Les thermomètres construits d'après ce système portent le nom de *thermomètre de Réaumur*, et ont été seuls en usage jusqu'à l'adoption du système décimal. On leur a substitué alors le *thermomètre centigrade*, c'est-à-dire celui dont nous avons parlé d'abord, et qui porte cent divisions au lieu de quatre-vingts, pour le même espace.

EXERCICE.

La pluie et les orages ont-ils une marche sûre et régulière ? — Est-il utile d'en prévoir l'approche ? — Comment s'appelle l'instrument qui sert à cet usage ? — Quelle est l'observation qui a conduit à la découverte du baromètre ? — Faites comprendre comment le baromètre indique le beau et le mauvais temps. — Quand et par qui a-t-il été inventé ? — Quelles expériences Pascal a-t-il faites à l'aide du baromètre ? — Quelles sont les principales formes qu'on donne au baromètre ? — Quels noms divers reçoit-il d'après ces formes ? — A quoi sert le thermomètre ? — Expliquez par quelle propriété des corps fonctionne cet appareil. — Comment peut-on apprécier exactement la température d'après une mesure fixe et constante au moyen du thermomètre? — Qui a inventé le thermomètre? — Qui l'a perfectionné?— Quelle différence y a-t-il entre le thermomètre Réaumur et le thermomètre centigrade?

La boussole.

Pour se diriger à travers l'immensité des mers, les navigateurs anciens n'avaient guère d'autre moyen que de consulter la position des astres; mais cet expédient n'était rien moins que sûr. Les brouillards, les nuages pouvaient pendant des jours entiers leur dérober la vue du ciel, et les mettre ainsi dans l'impossibilité de reconnaître leur route.

Ils étaient dès lors obligés de rester presque constamment en vue des côtes; mais de là résultait pour eux un double inconvénient : d'abord, la nécessité d'une foule de circuits, et par conséquent de lenteurs et de retards continuels; ensuite, le danger de la navigation sur les côtes, où elle est beaucoup plus difficile et beaucoup plus périlleuse qu'en pleine mer, à cause des écueils, des courants et des effets de la marée.

Aussi, ce fut un des événements les plus importants de l'histoire de l'humanité, que la découverte d'un instrument qui, en dirigeant les marins sur l'étendue des mers, par toutes les saisons, dans tous les temps et dans tous les lieux, contribua plus que tous les efforts des siècles précédents à perfectionner et à étendre la navigation.

On remarqua la propriété merveilleuse qu'a l'aiguille aimantée, lorsqu'elle est en équilibre et abandonnée à elle-même, de se diriger constamment dans le sens de l'*axe* de la terre, c'est-à-dire de la ligne qui va d'un pôle à l'autre.

Un bourgeois d'Amalfi, alors puissante république maritime, comprit le premier que cette propriété, indiquant d'une manière certaine et constante les points cardinaux, fournissait le moyen de connaître la direction suivie par un navire sur les mers. Il fabriqua, vers l'an 1300, un instrument en forme de boîte, où l'aiguille aimantée, posée en équilibre sur un pivot, pouvait se mouvoir à son gré et se diriger ainsi vers le nord, quelle que fût la direction où la boîte se trouvât placée.

Boussole.

Telle est la BOUSSOLE employée aujourd'hui; seulement, on a imaginé un appareil qui permet de suspendre la boîte elle-même de façon qu'elle conserve toujours une position horizontale malgré les agitations du navire, et que rien ne gêne les mouvements de l'aiguille aimantée.

Ce ne fut que cinquante ans environ après cette belle invention que les navigateurs commencèrent à en faire usage. Les résultats ne se firent pas attendre; ce furent dans le siècle suivant les deux plus grandes découvertes maritimes des temps modernes : celle de la route des Indes au delà du cap de Bonne-Espérance, et celle de l'Amérique par *Christophe Colomb*.

Les Chinois, qui sont bien loin d'avoir tiré de la boussole le même parti que les Européens, paraissent l'avoir connue et employée près de mille ans avant Jésus-Christ; ils nous ont du reste précédés dans beaucoup de découvertes industrielles.

Ainsi il paraît certain qu'ils ont inventé la poudre à canon un siècle au moins avant Jésus-Christ; la gravure, dans le sixième siècle de l'ère chrétienne; l'imprimerie en caractères mobiles, dans le onzième; l'art d'éclairer au gaz, dans le douzième, etc. Mais les lois rigoureuses qui leur ont interdit jusqu'à présent les communications avec les étrangers, ont empêché ces découvertes de se répandre dans le monde et même de se perfectionner chez eux.

EXERCICE.

Comment se dirigeaient les navigateurs anciens? — Ce moyen était-il sûr? — Quels sont les inconvénients de la navigation sur les côtes? — Quel est l'instrument qui a permis aux marins de trouver leur route en pleine mer? — Quelle est la propriété de l'aiguille aimantée qui la rend propre à indiquer la direction d'un navire? — Par qui a été inventée la boussole? — Quels ont été les premiers résultats de cette invention? — Quand les Chinois ont-ils inventé la boussole? — Nous ont-ils précédés dans beaucoup de découvertes? — Pourquoi ne sont-elles pas répandues dans le monde entier?

Sauvetage des naufragés.

BATEAUX SAUVEURS.

Un bon navire ne court pas beaucoup de dangers en pleine mer; s'il est bien commandé, si les manœuvres sont exécutées avec intelligence, le vent peut se déchaîner : le bâtiment triomphera de la tempête, et en sera quitte pour quelques avaries. Mais s'il est surpris par l'orage près des côtes, il est exposé aux plus grands périls.

Les lames peuvent l'entraîner malgré sa résistance et le jeter sur les rochers. Comment fuir ce rivage, qui peu à peu se rapproche? Encore une lieue, une demi-lieue et le bâtiment heurtera de ses flancs les récifs qui se dérobent sous les eaux. On coupe les mâts pour donner moins de prise au vent; on jette l'ancre de miséricorde; mais tout à coup sous l'effort redoublé des vagues, les chaînes se brisent, et un coup de mer, emportant le vaisseau comme une coquille de noix, le lance vers la côte. Ce beau navire qui, tout à l'heure, s'avançait orgueilleux de ses voiles et de sa haute mâture, le voilà désemparé, échoué à quarante pas du port, et les malheureux passagers qui voient l'onde furieuse prête à les engloutir tendent vers le rivage des mains suppliantes. Dans ce terrible moment, une dernière lutte contre la mort est possible; les intrépides marins qui montent le BATEAU SAUVEUR parviennent quelquefois encore à lui arracher sa proie. La France a des titres à la priorité d'exécution des bateaux de sauvetage. En 1610, le chevalier de Launay de Rasilly, et, en 1785, M. de Bernières, contrôleur général des ponts et chaussées, présentèrent différents systèmes de bateaux insubmersibles. Mais ces tentatives paraissent être demeurées isolées.

En 1789, sur les côtes du Northumberland, le navire *l'Aventure* vint se perdre sous les yeux des habitants de la côte. Sous l'émotion de ce douloureux événement, un comité s'organisa pour s'occuper des moyens de sauvetage; des prix furent proposés pour la construction d'un bateau sauveur.

Henri Greathead présenta un projet qui fut adopté, et, le 30 janvier 1790, son bateau fut mis à la mer. Depuis cette époque, l'invention nouvelle a été fort perfectionnée.

Le bateau sauveur ne peut jamais couler à fond; on y a ménagé des cavités inaccessibles à l'eau, et qui demeurent pleines d'air. Une ceinture de liège l'entoure et le maintien constamment à flot. Ses deux extrémités se terminent en pointe, de manière à changer de direction à volonté, à marcher successivement en avant ou en arrière.

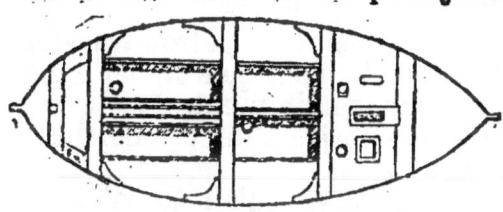
Coupe d'un bateau sauveur.

Voici l'avantage de cette disposition :

Ce qui est à redouter pour une embarcation dans un mauvais temps, c'est qu'une lame ne vienne tomber sur elle, et la faire chavirer ou la remplir. Le bateau sauveur, nous l'avons vu, n'est pas exposé à couler; mais un coup de mer tombant sur lui peut le renverser, fracasser les avirons, emporter les hommes; il faut donc éviter soigneusement la lame qui s'avance et qui menace. Or, on reconnaît quelques secondes d'avance, et on juge avec assez de précision si on aura le temps de monter sur le sommet d'une lame avant qu'elle fonde sur l'embarcation. Dans ce cas, le patron en-

Lancement d'un bateau sauveur

courage son monde : Hourra! un bon coup d'aviron, et l'on vole sur la croupe de la vague qui s'arrondit et se gonfle, mais qui ne se précipite et ne se brise que derrière. Au contraire, si le patron juge qu'il n'aura pas le temps d'arriver, il profite de l'éloignement de la lame qui s'avance, et recule pour ne pas se trouver sur son brisant. Si l'on montait un canot ordinaire, il faudrait le faire retourner; ce mouvement occasionnerait une perte de temps. Or, en un pareil moment, une seconde décide de la mort ou de la vie.

Quant au bateau sauveur, un signe du patron transforme son *arrière* en *avant*; les matelots n'ont qu'à ramer dans un autre sens. Un vigoureux coup d'aviron entraîne le canot, et la vague qui le poursuivait se brise à dix pas derrière lui en venant expirer contre ses bords.

Il est prudent de former le réservoir d'air du bateau sauveur avec des tubes en cuivre indépendants les uns des autres, afin que si un coup de mer brise une portion de la chambre d'air, l'autre partie puisse encore résister.

Lorsqu'un navire est échoué sur des rochers, il est souvent impossible à une embarcation d'en approcher : tonneaux, planches, canots, tout cela est mis en pièces; le bateau Greathead n'est alors d'aucun usage. Il est, en cette circonstance, un autre instrument de salut, c'est l'appareil à bombes du capitaine *Manby*.

Appareil Manby.

Le procédé de cet officier consiste à lancer une bombe attachée à une corde; la bombe tombe au delà du bâtiment et la corde s'engage dans la mâture, pendant que son extrémité demeure à terre. A l'aide de ce secours, les marins établissent une sorte de pont ou un *va-et-vient*, qui permet de sauver les femmes et les enfants.

Ce moyen de sauvetage ne pouvait d'abord s'employer que de jour; mais le capitaine Manby songea bientôt à s'aider de la lumière d'une ou de plusieurs fusées, qui éclairent assez longtemps pour permettre d'apprécier la position du bâtiment, et de diriger le tir au milieu de l'obscurité la plus profonde.

De nombreuses sociétés se sont organisées récemment dans les villes maritimes de France pour le sauvetage des naufragés.

L'Exposition universelle a montré une quantité innombrable d'appareils, d'engins et de systèmes divers, qui prouve que chez toutes les nations civilisées les soins du sauvetage préoccupent les gouvernements et sont partout en progrès. On a remarqué des radeaux en caoutchouc, des ceintures à air; un appareil *Torrés*, qui est une grande bouée de liège à laquelle suspendent des cordes munies de nœuds et de bâtons flottants, et différents systèmes de *porte-amarres*. En France, le système Delvigne paraît préféré au mortier Manby. Au lieu d'une bombe, c'est une *flèche* lancée par une arme à feu qui porte au loin d'une manière plus directe l'amarre de sauvetage. On a remarqué aussi des *ancres flottantes*, munies d'un cône insubmersible qui, mises à la traîne derrière l'embarcation, l'empêchent d'être jetée en travers et roulée par les lames.

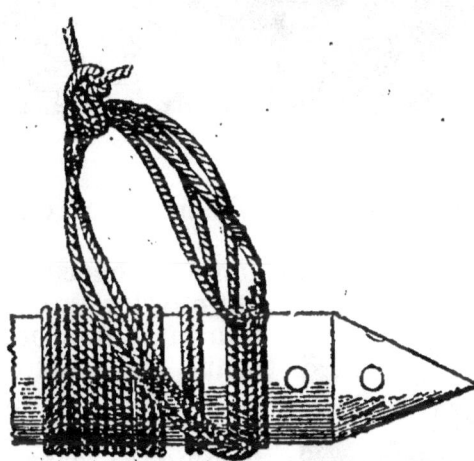
Porte-amarre Delvigne.

EXERCICE.

Un bon navire peut-il aisément résister à la tempête en pleine mer? — Quel danger court-il quand il se rapproche des côtes? — Quelles précautions prend-on alors? — Par qui et quand fut imaginé le bateau sauveur? — Qu'est-ce qui l'empêche d'être submergé? — Comment doit être disposé le réservoir d'air pour éviter tous les dangers? — Dans quel cas est-il impossible de faire usage de cette embarcation?

— A quel appareil a-t-on recours alors? — Quel est le moyen de pouvoir l'utiliser pendant la nuit? — Comment est-il pourvu au sauvetage des naufragés?

L'éclairage.

Il nous est facile, au dix-neuvième siècle, de nous promener à toute heure de la nuit dans les belles rues de nos villes; ce ne sont que becs de gaz, illuminations resplendissantes. Que la lune se lève et nous prodigue ses rayons, ou qu'elle se voile d'épais nuages, le passant affairé n'y prend pas garde; il poursuit rapidement sa marche, toujours sûr de trouver son chemin. Grâce à l'industrie moderne, le jour a chassé la nuit.

Il n'en était pas ainsi dans les vieilles cités qu'habitaient nos pères; on n'y voyait ni ces rues larges, ni ces places aérées, ni ces vastes promenades, créées de nos jours avec une rapidité qui tient du prodige. Paris lui-même était noir et sombre, et le soir une fois venu, ce que l'honnête bourgeois avait de mieux à faire, c'était, même au dix-septième siècle, de rentrer prudemment chez lui, de faire ses prières et de se coucher. Pour moi, dit Boileau.

> Pour moi, fermant ma porte et cédant au sommeil,
> Tous les jours je me couche avecque le soleil.
> (Sat. VI.)

Qu'était-ce donc trois ou quatre siècles auparavant? Qu'était-ce au treizième siècle, par exemple? Pour se retracer le Paris de ces anciens temps, dont les derniers vestiges auront bientôt disparu, il faut aller voir quelques vieilles rues de la Cité, ou celles qui descendent de la montagne Sainte-Geneviève vers la Seine. C'est dans des rues bien plus étroites et bien plus sombres encore que se pressaient autrefois les boutiques des tisserands, des tanneurs, des charrons, des quincailliers, des teinturiers. Toutes ces boutiques se fermaient le soir, dès que la cloche de Notre-Dame avait sonné l'*Angelus*: au bruit du *couvre-feu*, bourgeois et artisans regagnaient le logis.

Alors un morne silence succédait à l'activité du jour, et la ville demeurait plongée dans une obscurité profonde.

Les rues de nos cités restèrent ainsi ténébreuses pendant plusieurs siècles; chacun s'éclairait comme il pouvait, ou plutôt restait chez soi. Seulement lorsqu'un danger particulier menaçait, ou quand on voulait préserver les passants des attaques des *mauvais garçons* (1), on ordonnait aux propriétaires de placer, après neuf heures du soir, sur les fenêtres du premier étage, une lanterne allumée.

(1) On appelait ainsi les voleurs.

Ce n'était pas que l'on ignorât tout moyen d'éclairage. L'intérieur des maisons riches était même illuminé à cette époque avec un certain luxe.

Les chandelles de cire et de suif étaient depuis longtemps en usage. Dès le treizième siècle, les artisans qui les fabriquaient étaient réunis en communauté, du moins à Paris; leur marchandise se vendait en boutique et se colportait ainsi dans les rues, où on l'annonçait par ce cri :

> Chandoile de coton, chandoile
> Qui mieux ard (brûle) que nulle estoile.

Pour illuminer les vastes salles des châteaux pendant les festins, on employa longtemps des torches tenues par des domestiques. Cet usage datait du cinquième et du sixième siècle. Quoique, plus tard, les chandeliers fussent devenus assez communs, les grands continuèrent à éclairer les convives de cette manière : c'était pour eux une manière de faire parade d'un grand nombre de serviteurs.

Ce moyen d'éclairage, qui nécessitait autant d'hommes que de chandelles de cire, eût été évidemment trop dispendieux pour les villes; on sentit cependant qu'il devenait indispensable de guider les pas des pauvres bourgeois dans les ténèbres, et de les mettre quelque peu à l'abri des mauvais coups.

Ce fut seulement dans le milieu du seizième siècle, qu'à Paris un règlement prescrivit de placer au coin de chaque rue, et au milieu, si la rue était longue, des lanternes ou falots qui devaient brûler constamment, depuis dix heures du soir jusqu'à quatre heures du matin. Cet utile règlement ne reçut qu'une exécution très imparfaite, et le parlement ordonna que les falots, les lanternes, les potences pour les suspendre, et tout ce qui servait à ce genre d'éclairage, seraient vendus au profit des pauvres ouvriers.

Dans le siècle suivant, vers l'année 1662, on tenta de nouveaux essais. S'il faut en croire Boileau, le besoin d'une réforme était pressant.

> Car, sitôt que du soir les ombres pacifiques
> D'un double cadenas font fermer les boutiques,
> Que, retiré chez lui, le paisible marchand
> Va revoir ses billets et compter son argent,
> Que dans le marché Neuf tout est calme et tranquille,
> Les voleurs à l'instant s'emparent de la ville :
> Le bois le plus funeste et le moins fréquenté
> Est, au prix de Paris, un lieu de sûreté.
> Malheur donc à celui qu'une affaire imprévue
> Engage un peu trop tard au détour d'une rue!
> Bientôt quatre bandits lui serrant les côtés :
> La bourse!... il faut se rendre....

Pour mettre fin à ce fâcheux état de choses, Louis XIV rendit, une ordonnance portant « sur ce que notre cher et bienaimé le sieur abbé Laudati Caraffa nous a fait entendre, que pour la commodité publique, il serait nécessaire d'établir en notre ville et faubourgs de Paris et autres villes de notre royaume, des porte-lanterne et porte-flambeau pour conduire et éclairer ceux qui voudront aller et venir par les rues, sçavoir faisons que pour ces causes, avons par ces présentes, audit sieur abbé, accordé et accordons le pouvoir et privilége d'établir des porte-flambeau et porte-lanterne de louage. »

Les porte-lanterne étaient répartis à des intervalles de huit cents pas; il en coûtait un sol par cent pas, ou bien cinq sols pour un quart d'heure.

Au dix-septième siècle, comme aujourd'hui, l'on faisait des prospectus et des annonces. Un imprimé de l'époque, rédigé probablement par la compagnie des porte-lanterne, contient ces mots, destinés à faire apprécier l'excellence de l'invention nouvelle :

« Et cette commodité de pouvoir aller et venir, et d'être éclairé à si peu de frais, fera que les gens d'affaires et de négoce sortiront plus librement; que les rues seront bien plus fréquentées de nuit (ce qui contribuera beaucoup à exempter la ville des voleurs), et que l'on pourra fort souvent rencontrer des occasions d'être éclairé sans qu'il en coûte rien, en suivant lesdits porte-flambeau et porte-lanterne lorsqu'ils éclaireront d'autres personnes.

» Le bureau est établi rue Saint-Honoré, près les piliers des Halles; il sera ouvert le quatorzième octobre 1662. »

Malgré tous les avantages vantés par le bureau de la rue Saint-Honoré, malgré l'espérance que pouvaient concevoir les honnêtes bourgeois de n'être plus détroussés au coin des rues aussi fréquemment que par le passé, il ne paraît pas que jamais l'entreprise des porte-lanterne ait prospéré.

Enfin, en 1667, *La Reynie*, lieutenant de police, essaya le premier système d'éclairage régulier.

On suspendit une lanterne garnie d'une chandelle allumée à chaque extrémité de rue, et une autre au milieu. Cet éclairage n'eut lieu d'abord que depuis le 1er novembre jusqu'au dernier jour de février; on sentit bientôt la nécessité de prolonger cet espace de temps, et un arrêt ordonna qu'à l'avenir on allumerait la lanterne depuis le 20 octobre jusqu'au dernier jour de mars.

Au milieu du dix-huitième siècle, M. *de Sartine* promit une récompense à celui qui perfectionnerait le système d'éclairage, et bientôt les *réverbères* furent inventés par

Bourgeois de Châteaublanc et l'abbé *Matterat de Preigney*. L'apparition des réverbères excita un vif enthousiasme ; la poésie les célébra comme la plus ingénieuse merveille. Partout on répétait ces vers :

> Le règne de la nuit va désormais finir...
> Avec un verre épais une lampe est fermée ;
> Dans son antre une mèche avec art enfermée
>   Frappe un réverbère éclatant
>   Qui, d'abord la réfléchissant,
> Porte contre la nuit sa splendeur enflammée...

Le nombre des réverbères augmenta successivement. On comptait alors 7,000 becs ; il y en avait 11,050 en 1809 ; 12,672 en 1821.

Mais les réverbères ne devaient avoir qu'un règne éphémère : le gaz les détrôna.

La première idée de l'éclairage par le gaz hydrogène (1) appartient à un ingénieur français, nommé *Lebon*, qui, en 1785, imagina de tirer parti, pour l'éclairage des maisons, du gaz provenant de la distillation du bois.

Il proposait d'établir dans chaque maison, comme meuble de ménage, un appareil fort habilement combiné, qu'il nommait *thermolampe*. On distillait le bois, et l'on se procurait par ce moyen : 1° du charbon de bois, résidu de la distillation ; 2° de la chaleur produite par le feu du fourneau, et distribuée dans les appartements à l'aide d'un calorifère ; 3° du vinaigre et du goudron provenant de la condensation de la fumée ; 4° enfin du gaz hydrogène, dégagé par la distillation du bois et appliqué à l'éclairage des appartements.

Les propositions de Lebon ne furent pas adoptées. La France eut, en cette circonstance, comme en tant d'autres, l'honneur de l'invention, et l'Angleterre celui de l'application.

Les premiers essais de l'éclairage en grand par le gaz, tiré non plus du bois, mais de la *houille* ou charbon de terre, furent faits au commencement du dix-neuvième siècle, dans les ateliers du célèbre Watt (p. 300), par un ingénieur anglais nommé *Murdoch*, qui avait eu connaissance des expériences faites par Lebon. Toutefois, le gaz, mal épuré par les procédés de Murdoch, produisait en brûlant une odeur fétide et des émanations dangereuses qui rendaient impossible d'en généraliser l'usage. Ce fut alors qu'un Allemand nommé *Winsor*, qui s'était pénétré des idées de Lebon, arriva à Londres, et, après mille obstacles sur-

---

(1) Voir le récit sur les ballons ou aérostats.

montés à force d'audace et de persévérance, réussit à fonder une société puissante pour le perfectionnement et la propagation du nouveau mode d'éclairage. Le 1ᵉʳ juillet 1816, la société reçut l'approbation du roi avec d'importants privilèges.

Sept ans après, elle avait posé à elle seule des tuyaux de conduite de gaz sur une longueur de deux cents kilomètres, et plusieurs autres compagnies fournissaient du gaz aux principales villes manufacturières.

L'introduction ou plutôt le retour en France de l'éclairage au gaz, éprouva d'immenses difficultés; Winsor, qui tenta l'entreprise, se ruina à la peine, et ce fut en vain que Louis XVIII favorisa directement ses efforts. Enfin la France se décida à reprendre son bien; on décrocha les réverbères, qu'on mit au rebut, et les becs de gaz jetèrent dans les grandes cités leurs gerbes de flammes resplendissantes.

Voici en peu de mots comment se prépare le gaz par les procédés adoptés le plus généralement :

On introduit la houille dans plusieurs grands récipients ou *cornues* de fonte ou même de terre cuite, disposés dans un large fourneau de briques. On allume dans le fourneau un feu réglé de manière à chauffer les cornues jusqu'au rouge-cerise; il s'opère alors une véritable distillation du charbon, d'où se dégage de l'hydrogène mélangé avec diverses émanations infectes qu'il faut en séparer. On débarrasse le gaz de tous ces produits qui l'altèrent, en le faisant passer d'abord dans un large tube rempli d'eau, où se déposent les vapeurs de goudron, puis dans une série de tuyaux appelés *condensateurs*, et enfin dans un appareil nommé *dépurateur*. Là le gaz traverse une certaine masse de chaux en poudre, qui enlève à l'hydrogène son odeur bitumineuse ou sulfureuse, en retenant, par l'effet de combinaisons chimiques, les matières qui produisent cette odeur. Mais cette précaution n'est pas ordinairement poussée assez loin; car lorsque le gaz s'échappe d'un bec sans brûler, ou qu'il se fait jour à travers les tuyaux de conduite, il est rare qu'il n'affecte pas l'odorat d'une manière fort désagréable.

Au sortir du dépurateur, l'hydrogène se rend dans un grand réservoir composé de deux parties : une cuve en maçonnerie remplie d'eau, et un énorme récipient de tôle en forme de cloche renversée, également plein d'eau. Le gaz introduit sous la cloche monte, en vertu de sa légèreté, jusqu'au sommet qui est exactement fermé, et fait baisser l'eau qui, à mesure que le gaz s'accumule, passe dans la cuve; c'est de cette cloche appelée *gazomètre* que partent les différents conduits par lesquels le gaz se distribue de tous côtés, pour arriver, d'abord par de vastes tubes cachés sous le sol, puis, par de minces tuyaux, aux orifices où on l'allume.

On a inventé récemment des appareils fort ingénieux pour

Gazomètre.

chauffer les appartements, pour les travaux de l'industrie et pour les feux de cuisine, à l'aide du gaz, sans employer ni bois ni charbon. Il est à souhaiter que ces procédés simples et économiques se propagent dans toutes les maisons.

Un gazomètre qui aurait un mètre et demi de diamètre sur environ deux mètres de haut, contiendrait une quantité de gaz suffisante pour entretenir pendant cinq heures huit becs, dont la lumière égalerait en éclat celle de cent soixante becs de nos anciens réverbères. Jugez par là quelle révolution s'est accomplie dans l'éclairage.

On s'est préoccupé de la question de l'allumage des becs de gaz, opération qui, dans les grandes villes, est assez longue et nécessite un très grand nombre d'agents. On espère arriver bientôt, au moyen de procédés et d'appareils électriques, à allumer en quelques minutes les plus vastes quartiers.

Après le dégagement du gaz, il reste dans les cornues qui ont servi à faire chauffer le charbon un excellent *coke* qui est fort employé pour le chauffage, parce qu'il brûle sans répandre d'odeur.

On a essayé récemment un nouveau système d'éclairage public, par l'électricité ou pile de Volta. Les expériences n'ont pas donné les résultats attendus. Le nouveau procédé, dont l'usage est d'ailleurs très coûteux, paraît ne pouvoir servir qu'à éclairer certains points limités et déterminés. Toutefois les expériences continuent.

EXERCICE.

Les rues sont-elles bien éclairées, la nuit, dans les principales villes de France? — En était-il de même autrefois? — Quel aspect présentait Paris le soir? — Que dit Boileau à cet égard? — Comment peut-on se faire une idée de ce qu'était Paris au treizième siècle? — Décrivez-moi les rues et les maisons. — Que faisait-on le soir après l'*Angelus*? — Comment pouvait-on s'éclairer, la nuit, dans les rues? — Y avait-il alors des moyens d'éclairage à la disposition des gens riches? — Comment se vendaient les chandelles de cire ou de suif? — Comment illuminait-on les salles des châteaux? — Quel fut le premier règlement qui prescrivit d'éclairer régulièrement les rues? — Comment Boileau décrit-il les dangers que l'on courait dans Paris, la nuit, au dix-septième siècle? — De quoi parle Louis XIV dans l'édit de 1662? — A qui accorda-t-on le privilège d'éclairer le soir dans les rues? — Quel moyen d'éclairage employait l'abbé Caraffa? — Quels avantages promettait-il aux bourgeois? — Quel système d'éclairage essaya le lieutenant de police La Reynie? — Par qui furent inventés les réverbères? — Quelle impression produisit cette invention? — Le nombre des réverbères augmenta-t-il rapidement? — Comment les réverbères furent-ils remplacés? — Dans quel pays et par qui fut inventé l'éclairage par le gaz? — Qu'était ce que le thermolampe? — Dans quel pays l'éclairage au gaz fut-il d'abord appliqué et se développa-t-il? — Racontez les persévérants efforts de Winsor. — Qui rapporta la nouvelle invention en France? — Y est-elle en usage aujourd'hui? — Avec quelle substance se prépare le gaz? — Quelle opération fait-on d'abord subir à la houille ou charbon de terre? — Comment purifie-t-on le gaz? — Où recueille-t-on le gaz? — Qu'est-ce que le gazomètre? — Quelle est la forme des becs à gaz? — Qu'est-ce qui reste après que le gaz s'est dégagé du charbon de terre? — A quoi sert le coke?

I. La poudre à canon. — II. Le feu grégeois. — III. La poudre-coton. — IV. Substances explosibles. La dynamite. — V. Perfectionnement des engins de guerre. Torpilles.

I

Vous connaissez, mes amis, les prodigieux effets de la POUDRE A CANON, soit qu'on l'emploie à lancer, au moyen des armes à feu, des balles et des boulets, soit qu'on s'en serve pour faire éclater des pierres et sauter des murailles.

On ne sait à qui doit en être attribuée l'invention, et c'est à tort que, pendant longtemps, on a prétendu qu'elle avait été découverte accidentellement, au quatorzième siècle, par un moine allemand nommé *Schwartz*.

Le plus ancien ouvrage, à date certaine, où la poudre soit mentionnée sous son nom véritable, est un manuscrit arabe de la Bibliothèque nationale de la fin du treizième siècle. L'auteur y décrit un projectile incendiaire, dont la poudre, désignée par le mot *el baroud*, était le principal élément; mais la poudre était employée par les Arabes avant cette époque. Le secret de cette fabrication était venu de la Chine.

De l'Égypte, la poudre dut suivre, pour pénétrer en Europe, la route tracée par les conquêtes des Arabes, c'est-à-dire la côte d'Afrique. Bientôt elle fut connue en Espagne ; elle fut employée, en 1257, au siège de Niebla, à lancer au loin des pierres et des traits avec le bruit du tonnerre.

Roger Bacon, moine anglais, qui mourut en l'année 1294, parle de la poudre dans deux de ses ouvrages ; mais on lui en a faussement attribué l'invention. Roger déclare lui-même, d'une manière positive, *qu'elle était employée comme jouet d'enfant dans plusieurs parties du monde*, et il donne la description de ce jouet, qui n'était autre chose qu'un pétard.

C'est à partir du quatorzième siècle que les merveilleuses propriétés de la poudre furent appliquées aux machines de guerre. Elle fut employée par les Italiens dès 1326 ; par les Français, en 1339, aux sièges de Puy-Guiliem et de Cambrai. Les Anglais en firent contre nous un funeste usage à la bataille de Crécy, en 1346.

La poudre à canon est un mélange de salpêtre, de soufre et de charbon, dans des proportions qui varient en général fort peu chez les différents peuples. En France, les proportions suivantes sont uniformément adoptées : salpêtre, 75 parties ; charbon, 12,50 ; soufre, 12,50.

Les matériaux qui composent la poudre doivent être employés à l'état le plus pur. Le salpêtre est débarrassé des sels étrangers ; il ne doit pas lui en rester plus de quatre à cinq millièmes. La préparation du charbon exige beaucoup de soins ; il doit être sec, sonore, léger, facile à pulvériser. Ces qualités se rencontrent surtout dans les charbons de bourdaine, de peuplier, de tilleul, de marronnier et en général de tous les bois tendres.

On pulvérise séparément le charbon, le salpêtre et le soufre ; on les tamise et l'on pèse des quantités de ces trois substances en proportions convenables ; puis on procède au mélange, qui se fait au moyen de pilons dans de gros mortiers en chêne, où l'on introduit un peu d'eau.

Vient ensuite le *rechange*, c'est-à-dire l'opération par laquelle on transporte la matière d'un mortier dans un autre. Il faut une douzaine de rechanges dans la fabrication de la poudre de guerre et de chasse, et ces rechanges doivent être séparés par une heure d'intervalle.

La poudre est alors sous forme de pâte. Quand elle a perdu une partie de son humidité, il s'agit de la réduire en grains. Le *grenage* se fait dans un appareil composé de plusieurs tamis, au moyen desquels la poudre se trouve à la fois, et dans chacun d'eux, brisée, égalisée, puis séparée des gros grains et du poussier.

La poudre de guerre et la poudre employée dans les mines n'exigent pas d'autre préparation ; la poudre de chasse doit encore subir l'opération du *lissage*, qui a pour objet de lui donner plus de consistance, et de la rendre par là même d'une conservation plus facile.

A cet effet, on expose la poudre au soleil pendant quelques heures ; on la verse ensuite dans un tonneau auquel on imprime un mouvement de rotation très lent, de manière à faire glisser les grains les uns contre les autres. Après huit à dix heures, la poudre, unie et lustrée, est arrivée au dernier degré de préparation.

Une fois confectionnée, la poudre est mise dans des barils, ou, s'il s'agit de poudre fine, dans des feuilles de plomb recouvertes de papier. Les magasins qui la reçoivent doivent être parfaitement secs et éloignés de toute habitation.

Vous comprenez facilement que l'application des propriétés de la poudre aux machines de guerre a dû opérer une révolution complète dans le système militaire de l'Europe.

Un homme d'armes, jusqu'alors, était à peu près invulnérable sous son bouclier, sa cuirasse et ses gantelets de fer. Contre ces remparts vivants s'émoussaient les traits et les flèches ; si un chevalier tombait dans la mêlée, il restait là sans grand danger, dans sa prison de fer, à moins qu'un ennemi acharné ne parvînt à briser l'enveloppe de métal à grands coups de hache, comme on fracasse l'écaille d'une tortue. Des adversaires ainsi équipés ne pouvaient se vaincre que corps à corps, et la force physique, l'adresse à manier l'épée et la lance décidaient les batailles.

Mais dès qu'on emploie la poudre à canon, tout ce système est changé. Voici que de bien loin, de 500 à 1,000 mètres de distance, et lancée par une main peut-être sans force et sans courage, une petite balle de plomb traverse boucliers et cuirasses pour frapper droit au cœur le vaillant chevalier, qui tombe foudroyé sous le coup d'un ennemi qu'il ne peut ni voir ni atteindre.

Ecoutez les réflexions du seigneur de Tavannes sur cette révolution opérée par les armes à feu. Le gentilhomme laisse percer son dépit de n'être plus invulnérable ; mais il ne peut s'empêcher de reconnaître la nécessité d'abandonner tout le vieil attirail :

« Les bardes d'acier, caparaçons de buffle, les cottes de mailles servaient aux batailles anciennes, qui se démêlaient avec l'épée et la lance ; le peu de péril rendait les combats longs. Aussi, en Italie, les hommes et les chevaux étaient si bien couverts, que dans deux cents mêlées, on ne tuait pas quatre combattants en deux heures. Les grands pistolets rendent les bardes inutiles, et la mêlée si périlleuse que chacun veut en sortir.

» Si les armes offensives continuent d'augmenter ainsi qu'elles font, par les longs pistolets, virolets, mousquets, poudre et balles artificielles, il sera nécessaire d'inventer des défenses. Les cuirasses battues à froid ne peuvent résister à cette force extraordinaire. Ceux qui ne veulent rien laisser à la fortune ont renforcé leurs cuirasses, fabriqué des plastrons doublés de lames; mais ils se rendent incapables de servir dans les combats, étant enchaînés et liés par la pesanteur de leurs armes, et ils deviennent comme des enclumes immobiles, chargeant tellement leurs chevaux qu'aux moindres accidents ceux-ci succombent dessous. Ceux qui ne s'arment pas à l'épreuve ne veulent pas en venir aux mains ou se retirent bien vite. »

La poudre qui perçait les armures sur le champ de bataille triompha de même des châteaux les mieux fortifiés. Un seigneur ne fut plus en sûreté derrière la vaste enceinte de ses remparts couronnés de créneaux. Les tours et les donjons avaient beau s'appuyer sur le roc le plus dur, il suffisait désormais qu'un étroit conduit, pratiqué à petit bruit et dans l'ombre, permît de placer sous l'édifice quelques barils pleins de poudre; en un clin d'œil, le fier château n'offrait plus qu'un monceau de ruines.

Avant qu'on fît usage de la poudre à canon, les *mines* étaient de simples galeries souterraines; à mesure que l'excavation avançait, à mesure qu'on retirait la terre ou les pierres, on étayait au moyen de madriers; puis, le travail fini, on mettait le feu aux étançonnements, et les appuis venant à manquer, tout ce qu'ils soutenaient s'écroulait plus ou moins vite. Les mines devinrent bien plus dangereuses, quand, vers le milieu du quinzième siècle, on eut l'idée de les charger avec de la poudre.

Un ingénieur fit usage de l'invention nouvelle contre les Français, au siège du château de l'Œuf, citadelle de la ville de Naples, en 1501. Le commandant du château refusait de se rendre: l'ingénieur Pierre Navarre ouvrit et mena jusque sous les murs une mine, à l'extrémité de laquelle il enferma une quantité considérable de poudre; celle-ci fut enflammée au moyen d'une mèche. Le rocher sur lequel est bâti le château de l'Œuf s'entr'ouvrit avec un fracas épouvantable; une partie des murs et un grand nombre des défenseurs de la forteresse furent précipités dans la mer.

Il semble qu'au moyen des mines chargées de poudre

aucune place ne devrait être imprenable ; mais aux mines on oppose les contre-mines, et l'art moderne sait mettre les places fortes en état de soutenir une guerre souterraine. On construit sur le chemin couvert des galeries qui projettent en avant un certain nombre de rameaux, au moyen desquels le mineur de la place assiégée va au-devant de son ennemi, l'observe, entend le bruit de son travail, et quand il s'en est suffisamment approché, lui donne ce qu'on appelle en langage militaire un *camouflet*, c'est-à-dire qu'il fait jouer un petit fourneau de mine, dont l'effet immédiat est d'enterrer le travailleur sous les déblais environnants.

II.

Avant la découverte de la poudre, le moyen de destruction le plus terrible était le *feu grégeois*, inventé ou plutôt apporté d'Orient à Constantinople par Callinicus, ingénieur d'Héliopolis. Le secret de cette composition fut connu seulement des Grecs du Bas-Empire, qui en faisaient à la guerre un terrible usage.

On croit que le bitume liquide, huile légère, tenace et inflammable, était le principal ingrédient du feu grégeois. Le bitume se mêlait, on ne sait dans quelle proportion, avec le soufre et la poix qu'on tire des sapins. De ce mélange, qui produisait une fumée épaisse et une explosion bruyante, sortait une flamme ardente et durable qui non seulement s'élevait en ligne verticale, mais qui brûlait avec la même force de côté et par en bas. Les écrivains modernes en ont exagéré la puissance, en prétendant que l'eau l'alimentait au lieu de l'éteindre ; toutefois, il paraît certain qu'il brûlait quelque temps dans l'eau, et qu'il fallait employer du sable ou du vinaigre pour étouffer promptement cet agent redoutable, que les Grecs de Constantinople nommaient avec raison le *feu liquide*.

On l'employait contre l'ennemi avec le même succès sur mer et sur terre, dans les batailles ou dans les sièges. On le versait du haut des remparts, à l'aide d'énormes chaudières ; on le jetait dans les boulets creux de pierre et de fer rougis, ou bien on le lançait sur des traits et des javelines couvertes de lin et d'étoupes fortement imbibées d'huile inflammable ; d'autres fois, on le déposait dans des brûlots destinés à porter contre une flotte le feu qui le dévorait ; plus ordinairement, on le faisait passer à travers de longs tubes de cuivre placés sur l'avant d'une galère, dont l'extrémité, figurant la bouche de quelque monstre sauvage, vomissait des torrents de flammes.

L'art de composer le feu grégeois était soigneusement conservé dans Constantinople, comme un secret d'État. Lorsque l'empereur prêtait ses galères et son artillerie à ses alliés, on n'avait garde de leur rien révéler. Constantin Porphyrogénète indique dans un traité les réponses et les excuses au moyen desquelles on peut éluder la curiosité indiscrète et les importunes sollicitations; il recommande de dire qu'un ange a donné le secret du feu grégeois au premier des Constantins, avec ordre de ne jamais le communiquer aux nations étrangères, et que l'infidélité à cette injonction formelle serait une impiété capable d'attirer sur le peuple la vengeance du ciel.

Ces précautions rendirent les Grecs maîtres de leur secret durant quatre siècles. A la fin, les musulmans découvrirent la composition du feu grégeois, et dans les guerres de Syrie et d'Égypte, ils tournèrent contre les chrétiens cette arme qui leur avait été longtemps fatale.

Voici comment le bon sire de Joinville, l'ami de saint Louis, parle dans son naïf langage de ce terrible ennemi :

« La violence du feu grégeois étoit telle, qu'il se lançoit aussi gros qu'un tonneau. Il faisoit un bruit si effroyable qu'il sembloit que c'étoit la foudre qui tomboit du ciel, ou un grand dragon volant dans l'air.

» Toutes les foys que notre bon roy saint Loys voyoit que les ennemis nous lançoient ce feu, il se gettoit par terre, et tendoit ses mains la face levée au ciel, et crioit à haute voix à Notre-Seigneur, en pleurant à chaudes larmes : « Seigneur Jésus-Christ, garde-moi et toute ma « gent ! » Chacunes foys que le feu tomboit sur nous, il nous envoioit un de ses chambellans pour savoir où nous en étions, et si personne de nous étoit blessé. »

L'usage du feu grégeois s'est perpétué jusque vers le milieu du quatorzième siècle.

III.

La poudre à canon a fait oublier le feu grégeois, et voici que la poudre à canon s'est vue menacée à son tour d'être remplacée par une composition qui, sous l'apparence la moins effrayante, agit avec une violence plus grande encore que la poudre de guerre.

Qu'y a-t-il de plus doux, de plus inoffensif que le coton, cette substance moelleuse qui sert à fabriquer des tissus, et qui, à son état naturel, présente l'aspect d'un duvet si fin et si léger ?

Eh bien ! que l'on plonge de même coton dans un mélange composé de deux liquides fréquemment employés, l'eau-forte ou acide azotique, et l'huile de vitriol ou acide sulfurique; qu'on laisse sécher avec certaines précautions le coton ainsi imbibé, il reprendra son apparence habituelle, et sera toujours blanc et doux au toucher, quoique cependant un peu plus cassant; mais si on l'approche d'un corps enflammé, ou même si on le frappe violemment, sur une enclume par exemple, il fera aussitôt explosion. Telle est l'invention de la *poudre-coton* ou *fulmi-coton*, due, en 1846, à un chimiste de Bâle, M. Schœnbein, invention qui a excité un étonnement universel, et dont les savants et les industriels se sont aussitôt occupés d'étudier les effets. On sait que la poudre-coton, dont la fabrication en grand n'est guère plus coûteuse que celle de la poudre à canon, a proportionnellement une force plus considérable, et on l'a employée avec succès comme poudre de mine.

Cette poudre offre pour les armes de guerre et de chasse un certain avantage, c'est de ne laisser en brûlant aucun résidu, et de ne pas salir ou *crasser* les armes comme la poudre ordinaire, qui dépose après l'explosion une matière noirâtre et épaisse qui oblige de nettoyer fréquemment le canon des fusils et des pistolets: elle présente en outre cette particularité précieuse, qu'elle n'est pas altérée par l'humidité, et qu'après avoir été plongée dans l'eau elle recouvre en séchant sa force explosive; de sorte qu'en cas d'incendie à bord d'un navire, on éviterait toute chance de voir sauter le bâtiment, en noyant les poudres, sans pour cela les mettre hors de service.

Mais d'un autre côté, l'emploi de la poudre-coton présente des dangers qui ont empêché d'en généraliser l'usage. La violence avec laquelle elle fait explosion expose les armes à éclater facilement. Comme elle peut s'enflammer par un choc énergique, il en résulte que le transport de cette composition exige de grandes précautions, puisqu'il suffirait que le moindre filament de coton se trouvât comprimé violemment pour prendre feu et faire sauter toute la masse; enfin elle s'altère avec le temps, et subit une fermentation qui peut aller au point de l'enflammer spontanément.

Ce n'est pas d'ailleurs avec le coton seul que l'on prépare la composition nouvelle. Le papier, la sciure de bois et un grand nombre de substances végétales, peuvent acquérir plus ou moins aisément toutes les propriétés redoutables dont nous avons parlé tout à l'heure. C'est pourquoi les savants donnent à la poudre ainsi obtenue le nom de *pyroxyde* ou *feu de bois*.

IV

Il s'en faut que le fulmi-coton et la poudre ordinaire soient les seules matières explosibles. Bien loin de là, le nombre des corps détonants est en quelque sorte indéfini. Depuis la vive impulsion imprimée par Lavoisier et Berthollet aux sciences chimiques, la recherche de ces produits a été poursuivie avec ardeur. Dans ces derniers temps surtout, les découvertes ont été si fréquentes que peu d'années se sont écoulées sans que quelque nouvelle substance n'ait été proposée pour remplacer l'ancienne poudre à canon. Jusqu'ici cependant aucune d'elles n'a complètement réussi et nous avons vu paraître et disparaître plus ou moins complètement, pour ne citer que les plus connues, le fulmi-coton lui-même, les poudres au chlorate de potasse et au nitrate de soude, la sébastine, les picrates et la nitro-glycérine.

Si la force explosible était le seul élément à rechercher, l'ancienne poudre de guerre serait depuis longtemps remplacée, car des compositions nouvelles ont un effet explosif bien supérieur à la sienne. Mais il n'en est pas ainsi. Pour l'usage des armes à feu, fusil, canon ou pistolet, l'intérêt prédominant est la conservation de l'arme, d'où résulte la sécurité du tireur.

Or, même avec l'ancienne poudre, on est obligé d'en modérer les effets par des artifices de fabrication pour éviter la destruction trop rapide des armes. Il est inutile donc de chercher des substances plus fortes pour l'artillerie et la mousqueterie.

Pour les usages industriels, la question économique a une grande importance, et la question de sécurité n'en a pas moins. Il faut en effet que le produit industriel soit susceptible d'être fabriqué, transporté, conservé et employé sans que le nombre et la gravité des accidents, qui sont malheureusement la conséquence forcée de l'emploi de ces substances, ne dépassent pas une certaine limite. Or, à ces deux points de vue, l'ancienne poudre est restée encore le mélange le moins coûteux et le moins dangereux.

Une nouvelle substance s'est présentée cependant, la *dynamite*, et elle paraissait avoir des avantages qui semblaient lui assurer un grand succès et même la supériorité. L'usage n'en est pas dangereux, et si le prix de revient en est élevé, la cherté est compensée par une plus grande quantité de travail. Mais la dynamite n'est point appelée à remplacer la poudre à canon. Elle est trop brisante pour les armes, et elle est trop chère pour les travaux ordinaires de terrassement. Son rôle véritable est celui d'un auxiliaire qui suppléera aux effets quelquefois insuffisants de la poudre. Dans la guerre, par exemple, elle est employée avec un grand avantage pour la confection des *torpilles*, ces terribles engins dont nous parlerons plus loin. Mais la préparation de la dynamite, reposant sur une fabrication préalable de nytroglycérine ou de fulmi-coton, sera toujours une industrie des plus meurtrières.

Sa puissance comparative avec la poudre de mine, est au moins de 16 à 1.

V

Quel que doive être l'avenir encore incertain des nouvelles poudres, l'art de la guerre, en perfectionnant les agents antérieurement connus, a, dès à présent, multiplié d'une manière effrayante les moyens de destruction.

Les fusils auxquels on mettait le feu jadis avec des mèches, puis à l'aide des pierres à feu, se sont amorcés longtemps avec des capsules de cuivre, garnies au fond de *poudre fulminante*, substance qui détone sous un faible choc, d'où vient le nom de *fusils à percussion*. La portée du fusil de guerre, qui n'était autrefois que d'environ 150 à 200 mètres, fut dès lors énormément accrue. Les carabines *Minié*, si terribles entre les mains de nos chasseurs de Vincennes, envoyaient leurs balles coniques à une distance de 1,000 à 1,200 mètres. Le pistolet appelé *revolver* tirait, avec un seul canon, et sans avoir besoin d'être rechargé, six ou huit coups de suite. Rien n'égalait la précision du tir de nos *canons à la Paixhans*, qui lançaient aussi à travers d'énormes espaces des boulets ou des obus remplis de poudre. On a imaginé des boulets plats qui, sur mer, coupent et rasent avec une force foudroyante les mâts et les vergues des vaisseaux ennemis. Les *fusées à la Congrève* et d'autres projectiles analogues, plus redoutables que le feu grégeois, vont incendier les bâtiments en traversant l'eau sans s'éteindre.

Enfin on a imaginé un engin de guerre de petite dimension mais d'un effet formidable qui, fixé au flanc d'un navire, au moyen de la pointe dont il est muni, peut y faire, par l'explosion, un trou large comme une porte cochère, qu'il est impossible de boucher. C'est la *torpille*, boîte ou vase métallique bien fermé et renfermant de la dynamite ou du fulmi-coton. On en a vu les terribles effets dans la guerre de la sécession d'Amérique et dans la récente guerre des Russes contre les Turcs.

Il y a plusieurs sortes de torpilles : 1° La *torpille dormante* est fixée au fond de l'eau. 2° La *torpille mouillée* est maintenue entre deux eaux par les ancres. L'une et l'autre peuvent être automatiques ou électriques. L'automatique fait explosion au choc du navire qui la rencontre. L'électrique éclate quand l'observateur placé à distance y met feu par l'électricité, quand il juge que le navire ennemi est à la proximité convenable. 3° La torpille *automotrice* reçoit d'abord une première impulsion au moyen d'appareils particuliers dans la direction voulue ; elle chemine ensuite entre deux eaux ou à fleur d'eau, au moyen d'un moteur intérieur, et vient éclater en frappant contre le navire ennemi. 4° La *torpille portative* est transportée sur un canot, montée par quelques hommes et fixée aux flancs du navire, au moyen d'une longue perche qui porte les fils électriques destinés à mettre le feu. L'effet de la torpille se produisant seulement en avant, l'explosion de ces petits et formidables engins est presque sans danger pour l'agresseur.

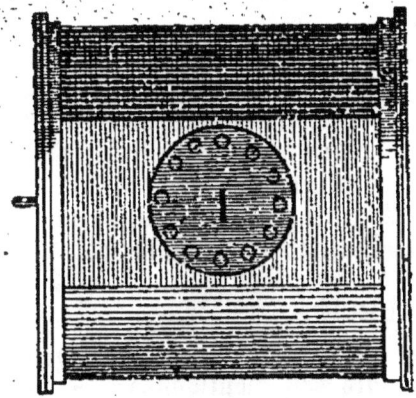

Torpille.

Une école spéciale de torpilles a été établie par le ministre de la marine à Boyarville, dans l'île d'Oléron.

Le fusil à percussion a été amélioré et remplacé par une arme plus terrible. On sait les succès inouïs que la Prusse a dus dans la campagne de 1866 à son *fusil à aiguille*, inventé par un armurier nommé Dreyse. La France, justement émue de l'ambition d'une puissance voisine, se mit à l'œuvre et transforma en deux ans l'armement entier de son infanterie. Elle eut bientôt son *fusil Chassepot* et ses *mitrailleuses*. Mais nos récents désastres nous ont montré que ces améliorations matérielles ne suffisent pas et ne peuvent suppléer à la discipline, à la prévoyance, au nombre ! Un million d'hommes se sont levés contre nous et nous ont écrasés en mutilant notre patrie ! Ne récriminons pas ; ce serait peu digne pour des vaincus. Sachons plutôt accepter les dures leçons que nous avons en partie méritées. Travaillons, réorganisons notre armée, et, tout en souhaitant sincèrement la paix, pensons avec confiance qu'on travaille dans tous nos arsenaux à assurer nos moyens de défense. Sachons que notre artillerie est merveilleusement montée, et que le *Chassepot*, devenu le fusil *Gras*, est admirablement perfectionné, et, confiants dans la Providence, sachons attendre des jours meilleurs !

Hâtons-nous d'ajouter que ces redoutables inventions, en rendant plus prompt le sort des batailles, rendent les guerres moins longues et moins meurtrières. Les armées sont désormais puissantes surtout par les combinaisons du général. Et il faut regarder comme des progrès de la civilisation ces perfectionnements en apparence si funestes, qui ont centuplé les effets de nos instruments de mort.

EXERCICE.

Quelles sont les propriétés de la poudre à canon? — Quel est le plus ancien ouvrage où la poudre soit mentionnée? — Comment arriva-t-elle en Europe? — A qui en a-t-on faussement attribué la découverte? — Qu'est-ce qu'en dit Roger Bacon? — Quelle est la composition de la poudre à canon? — Comment transforme-t-on en grains la pâte résultant du mélange? — Qu'est-ce que le lissage? — Quelles précautions prend-on pour conserver la poudre? — L'invention de la poudre à canon exerça-t-elle une grande influence sur l'art militaire? — Comment combattaient autrefois les hommes d'armes? — Quel effet la poudre produit-elle sur les fortifications des villes et des citadelles? — En quelle occasion se servit-on pour la première fois d'une mine chargée de poudre à canon? — Qu'entend-on par contre-mine? — Qu'est-ce que donner un camouflet? — Quel était le plus terrible moyen de destruction avant l'invention de la poudre à canon? — Par qui avait été inventé le feu grégeois? — Par quel peuple ce secret fut-il découvert? — Quel est l'historien qui a décrit les effets du feu grégeois? — A quoi le compare-t-il? — Jusqu'à quand dura l'usage du feu grégeois? — Quelle est la nouvelle invention qui produit des effets analogues à ceux de la poudre à canon? — Quelles sont les propriétés habituelles du coton? — Quelle préparation a-t-on imaginé de lui faire subir? — Quel est le nom du coton ainsi préparé? — Quel avantage offre-t-il sur la poudre ordinaire? — Qu'est-ce qui en rend le transport difficile? — Donnez une idée des principaux perfectionnements qu'ont reçus les armes à feu. — Qu'est-ce que la poudre fulminante? — Qu'est-ce que la torpille? — Décrivez-en les différentes espèces, ainsi que les effets qu'elle produit. — Qu'est-ce que les fusils à percussion? — Quel développement a reçu la portée des carabines, des canons? — Parlez-nous du Chassepot et de la mitrailleuse. — Quel est le résultat de ces inventions au point de vue de la civilisation?

Les machines.

Vers la fin du siècle dernier, les habitants d'une ville manufacturière étaient en grand émoi; on disait qu'un fabricant allait employer une machine à l'aide de laquelle un enfant exécuterait facilement en quelques heures ce qu'auparavant plusieurs hommes ne pouvaient faire en une semaine; c'était une machine à filer le coton. L'on s'écriait de toutes parts que cet instrument allait priver tous les ouvriers de leur travail et de leur pain; qu'il fallait le mettre en pièces au plus vite, et chasser du pays celui qui avait eu la funeste idée de fabriquer un appareil aussi nuisible.

Je m'imagine qu'au milieu de tous ces gens exaspérés, il se trouva un homme sage et prévoyant qui leur parla à peu près en ces termes :

« Mes amis, avant de vous porter à des violences, réfléchissez un peu à ce que vous allez faire, et voyez si vous n'allez pas agir contre vous-mêmes. Aujourd'hui, la préparation du coton se fait à la main, et il faut un grand nombre d'ouvriers pour fabriquer une faible quantité de tissus. Mais aussi ces tissus sont fort chers; vous ne pouvez vous-mêmes vous en procurer qu'avec la plus grande peine; cependant, ils vous sont indispensables, et il vous serait bien avantageux que les hommes et les femmes pussent acheter à peu de frais des vêtements et des draps. Un métier à filer le coton ferait sans doute à lui seul plus que beaucoup d'ouvriers ensemble; mais aussi notre ville, au lieu de fabriquer seulement ce qui est nécessaire pour sa population, fabriquerait de quoi fournir à beaucoup d'autres contrées.

» Alors la fabrication, en s'étendant, emploierait au moins autant d'ouvriers qu'aujourd'hui; de plus, il y aurait une foule de gens qui gagneraient leur vie à transporter et à vendre les marchandises; on viendrait de tous les côtés s'approvisionner dans vos fabriques, et vos hôtelleries ne désempliraient pas; de sorte que notre commerce, au lieu de nourrir difficilement les habitants de la ville, l'enrichirait promptement et y attirerait même beaucoup d'étrangers.

» Vous vous plaignez aujourd'hui de l'invention d'une machine nouvelle! et vous ne réfléchissez pas que c'est à l'invention de diverses machines que les hommes doivent tout leur bien-être. Ne voyez-vous pas que l'homme, réduit à ses propres forces, est capable de bien peu de chose, et rencontre sans cesse des obstacles invincibles? S'il n'existait pas de machines pour transporter les pierres, les soulever à une grande hauteur, que d'ouvriers ne faudrait-il pas pour bâtir la plus petite maison! La moindre construction serait d'un prix exorbitant, et vous seriez pour la plupart obligés de coucher presque en plein air.

» Ce que les machines ont fait pour la maçonnerie, elles l'ont fait aussi pour l'agriculture. S'il fallait remuer la terre de nos champs à la pioche ou à la bêche au lieu d'employer la charrue, qui est elle-même une machine qui remplace bien des ouvriers, le fermier qui cultive cinquante hectares n'en cultiverait pas dix, et alors qui approvisionnerait le marché?

» Il en est ainsi de tous les arts utiles, qui n'ont dû leur développement qu'à l'emploi des machines. Gardez-vous donc de vous irriter d'une invention qui ne peut que contribuer à la prospérité du pays et au bien-être de ses habitants ! »

On pourrait répéter ces paroles à l'occasion de toutes les nouvelles découvertes de l'industrie, et je vous recommande, mes chers amis, de vous les rappeler chaque fois que vous entendrez des gens aveugles et passionnés déclamer contre les perfectionnements à cause du malaise passager qu'ils amènent, sans songer à tous les heureux résultats qu'ils ne tardent pas à produire.

Les machines se multiplient de jour en jour parmi nous ; mais aussi, nous voyons les objets de première nécessité baisser de prix graduellement, et sans cesse de nouvelles branches d'industrie, créées par tous ces progrès divers, offrent de l'emploi à un nombre toujours plus grand de travailleurs.

C'est ainsi que les chemins de fer, qui ont porté atteinte à l'industrie des maîtres de poste, ont d'un autre côté fourni une occupation utile et lucrative à un nombre infiniment plus considérable d'employés de toute sorte.

Il existe aujourd'hui une multitude de machines diverses ; il vous faudrait, pour en comprendre le mécanisme, avoir des notions que vous ne possédez pas encore. Je me bornerai à dire quelques mots d'une des machines qui ont produit les résultats les plus importants : la machine à filer le coton, aujourd'hui le principal élément de la richesse de l'Angleterre.

Le fil de coton entre dans la plupart des tissus dont nous faisons constamment usage ; il est donc essentiel d'en préparer une immense quantité pour fournir à la consommation de presque tous les individus qui habitent le globe.

Autrefois le duvet recueilli sur le *cotonnier* était filé à la quenouille, et la personne la plus habile n'en fabriquait pas dans sa journée un bien gros écheveau.

Vers le milieu du dix-huitième siècle, un tisserand nommé Hargrave inventa une mécanique qui rendit ce travail beaucoup plus prompt. Cette invention fut perfectionnée trente ou quarante ans après par un barbier de la ville de Manchester, qui, grâce aux ingénieux procédés de cet homme industrieux, devint en peu de temps une des plus riches cités de l'Angleterre. Les encouragements accordés à l'industrie par l'empereur Napoléon favorisèrent l'introduction en France et le perfectionnement des machines à filer le coton vers 1809 ou 1810.

Le véritable créateur de l'industrie cotonnière en France

est *Philippe de Girard,* dont les descendants ont reçu une pension à titre de récompense nationale.

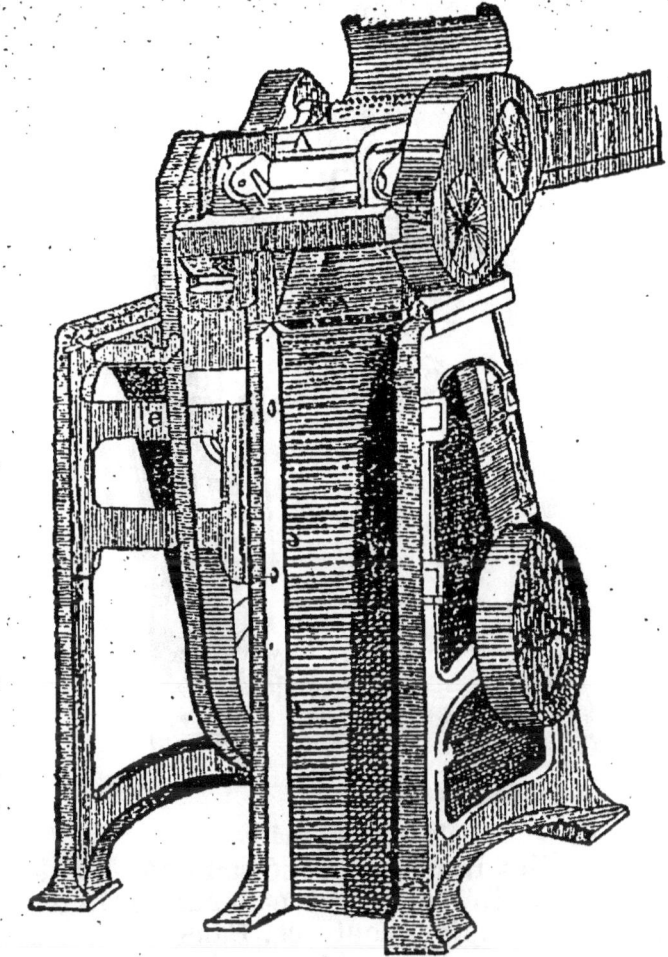

Machine à filer le coton.

Les machines à filer le coton mises en mouvement par la force de l'eau ou de la vapeur, consistent en une série d'appareils qui épurent le coton, l'épluchent en chassant la poussière et les ordures, l'étalent en une sorte de lame, le cardent ou le peignent, l'étirent en long ruban, enfin le tordent en fils de plus en plus fins et de plus en plus solides.

Une seule machine à filer porte plusieurs milliers de broches à dévider et peut être dirigée par un enfant, qui fait ainsi à lui seul l'ouvrage de plusieurs milliers de fileurs.

Dans la France seule, 4 à 5 millions de broches sont employées à filer chaque année une masse de près de 80 millions de kilogrammes de coton. L'Europe et l'Amérique possèdent ensemble 30 ou 40 millions de broches à dévider.

Il est une machine d'une invention toute récente, qui déjà a eu les plus heureux résultats. Les classes laborieuses en profiteront surtout, bien loin d'en souffrir. Nous voulons parler de la *machine à coudre*.

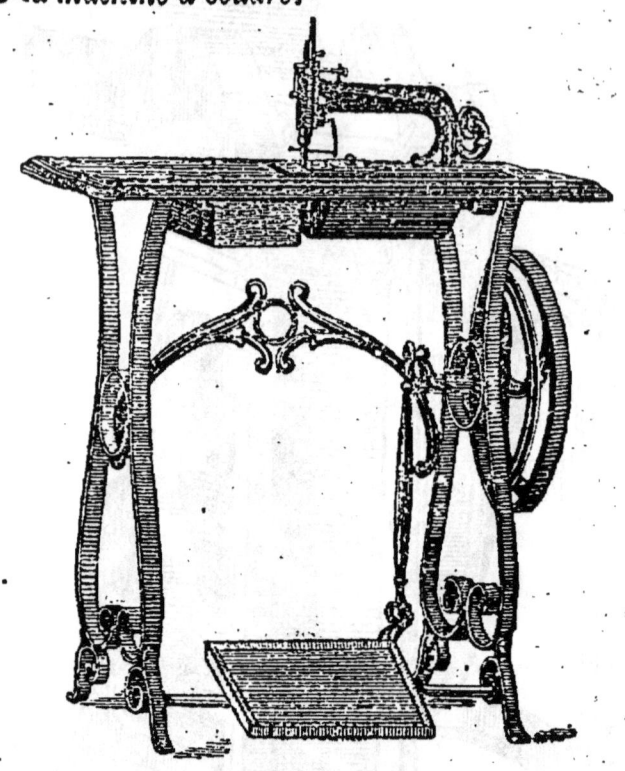

Machine à coudre.

L'Américain Élias Howe a attaché son nom à cette invention admirable, qui économise 8 et 9 sur 10 du temps employé jusqu'ici à certaines coutures. Dans tous les systèmes de machines à coudre, le procédé principal est celui-ci : Une aiguille percée d'un trou à sa pointe traverse l'étoffe mise en double ou en triple. Quand le fil parvient ainsi au-dessous de la dernière étoffe, une pince le saisit et le porte un peu en avant, en formant une boucle. L'aiguille avec le fil remonte à travers les étoffes par le même trou qu'elle a suivi pour descendre ; elle sort de l'étoffe, avance un peu, fait un nouveau trou, redescend à travers les étoffes et entre dans la boucle que le fil avait d'abord formée par dessous l'étoffe. Une pince saisit alors le fil de l'aiguille en l'entraînant en avant par dessus le fil de la première boucle, qui se trouve ainsi fixée et *enchaînée* par le fil de l'aiguille quand celle-ci remonte, après avoir laissé au-dessous de l'étoffe une seconde boucle qui fonctionne comme la première. Ainsi se forme la couture par *point de chaînette*. Tous les points y sont solidaires les uns des autres jusqu'à la fin de la couture; mais ils offrent néanmoins une résistance suffisante.

EXERCICE.

Qu'arrivait-il vers la fin du siècle dernier dans une ville manufacturière? — Quelle machine un fabricant allait-il employer? — Quelle révolution se préparait? — Que dit à la foule exaspérée un homme prévoyant? — Donnez un exemple de la manière dont les développements industriels compensent le malaise passager qu'ils peuvent causer quelquefois? — Par qui a été inventée la machine à filer le coton? — Qu'est-ce que la machine à coudre?

La vapeur.

PROGRÈS DE LA NAVIGATION.

Vous avez certainement remarqué, mes amis, que, lorsqu'on fait chauffer de l'eau, elle se transforme peu à peu en une sorte de fumée légère qu'on appelle *vapeur*, et qui retombe en gouttes liquides quand elle vient à refroidir. Cette vapeur occupe dans l'espace une place beaucoup plus grande que l'eau à l'état ordinaire; si elle ne peut pas s'étendre librement dans l'air, et qu'elle se forme, par exemple, dans un vase sans ouverture, elle se comprime d'abord assez facilement, puis elle fait effort pour écarter l'obstacle qui la retient; enfin, si elle ne trouve pas d'issue, et qu'elle continue cependant à se développer sous l'influence de la chaleur, elle finit par faire éclater les vases les plus solides.

C'est ainsi que lorsqu'on met au feu des glands ou des marrons encore frais, sans avoir eu la précaution de les fendre, l'eau renfermée sous la coque de ces fruits se vaporise peu à peu, et, ne pouvant s'échapper, les fait éclater bientôt.

Vous comprenez que si, au lieu de fermer le vase où l'on fait chauffer l'eau de manière qu'il ne puisse s'ouvrir, on le ferme au moyen d'un couvercle mobile, il arrivera un moment où le couvercle se soulèvera par la force de la vapeur. Je suppose qu'au lieu d'un simple couvercle, on termine ce vase par un simple tuyau fermé au moyen d'un bouchon qui puisse glisser d'un bout à l'autre; si on fait descendre le bouchon au bas du tuyau, la vapeur ne tardera pas à le pousser jusqu'en haut, et il redescendra, si on laisse la vapeur s'échapper au dehors. Que l'on attache maintenant à ce bouchon une tige ou une chaîne, cette tige ou cette chaîne sera en même temps mise en mouvement.

Vous vous rendez facilement compte de ce résultat.

Eh bien! vous avez compris le principe des machines à vapeur; elles consistent en effet dans des appareils, aujourd'hui peu compliqués, où la vapeur, en se développant dans l'intérieur d'un récipient, puis en s'échappant alternativement, fait aller et venir dans un tuyau, ou corps de pompe, une sorte de bouchon de métal appelé *piston*, lequel est muni d'une tige de fer disposée de manière à entraîner elle-même, dans chacun de ses mouvements, des bras de leviers ou des rouages.

Or, la puissance de la vapeur et l'impulsion qu'elle donne au piston sont telles, qu'une seule machine bien organisée et d'une dimension suffisante peut avoir autant de force que plusieurs centaines de chevaux.

La construction des machines à vapeur, qui a exercé sur les progrès de l'industrie une si grande influence, est d'origine moderne; cependant, il y a déjà fort longtemps que l'on a remarqué la force d'expansion de la vapeur.

Environ cent vingt ans avant Jésus-Christ, un mécanicien d'Alexandrie, nommé Héron, imagina un petit appareil qui fonctionnait à l'aide de la vapeur. Cette découverte ne paraît pas avoir eu de suite jusqu'au milieu du seizième siècle, où un capitaine de vaisseau, nommé *Blasco de Garay*, construisit un bâtiment qui marchait sans rame et sans voile, à l'aide de roues agitées par la vapeur d'une vaste chaudière. Il fit une expérience dans le port de Barcelone le 17 juin 1543, en présence de l'empereur Charles Quint; mais n'obtint guère qu'une vitesse d'une lieue à l'heure et l'empereur ne jugea pas ce résultat assez important pour qu'il y eût lieu d'accorder quelque encouragement à l'inventeur.

Enfin notre illustre compatriote *Denis Papin*, vers le milieu du siècle suivant, construisit une véritable machine à vapeur, et fit jouer dans un corps de pompe un piston qui mettait en mouvement l'appareil tout entier. La France malheureusement ne comprit pas tout d'abord les résultats que pouvait produire la découverte de Papin. Le savant et infortuné mathématicien mourut dans l'exil et la misère, et l'on ne sait pas même aujourd'hui l'année ni le lieu où s'éteignit ce génie méconnu. Les Anglais s'emparèrent de ses procédés, et le capitaine *Savery* fit, en 1699, les premières expériences en grand sur l'application de la vapeur aux machines.

Les appareils de Savery étaient encore fort imparfaits et d'un emploi difficile; ils reçurent d'immenses perfectionnements du célèbre *James Watt*, qui le premier les a mis véritablement à la portée de l'industrie manufacturière.

Une compagnie de riches capitalistes se forma pour fournir à l'habile ingénieur les moyens de développer ses expériences, et Watt prit l'engagement de remplacer les machines existantes sans demander d'autre émolument que le tiers des sommes qui proviendraient des économies réalisées sur les combustibles employés dans les anciennes machines.

Il obtint des résultats si considérables, que son tiers

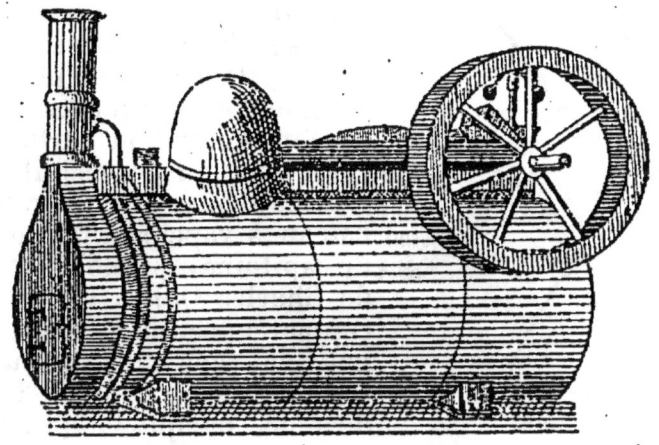

Machine à vapeur industrielle.

s'éleva sur les mines de Cornouailles, auxquelles il fournit plusieurs appareils, à environ six cent mille francs par année.

Jugez par là des avantages incalculables que, dans une grande exploitation, peut présenter l'emploi des machines à vapeur.

L'action de la vapeur a changé, pour ainsi dire, la face du monde; employée dans les grandes usines à la mise en mouvement d'immenses machines, elle a centuplé les forces de l'industrie, et multiplié indéfiniment ses produits; c'est elle encore qui, appliquée à la locomotion sur l'eau d'abord, puis sur la terre, a rapproché, au moyen des bâtiments à vapeur et des chemins de fer, les régions les plus éloignées.

Autrefois, les navires ne pouvaient se mouvoir qu'à l'aide des voiles, quand ils étaient d'une trop grande dimension pour pouvoir être conduits à la rame.

Si un bon vent pouvait donner à un bâtiment bien construit une marche rapide, le même navire devenait tout à coup immobile au milieu des mers, dès que la brise venait à tomber, et les vents contraires pouvaient le pousser malgré lui hors de sa route ou le jeter sur les écueils. Quelle n'est donc pas pour les navigateurs l'utilité d'une machine qui permet à un bâtiment de parcourir l'immensité des mers avec une grande célérité, malgré les vents, le calme ou les marées!

Tels sont aujourd'hui les navires à vapeur qui marchent par l'action d'appareils d'une force aussi grande, quoique d'un poids moindre, que les machines à vapeur employées dans nos usines, et qui, en agitant des *propulseurs* de diverses formes, poussent le plus vaste bâtiment plus rapidement encore que les rames ne font voler à la surface de l'eau le plus léger esquif.

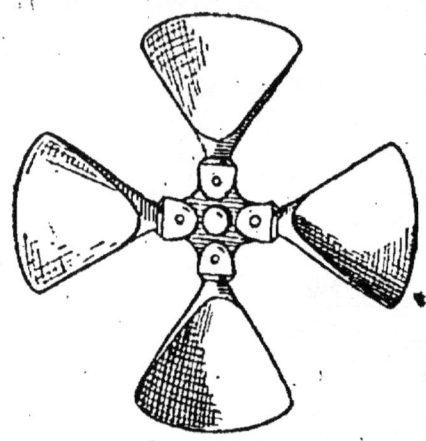

Propulseur.

Nous avons parlé du premier bateau à vapeur construit par un capitaine espagnol du temps de Charles Quint. Un de nos compatriotes, *M. Périer*, renouvela sans plus de succès cette tentative dans le siècle dernier. Quelque temps après, le marquis de *Jouffroy* établit sur la Saône un bateau à vapeur de quatre-vingt-dix pieds de long; il n'eut pas non plus d'imitateurs.

En 1803, l'Américain *Fulton* vint à Paris même construire un bateau à vapeur beaucoup mieux organisé que les précédents. Malheureusement encore, il ne reçut de notre gouvernement aucun encouragement, et retourna à New-York, où, quatre ans après, il lança, aux applaudissements de toute la population, un beau bâtiment à vapeur qui fut aussitôt employé avec le plus grand succès.

Vous savez tous que le nombre des bâtiments à vapeur s'est prodigieusement multiplié depuis cette époque, et qu'aujourd'hui ils sillonnent le monde entier.

On a établi des services réguliers entre plusieurs de nos ports et ceux de l'Amérique du Nord et du Sud, malgré l'énorme distance qui les sépare. Marseille est en correspondance régulière avec la Chine et le Japon. L'achèvement du canal de Suez, dû à la persévérance d'un Français, M. de Lesseps, a donné un immense essor à ces relations.

Depuis quelques années, on est parvenu à remplacer les roues adaptées d'abord aux navires à vapeur, et qui, situées sur les flancs du bâtiment et à la surface de l'eau, peuvent être dérangées par le choc des vagues, ou brisées à la guerre par les coups de canon; on a imaginé à cet effet un appareil nommé *hélice*, présentant à peu près l'aspect des ailes d'un moulin à vent, qui est placé sous l'eau à l'arrière du navire, entre la cale et le gouvernail, et qui en tournant par l'action de la vapeur donne à l'embarcation une impulsion rapide.

Un grand nombre de bâtiments de guerre et de commerce, construits d'après ce système, fonctionnent aujourd'hui avec un plein succès; tel est le magnifique vaisseau de 92 canons, le *Napoléon*, qui a été envoyé à la tête de l'une de nos escadres pour faire triompher dans les mers d'Orient le pavillon français. C'est aux vaisseaux et aux frégates à hélice multipliés avec une rapidité prodigieuse que dès à présent la France et l'Angleterre doivent surtout leur supériorité maritime.

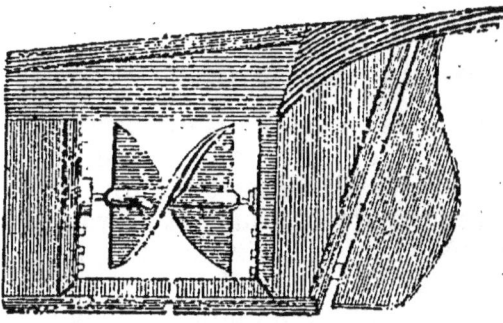

Hélice de bateau à vapeur.

EXERCICE.

Que remarque-t-on quand on fait bouillir de l'eau? — Quel aspect présente la vapeur, et que devient-elle en se refroidissant? — Occupe-t-elle plus d'espace que l'eau ordinaire? — Qu'arrive-t-il quand elle se développe dans un vase sans ouverture? — Dites-moi, par exemple, ce que deviennent des marrons encore frais, que l'on met au feu sans avoir eu la précaution de les fendre. — Que remarque-t-on quand la vapeur se forme dans un vase à couvercle mobile? — Supposez que le couvercle soit remplacé par un tuyau muni d'un piston qui puisse y aller et venir, et expliquez-moi ce qui se passera sous l'action de la vapeur. — Imaginez maintenant qu'une tige ou une chaîne soit fixée au piston. — Qu'est-ce que ces explications vous font comprendre? — Décrivez-moi la partie essentielle du mécanisme d'un appareil à vapeur. — Quelle est la force que peut avoir une telle machine? — Cette découverte a-t-elle exercé une grande influence? — A qui remonte-t-elle? — Les premiers essais réussirent-ils et eurent-ils quelque suite? — Qu'en pensa l'empereur Charles Quint? — Qui construisit le premier une véritable machine à vapeur? — Papin fut-il encouragé par son pays? — Qui s'empara de son invention? — Qui a perfectionné les appareils à vapeur? — Quels secours trouva le célèbre Watt? — Donnez une idée des avantages que ses appareils ont procurés à l'industrie. — Quel principal résultat a produit l'application de la vapeur aux moyens de transport? — Comment marchaient autrefois les navires? — A quel inconvénient capital étaient-ils exposés? — Comment les bateaux à vapeur remédient-ils à cet inconvénient? — Expliquez de quelle manière ils sont mis en mouvement. — Par qui ont-ils été imaginés? — Parlez-moi des premiers essais en ce genre. — Que fit l'Américain Fulton à Paris? — Y trouva-t-il quelque appui? — Que fit-il en Amérique? — Quel fut le succès de cette expérience? — Qu'est-il arrivé depuis cette époque? — Où a-t-on établi un service régulier de bâtiments à vapeur? — Quel inconvénient présentent les roues extérieures des bateaux? — Par quel appareil les a-t-on remplacées?

Les chemins de fer.

Vous avez sans doute vu, mes chers amis, sur une route bien alignée et garnie de longues raies de fer en guise d'ornières, une machine roulante s'avancer avec une rapidité extrême, vomissant des torrents de fumée et de vapeur, et traînant après elle huit, dix, douze grandes voitures accrochées l'une à l'autre, et dont chacune peut contenir une quarantaine de voyageurs.

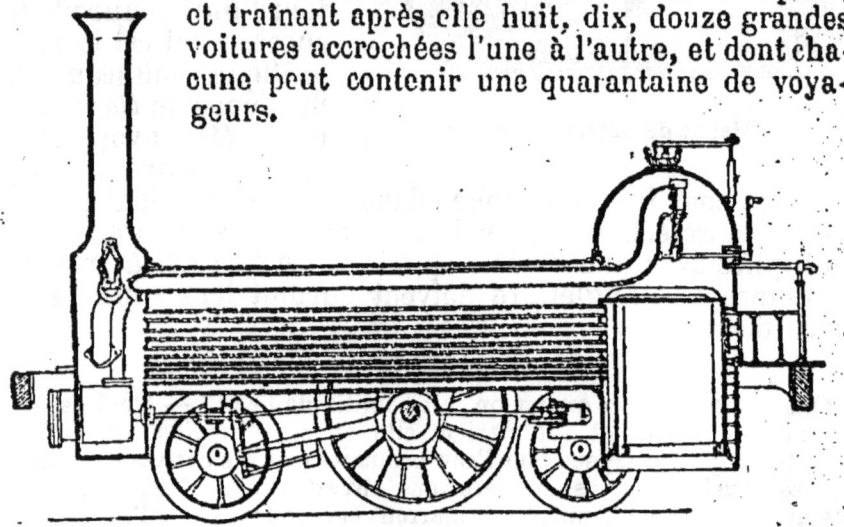

Locomotive.

Cette machine est une *locomotive* à vapeur; les grandes voitures se nomment des *vagons*, et la route qu'elles parcourent est un *chemin de fer*.

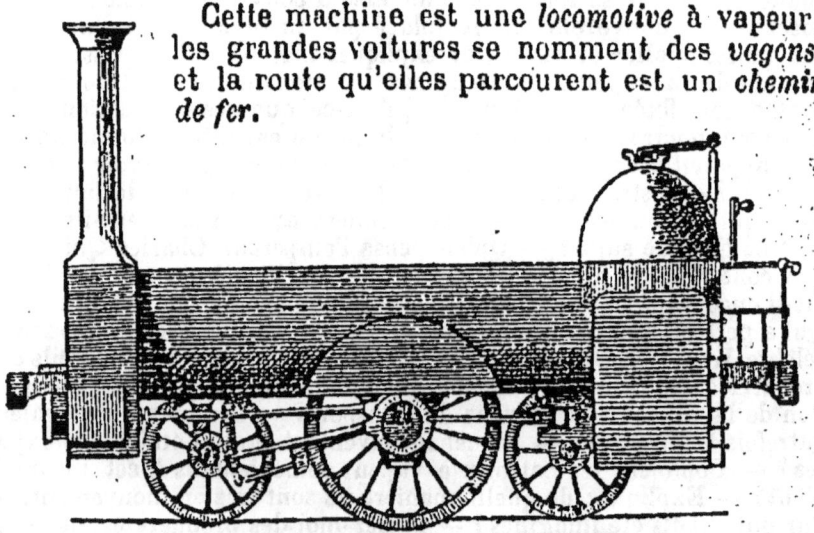

Coupe verticale d'une locomotive.

C'est là une des plus utiles et des plus étonnantes applications de la merveilleuse invention des machines à vapeur, dont nous nous sommes entretenus tout récemment.

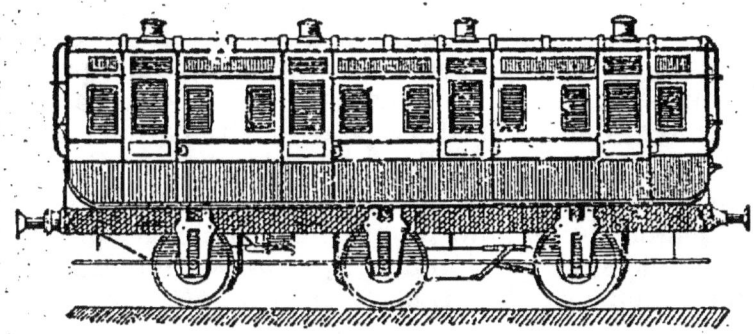

Vagon.

Vous savez que quand les voitures roulent sur les chemins ordinaires, les chevaux ont d'autant moins de peine et avancent d'autant plus vite que la route est plus unie et que les roues rencontrent moins d'inégalités sur le sol.

Pour faire disparaître les obstacles que présentent tantôt les pavés inégaux et les cailloux mal écrasés, tantôt le gravier et la boue, tantôt le sable qui s'enfonce sous les pas, les Anglais ont imaginé, vers l'année 1767, de disposer sur les routes, à l'endroit des ornières, des barres de fer appelées *rails*, sur lesquelles les roues, taillées en creux ou en rainures sur leur contour, pourraient rouler facilement.

Cette disposition, qui permettait de faire traîner par un cheval une charge beaucoup plus considérable que sur les routes ordinaires, occasionnait trop de dépenses, eu égard aux résultats qu'on pouvait en attendre, pour être adoptée généralement.

Mais elle devint tout à coup d'une extrême utilité et d'une immense importance, quand on eut trouvé le moyen d'employer la vapeur à faire agir des machines et tourner des roues. On ne tarda pas à essayer pour les voitures ce qui avait si bien réussi pour les bateaux; on fabriqua des véhicules dont les roues étaient mises en mouvement par une machine à vapeur qui, sans être d'un poids trop considérable, était néanmoins assez puissante non seulement pour faire marcher la voiture où elle était portée, mais pour en entraîner ou *remorquer* un grand nombre d'autres.

Placée sur les *rails* d'un chemin de fer, une semblable machine, qui s'appelle comme nous l'avons dit, *locomotive*, produit des effets prodigieux; elle emporte à elle seule, avec une vitesse de trente-cinq à quarante kilomètres, et plus encore, à l'heure, ce que cinq cents chevaux ne traîneraient pas sur une route ordinaire, en faisant par heure huit ou dix kilomètres. Grâce aux chemins de fer, le voyageur de Paris en Belgique peut, en dix heures, faire un trajet qu'autrefois il aurait accompli à peine en deux jours.

Concevez-vous quelle admirable économie et de temps et d'argent! quel avantage pour le commerce de faire parvenir en quelques heures les marchandises qu'un long trajet eût pu détériorer! quelles facilités pour tous ceux que leurs affaires ou leurs plaisirs appellent dans des régions éloignées, et qui n'ont à consacrer à un voyage que de courts loisirs!

Les chemins de fer, qui rapprochent toutes les provinces de chaque pays, et qui joindront peu à peu toutes les contrées d'un même continent, semblent destinés par la Providence à faire comprendre à tous les peuples, qu'au lieu de se faire la guerre et de se nuire les uns aux autres, ils doivent s'unir par les liens d'une amitié réciproque, et se prêter, pour leur commun avantage, un mutuel et constant appui.

Si les chemins de fer présentent une immense utilité, ils sont aussi d'une construction à la fois difficile et dispendieuse.

Les rails, sur lesquels tournent les roues des vagons et des locomotives, et qui doivent régner sans interruption tout le long de la route à parcourir, emploient une énorme quantité de fer; il faut en outre les poser, à l'aide de *coussinets* de fer, sur des traverses en chêne solidement fixées dans le sol, pour qu'ils ne soient pas exposés à s'enfoncer au passage des *trains* ou convois.

Chaque route doit être garnie au moins de deux paires de rails, formant deux voies distinctes; car vous comprenez facilement qu'une locomotive engagée, ainsi que tous les vagons qui la suivent, sur des rails où les roues sont comme emboîtées par une rainure, ne pourrait se déplacer pour livrer passage à un train qui arriverait en sens opposé sur les mêmes rails.

C'est pourquoi on a le plus grand soin de réserver, sur tous les chemins de fer, une voie pour l'aller et une voie pour le retour, afin d'éviter la rencontre de deux trains, rencontre qui causerait de terribles accidents.

On est parvenu aujourd'hui à établir des chemins de fer sur les montagnes mêmes. On gravit ainsi avec des trains allégés jusqu'au sommet du Righi, haute montagne de la Suisse, près du lac des Quatre-Cantons; les voyageurs ont pu pendant quelques années franchir rapidement les Alpes, au moyen du petit chemin de fer, *système Fell*, qui côtoyait la route ordinaire du mont Cenis, avant l'ouverture du fameux tunnel de ce nom. Mais ces systèmes sont inapplicables pour les grands trains et les grands mouvements de marchandises. Ceux-ci demandent qu'on se rapproche le plus possible de la voie horizontale.

Il est indispensable, pour que les locomotives ne glissent pas en reculant sur les rails, ou ne se précipitent pas en avant avec une trop grande vitesse, d'éviter sur la voie de fer les pentes trop considérables : de là la nécessité de travaux de terrassement et de constructions quelquefois gigantesques.

Quand une montagne se trouve sur la ligne à parcourir et qu'on ne peut la tourner, il faut y creuser un passage souterrain que l'on nomme *tunnel*. Plusieurs de nos chemins de fer traversent des tunnels de plus d'un kilomètre.

La France et l'Italie ont construit (et terminé en décembre 1870) à travers les Alpes le *tunnel du mont Cenis*, magnifique galerie souterraine de 12,849 mètres de longueur, dont la traversée dure vingt-cinq minutes et dont les frais de construction se sont élevés à 75 millions de francs. C'est une œuvre grandiose, mais que sera-ce à comparer au *tunnel sous-marin de la Tamise*, que les gouvernements de France et d'Angleterre font étudier en ce moment et dont la réalisation paraît assurée ?

Si le tracé de la voie rencontre une vallée, au lieu d'une montagne, il faut la combler par un terre-plein, ou mieux, établir un pont ou *viaduc*, qui permette de la franchir, quelquefois à une grande hauteur au-dessus du sol. Il existe sur la route de Rouen au Havre, près de Barentin, un viaduc considérable. La vallée de Fleury, sur le chemin de Paris à Versailles (rive gauche), est traversée par un pont de ce genre, dont les hardis piliers et les hautes arcades sont de l'aspect le plus pittoresque. Le pont viaduc du *Point-du-Jour*, à Paris, n'est pas moins remarquable.

L'Angleterre nous a précédés dans la construction des chemins de fer. Depuis plusieurs années déjà, elle jouissait de ces admirables voies de communication, lorsque nous ouvrîmes enfin de 1830 à 1832, notre chemin de fer de Lyon à Saint-Étienne, d'une longueur de cinquante-six kilomètres. Le chemin de fer de Paris à Saint-Germain a été construit ensuite avec des perfectionnements très notables. Puis, d'autres lignes bien plus étendues furent entreprises de tous côtés. Aujourd'hui, on peut dire que la France possède son grand réseau de chemins de fer complet. On n'a plus qu'à se préoccuper des lignes secondaires et de raccordement. L'Algérie a été aussi dotée de voies ferrées. Alger communique avec Oran ; Constantine avec la mer par Philippeville et par Bone. On travaille à la ligne directe qui réunira Alger à Constantine. Des concessions complémentaires sont accordées ou préparées pour prolonger la ligne entière de Tunis au Maroc.

L'Europe entière est sillonnée par les chemins de fer; ils sont surtout multipliés en Angleterre et en Belgique comme aux États-Unis d'Amérique; ils commencent à s'établir en Asie. Il en existe pour un petit parcours à Smyrne; le Caire est ainsi rattaché à Suez, à Port-Saïd et à Alexandrie. Les États-Unis ont des trains admirablement pourvus de salles de lecture, de restaurants et de lits de repos, dont les trajets durent plusieurs jours. Nous avons en Europe des wagons-salons et des coupés avec lits admirablement aménagés.

L'emploi de la vapeur, comme moyen de transport sur les chemins de fer, offre, ainsi que nous l'avons vu, d'inappréciables avantages, mais présente aussi de graves dangers, et exige de très fortes dépenses; on a cherché à y substituer un moteur non moins énergique, qui fût exempt des inconvénients qui peuvent résulter de la circulation d'une locomotive remplie de matières embrasées, employant une grande quantité de combustible, et exposée à éclater par l'imprudence du mécanicien.

On sait depuis longtemps que l'air que nous respirons a un poids considérable (voir la lecture sur les baromètres); et que lorsqu'on parvient à l'extraire du récipient où l'on a *fait le vide*, comme on dit en physique, il en presse les parois avec une grande force, agissant exactement en sens inverse de la vapeur qui fait effort pour rentrer dans le vase où on a fait le vide. De là, un moyen facile, en faisant le vide dans un tuyau garni d'un piston mobile, de mettre le piston en mouvement par la pression de l'air extérieur.

Tel est le principe de la construction de ce que l'on appelle un chemin de fer *atmosphérique*.

Ce système pratiqué depuis plusieurs années en Angleterre, a été essayé pendant quelque temps sur une section du chemin de fer de Paris à Saint-Germain.

Un tuyau fut établi tout le long de la voie depuis la place du château de Saint-Germain jusqu'au milieu du bois du Vésinet, et une machine y faisait le vide pour faire circuler un piston qui entraînait les wagons auxquels il était attaché par une chaîne.

Telle est la force avec laquelle l'air extérieur pousse le piston qui se meut dans un pareil tube, que, sur ce chemin atmosphérique de Saint-Germain, il faisait gravir aux trains de wagons une pente considérable, ce qui est fort difficile avec les procédés ordinaires.

Ce système exige malheureusement des frais d'établissement trop onéreux pour qu'il puisse être généralement adopté; on l'a supprimé à Saint-Germain, et l'on parvient

vec l'aide de machines d'une grande puissance à remonter
a pente.

EXERCICE.

Avez-vous vu passer des trains de voitures sur un chemin de fer? — Comment appelle-t-on la machine qui traîne les voitures? — Comment nomme-t-on ces voitures? — Qu'est-ce qui rend la marche des voitures difficile sur les chemins ordinaires? — Qu'a-t-on imaginé en Angleterre pour faire disparaître ces obstacles? — Q'appelle-t-on *rail*? Cette disposition par elle seule avait-elle assez d'avantages pour être généralement adoptée? — Qu'est-ce qui lui a donné une grande importance? — Dites-moi quels sont les effets d'une locomotive placée sur les rails d'un chemin de fer. — Comparez cette manière de voyager au mode ordinaire. — Quels avantages présente-t-elle? — Que semble-t-elle appelée à produire dans les desseins de la Providence? — Parlez-moi de la construction des chemins de fer. — Comment sont posés les rails? — Combien faut-il nécessairement de paires de rails sur un chemin de fer? — Pourquoi une seule paire ne suffirait-elle pas? — A quel danger serait-on exposé? — Les voies de fer peuvent-elles recevoir des pentes considérables? — Que faut-il faire pour éviter les pentes? — Comment opère-t-on quand on rencontre une montagne? — Comment appelle-t-on ces passages souterrains? — Comment s'y prend-on pour faire traverser une vallée par un chemin de fer? — Comment appelle-t-on les ponts que l'on y établit? — Parlez-moi de quelques viaducs construits en France. — Quel est le pays qui a le premier construit des chemins de fer? — Quel est le chemin de fer qui a été le premier ouvert en France? — Parlez-moi des principales voies livrées aujourd'hui à la circulation. — Quel est le pays du monde qui en a le plus? — Quels inconvénients présente l'emploi des locomotives? — Comment a-t-on cherché à y remédier? — Quelle est la propriété de l'air de laquelle on a cherché à se servir? — Comment nomme-t-on les chemins de fer auxquels on applique ce système? — Indiquez-moi comment on dispose l'appareil qui met les voitures en mouvement. — Y a-t-il en France un chemin de fer auquel ce système soit appliqué? — Quel avantage présente-t-il? — Qu'est-ce qui empêche que ce système ne soit généralement adopté?

Le papyrus, le parchemin et le papier.

Aujourd'hui que vous avez si facilement à votre disposition du papier, des plumes et de l'encre, vous ne vous doutez guère, mes chers amis, des difficultés que les anciens éprouvaient pour écrire, privés qu'ils étaient de ces matières si commodes, et qui nous paraissent indispensables. On a écrit sur des peaux de quadrupède, sur des peaux de poisson, sur du linge, de la soie, des feuilles, de l'écorce; les Grecs et les Romains employaient souvent des tables de pierre ou de métal pour graver les actes importants; les Égyptiens sculptaient sur les murailles de leurs temples et sur leurs obélisques, des caractères symboliques qu'on appelle *hiéroglyphes* (écriture sacrée). Les deux substances le plus universellement adoptées, avant le papier de chiffon, étaient le *papyrus* ou papier d'Égypte, et le *parchemin*.

Le papyrus est une espèce de roseau ou plutôt de jonc, de la grosseur du bras, dont la tige s'élève à la hauteur de deux à trois mètres, en se rétrécissant à sa partie supérieure; elle se termine par une ombelle d'un aspect fort élégant. On trouve le papyrus en Sicile, en Syrie, et principalement en Égypte, sur les bords du Nil.

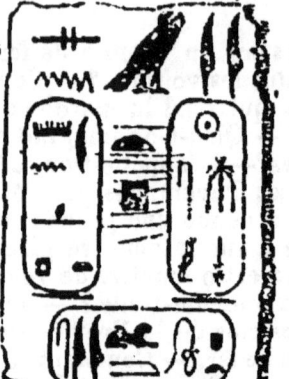

Papyrus et hiéroglyphes.

C'était sur la moelle du jonc, divisée en minces bandes agglutinées l'une à l'autre, que les anciens écrivaient le plus ordinairement. Les propriétés du papyrus furent connues bien avant l'époque d'Alexandre le Grand; suivant quelques auteurs, dès la guerre de Troie, l'usage du *papyrus d'Égypte* était général.

Parmi les papyrus conservés à Paris dans les Archives, on peut citer deux testaments, l'un d'une dame Ermentrude, l'autre d'un seigneur français et un diplôme de Clovis II, fils de Dagobert, de l'an 653, où se trouve la signature autographe de saint Éloi. Chacun de ces actes est à peu près d'un mètre et demi de hauteur.

La Bibliothèque nationale possède des papyrus d'une dimension au moins égale; aussi ne doit-on pas douter que cette substance n'ait été d'un emploi très fréquent pour les actes d'une certaine étendue.

Eumène, roi de Pergame, a été cité comme l'inventeur du *parchemin*, ou peau de mouton préparée en feuilles minces et solides; il paraît cependant probable que l'usage d'écrire sur la peau de mouton remonte à une plus haute antiquité, et qu'on a seulement perfectionné sous ce prince la manière de le préparer.

On a écrit sur parchemin, pendant le moyen âge, des actes de toute espèce. Souvent, quand l'étendue de ces actes ne permettait pas de les écrire sur une seule feuille, on formait, en cousant plusieurs peaux, des rouleaux qui atteignaient une dimension prodigieuse. On voit aux Archives un rouleau de plus de vingt-trois mètres de longueur, qui contient la principale pièce du célèbre procès des Templiers.

Le parchemin, du reste, a toujours été rare. De là cette funeste habitude de racler d'anciens manuscrits et d'anciens titres pour y tracer une écriture nouvelle. La science et la littérature ont fait, dans l'antiquité et au moyen âge, par suite de ce procédé, des pertes à jamais regrettables.

Un pareil danger n'est plus à craindre depuis que l'invention du *papier de chiffon* a multiplié à l'infini les matières destinées à recevoir l'écriture.

L'invention de ce papier paraît remonter au treizième siècle ; mais il ne fut d'un usage ordinaire que dans le courant du siècle suivant. Le plus ancien titre écrit sur cette substance est une lettre de Joinville à saint Louis.

Vous savez peut-être déjà que le papier se fait avec de vieux chiffons, dont la recherche est l'objet d'un commerce fort étendu. Les uns sont des débris noirs et sales, ramassés au coin des bornes par le crochet d'un chiffonnier ; la plupart sont des lambeaux de toile usée, mis de côté par les ménagères économes.

Les vieux chiffons ont reçu généralement un premier nettoyage avant d'arriver à la papeterie. Là, on les soumet d'abord au *triage*. Cette opération a pour objet de séparer les chiffons en plusieurs lots, en ayant égard à la finesse des tissus, et au degré de fatigue qu'un usage plus ou moins long leur a fait éprouver. Chacun de ces lots est destiné à produire une qualité différente de papier.

Après ce premier triage, on reprend les chiffons, on ôte les boutons, les agrafes, les coutures, et l'on découpe les grands morceaux en plusieurs parcelles.

On soumettait autrefois les chiffons ainsi triés au *pourrissage*, pour amollir et attendrir les substances. Beaucoup de fabricants remplacent le pourrissage par une opération qui consiste à faire bouillir, pendant dix ou douze heures, les chiffons dans de grands cuviers bien fermés, où ils baignent dans une eau de forte lessive ; on les lave ensuite à grande eau pour enlever les impuretés.

Lessiveur.

On commence alors à réduire les chiffons en pâte au moyen du *défilage* ; on les jette à cet effet dans une cuve à double fond, où l'eau se renouvelle constamment. Dans un des compartiments est un cylindre en bois muni de lames d'acier, et au fond de la cuve, précisément au-dessous du cylindre, se trouvent d'autres lames tournées en sens opposé. Les chiffons, entraînés par le courant que le cylindre en tournant détermine dans l'eau de la cuve, viennent se déchirer entre les lames que l'on rapproche insensiblement, pour transformer les chiffons en fragments d'abord, puis en pâte de plus en plus fine. Cette opération se remplace en

essiveur sphérique.

divers lieux par le *pétrissage* à l'aide de maillets que fait mouvoir un moulin.

Il s'agit maintenant de blanchir les matières ainsi préparées; on y parvient en faisant pénétrer dans une boîte hermétiquement fermée, où l'on a introduit la pâte, un courant de gaz appelé *chlore*, qui la décolore complètement.

Après cette série d'opérations préliminaires, commence la fabrication du papier lui-même.

Autrefois on le fabriquait *à la main*, par un procédé qui n'est plus employé aujourd'hui que pour certains papiers d'une nature particulière.

On étendait la pâte, après l'avoir délayée, sur un tissu serré de fil de laiton, à travers lequel s'écoulait l'eau dont elle était imprégnée ; puis, on la faisait passer sur un feutre, contre lequel elle était pressée fortement et achevait de s'égoutter.

Le papier avait acquis alors assez de consistance pour qu'on pût le suspendre en feuilles dans une vaste salle appelée *étendoir*, afin de le faire sécher entièrement.

A ce procédé lent et dispendieux est substituée partout aujourd'hui la fabrication *à la mécanique*, beaucoup plus expéditive, qui, au lieu de feuilles de papier distinctes, produit une feuille d'une longueur indéfinie.

Voici en peu de mots la description de l'appareil employé pour cette fabrication.

En tête de la machine est une grande cuve où l'on met la pâte blanche et délayée ; un arbre garni de bras agite cette pâte, afin qu'elle soit répandue également dans toute la masse liquide. On la fait parvenir sur une toile métallique *sans fin*, disposée sur deux cylindres qui, en tournant, la mettent en mouvement ; l'eau s'écoule à travers les mailles de la toile métallique, et il se forme sur cette toile une feuille humide et épaisse qui se trouve entraînée sous un rouleau garni de feutre qui lui donne quelque consistance ; de là, elle passe sur un drap qui la conduit sous une sorte de presse, où elle acquiert en s'amincissant la solidité convenable. La feuille avançant toujours est mise en contact avec de gros cylindres creux chauffés à la vapeur, qui la dessèchent en peu d'instants, et elle vient enfin s'enrouler au bout de la machine sur un tambour. C'est un spectacle vraiment digne d'admiration que de voir la même substance, qui n'est à l'extrémité de l'appareil qu'une bouillie liquide, arriver, par degrés insensibles et sans solution de continuité, à l'autre extrémité de la machine sous forme de papier achevé. Il ne reste plus qu'à couper la longue feuille enroulée autour du tambour en feuilles séparées, que l'on empile en cahiers d'égale dimension, ce qu'on appelle *mettre en rames*.

Le papier ainsi fabriqué est d'un tissu poreux qui absorbe ou *boit* immédiatement les substances liquides avec lesquelles il est mis en contact. Cette propriété est avantageuse pour la typographie et la lithographie, qui emploient une encre trop grasse et trop épaisse pour qu'elle se répande dans le papier ; mais il est impossible d'écrire sur les feuilles laissées dans un tel état avec l'encre ordinaire. Pour empêcher que le papier ne boive, il est nécessaire de le soumettre à l'opération du *collage* ; elle s'exécute à l'aide d'une colle très claire faite de rognures de peaux ou d'une matière résineuse, que l'on mêle à la pâte et qui donne au papier plus de consistance.

On obtient du papier glacé ou satiné, en laminant les feuilles entre deux cylindres de fer bien unis.

Il y a un papier transparent, plus mince et plus léger que le papier ordinaire, et qu'on désigne sous le nom de *papier végétal* ou de *papier à calquer*. Les chiffons seraient trop grossiers pour entrer dans sa composition; on n'y emploie que la filasse de chanvre ou de lin.

Le papier dont on fait les billets de banque est fabriqué de la même manière; mais on ne lui donne pas le même degré de transparence.

Les papiers coloriés se font comme tous les autres; seulement, on donne à la pâte la teinte désirée avant de l'étendre en feuilles.

Les Chinois semblent connaître depuis un temps immémorial l'art de la fabrication du papier. Dans certaines provinces de leur vaste empire, on se sert de chiffons de linge comme en Europe; dans d'autres, on emploie le jeune bambou, le mûrier, la peau qu'on trouve dans les cocons de vers à soie, et les membranes d'un arbre inconnu dans notre hémisphère, et nommé en Chine *chu-chu*.

Le papier de Chine n'est pas aussi beau que notre papier de première qualité. Il est moins blanc, plus mince et plus cassant; mais en revanche il est très doux, très soyeux, et parfaitement lisse d'un côté. C'est ce qui fait qu'on le recherche beaucoup pour la gravure et la lithographie.

On emploie en Europe pour la fabrication des papiers diverses substances végétales dont la plus importante est l'*alfa* d'Algérie. C'est une plante de la famille des graminées, qui se présente en touffes chevelues reposant sur une souche unique et vivace, très près du sol et dont l'ensemble a un mètre à peu près de hauteur. Les tiges étroites et dures prennent la forme cylindrique du jonc, vers la maturité. Les fibres qu'elles renferment, tenaces et souples, après avoir été longtemps employées seulement pour les travaux de sparterie, sont aujourd'hui recherchées par les fabricants de papier que préoccupaient la rareté et la cherté des chiffons. C'est un produit nouveau qui vient s'ajouter aux ressources de notre colonie africaine. L'alfa croît en effet sans culture, sur d'immenses espaces dans le sud de la province d'Oran, et il s'en fait déjà une si grande exportation en France et en Angleterre, qu'il est question de construire un chemin de fer pour le transport des ballots de l'intérieur du pays sur la côte où on les embarque.

EXERCICE.

Les anciens connaissaient-ils l'usage de notre papier? — Comment pouvaient-ils écrire? — De quelles matières se servaient-ils? — Sur quoi écrivaient les Égyptiens? — Quelles étaient les substances employées le plus généralement? — Qu'est-ce que le papyrus? — Où croît la plante que l'on appelle ainsi? — A quelle époque a-t-on commencé à s'en servir pour écrire? — Comment préparait-on le papyrus? — Parlez-moi de quelques papyrus conservés à Paris. — Qu'est-ce que le parchemin? — Qui est considéré comme l'ayant inventé? — A quoi employait-on le parchemin? — Comment se procurait-on de très grandes feuilles ou rouleaux? — Quel est le plus grand rouleau que nous possédions en France? — Quel fâcheux usage est résulté de la rareté et de la cherté du parchemin? — Cet inconvénient existe-t-il encore aujourd'hui? — Quand l'usage du papier ordinaire a-t-il commencé à s'introduire? — Avec quoi se prépare le papier? — Que fait-on des vieux chiffons qui y sont destinés? — Qu'est-ce que le triage des chiffons? — Comment adoucit-on et attendrit-on ces tissus? — A quelle opération les soumet-on ensuite? — Comment les réduit-on en pâte? — Comment blanchit-on la pâte? — Sur quoi étend-on la pâte? — A quoi sert le feutre? — Comment fait-on sécher le papier à la main? — Comment le fait-on sécher à la mécanique? — Qu'est-ce que mettre le papier en rames? — Quelle est la propriété du papier ainsi fabriqué? — A quoi est-elle avantageuse? — Quel inconvénient présente-t-elle? — Qu'est-ce que le collage du papier? — Qu'est-ce que le papier appelé *végétal*? — Avec quoi fabrique-t-on les billets de banque? — Comment fait-on les papiers coloriés? — Comment se fabrique le papier de Chine? — Quelles sont ses propriétés? — Qu'est-ce que l'alfa? — Où croît cette plante?

L'imprimerie, la gravure, la lithographie.

I

L'imprimerie, qui est peut-être la plus importante de toutes les découvertes des temps modernes, a été inventée au milieu du quinzième siècle. *Jean Gutemberg*[1], de Mayence, établi à Strasbourg vers 1438, imagina de sculpter en relief, sur des planches en chêne, des caractères d'écriture, qu'il couvrait ensuite d'une encre grasse et noire, et qu'il reproduisait à un grand nombre d'exemplaires sur des feuilles de papier appliquées et pressées successivement contre ces planches.

Mais c'était un procédé extrêmement lent et dispendieux; il fallait, pour imprimer un seul ouvrage, sculpter autant de planches qu'il y avait de pages, et les caractères, promptement usés, mettaient aussitôt les planches hors de service.

Pour parer à ces divers inconvénients, Jean Gutenberg sculpta en bois des caractères séparés et mobiles qu'il plaça à côté les uns des autres, en les enfilant comme les grains d'un chapelet; il pouvait ainsi, en les serrant convenablement pour les mettre en page, les reproduire à plusieurs exemplaires, puis les séparer et les replacer dans un nouvel ordre pour composer la page suivante. Tel fut à son origine l'art de l'imprimerie.

(1) Les Hollandais prétendent que l'imprimerie a été inventée en 1430, à Harlem, par Janszoon Coster.

Ces essais avaient épuisé toutes les ressources de Gutenberg; il quitta Strasbourg et retourna, vers 1444, dans sa ville natale, où il s'associa avec un orfèvre nommé *Fust* qui lui fournit de l'argent et le mit en position de recommencer ses expériences. Ils imaginèrent de remplacer les caractères de bois, qui se détérioraient trop vite, par des lettres sculptées en métal; enfin, un de leurs ouvriers, nommé *Schœffer*, compléta leur découverte en trouvant le moyen de jeter en fonte, et par conséquent, de fabriquer par milliers les caractères que jusqu'alors il fallait tailler un à un.

La Bible fut le premier livre qui sortit des presses des trois associés.

Cette invention fit aussitôt grand bruit dans le monde. Les docteurs de la Sorbonne appelèrent à Paris, en 1469, trois imprimeurs de Mayence, qui avaient travaillé chez Fust. Ils reçurent un logement dans le collège même de la Sorbonne, et y formèrent leur premier établissement.

Les merveilles de cet art nouveau frappèrent d'étonnement les habitants de Paris. Le peuple, le Parlement lui-même, accusèrent de sorcellerie les imprimeurs, qui se virent menacés d'une condamnation terrible; mais le roi Louis XI les prit hautement sous sa protection, fit taire ces déclamations insensées, et favorisa de tout son pouvoir les progrès de leur admirable industrie.

Un siècle après, l'invention de Gutenberg était florissante en France, et François Ier fondait l'imprimerie royale. C'était alors que le célèbre *Robert Estienne* publiait des éditions ma-

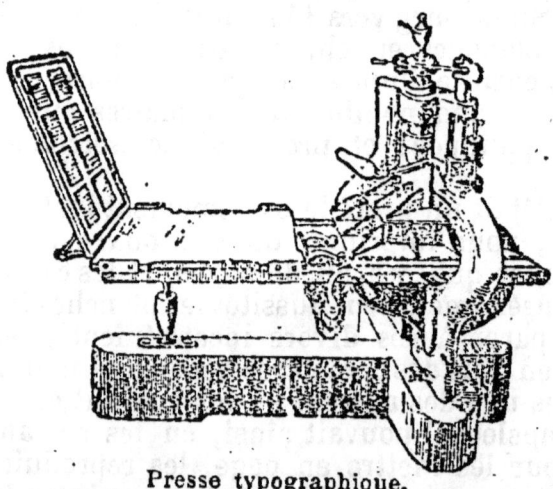

Presse typographique.

gnifiques des auteurs anciens, et que, pour arriver à une correction et à une exactitude parfaites, il exposait les épreuves à la porte de son établissement, offrant un sol parisis par chaque faute qu'on parviendrait à y découvrir.

L'art de l'imprimerie acquit peu à peu un grand degré de perfection; de nos jours, l'emploi des machines a prodigieusement accéléré la rapidité de l'impression. Une des innovations les plus importantes est la *stéréotypie*, qui permet de conserver, sous une forme immobile et solide, les pages composées d'abord en caractères mobiles, et exposées par conséquent à être dérangées par quelque accident; on a imaginé à cet effet plusieurs procédés. Voici le plus usuel, que l'on nomme *cliché* :

On compose les pages avec des caractères ordinaires. Au lieu de les couvrir d'encre, on en prend l'empreinte avec un plâtre excessivement fin, où ils se trouvent reproduits en creux; on verse dans le moule de plâtre ainsi obtenu du métal fondu qui, en se durcissant, reproduit en relief les caractères primitifs. On a, par ce moyen, des pages parfaitement solides, et qui peuvent se conserver indéfiniment sans courir le risque d'être altérées.

On se sert aussi de clichés cuivrés par le moyen de la *galvanoplastie* (1), ce qui leur donne beaucoup de solidité, et permet d'en obtenir un nombre bien plus considérable d'exemplaires.

Je ne peux vous entretenir de l'imprimerie sans vous parler aussi de deux arts qui ont beaucoup d'analogie avec elle, la gravure et la lithographie, qui servent en général à reproduire les estampes qui nous rappellent les chefs-d'œuvre des grands artistes, et nous dédommagent un peu de ne pouvoir jouir des originaux.

II

La *gravure* consiste à tracer sur une planche de bois ou de métal des lignes en relief, ou plus ordinairement en creux, que l'on enduit d'une encre analogue à l'encre d'imprimerie; de telle sorte que les traits dessinés sur la planche se reproduisent quand on presse contre celle-ci une feuille de papier préparée pour cet usage.

La gravure sur bois a été inventée en Italie, vers 1380; la gravure sur cuivre, vers 1460, à Florence, par l'orfèvre Finiguerra.

La gravure sur métal est beaucoup plus nette et beaucoup plus fine que la gravure sur bois; elle s'exécute par différents procédés. Je vais vous donner l'idée de l'un des plus simples et des plus habituellement employés.

Le graveur prend une feuille de cuivre ou d'acier, la fait chauffer légèrement, y étend, à l'aide de la chaleur, une

(1) Art qui consiste à précipiter, par l'action d'un courant galvanique, un métal en dissolution dans un liquide sur une matière quelconque.

couche d'enduit ou de vernis noirâtre, composé de cire, d'huile de lin et de noir de fumée. Il calque, au moyen d'un papier transparent, le dessin qu'il veut reproduire ; puis, il applique sur la plaque noircie ce papier, après l'avoir rougi en dessous avec une poudre appelée *sanguine*; il passe ensuite une pointe mousse sur tous les traits, qui se marquent en rouge, et se *décalquent* sur le vernis noir.

Quand cette opération est terminée, il ôte le papier, et, promenant sur les traits ainsi obtenus une pointe d'acier très aiguë, qu'on nomme *burin*, il enlève la cire et met à nu le métal partout où la pointe a passé.

Il faut alors verser sur la plaque après l'avoir entourée d'un petit rebord de cire, de l'eau forte qui, n'ayant pas prise sur les corps gras, respecte le vernis, mais creuse le métal dans tous les endroits où le burin l'a découvert, et trace profondément les lignes sur la plaque. Quand l'eau forte a suffisamment *mordu*, comme disent les graveurs, on essuie la plaque en la chauffant pour la faire fondre et couler le vernis. Il ne reste plus, pour terminer la planche qu'à achever, à compléter, à adoucir, à l'aide du burin, les traits marqués par l'action corrosive de l'eau forte.

On étend enfin sur la planche de l'encre d'imprimerie, et on l'essuie parfaitement. L'encre reste dans les entailles, et il suffit pour reproduire le dessin, de presser contre le métal une feuille de papier légèrement humide.

III

Vous savez quelles belles estampes on obtient à l'aide de la gravure; mais elles sont toujours d'un prix assez élevé, parce que la préparation de la planche est une opération fort longue et fort difficile. Un art d'invention récente a mis les images à la portée de tout le monde en fournissant un moyen beaucoup plus simple de les multiplier; je veux parler de la *lithographie*.

Il y a environ soixante ans, un pauvre auteur de Munich, nommé *Senefelder*, n'ayant pas de quoi faire imprimer ses ouvrages, chercha le moyen de les imprimer lui-même ; il eut l'idée de les écrire au rebours sur des plaques de métal, puis sur des pierres polies, avec une encre grasse de sa composition. Après avoir tracé les caractères, il versait sur la pierre de l'eau forte, qui en entamait partout la surface sans attaquer l'écriture; il obtenait ainsi des lettres gravées en relief, qu'il enduisait d'encre à volonté et qu'il reproduisait sur le papier au moyen d'une presse.

Bientôt, il trouva qu'il n'était pas nécessaire que les lettres fissent saillie pour les enduire d'encre, sans noircir en même temps le reste de la pierre. Il suffisait pour cela, après avoir tracé les caractères, de mouiller la pierre; l'eau, qui ne se mêle jamais avec la graisse, empêchait l'encre grasse de s'attacher nulle part ailleurs qu'aux endroits où les caractères avaient été primitivement tracés. Tel est le procédé qui constitue aujourd'hui la lithographie.

On dessine ou l'on écrit sur une pierre calcaire parfaitement lisse avec un crayon gras; on mouille ensuite la pierre avec de l'eau qui s'infiltre partout où le crayon n'a point passé, et on appuie sur la surface un rouleau noirci avec de l'encre d'imprimerie, qui ne se dépose que sur les traits et respecte tous les endroits imbibés d'eau. Enfin on met sous presse, et l'on tire un grand nombre d'exemplaires, en ayant soin de mouiller de temps en temps la pierre et d'y passer le rouleau chargé d'encre pour raviver les traits.

Malgré son utilité évidente, la découverte de Senefelder a été négligée pendant plusieurs années; il fit de malheureuses expériences à Vienne, à Londres, à Paris. Enfin un professeur de dessin mit en vogue son procédé dans la ville même où il avait été inventé, et Senefelder fut nommé, à Munich, directeur d'une lithographie royale.

Cet art a été introduit en France, en 1816, par MM. *de Lasteyrie* et *Engelmann*; il s'y est perfectionné promptement, et aujourd'hui, la lithographie reproduit à peu de frais un nombre infini d'estampes charmantes; quoique moins nettes que les gravures. On est même parvenu, en se servant, pour un même sujet, de plusieurs pierres différentes, à obtenir des dessins parfaitement coloriés, qui imitent à s'y méprendre les aquarelles de nos habiles artistes : c'est ce que l'on appelle la *chromolithographie*.

La lithographie, employée principalement par les dessinateurs, sert cependant aussi, comme à son origine, à reproduire l'écriture; mais il faut, pour que les caractères se trouvent marqués sur le papier dans leur sens naturel, qu'ils soient renversés sur la pierre. Pour épargner au lithographe la lenteur et la difficulté de l'écriture à rebours, on écrit comme à l'ordinaire sur un papier préparé a cet effet; puis on décalque sur la pierre les caractères qui y sont tracés et qui se trouvent ainsi retournés. Ce procédé se nomme *autographie*. Il rend, en quelques circonstances, des services pareils à ceux qu'on obtient de l'imprimerie; mais il est bien loin de présenter les mêmes avantages pour une impression un peu étendue.

Quelques secours qu'aient donnés aux arts la gravure et la lithographie, leur importance n'approche pas de celle de la grande invention dont je vous ai parlé d'abord. On peut dire que de toutes les découvertes de l'esprit humain, il n'en est pas une qui ait exercé autant d'influence que l'imprimerie. Par elle, les diverses connaissances réservées à un petit nombre de savants ont été mises à la portée de tous ; par elle, les nouvelles de toutes sortes se transmettent entre tous les pays de la terre, et les font vivre, pour ainsi dire, d'une vie commune ; par elle, tous les événements qui intéressent l'humanité se publient et se discutent, tous les droits se défendent, et toutes les opinions se font jour ; toutes les idées, au lieu de se renfermer dans une ville ou dans un pays, se communiquent en peu de temps d'un bout du monde à l'autre.

L'imprimerie, il faut le dire, cet instrument si puissant, si énergique, est une arme fatale quand elle sert à répandre les mauvaises doctrines, et s'il faut regarder comme un immense bienfait la multiplication infinie des bons livres, il faut gémir de la diffusion d'une foule de livres dangereux, que des écrivains coupables propagent avec une funeste activité, et que des hommes imprudents ou insensés accueillent avec une avidité déplorable.

Mais ce monde est créé pour être le théâtre des luttes de la vérité et de l'erreur. L'imprimerie a eu pour résultat de les mettre l'une et l'autre en présence et à découvert, et la vérité, qui ne doit jamais craindre que les ténèbres, est destinée à triompher toutes les fois qu'elle peut se produire au grand jour.

Nous devons donc bénir la Providence d'avoir mis au service de l'humanité un instrument aussi admirable, et nous devons profiter des œuvres excellentes qu'il fait naître pour nous améliorer nous-mêmes en repoussant loin de nous toutes les productions dangereuses qui ne font qu'obscurcir l'esprit et corrompre le cœur.

EXERCICE

Où a été inventée l'imprimerie ? — Quel procédé Jean Gutenberg a-t-il employé d'abord ? — Quels en étaient les inconvénients ? — Qu'imagina Jean Gutenberg pour éviter ces inconvénients ? — Avec qui s'associa-t-il ? — Qu'inventa-t-il de concert avec Fust ? — Qu'est-ce que Schœffer ajouta à la découverte ? — Quel fut le premier livre imprimé ? — Par qui les imprimeurs de Mayence furent-ils appelés à Paris ? — Comment furent-ils accueillis ? — Que fit Louis XI à leur égard ? — Quels progrès fit l'imprimerie en France ? — Quel procédé employa Robert Estienne pour obtenir des ouvrages corrects ? — Qu'est-ce que la stéréotypie ? — Indiquez-moi le procédé du cliché. — Quel en est l'avantage ? En quoi consiste la gravure ? — Quand fut-elle inventée ? — Décrivez-moi les procédés principaux de la gravure à l'eau forte. — Qu'est-ce que la lithographie ? — Par qui et comment fut-elle inventée ? — Quel fut le premier procédé de Senefelder? — Comment le simplifia-t-il ensuite? — Dites-donc en deux mots en quoi consiste la lithographie. — Comparez-la à la gravure. — Quels sont les avantages et les inconvénients de l'une et de l'autre? — Quel est le procédé habituellement employé quand on veut se servir de la lithographie pour reproduire l'écriture? — Quelle est la plus importante des trois inventions qui viennent d'être décrites? — Parlez-moi de l'influence qu'a exercée l'imprimerie. — Quels bienfaits lui devons-nous? — Quels peuvent en être les inconvénients? — Quel sentiment doit exciter en nous la pensée de ce grand instrument accordé à l'esprit humain par la Providence?

La photographie. — Le daguerréotype. — La photogravure. — La galvanoplastie. — La photoglyptie.

Pour reproduire les objets à l'aide de la gravure ou de la lithographie, il faut avant tout savoir dessiner parfaitement, et celui qui n'a pas ce talent est dans l'impossibilité de se servir utilement des procédés dont je vous parlais hier.

Cela vous paraît sans doute tout naturel, et vous aurez peut-être peine à croire qu'on ait imaginé un appareil, au moyen duquel une personne qui ignore complétement l'art du dessin peut en quelques instants obtenir l'image durable et parfaitement exacte des objets qui ont frappé son attention. Tel est cependant l'effet du *daguerréotype*, instrument de l'art nouveau appelé *photographie* (dessin par la lumière), qui est une des plus merveilleuses inventions de ces derniers temps; hâtons-nous d'ajouter, à la gloire de notre pays, que cette découverte est d'origine toute française.

Depuis longtemps déjà, on avait remarqué que lorsqu'une caisse de bois, fermée de tous côtés, ne reçoit la lumière que par un petit orifice muni d'une lentille convenablement disposée, les objets extérieurs viennent se peindre avec une parfaite netteté au fond de la boîte, qu'on appelle *chambre obscure*; mais cette image, aussi fugitive que celle que donne un miroir, disparaît avec les objets qui l'ont produite sans laisser aucune trace.

M. *Daguerre*, artiste distingué, poursuivant avec une admirable sagacité les recherches commencées par M. *Niepce*, dès 1813, a découvert en 1838, une substance tellement sensible à l'action de la lumière, que les rayons dont elle est frappée y laissent une empreinte et s'y gravent eux-mêmes plus fidèlement, plus délicatement mille fois qu'ils ne pourraient l'être par le crayon le plus habile.

Si l'on place une pareille substance dans la chambre obscure, à l'endroit où se peint l'image des objets extérieurs, cette image s'y imprimera, dans ses plus petits détails, avec tous les effets les plus exacts de la perspective et de la gradation des ombres.

Imaginez un miroir retenant l'empreinte des figures qu'on lui présente, et vous aurez l'idée de la fidélité avec laquelle le daguerréotype reproduit les objets.

Si vous placez cet instrument en face d'un édifice, vous en obtiendrez l'image avec toutes les lignes, tous les ornements d'architecture, toutes les traces que le temps a laissés sur la pierre, toutes les ombres, toutes les nuances produites par le jeu de la lumière; et tout cela, avec une netteté et une précision si grandes, que, si vous regardez l'image à la loupe, vous y trouverez les détails les plus inaperçus indiqués sans aucune espèce de confusion.

Vous comprenez quels immenses services un pareil procédé peut rendre aux architectes, aux peintres, aux sculpteurs, désormais assurés de reproduire sans aucune altération tous les chefs-d'œuvre pour les offrir à l'étude des artistes.

Un résultat aussi extraordinaire a vivement frappé tous les esprits. L'Académie des sciences en a reçu avec une admiration profonde la première communication par la bouche de l'illustre Arago, le 7 janvier 1839. La France s'est enorgueillie de la découverte de M. Daguerre; les chambres lui ont accordé, ainsi qu'au fils de M. Niepce, mort obscurément en 1833, une pension à titre de récompense nationale, et son nom est désormais attaché à sa magnifique invention.

Voici en quoi consiste le procédé employé par M. Daguerre:

Des feuilles de cuivre plaquées d'argent, de l'épaisseur d'une carte et parfaitement polies, sont destinées à recevoir les images. On les expose quelques minutes aux vapeurs qui se dégagent d'une substance appelée *iode*, qui se combine avec l'argent; on voit apparaître alors une couche d'un jaune d'or, qui, ainsi préparée, est extrêmement sensible à l'impression des rayons lumineux.

Quand on veut retracer un objet, on dispose la caisse fermée et garnie d'une lentille, que nous avons appelée chambre obscure, et on la place de manière que l'objet s'y peigne convenablement; on introduit ensuite la plaque de métal à l'endroit même où se produit l'image. Grâce aux perfectionnements rapides de la photographie et à l'emploi de substances qu'on appelle *accélératrices*, l'opération qui, il y peu d'années, durait un quart d'heure, s'accomplit maintenant en quelques secondes, quelquefois même instantanément; ce qui permet d'employer avec succès le daguerréotype à faire des portraits. Les rayons de lumière se gravent légèrement sur la plaque, en décomposant plus ou moins profondément, suivant qu'ils sont plus ou moins vifs, l'argent ioduré, et en marquant ainsi les clairs, les demi-teintes et les ombres.

Toutefois, ces empreintes sont encore invisibles quand on

retire la plaque de la chambre obscure; pour faire apparaître l'image, il faut la soumettre à l'action des vapeurs qui se dégagent du mercure légèrement chauffé. Et, spectacle vraiment merveilleux, à peine les émanations du mercure se sont-elles refroidies sur la plaque, que tout à coup se manifeste un dessin d'une perfection inouïe qui semble avoir été tracé en un instant par un crayon invisible. L'image est désormais inaltérable à la lumière qui l'a formée; cependant, elle ne saurait encore supporter le moindre frottement, et le seul contact d'un pinceau suffirait pour l'effacer. On réussit à lui donner une grande solidité en la recouvrant, à l'aide de certains procédés chimiques, d'une mince couche d'or qui a en même temps pour effet d'augmenter singulièrement la vigueur et l'éclat des tons du dessin photographique.

Ce perfectionnement a changé complètement l'aspect primitif des images daguerriennes, dont la teinte grise et pâle, dans l'origine, semblait représenter la lueur du crépuscule plutôt que l'éclat du jour. Aujourd'hui, la vivacité des épreuves est égale à leur délicatesse et à leur exactitude.

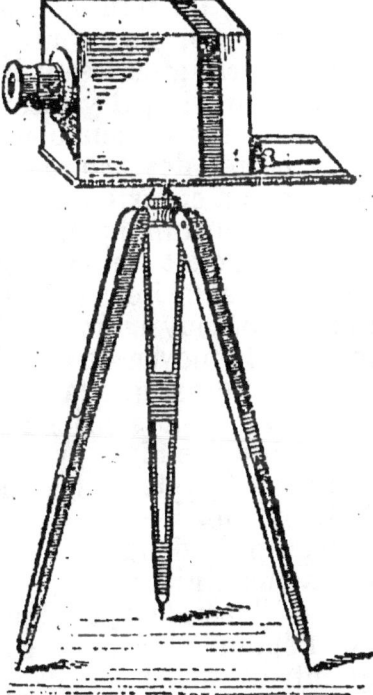

Appareil phothograpique.

Ce résultat est surtout remarquable dans les images que l'on est parvenu à obtenir sur papier ou sur verre au moyen d'un enduit particulier étendu à la surface d'une feuille ordinaire. La photographie sur papier a des procédés qui diffèrent sensiblement de ceux qu'on emploie pour les plaques métalliques; elle offre d'ailleurs l'immense avantage de permettre la reproduction d'un nombre indéfini de dessins au moyen d'une première épreuve dite *négative*, où les blancs se trouvent à la place des noirs et réciproquement, et qui sert à obtenir les épreuves définitives où les objets se retrouvent placés comme dans la nature. Ce genre de photographie est à la fois plus économique, plus agréable et plus utile dans ses résultats. Le papier, en effet, se prête beaucoup mieux que le métal à la variété, à la douceur, à la richesse des teintes. Les épreuves sur papier ont le charme d'un dessin à l'encre de Chine ou à la sépia sorti du pinceau d'un habile artiste, tandis que les images en métal conservent toujours une certaine dureté.

La photographie doit de nouveaux et importants progrès à l'emploi d'une substance qui favorise et accélère d'une manière extraordinaire l'action de la lumière; c'est le *collodion*, dissolution de coton-poudre (voir page 290), dans un mélange d'alcool et d'éther.

On emploie le plus souvent la photographie pour reproduire les objets dont le dessin plaît surtout par la perfection et l'exactitude des lignes. Appliquées, par exemple, aux œuvres d'architecture, les images daguerriennes ont un mérite tout particulier. Rien n'égale la beauté et l'effet imposant des grands dessins de monuments, exécutés avec toute la majesté de l'ensemble et tout le fini des détails. Un fait très curieux peut donner une idée des services que l'art du photographe est appelé à rendre par son étonnante exactitude. En 1849, M. Gros, ministre de France en Grèce, avait obtenu, au moyen du daguerréotype, un point de vue de l'Acropole, ancienne citadelle d'Athènes. De retour à Paris, il eut l'idée d'examiner avec un verre grossissant les détails de cette image. Or, à sa grande surprise, il y reconnut une particularité qu'il n'avait pu apercevoir sur place. Une pierre de l'édifice située hors la portée des regards de l'observateur présentait l'esquisse tracée en creux d'un lion dévorant un serpent : le dessin de cette figure indiquait que la partie du monument où elle se trouvait était l'œuvre non des Grecs, mais des Égyptiens. A sept cents lieues de la Grèce, la photographie avait permis de découvrir un détail inaperçu sur les lieux, qui fournissait le moyen de déterminer l'âge d'un édifice historique. C'est ainsi que la photographie offre aujourd'hui à nos savants la possibilité d'étudier et de déchiffrer à Paris les innombrables hiéroglyphes gravés sur les monuments de l'ancienne Égypte et les antiques inscriptions de Ninive et de Babylone.

Les premiers procédés de la photographie donnaient des épreuves dont la durée n'était pas indéfinie. Quels que soient les soins et les précautions de l'opérateur, quelque parfaits que soient les lavages, l'épreuve positive sur papier finit par se ternir, par se jaunir et même par disparaître à la longue. Ce grave inconvénient a fait sentir la nécessité de donner aux images photographiques une durée de conservation permanente, analogue à celle des épreuves typographiques et des impressions obtenues en général avec de l'encre grasse, à base de charbon de sanguine ou d'une autre matière inaltérable.

C'est le résultat qu'on a obtenu au moyen de la *photographie au charbon*. L'impulsion fut donnée en ce sens par le duc de Luynes, qui fonda un prix spécial pour l'impression des planches typographiques par le charbon et les encres grasses. Les belles expériences de M. Poitevin en ont tout à fait assuré les avantages.

Ce savant chimiste, auquel l'art photographique doit tant de perfectionnements, reconnut que la lumière rendait insoluble, même dans l'eau chaude, les corps gommeux additionnés de bichromates alcalins ou terreux. C'est alors qu'il eut la pensée, pour produire des photographies inaltérables, d'ajouter des substances colorantes insolubles, telles que le charbon et les émaux en poudre, mélangés à la gélatine, à l'albumine, à la gomme arabique, au sucre, à l'amidon, etc. C'est sur ce principe que sont faites aujourd'hui toutes les *épreuves positives au charbon*.

Le procédé appelé *héliogravure* permet d'obtenir directement, par l'action de la lumière, sur les substances appliquées à la surface d'une planche d'acier, des traits semblables à ceux que donne l'action de l'eau forte ou du burin. (Voir page 317.) Cette planche, véritablement *burinée* par la lumière, sert à tirer un nombre infini de gravures qui reproduisent exactement le tableau, le dessin ou l'estampe qui a servi de modèle. On conçoit combien les procédés héliographiques sont précieux pour multiplier, au meilleur marché possible, des images parfaitement exécutées d'après les œuvres des plus grands maîtres.

La photographie est encore appliquée avec un grand succès à la reproduction des objets de l'histoire naturelle, plantes et animaux, dont tous les organes se trouvent représentés avec une fidélité rigoureuse. Chaque jour, la photographie rend quelque nouveau et important service aux arts et aux sciences. Pendant le siège de Paris de 1870-1871, la *photographie microscopique* a permis d'envoyer sur un papier exigu, abrité sous l'aile d'un pigeon, des documents importants et fort étendus, que le destinataire déchiffrait avec un verre grossissant.

La photographie perfectionnée par d'incessantes améliorations est certainement une des plus prodigieuses conquêtes de la science humaine, puisqu'elle nous a permis d'arrêter à son passage rapide le plus insaisissable de tous les êtres : la lumière.

La *photogravure* et la *photoglyptie* sont des extensions toutes récentes de MM. Poitevin et Wooldsburg. Elles paraissent devoir remplacer les procédés de l'héliographie.

La photogravure transforme une photographie ordinaire en une planche de métal propre à fournir par le tirage des gravures en taille douce ou en relief comme les gravures ordinaires. M. Poitevin obtient d'abord une photographie sur une feuille de gélatine bichromatée. La feuille plongée dans certains dissolvants conserve en relief les parties atteintes et accusées par la lumière. Les parties non atteintes disparaissent. La feuille bien séchée est alors placée entre une plaque de plomb et un plan ou un bloc en acier poli. Sous l'action d'une pression excessivement puissante, les parties conservées de la gélatine bichromatée pénètrent dans le plomb et donne une empreinte en creux.

La *galvanoplastie* transforme ensuite cette empreinte en une plaque de cuivre, sur laquelle tous les creux de la plaque de plomb se retrouvent en relief. Les creux correspondent aux ombres et les saillies aux parties plus ou moins éclairées. Cette planche de cuivre est ensuite aciérée, opération qui donne aux arêtes plus de dureté et de vivacité. On tire alors, au moyen d'une encre gélatineuse des dessins en *photoglyptie* sur cette planche, comme on en tirerait d'une planche gravée ordinaire.

La planche-mère au lieu d'être en plomb peut être en zinc, en cuivre, ou en alliage de plomb et d'antimoine.

Nous venons de voir les applications que la photographie peut fournir à la gravure. Cet art merveilleux peut produire plus encore. Non seulement il grave la planche de cuivre, mais il est sculpteur, il reproduit des fac-similés de statues. On arrive à ce résultat extraordinaire au moyen de plusieurs photographies successives. A l'aide d'un instrument appelé *pantographe*, on suit sur la matière à sculpter les contours, les clairs, les ombres de la photographie que l'on reproduit en creux et en relief.

Cette découverte nouvelle, dont les applications sont encore à l'étude, a reçu le nom de *photosculpture*.

La ténuité extrême à laquelle peuvent atteindre les épreuves photographiques permet d'en retirer de grands secours pour les études miscroscopiques. Grâce à certains résultats connus sous le nom de *photomicrographie*, le naturaliste peut avoir entre les mains, par des grossissements successifs, des clichés représentant les infusoires, les grains de pollen, et les organes les plus délicats de la dissection végétale et animale.

L'art de la photographie ne s'en est pas tenu là, il est parvenu à faire mordre l'empreinte photographique sur la porcelaine, à y fixer une épreuve par des procédés tels qu'elle est devenue indélébile. Les applications de cette découverte si récente sont déjà fort variées. On emploie maintenant la photographie pour décorer des vases de porcelaine et des vitraux. On a ainsi des *émaux photographiques*.

Nous citerons encore les diverses applications de la photographie dans l'astronomie, la météorologie et la géologie. L'astronome emploie la photographie pour représenter exactement, sur le papier, l'état du ciel, la lune, les étoiles. Le météorologue, grâce à cet art merveilleux, enregistre avec la dernière précision toutes les variations du baromètre et de l'aiguille aimantée. Pour le géologue, la photographie reproduit, avec une exactitude dont rien n'approche, les accidents du terrain qu'il a mission d'étudier et donne à l'ingénieur l'état des travaux qu'il exécute.

Il est enfin permis d'espérer que la photographie sera une ressource nouvelle pour les opérations de la guerre. L'application au lever des plans militaires et des cartes panoramiques ne peut en effet que s'étendre et se perfectionner encore.

EXERCICE.

Qu'obtient-on en quelques instants au moyen du daguerréotype? — Quelle différence y a-t-il entre les images produites par le daguerréotype et celles qu'on obtient au moyen de la chambre obscure? — Faites comprendre l'importance de cette invention, et à quoi elle peut être appliquée. — Quelle distinction a reçu M. Daguerre? — Expliquez les principaux procédés de la photographie sur métal. — Les dessins photographiques ne se font-ils que sur des plaques de métal? — Parlez de la photographie sur papier et sur pierre lithograhique. — Peut-on convertir en planches gravées les épreuves du daguerréotype? — Quelles sont les images que le daguerréotype reproduit le plus heureusement? — Citez une anecdote qui donne une idée des merveilleux effets de la photographie. — Qu'est-ce que la photogravure, la galvanoplastie et la photoglyptie? — Qu'est-ce que la photosculpture et la photomicrographie? — Indiquez quelques applications récentes de la photographie.

FIN

TABLE DES MATIÈRES

PREMIÈRE PARTIE

RÉCITS MORAUX ET HISTORIQUES

	Pages.
L'aumône du pauvre	1
Le ballon et l'enfant	4
Dévouement d'un écolier	7
La fête de Noël	8
Le curé de Choisy	12
L'ouragan de neige	13
Le cordonnier de Livourne	20
Mort héroïque d'un enfant	29
Un homme à la mer	31
Un enfant martyr de la vérité	34
Un contre mille (extrait de la *France algérienne*)	35
Le généreux pilote	39
Visite de saint Vincent de Paul à son village	44
Dévouement d'une domestique	49
Piété filiale d'un jeune soldat	50
Charité d'une pauvre veuve	55
Un capitaine de dragons	56
Enlèvement du cutter anglais *l'Union*	58
Charité courageuse d'un prêtre	66
Une expédition de marins hollandais dans le Nord : énergie et constance	67
Dévouement du trompette Escoffier	75
Mort héroïque de l'enseigne de vaisseau Bisson	77
Le libéré de Pontoise	79
Magnanimité d'un soldat	81
Noble désintéressement	82
Un soldat d'Afrique	85
L'aubergiste charitable	87
L'hospice du Mont-Saint-Bernard	89
Reconnaissance d'un écolier	94

Quelques traits de la vie de Pie IX.
    I.   Le gonfalonier d'Imola 98
    II. La pauvre veuve 99
    III. Visite de Pie IX à une école nocturne 102
Mort de saint Louis 104
Une population entière civilisée par la charité 106
Absolution donnée à des pêcheurs naufragés 109
Le braconnier et le gendarme 112
Pierre Duclos (suites fatales de l'improbité dans le commerce) . . 114
Jean Leclaire, peintre en bâtiments 119
Dévouement du caporal Bellet 123
Belle conduite d'une buraliste de Schelestadt 125

DEUXIÈME PARTIE

RÉCITS SUR LES INSTITUTIONS DE NOTRE PAYS

Caisse d'épargne. — Sociétés de secours mutuels. — Caisse de retraite pour la vieillesse 127
Caisses d'épargne scolaires 136
Les salles d'asile 140
Les crèches, fondées à Paris en 1844 146
L'hôtel des Invalides 149
Des établissements de bienfaisance publique 152
Des établissements pour les sourds-muets 157
Les jeunes aveugles 162
Les enfants trouvés 165
L'orphéon 170
Établissements publics pour le développement des lettres, des sciences, et des arts 173
L'Institut de France 177
Jeunes détenus, société de patronage pour les jeunes libérés . 182
Colonie agricole de Mettray 186
Le pénitencier agricole et industriel de Marseille 190
Les Petites Sœurs des pauvres 195
Les impôts 198

La contrebande (suite du récit précédent)	205
Le service militaire et l'armée territoriale	210
Les sapeurs-pompiers	210
Les trappistes en Algérie ; orphelinat de Ben-Aknoun	218
Les écoles d'adultes ; récit d'un ouvrier	222
Des lois et règlements de police et de sûreté	224
Devoirs envers le pays	232
Conclusion des récits sur les institutions	234
La fortune et le testament du condamné à mort	235

TROISIÈME PARTIE

RÉCITS SUR LES PRINCIPALES INVENTIONS ET DÉCOUVERTES.

Les horloges	239
Les ballons ou aérostats	244
Les télégraphes terrestres et maritimes. Le téléphone	248
Le paratonnerre	258
Le verre	261
Le télescope et le microscope	267
Le baromètre et le thermomètre	270
La boussole	273
Sauvetage des naufragés : bateaux sauveurs, appareil Manby	274
L'éclairage	278
La poudre à canon ; le feu grégeois ; la poudre-coton ; la dynamite ; les torpilles	284
Les machines	294
La vapeur ; progrès de la navigation	299
Les chemins de fer	304
Le papyrus, le parchemin et le papier	309
L'imprimerie, la gravure, la lithographie	315
La photographie ; le daguerréotype ; la photogravure ; la galvanoplastie et la photoglyptie	321

FIN DE LA TABLE.

668 PARIS. — CHARLES BLOT, IMPRIMEUR, 7, RUE BLEUE.

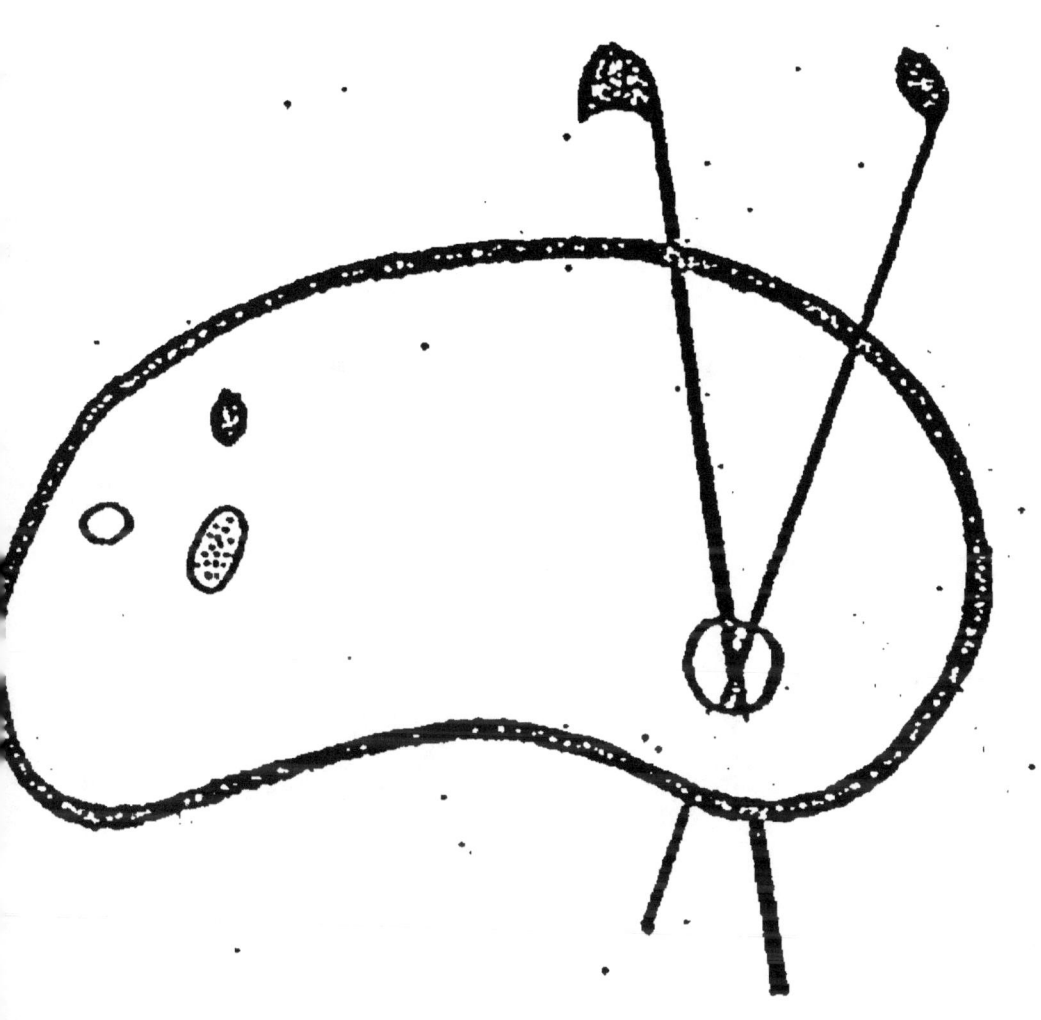

ORIGINAL EN COULEUR
NF Z 43-120-8

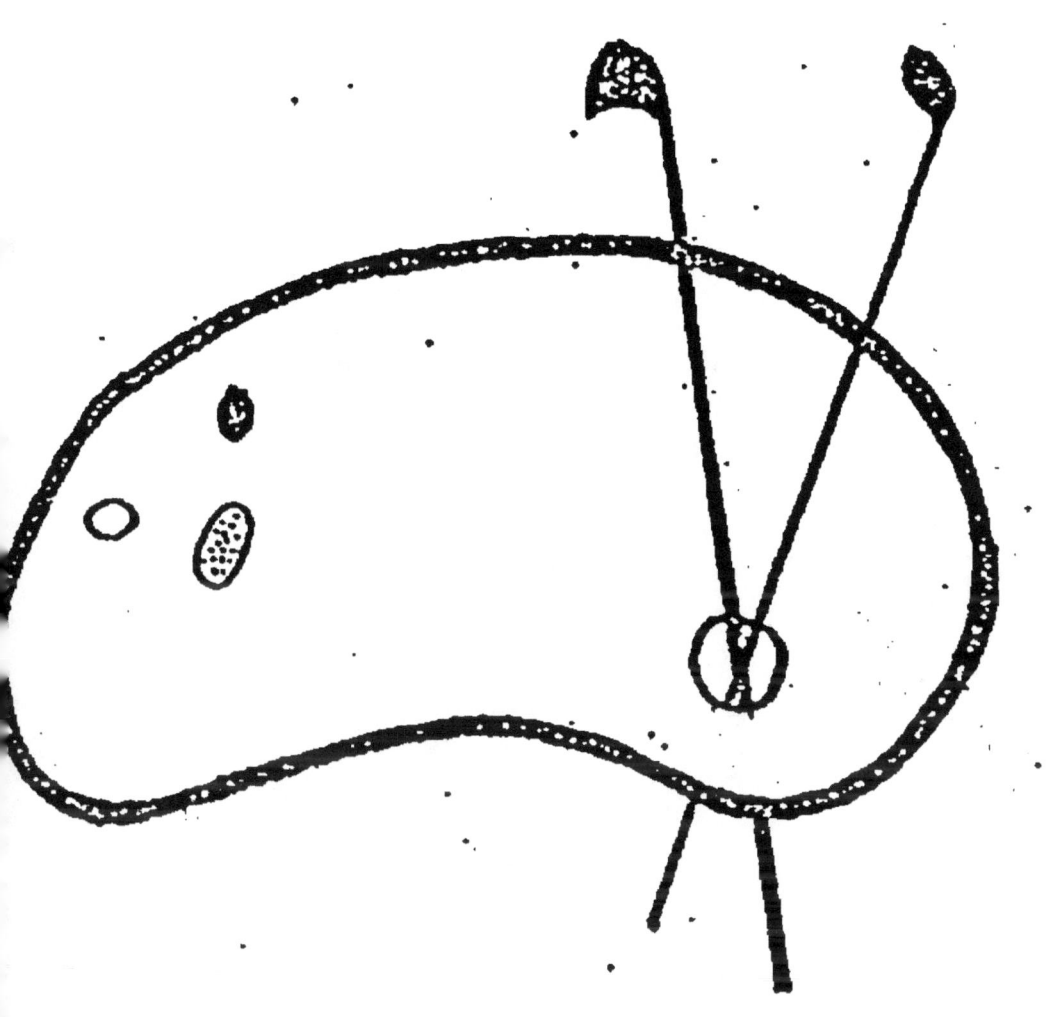

ORIGINAL EN COULEUR
NF Z 43-120-8

www.ingramcontent.com/pod-product-compliance
Lightning Source LLC
Chambersburg PA
CBHW050744170426
43202CB00013B/2299